Stefanie Böge

ÄPFEL

VOM PARADIES BIS ZUR

VERFÜHRUNG IM SUPERMARKT

Dortmunder Vertrieb für Bau- und Planungsliteratur

GLIEDERUNG

V.   LITERATUR

VI. ABBILDUNGSVERZEICHNIS

VII. ANHANG

VIII. ANMERKUNGEN

IX. NACHWORT

VORWORT

Im September 2001 lernte ich Stefanie Böge kennen. Das Wuppertal Institut für Klima, Umwelt und Energie feierte sein 10-jähriges Bestehen und der Gründungspräsident Ernst-Ulrich von Weizsäcker erwähnte das Thema der Promotionsarbeit von Stefanie Böge in seiner Rede. Sinngemäß betonte er: Es geht um den Verlust der Vielfalt und die fortschreitende Dekultivierung eines Lebensmittels. Ich bin Bierbrauer und assoziierte sofort "den Verlust der Vielfalt und die fortschreitende Dekultivierung" des Lebensmittels Bier, mein Thema seit vielen Jahren.

Die Arbeit mußte ich kennenlernen. Während der Kaffeepause des Festaktes erfuhr ich, daß Stefanie Böge anwesend war. Ich wurde mit ihr bekannt gemacht – und zu meiner großen Freude, nach einem kurzen Gespräch, überreichte Sie mir die Kurzfassung ihrer Arbeit. Der Inhalt fasziniert mich. Die Geschichte des Apfels, seine einzigartige, dem gesellschaftlichen Wandel unterworfene Bedeutung in der Lebensgeschichte des Menschen wurde mir anschaulich vermittelt. Seine Rolle, oder besser sein Schicksal, von den herrschaftlichen Gärten über den Erwerbsobstbau bis hin zu seiner Industrialisierung vor mir ausgebreitet.

Ich entdeckte viele Parallelen zu meinem Thema. Die Situation unserer Rohstoffe, speziell der Braugerste fiel mir ein. Die "Bemühungen" der Züchter um leistungsfähigere Sorten, die u.a. zeitweise beinahe zu einem Einheitssortenanbau in Deutschland geführt haben. Die fortschreitende Industrialisierung des Lebensmittels Bier und die neuerdings komponierte Variantenvielfalt Bier in Form von Biermischgetränken, auch mit Apfel sind mir geläufig! Die Reduzierung der echten Sortenvielfalt, ausgelöst in der Regel durch die Controllingabteilungen in den Unternehmen zwingen zu Klimmzügen. Das zweite oder dritte Flaschenbieretikett steht anstelle der eigenständigen, mit Sorgfalt eingebrauten eigenen Biersorte.

Stefanie Böge gelingt es in ihrem Buch, den Apfel in seiner unheimlich umfassenden Spannweite darzustellen. Es ließt sich wie eine Biographie, was dem Apfel während seines Daseins alles widerfährt. Ihre Ausführungen beginnen mit der Rolle des Apfels als Symbol des Lebens in der griechischen Mythologie und reduzieren sich mehrere hundert Jahre später zum Hinweis auf seinen Gehalt an Vitaminen und Mineralstoffen, seine Herkunft und seinen kg-Preis.

Stefanie Böges Apfelbiographie stimmt nachdenklich und macht an vielen Stellen betroffen. Mir scheinen die Ausführungen beispielhaft für vieles zu sein, was ich in anderen Bereichen unseres Lebens ähnlich wahrnehme. Unerklärliche, aber gewachsene Bedeutungen bestimmter Produkte, über Generationen weitergegebene Erfahrungen und Rezepte der Natur werden durch eine andere Informationstechnologie verdrängt. Die Zielrichtung heißt in erster Linie Umsatz, nicht Vielfalt, Geschmack und echte Lebensfreude (auch wenn die Werbung dies suggeriert).

Wissenschaftliche Studien, in Labors konfektionierte Nahrungsergänzungsstoffe und Designer Food bestimmen die Diskussion über Fragen der Ernährung und der Gesundheitsvorsorge. Oft wird, mit dem Handlungszwang aufgrund der rasant wachsenden Bevölkerung der Erde, jedes Argument eines Versuches der Rückbesinnung auf drohende Verluste an Artenvielfalt begegnet. Die umfangreichen historischen Recherchen Stefanie Böges haben mich bestärkt, daß der pflanzlichen Artenvielfalt der gleiche Stellenwert einzuräumen ist, wie dem Erhalt der Arten in der Tierwelt.

Ich beobachte: Uns ist die Bedeutung eines Gesamtzusammenhanges verloren gegangen, den die Natur – wenn wir sie gesamtheitlich verstehen könnten – uns schenkt. Das hat allerdings mehr mit der Schöpfung als mit der wissenschaftlichen Aufklärung aller Details zu tun. Dafür ein wissenschaftliches Erklärungsmodell zu entwickeln wäre eine solche Querschnittsfunktion in unserer heutigen wissenschaftlichen Spezialisierung, daß eine Aufklärung in umfassender Form wohl nie erfolgen wird. Monokausale Zusammenhänge reichen nämlich nicht aus, um das Funktionieren der Welt zu erklären.

Stefanie Böge hat am Beispiel des Apfels ihren spannenden "Reisebericht" mit ihrem Ansatz einer ganzheitlichen Betrachtung und ersten Hinweisen auf eine Rückbesinnung vorgelegt. Das von ihr vermittelte Gesamtverständnis kann helfen, an sein eigenes Denken und Handeln umfassendere Maßstäbe anzulegen als es uns, und auch mir, im Alltag so oft passiert – wenn wir zum Beispiel nach einem Convenience Produkt greifen.

Ich wünsche diesem Buch viele begeisterte und betroffene Leserinnen und Leser. Vielleicht hilft es dem Apfel ein Stück seiner verloren gegangenen Bedeutung zurück zu gewinnen. Vielleicht bremst es das Tempo mit dem auch andere Grundnahrungsmittel, zu denen ich auch unser Deutsches Bier zähle, in die gleiche Standardfalle der Industrialisierung laufen.

Nur der Verbraucher hat es in der Hand.

Dank an Stefanie Böge für ihre Aufklärungsarbeit.

Karl Fordemann
Diplomierter Bierbrauer
und Vorstandsvorsitzender des Club of Wuppertal

I.

EINLEITUNG

Die Ende des 20. Jahrhunderts stark ausgeprägte Diskussion über drohende oder schon vorhandene globale Umweltprobleme zeigt, daß die moderne Art und Weise der Industriegesellschaft zu Leben und zu Wirtschaften nicht nur Vorteile, sondern auch große Nachteile mit sich bringt. Es werden inzwischen viel zu viel "Ressourcen" verbraucht, um die heutigen "Bedürfnisse" der Menschen zu decken[1]. Die Folge davon sind z.B. gefährliche Stoffeinträge in Luft, Boden und Wasser und eine starke Reduzierung der Artenvielfalt bei Nutztieren und -pflanzen.

Lösungsansätze, die in dieser Situation diskutiert werden, sind in der Regel von keiner historischen Analyse begleitet, sondern sie werden meist im Rahmen einer weiteren technischen Entwicklung und von wirtschaftlichem Wachstum entfaltet (z.B. Weizsäcker, Lovins, Lovins 1995). Der Glaube, daß Wohlstand und Lebensstandard nur durch wirtschaftliche Entwicklung[2] herbeigeführt werden kann, ist in der Wissenschaft und Gesellschaft stark verankert. Ein Infragestellen der üblichen Bilder vom "Fortschritt" wird häufig mit Verzicht auf ein gutes Leben gleichgestellt und deshalb erst gar nicht mehr erwähnt.

Dabei hat der bis heute erzeugte Wohlstand und Lebensstandard bei genauerem Hinschauen mit einem guten Leben gar nicht mehr viel zu tun, denn auch in seinem Namen müssen wir auf einen Großteil von Möglichkeiten verzichten. Ein Beispiel ist die angebliche Vielfalt bei Lebensmitteln, die die Industriegesellschaft bietet. So befinden sich in einem modernen Supermarkt zwar zehntausende von Produkten, eine wirkliche Auswahl an Tomaten oder Äpfeln hat man allerdings nicht, schon gar nicht an solchen, die einen besonderen Geschmack haben, aus der näheren Umgebung kommen oder einzigartig aussehen.

Anfang der 70er Jahre veröffentlicht der Club of Rome das Buch "Limits to Growth" (Meadows 1971). Auf der Grundlage umfangreicher Prognosemodelle wird das erste Mal global auf das Problem des Bevölkerungswachstums, die Endlichkeit der Naturgüter und die beschleunigte wachsende Umweltverschmutzung aufmerksam gemacht. Die Höhe der festgestellten umweltrelevanten Auswirkungen wird dabei mit der Größe der industriellen Produktion in Verbindung gebracht (Petzold, Kunz 1974, S. 45). Der Club of Rome zeigt damit Grenzen innerhalb der bestehenden Logik wirtschaftlichen Wachstums auf. Wenn in das "System" nicht mit stützenden Maßnahmen, also durch Planung, eingegriffen und gesteuert wird, kommt es - so der Club of Rome - zu einem Kollaps.

In der Folgezeit werden die in der Studie "Limits to Growth" festgestellten Probleme vor allem quantitativ formuliert: Von nun an wird vorwiegend mit Hilfe von Zahlen, Diagrammen und Kurven über den Zustand der Umwelt diskutiert. Auf der Grundlage von Prognosemodellen wird nach Lösungsmöglichkeiten gesucht. Es entsteht eine Umweltdebatte, die nicht primär an den Gründen der steigenden Umweltprobleme ansetzt, sondern hauptsächlich mit technischen Mitteln versucht, die negativen Auswirkungen zu reduzieren.

Der Bericht "Global 2000", der 10 Jahre später im Auftrag des Amerikanischen Präsidenten erscheint, macht deutlich, daß sich die Probleme weiter verschärfen und sich in die sogenannte 3. Welt verlagern. Deshalb wird eine globale Zusammenarbeit für mögliche Lösungsansätze gefordert: Internationale Einrichtungen, Konferenzen und gegenseitige Verpflichtungen sollen dazu beitragen, die weltweiten Bevölkerungs- und Umweltprobleme zu entschärfen. War es bis etwa 1980 der lokale oder nationale Raum, um den sich die Umweltschützer kümmerten, ist es nun der gesamte Planet, der gerettet werden soll[3].

Der 1987 erscheinende Brundtland-Bericht "Unsere gemeinsame Zukunft" der Weltkommission für Umwelt und Entwicklung, trägt in diesem Sinne zu der Erkenntnis bei, daß sich unter dem Gesichtspunkt eines "sustainable developments" die Weltwirtschaft dringend ändern muß. Auch das Wirtschaftswachstum und die damit zusammenhängenden Meßverfahren, wie z.B. die Berechnung des Bruttosozialproduktes (BSP), werden in diesem Bericht grundsätzlich in Frage gestellt. So entsteht in der Folgezeit neben der Diskussion über technische Lösungsmöglichkeiten eine Diskussion über Wirtschaftswachstum, wobei sowohl ein kontrolliertes wirtschaftliches Wachstum erörtert wird (z.B. organisches Wachstum) als auch die Möglichkeiten eines "Nullwachstums" (z.B. Pestel 1988 oder Goodland, Daly, El Serafy, von Droste 1992). Diese Debatte hat jedoch bislang noch kein Ergebnis gefunden. Die Wirklichkeit zeigt vielmehr, daß wirtschaftliches Wachstum einen so großen Stellenwert hat, wie nie zuvor. Dies zeigt nicht zuletzt die hohe öffentliche Konzentration auf die Börsenentwicklung, wie z.B. die ständig steigende Erwähnung der Aktienkurse in den Medien.

Neben technischen Lösungsmöglichkeiten, die zu einem weniger ressourcenintensiven Wirtschaften beitragen sollen, werden ab etwa 1990 verstärkt finanzpolitische Instrumente für die Lösung der ökologischen Probleme diskutiert (z.B. Weizsäcker 1989 oder Goodland, Daly, El Serafy, von Droste 1992). Mit höheren Preisen für Energie und Rohstoffe soll sich ein ökologischer Strukturwandel und ein neuer ökologischer Wohlstand ergeben. Eine ökologische Steuerreform soll den technischen "Fortschritt" in eine angemessene Richtung lenken.

Die diskutierten Lösungsansätze beziehen sich nun auch nicht mehr nur ausschließlich auf die Reduzierung von Schadstoffmengen. Dafür rückt ein weniger ressourcenintensives Wirtschaften in den Vordergrund. Je weniger Materialinput in ein Produkt oder eine Dienstleistung fließt, desto umweltverträglicher ist das Produkt oder die Dienstleistung - so eine These (Schmidt-Bleek 1994). Nicht mehr der Ressourcenverbrauch, sondern die Ressourcenproduktivität soll gesteigert werden. Im Rahmen einer Effizienzrevolution soll aus weniger mehr gemacht werden, wobei angeblich sogar der Wohlstand gesteigert werden kann (Müller, Hennicke 1994; Weizsäcker, Lovins, Lovins 1995).

Ende des 20. Jahrhunderts ist es selbstverständlich, daß sich die Umweltdebatte im wesentlichen um quantitative Größen dreht. Nicht das, was ein Produkt für die Menschen ausmacht, sondern der Materialeinsatz und die Umweltbelastung bei dessen Herstellung und Verteilung bestimmen die Debatte[4]. Das Konzept des Umweltraums, in dem für alle Menschen gleiche Rechte an der Nutzung der Natur innerhalb bestimmter Tragfähigkeitsgrenzen verteilt werden, wird erfunden. Mit Indikatoren wird das Umweltbelastungspotential menschlicher Aktivitäten ausgedrückt. Auf dieser Basis werden Ziele, wie z.B.

die Reduzierung der CO_2-Emissionen um 80 - 90 % bis zum Jahr 2050 ermittelt, die zur Reduzierung der Umweltbelastung beitragen sollen (z.B. Institut für Sozialökologische Forschung 1994 oder BUND, Misereor 1996).

Gleichzeitig wird die globale Betrachtungsweise weiterverfolgt: Eine ökologische Entwicklung kann nicht allein von einer Region oder einem Land umgesetzt werden, so wird argumentiert, sondern ist abhängig von der ganzen Welt: Politische und militärische Sicherheit, Ausgleich von Lebenschancen, zukunftsfähiges Wirtschaften und der Schutz der natürlichen Lebensgrundlagen gehören weltweit zusammen (z.B. BUND, Misereor 1996, S. 274 - 278).

Die geschilderten Sichtweisen in der Umweltdebatte haben aus sich heraus ohne Frage eine hohe Relevanz. Allerdings verblaßt in dieser Diskussion ein grundlegendes Resultat der laufenden wirtschaftlichen Entwicklung: Nämlich die Veränderung von Produkten, die die Menschen gebrauchen, die ihnen nützen sollen und die sie konsumieren. Bei wissenschaftlichen Arbeiten, die sich mit dem "Umweltproblem" beschäftigen, gibt es viele, die die Belastungen der industriellen Produktion thematisieren, aber nur wenige, die sich auf die Veränderung von Gebrauchswerten und die Gebrauchsnotwendigkeit von Produkten und Dienstleistungen beziehen (wie z.B. Linder 1971; Scitovsky 1977; Illich 1987; Robert 1994). In den meisten Betrachtungen mangelt es an historischer Analyse oder der Beschreibung einer "Produktgeschichte", durch die veränderte Gebrauchswerte erst deutlich werden können. Das Wesentliche wird außen vor gelassen, womit soziales und politisches Handeln, das die Grundvoraussetzung für Veränderungen ist, nicht stattfinden kann[5]. Darin besteht offensichtlich Nachholbedarf. Denn die Art und Weise, mit was wir wie umgehen, macht unsere spezifische Lebensweise aus, um die es beim Nachdenken über mögliche Veränderungen gehen muß.

I.

1. DAS BEISPIEL APFEL

Ein Lebensmittel, das sich in dieser Hinsicht zu analysieren einlädt, ist der Apfel. Bis heute hat sich eine hohe symbolische Bedeutung des Apfels erhalten. Er hat eine bedeutende Geschichte, insbesondere im Zusammenhang nicht-industrieller und nicht-professioneller, aber auch in den letzten hundert Jahren im Rahmen industrieller Produktion. Darüber hinaus bietet sich der Apfel als Untersuchungsobjekt an, da an ihm, als unverarbeitetes Produkt, besonders gut die Veränderungen, die an ihm und mit ihm stattfinden, nachvollzogen werden können.

Im folgenden spielt die Frage der Reduzierung der Apfelvielfalt eine zentrale Rolle. Waren vor hundert Jahren in Deutschland noch über tausend Apfelsorten in Gebrauch, sind es heute nur noch einige wenige, die sich stark angeglichen haben. Diese drastische Sortenreduzierung bei dieser einen Obstart zieht für nachfolgende Generationen weitaus geringere Nutzungs- und Gebrauchsmöglichkeiten nach sich als je zuvor. Bei der Frage nach der Reduzierung von Vielfalt geht es aber nicht allein um die quantitative Abnahme des Sortenspektrums, sondern ebenso um die Veränderung der Eigenschaften einzelner Apfelsorten (wie z.B. des Geschmacks oder der Haltbarkeit) und ihre phänomenologische Standardisierung, d.h. also um die Veränderung des Gebrauchswertes des Apfels. Er wird durch verschiedene Einzelqualitäten und Kombinationen davon bestimmt und macht sich z.B. an geographisch unterschiedlichen Verwendungsarten und -zeiten fest.

In der jüngsten Vergangenheit hat insgesamt die Vielfalt bei land- und gartenwirtschaftlichen Ausgangserzeugnissen stark abgenommen. Damit zusammenhängende Standardisierungstendenzen bei einzelnen Lebensmitteln können allgemein auf industrielle Produktionsformen und auf großmaßstäbliche Verteilungs- und Versorgungsformen des Handels sowie auf ein verändertes Verbrauchsverhalten in den privaten Haushalten zurück geführt werden. In allen drei Bereichen gehen gleichzeitig konkrete räumliche und zeitliche Bezüge, insbesondere in Hinblick auf den Gebrauchswert der einzelnen Produkte verloren. Dadurch verändert sich auch der Bezug der Menschen zum Objekt selbst, in diesem Fall zum Apfel.

Daraus ergeben sich folgende Fragen:

- *Was wird heute unter Vielfalt im Bereich von Lebensmitteln verstanden?*

- *Hat die Vielfalt bei land- und gartenwirtschaftlichen Erzeugnissen, für die der Apfel stellvertretend stehen soll, tatsächlich abgenommen?*

- *Sind die angenommenen Standardisierungstendenzen*

   a) auf die Obstbauern und -bäuerinnen und deren industrielle Produktionsformen,

   b) auf großmaßstäbliche Verteilungs- und Versorgungsformen des Handels,

   c) auf ein verändertes Verbrauchsverhalten in den privaten Haushalten oder

d) auf noch ganz andere Einflüsse zurückzuführen?

- *Sind mit diesen Entwicklungen veränderte Bezüge verbunden, die die Menschen zu Raum und Zeit haben?*

- *Ändert sich dadurch auch der Bezug der Menschen zum Apfel selbst?*

Grundsätzlich kann davon ausgegangen werden, daß für die Reduzierung der Vielfalt und für die Standardisierungstendenzen nicht nur ein veränderter Umgang mit dem Apfel im Anbau, Handel und privaten Haushalt ausschlaggebend ist. Mindestens genauso entscheidend ist das Bild, das sich die Menschen vom Apfel machen bzw. wie sie ihn wahrnehmen. Dieses Bild wird - neben dem konkreten Gebrauch - jeweils von der zeitgenössischen Literatur und Wissenschaft sowie auch von staatlichen und pädagogischen Stellen entscheidend beeinflußt. Deshalb stellen sich weitere Fragen:

- *Wie und was wird über den Apfel geschrieben?*

- *Welche gesellschaftlichen Einstellungen und Sichtweisen liegen hinter der jeweiligen zeitgenössischen Apfelliteratur?*

- *Wie werden die spezifische Einstellungen und Sichtweisen beeinflußt?*

- *Was ergibt sich daraus für ein Bild, das sich die Menschen vom Apfel machen oder wie wird der Apfel in verschiedenen Phasen der Geschichte wahrgenommen?*

Da Vielfalt ein Begriff ist, der im folgenden eine zentrale Rolle spielt, soll er eingangs am Beispiel von Lebensmitteln geklärt werden. Dadurch wird gleichzeitig das im folgenden zugrunde liegende Verständnis davon definiert. In dem darauffolgenden Kapitel wird abschließend die Herangehensweise an das Thema dargestellt.

I.

2. VERSCHIEDENE FORMEN DER WAHRNEHMUNG VON VIELFALT BEI LEBENSMITTELN

Im Lebensmittelbereich gibt es im großen Ganzen zwei Einstellungen gegenüber Vielfalt: Für die einen ist die verfügbare Lebensmittelauswahl noch nie so groß gewesen wie je zuvor, andere hingegen beklagen ihre drastische Reduzierung.

Oberflächlich kann sicherlich beiden Standpunkten zugestimmt werden. Bei genauerem Hinschauen fällt aber auf, daß beiden Einstellungen ein unterschiedliches Verständnis des Begriffes Vielfalt zugrunde liegt. Ohne Frage ist dieses Verständnis vom verschiedenartigen Gebrauch der Produkte abhängig: Der eine denkt an hochverarbeitete Fertigprodukte, die nur noch in die Mikrowelle geschoben werden müssen, der andere an unverarbeitete Produkte, wie z.B. Kartoffeln, Salat oder Äpfel, die in ganz unterschiedlicher Art und Weise in verschiedenen Gegenden und Zeiten zubereitet werden können.

Die folgenden Ausführungen sollen verdeutlichen, daß Vielfalt nicht unabhängig vom Gebrauch der Produkte und von konkreten räumlichen und zeitlichen Bezügen definierbar ist.

Im Laufe des Industriealisierungsprozesses, in dem Produktionsweisen, Verarbeitungs- und Lagerungstechniken sowie Transportmöglichkeiten massenproduktionsgerecht weiterentwickelt wurden, ist es zu einer beachtlichen Konsumfelderweiterung gekommen (Kutsch 1993, S. 113). In einem Supermarkt durchschnittlicher Größe werden heute etwa 20.000 verschiedene Artikel geführt, darüber hinaus stehen in Spezialgeschäften diverse Besonderheiten zur Verfügung (Buchholz 1993, S. 17). Gleichzeitig werden immer mehr neue Artikel auf den Markt gebracht: Zwischen dem Frühjahr 1992 und 1993 wurden insgesamt etwa 1.300 neue Produkte im deutschen Lebensmittelhandel eingeführt (Meier-Ploeger 1995, S. 91).

Die verfügbare Palette an Arten von Nahrungsmitteln ist - jedenfalls in den entwickelten Industrieländern - im Prinzip für alle Bevölkerungsschichten zugänglich geworden. Es gibt dort inzwischen fast alle als unverarbeitete und verarbeitete Produkte in mehrfacher Ausführung zu unterschiedlichen Preisniveaus. Damit sind sie, von Ausnahmen und von Fragen der Qualität abgesehen, für alle erschwinglich. Aufgrund fast unbegrenzter Transport- und Reisemöglichkeiten können zusätzlich erweiterte Erfahrungen aus und in anderen Ländern gemacht werden. Produkte, die ehemals als besondere Speise galten bzw. als Feinkost werden zunehmend "veralltäglicht" oder gewissermaßen "sozialisiert" (Mennell 1988, S. 403).

Dieses Verständnis von Vielfalt kann mit dem Begriff **globale Erfahrungsvielfalt** umschrieben werden: Sie basiert auf einem steigenden Angebot ehemals unbekannter Produkte, die zum überwiegenden Teil aus anderen Ländern kommen.

Andererseits wird von einer großen Vielfalt im Zusammenhang mit der Erhöhung der quantitativen Verfügbarkeit von Lebensmitteln gesprochen. Nun zeigt allerdings die bunt schillernde Warenwelt nicht die ganze Wirklichkeit, denn Unterschiede werden oftmals nur oberflächlich durch verschiedene Verpackungen und Inhaltsstoffe, wie Geschmacksverstärker, Aromen sowie Farb- und weiteren Zusatzstoffen erzeugt.

Auch wenn zusätzliche Produkte ins Angebot kommen, die vorher nicht verfügbar waren bzw. exotisch sind, läßt sich in den letzten Jahren insgesamt betrachtet feststellen, daß die Ausbreitung von Neuerungen typischerweise eher als Ausbreitung neuer Produktvarianten identifiziert werden kann, denn als Auftauchen gänzlich neuer und bis dahin unbekannter Produkte. Dabei handelt es sich im wesentlichen um einen Prozeß der weiteren Verfeinerung, z.T. neuartiger Kombinationen von Bekanntem, wesentlich auch der zunehmend aufwendigeren Präsentation und schließlich auch um ein Überspielen bisheriger saisonaler Begrenzungen der Verfügbarkeit (Kutsch 1993, S. 113).

Dabei sind zahlreiche Grund- und Inhaltskomponenten der immer mehr industriell vorfabrizierten Lebensmittel identisch, denn eine hoch technisierte Lebensmittelverarbeitung braucht möglichst identische Rohstoffe (gleiche Größe und Konsistenz der Ausgangsprodukte). Der Geschmack dieser Rohstoffe soll möglichst neutral sein denn sie sollen mit entsprechenden Zusatzstoffen erst noch veredelt werden. Die angebliche Vielfalt an Lebensmitteln basiert in Wahrheit auf hoch standardisierten Ausgangsprodukten (Kutsch 1993, S. 105) und setzen sich auch oftmals aus qualitativ minderwertigen Komponenten zusammen (Cone, Martin 1997, S. 109). Es werden Qualitäten suggeriert, die ursprünglich gar nicht vorhanden waren.

Auch bei unverarbeiteten Produkten wird die zunehmende Reduzierung der Vielfalt, vor allem auch in Form einer Standardisierung deutlich: Frisches Obst und Gemüse haben einheitliche Größen und Farben, geschmacklich gibt es kaum noch Unterschiede und das Angebot verschiedener Sorten wird zunehmend eingeschränkt. Die Angebotsvielfalt stimmt mit der ursprünglichen, durch einen differenzierten Gebrauch bestimmten Vielfalt nicht mehr überein. Genau dieser Prozeß soll im weiteren in seinen Ursachen wesentlich analysiert werden.

Die Werbung hat dabei eine nicht zu unterschätzende Rolle die allgemeine Wahrnehmung vom scheinbar "vielfältigen" Lebensmittelangebot zu beeinflussen. Viele Produkte werden am Ende sogar mit einen typischeren Geschmack als das Original verkauft (z.B. Erdbeerjogurt). Dabei ist inzwischen unklar geworden, was "echt" oder "original" ist: Die Erdbeere, die ich im Wald finde oder der Kunstgeschmack der "typischen" Erdbeere aus dem Labor. Das Produkt wird zum Kunstprodukt und damit auch der Kunsttheorie zugänglich: "Stilistischer Wandel und Produktwahrnehmung oder, anders gesagt, die neuen Ideen der Gestalter und die Bereitschaft des Publikums, sie zu verstehen, bis hin zum leidenschaftlichen Bedürfnis, sie zu haben, stehen zueinander in einem Verhältnis wie das Huhn und das Ei. Der Anfang der Kausalkette ist unbekannt." (Burckhardt 1985, S. 368).

Die Konsumfelderweiterung auf der einen und zunehmende Standardisierung auf der anderen Seite kann als **Schein- oder Pseudovielfalt** bezeichnet werden. Mennell (1988,

S. 406) umschreibt sie mit einer Vergrößerung der Spielarten bei einer gleichzeitigen Verringerung der Kontraste. Die Vielfalt verschiedener und nebeneinander existierender Geschmacksrichtungen, die miteinander konkurrieren, ist zwar größer geworden, die tatsächliche Differenz ist allerdings nicht größer, sondern eher kleiner geworden (Mennell 1988, S. 416).

Sowohl bei der globalen Erfahrungsvielfalt als auch bei der Scheinvielfalt kann nicht von einer tatsächlichen Vielfalt gesprochen werden, denn diese beruht auf substantiellen Unterschieden, die durch einen differenzierten Gebrauch und unter spezifischen räumlichen und zeitlichen Bedingungen entstehen. Das heute vorherrschende Verständnis von Vielfalt meint dagegen lediglich eine Erhöhung der Optionen von Endprodukten, die von Raum und Zeit abstrahiert sind. Zudem bedeutet es eine hohe Abhängigkeit und Determinierung bezüglich des Gebrauchs: Statt aus einer hohen Verschiedenartigkeit von Ausgangsprodukten selbst den angemessenen Weg einer variablen Zubereitung von Ernährung wählen zu können, wird die fertige oder nur noch minimal beeinflußbare Mahlzeit vorprogrammiert.

In diesem Zusammenhang wird die Doppeldeutigkeit des Begriffes Vielfalt deutlich: Produktvielfalt kann entweder heißen, daß z.B. auf der ganzen Welt sechs verschiedene Apfelsorten, zwei verschiedene Bananensorten sowie eine Birnen- und Orangensorte vorhanden sind, die im Prinzip für jeden Menschen zu jeder Zeit an jedem Ort verfügbar sind. Vielfalt kann aber auch bedeuteten, daß auf der ganzen Welt 10.000 verschiedene Apfelsorten, 2.000 verschiedene Bananensorten, 8.000 verschiedene Birnensorten und 5.000 verschiedene Orangensorten existieren. Allerdings steht dem Einzelnen lediglich ein Bruchteil dieser Vielfalt zur Verfügung, denn sie ist an ganz bestimmte Orte und Zeiten gebunden und damit nur einer begrenzten Anzahl von Menschen zugänglich. Im ersten Fall machen viele Menschen wenig Erfahrung (die gleichen Produkte überall und zu jeder Zeit), im zweiten können wenig Menschen viel Erfahrung machen (unterschiedliche Produkte an bestimmten Orten zu bestimmten Zeiten).

Für eine tatsächliche Vielfalt ist also jeweils der unterschiedliche räumliche und zeitliche Kontext ausschlaggebend. Im Rahmen der hier gemeinten substantiellen Vielfalt kann deshalb auch von einer **geographischen Vielfalt** gesprochen werden, denn sie hat mit einer Vielzahl autochthoner Räume und Zeiten zu tun.

Die bisher geschilderten Bedeutungen von Vielfalt lassen sich auch sprachlich zurückverfolgen. Damit wird klar, wie unterschiedlich der Sinngehalt eines Begriffs in einer Gesellschaft zu verschiedenen Zeiten sein kann:

Zum Begriff Vielfalt liest man im Herkunftswörterbuch der deutschen Sprache, daß Vielfalt das Gegenwort zu Einfalt ist und "große Mannigfaltigkeit" bedeutet. Unter mannigfaltig wird auf mancher verwiesen, was eine unbestimmte Anzahl einer größeren Menge (abgeleitet von "viel") ist und ein verwandtes Wort von "reichlich, häufig, oft" (keltisch) (vgl. Herkunftswörterbuch der deutschen Sprache 1989). Zum Begriff Mannigfaltigkeit findet sich wiederum: "... Altes germanisches Wort, das im hochdeutschen Sprachgebiet Vereinzelung und Individualisierung in einer Vielheit ausdrückt. ... Im philosophischen Sprachgebrauch meint der Begriff im weitesten Sinne Verschiedenheit in einer mehr oder weniger ähnlichen Mehrheit." (vgl. Historisches Wörterbuch der Philosophie L –M 1980).

Sprachwissenschaftlich hingegen wird der Begriff Vielfalt heute unbestimmt im Inhalt oder als Allerweltswort bezeichnet: "Ein vielfältiger Projektionsschirm, unter dem jede Gruppe versteht, und auf Grund seiner Allgemeinheit auch verstehen kann, was sie wünscht." (Pörksen 1995, S. 103). Angelehnt an Tocqueville, der 1835 ein Essay 'Wie die amerikanische Demokratie die englische Sprache veränderte' führt Pörksen aus: "... (Sprache) erzeuge wirksame Abstrakta, die wie eine Schachtel mit doppeltem Boden seien. Man tue etwas hinein, und was man am kommenden Tag herausziehe, sei etwas ganz anderes." (Pörksen 1995, S. 104).

In diesem Sinne wird heute allgemein dem Begriff Vielfalt eine enorm große Bedeutung zugemessen, da Vielfalt in der Regel mit materiellem Wohlergehen ("wir können uns viel und alles leisten") und damit mit einem hohen Lebensstandard in Verbindung gebracht wird. Wenn sich der Lebensstandard erhöht, wird dies allgemein als positiv eingeschätzt. Ebenso wie Lebensstandard, der durch meßbaren Größen, wie dem Bruttosozialprodukt (BSP) definiert und erfaßt wird, wird Vielfalt inzwischen nur noch mit quantitativen Größen in Verbindung gebracht (viel, reichlich, häufig, oft) (Latouche 1993, S. 195 - 217). Diese veränderte Betrachtungsweise führt zu einer grundsätzlich anderen Wahrnehmung, bei der die Sache selbst in seiner einzigartigen räumlich und zeitlich geprägten Mannigfaltigkeit verschwindet.

Diese geschilderten Aspekte eines Begriffes zeigen, daß Vielfalt nicht eine abstrakt anzustrebende Größe sein kann. Selbst der klassische Begriff der Vielfalt im Sinne von Mannigfaltigkeit hat nur Bedeutung, wenn der Gebrauch eines Produktes sowie konkrete räumliche und zeitliche Bezüge hinzutreten.

I.

3. METHODISCHE ERLÄUTERUNGEN

Vor diesem Hintergrund bietet sich an, daß für das Thema eine Methode gewählt wird, die sowohl exemplarisch vorgeht, indem sie sich auf ein Objekt (den Apfel) konzentriert, als auch historisch beschreibend die Veränderung dieses Objektes, seinen Gebrauch und seine Wahrnehmung wiedergibt, sowie den damit zusammenhängenden räumlichen und zeitlichen Kontext einbezieht. Eine Konzentration auf das Objekt "Apfel" macht das Wesentliche aus, da gerade bei planerischen Entscheidungen das mangelnde Verstehen dessen worüber geplant wird, Grundlage der meisten Fehlentscheidungen sein dürfte. Das "unbekannte Objekt" macht Schwierigkeiten und verschlimmert dadurch häufig das Problem, das wohlmeinende Weltverbesserer eigentlich lösen wollten.

Es gibt viele wissenschaftliche Arbeiten, die *über* eine Sache schreiben. Selbst wenn man mit diesem Objekt nicht alle Erfahrungen selbst gemacht hat, ist es durchaus möglich dies zu tun. Wichtig ist aber, sich dem Gegenstand der Betrachtung gezielt zu nähern.

Dies kann geschehen, indem er in den Vordergrund gestellt wird, vom Objekt aus Bezüge definiert und entsprechende Interpretationen (die ohne Frage auch immer subjektiv sind) abgeleitet werden. Man kann aber versuchen, nach Objektivität zu "streben", indem man die eigene Rolle reflektiert (Berger, Kellner 1984, S. 50 - 52) und vor allem die Untersuchungsgegenstände "für sich selbst sprechen" läßt (Berger, Kellner 1984, S. 82). Dies bedeutet, sowohl eine gewisse Distanz zum Untersuchungsgegenstand zu halten, als auch "eingeboren"[6] zu werden und damit ein tiefergehendes Verständnis des Untersuchungsobjektes zu erreichen (Berger, Kellner 1984, S. 35).

Die Analyse des Apfels wird also "aus der Sicht des Apfels" geschrieben, dessen Gebrauchs- und Wahrnehmungsformen stehen im Mittelpunkt. Erst dann sind Erkenntnisse darüber möglich, wie er sich verändert hat, was ihm "aufgeprägt" und an Bedeutung gegeben wurde.

Eine vom Apfel ausgehende Sichtweise erzwingt eine Art der Betrachtung, die sich nicht linear entlang bekannten Einteilungen von Fachwissenschaften orientieren kann. Weder kann eine rein landwirtschaftstechnisch geprägte Vorgehensweise, noch eine rein wirtschafts-, sozial- oder ernährungswissenschaftliche Analyse die Veränderung des Apfels und die Gründe dafür erschließen. Am ehesten kann eine auf den Gebrauch des Apfels im Wandel der Zeit, bzw. eine auf den praktischen Umgang mit der Frucht zielende Betrachtung die Veränderungsprozesse darstellen.

Dafür bietet es sich an Fachliteratur über den Apfel zu analysieren und zu interpretieren. Bei einem solchen Vorgehen ist allerdings zu beachten, daß die jeweiligen, in zeitgenössischer Literatur dargestellten Einstellungen und Sichtweisen im Laufe der Zeit zwar durch Wissenschaft und Politik manifestiert werden, ein entsprechender Niederschlag im Alltag aber erst durch die Entwicklung bestimmter Erkenntnisse und die

Anwendung bestimmter in dieser Zeit zur Verfügung stehenden Möglichkeiten stattfindet (Fleck 1994)[7].

Vor diesem Hintergrund wird davon ausgegangen, daß die Darstellungen in den meisten, der im folgenden analysierten Büchern nicht dem Alltag und der Praxis aus der jeweiligen Zeit entsprechen, sondern einer theoretischen und in der Regel zukunftsorientierten Vorstellung. Sie müssen dementsprechend relativiert werden. Aus diesem Grunde wird die Darstellung und Interpretation zeitgenössischer Literatur kontextualisiert, indem sowohl andere gesellschaftliche Entwicklungen als auch Ergebnisse aus Interviews und Gesprächen mit Zeitgenossen eingeflochten werden. Auch so kann zwar wieder nur eine subjektive Sichtweise wiedergegeben werden, die Kontextualisierung erlaubt aber eine Zusammenschau verschiedener kultureller Entwicklungen und einen Einblick in den jeweiligen "Alltag" der Menschen, der in der analysierten Literatur nur ganz selten deutlich wird.

Zum Verstehen einer Sache gehört also nicht nur das Objekt allein, es spricht durchaus nicht nur für sich selbst. Vielmehr wird der im Vordergrund stehende Apfel erst mit dem jeweiligen "Hintergrund" von zeitgeschichtlich geprägten, kulturellen und sozialen Umgangsformen ein interpretierbarer und damit verständlicher Gegenstand. Hier tauchen auch andere für den Bereich der Planung und der Gesellschaft durchaus wichtige Gebiete, wie z.B. die Bedeutung des Apfelbaumes für die Landschaft oder der Handel mit Äpfeln für die Stadtplanung auf, sie sind jedoch nur ein Teil des gesamten "Hintergrundes".

Diese Art der Herangehensweise macht es notwendig, den Apfel über verschiedene historische Phasen zu verfolgen, denn erst eine Betrachtung über längere Zeiträume erlaubt es Hinweise für die am Anfang formulierten Thesen zu finden und etwas über das Zusammenwirken von "Hintergrund" und "Vordergrund" zu lernen. Die Zeitabschnitte, die analysiert werden, sind dabei von der Absicht geprägt, möglichst vollständige Phasen kultureller Umgangsweisen mit dem Apfel zu beschreiben. Dies kann selbstverständlich nicht lückenlos geschehen[8]. Überlappungen mit anderen Entwicklungen, Unschärfen bei Beginn und Ende solcher Zeitabschnitte sind unvermeidbar[9]. Dennoch ist es selbstverständlich Absicht, möglichst solche historischen Phasen zu definieren, die einen "typischen" Umgang mit dem Apfel pflegten.

Die Beschreibungen vergangener historischer Entwicklungen des Apfels und seiner kulturellen "Hintergründe" können im übertragenen Sinne als "Bilder" aufgefaßt werden, zu denen eine Interpretation entsteht. Methoden aus der Kulturgeschichte können deshalb als Vorbild dienen (vgl. z.B. Strasser 1982, Wendorff 1985, Schivelbusch 1986).

Die Darstellung der "Hintergründe" erfolgt im wesentlichen im Rahmen inhaltlicher Exkurse, die ein Fenster in angrenzende Bereiche öffnen oder - vergleichbar mit einer Lupe - ins Detail gehende Einzelheiten beleuchtet. Der Apfel kann damit in Beziehung zu anderen gesellschaftlich-kulturellen Phänomenen gesetzt werden. Manche Themen stehen dabei mehr, andere weniger stark im Zusammenhang, tragen aber immer dazu bei, daß sich der Gebrauch des Apfels und seine Wahrnehmung ändert.

II.

DER WEG ZUM STANDARDAPFEL

Heute findet man in einem üblichen Supermarkt während der Apfelsaison, die etwa von Ende Juli bis Ende April dauert, ca. 10 Apfelsorten aus folgenden Ländern (Böge 1998, S. 34 - 43): Die Sorte "Boskoop" aus Südtirol und Deutschland, "Braeburn" aus Frankreich, "Elstar" aus Südtirol, "Gala" ebenso aus Südtirol, aber auch aus Spanien, "Holsteiner Cox" aus Holland, "Idared" aus Deutschland, "Jonagold" aus Holland sowie "Golden Delicious", "Granny Smith" und "Red Delicious" wiederum aus Südtirol. Außerhalb der Saison, also von etwa Mai bis Juli, gibt es 6 Sorten im Angebot: "Braeburn" aus Neuseeland, "Gala" aus Italien, "Golden Delicious" aus Südtirol und Südafrika, "Granny Smith" und "Jonagold" aus Italien sowie "Red Delicious" aus Argentinien.

Nach einem Blick in andere Einzelhandelsgeschäfte wie Verbrauchermärkte, Discounter und Supermärkte, in denen heute die meisten Verbraucher frisches Obst kaufen (Neumann 1997, S. 50), kristallisiert sich immer wieder ein ähnliches Angebot heraus. Die am häufigsten gekaufte Sorte soll angeblich der "Golden Delicious" sein, dann folgen der "Jonagold", "Elstar" und "Granny Smith" (Neumann 1997, S. 42). Das Angebot in den Läden entspricht demnach voll und ganz den aktuellen Käuferwünschen.

Außerhalb der Saison kommen diese Apfelsorten zum großen Teil von anderen Kontinenten, innerhalb der Saison überwiegend aus Europa. Äpfel aus deutschen Anbaugebieten sind selten, obwohl - dies zeigen auch die jüngsten Ausstellungen bei Treffen deutscher und ausländischer Pomologen - noch ein riesiges Potential vorhanden ist. Die Anzahl an Apfelsorten in Deutschland wird noch auf über 1.000 geschätzt (Rösler 1996, S. 67). Eine wirtschaftliche Bedeutung hat allerdings nur ein Bruchteil von ihnen. Durch weltweite Wirtschaftsbeziehungen ist es heute selbstverständlich geworden, daß Äpfel, anstatt von verschiedenen Bäumen, aus anderen Kontinenten kommen: In einer Broschüre für die Lehrerfortbildung zum Thema Apfel kann man z.B. lesen, daß das ganze Jahr über frische Äpfel gekauft werden können, denn sie kommen aus großen Kühlhäusern oder werden mit dem Flugzeug aus fernen Ländern gebracht (Berliner Institut für Lehrerfort- und -weiterbildung und Schulentwicklung 1996, S. 30). Diese Tatsachen sollen die Kinder über den Apfel lernen.

Eine Umfrage unter 100 Kunden aus unterschiedlichen Lebensmittelläden in einer ländlichen Gegend in Süddeutschland hat ergeben, daß durchschnittlich 4 - 5 Apfelsorten bekannt sind. Die Kenntnis liegt damit weit unter der Anzahl bekannter Automarken. 29 % der Befragten kannten 6 und mehr, nur noch 11 % kannten 8 oder mehr Apfelsorten (Rösler 1996, S. 163 und 164). Die Mehrzahl der Nennungen bezieht sich auf Standardsorten wie z.B. "Golden Delicious", "Granny Smith", "Boskoop", "Jonathan", "Gloster" und den in Baden Württemberg bekannten "Glockenapfel".

Beim Blick auf das vorhandene Standardangebot fällt auf, daß alle Sorten ein makelloses Aussehen und ungefähr die gleiche Größe haben. Abgesehen von der Farbe, unterscheiden sie sich kaum. Die unterschiedlichen Geschmacksrichtungen beschränken sich auf süß und sauer, wobei grüne Äpfel praktisch immer mit einem sauren Geschmack in Verbindung gebracht werden. Mit entsprechenden Schildern wird darauf hingewiesen, wie gesund ein Apfel ist. Unterschiede zwischen verschiedenen Apfelsorten gibt es dabei nicht:

Äpfel

Vitamine und Mineralstoffe
vor allem Vitamin A, C, E sowie B-Vitamine, Kalium, Calcium, Magnesium, Phosphor und Eisen.

Unser Tip:
"One apple a day keeps the doctor away" und regt die Darmtätigkeit an.

gesehen bei HAWEGE Kassel-Wilhelmshöhe

Sind diese Apfelsorten, die überall in den Geschäften zu finden sind die einzigen, die groß, "schön", grün, rot und gelb sowie süß oder sauer und außerdem gesund sein können? Sind sie tatsächlich so beliebt? Warum haben sich ausgerechnet diese Sorten im Angebot herauskristallisiert? Weshalb ist es heute selbstverständlich, daß Äpfel von der anderen Seite der Erde kommen? Und wie kommt es, daß ein Apfel praktisch nur noch mit dem Attribut Gesundheit in Verbindung gebracht wird?

Mit dem folgenden historischen Rückblick soll nachvollzogen werden können, wie sich die Sortenvielfalt und Erscheinungsform des Apfels abhängig von seinem Gebrauch und vor dem Hintergrund spezifischer gesellschaftlicher Entwicklungen und Einstellungen geändert hat. Im ersten Kapitel wird darauf eingegangen, wo der Ursprung des Apfels liegt und welche Bedeutungen er, insbesondere in der Mythologie hat. Darüber hinaus geht es um den Apfel als Nahrungsmittel und seine Rolle in der Medizin bis zum 18. Jahrhundert. Wie sich um den Apfel im 19. Jahrhundert eine ganze Kulturform rankt, wird anschließend im zweiten Kapitel beschrieben. Darauf folgt eine Darstellung der sich zur selben Zeit herausbildenden Entwicklung hin zum Erwerbsobstbau. Dabei wird sowohl auf die sich verändernden Lebens- und Wirtschaftsweisen während des 19. Jahrhunderts eingegangen als auch auf den entsprechenden Umgang und Gebrauch mit dem Apfel. Im vierten Kapitel geht es um den Apfel auf den Weg zum "Industrieprodukt". Insbesondere wirtschaftliche Entwicklungen spielen als Hintergrund für die Veränderungen, die mit dem Apfel geschehen, eine Rolle. Den Abschluß der Analyse bildet die Beschreibung verschiedener Nachkriegsentwicklungen, die ausschlaggebend dafür sind, daß der oben beschriebene Standardapfel mit ganz bestimmten Eigenschaften zu einer Selbstverständlichkeit geworden ist. Zunächst soll aber auf die Anfänge der Apfelkultur eingegangen werden.

II.

1. ANFÄNGE DER APFELKULTUR

Die Wörter Apfelbaum und Apfel haben in den Sprachen der Germanen, Kelten, Balten und Slawen Gemeinsamkeiten, auch wenn die Stammbildungen voneinander abweichen: Der Apfelbaum ist altnordisch der "apaldr", mittelhochdeutsch der "apfalter" und "affalter", altpreussisch der "wobalne" und altslawisch der "jablanî" und "ablanî" (Füllemann, Füllemann 1997, S. 65). Das Wort Apfel ist germanischen Ursprungs und nicht wie viele andere Bezeichnungen aus dem lateinischen entlehnt: Vom germanischen Namen "apitz" ist das althochdeutsche "apful" abgeleitet. Die mittelalterliche Bezeichnung "Affaltra" kommt in zahlreichen Ortsnamen, wie z.B. Affalterbach, Affaltrach oder Afhoderbach vor (Laudert 1998, S. 56).

Unsere Kulturapfelsorten stammen von den beiden Wildapfelsorten Holzapfel und Zwergapfel ab, deren Ursprungsgebiete im Kaukasus und in Mittelasien sind. In Europa, Asien und Nordamerika sind über 20 Wildarten des Apfelbaumes bekannt, sie besiedeln die gemäßigte Zone Europas bis Westasien, im äußersten Norden und Süden fehlt er (Laudert 1998, S. 49).

Da Äpfel spalterbig sind, d.h. bei der Aussaat ihre Eigenschaften aufspalten, entsteht aus jedem Samen eine neue Sorte (Trenkle 1943, S. 117; Mitschurin 1951, S. 117; Petzold 1982, S. 11). Bis in das 19. Jahrhundert beruht die Apfelkultur aufgrund fehlender natur-wissenschaftlicher Kenntnisse deshalb auf Zufallsselektionen, d.h. aus Apfelsamen wurden neue Bäume gezogen, daraufhin die besten Sorten ausgelesen und über vegetative Vermehrung (Pfropfen, Okulieren) verbreitet. Erst später wird der Apfel systematisch gezüchtet (Daßler, Heitmann 1991, S. 147).

Ob Zufallsselektion oder systematische Züchtung: Um Äpfel einer - vom jeweils kul-turell-gesellschaftlich abhängigen Hintergrund - definierten Qualität zu erhalten, wird im Obstbau schon immer in die natürliche Entwicklung eingegriffen: Entweder wurden aus Massensaaten irgendeiner Sorte die besten Exemplare, die als Ergebnis von Mutationen oder natürlicher Bestäubung durch andere Pflanzen zustande gekommen waren, ausgelesen und für die vegetative Vermehrung weiterverwendet oder es wurden später durch künst-liche Fremdbefruchtung (Hybridisation) entsprechende Sorten gezielt gezüchtet und durch vegetative Vermehrung ausgebaut. Mit dieser Jahrtausend alten Methode der Aus-lese und später gezielten Kreuzung sollen inzwischen mehr als 1000 qualitativ "bessere" Edelsorten entstanden sein.

In Fachkreisen ist allgemein die Meinung verbreitet, daß "geringwertige" Apfelsorten heute ständig durch "wertvollere" Hybriden ersetzt werden (Täufel et al. 1993, S. 117). Die Definition dieser besseren Qualität, so wird in den folgenden Ausführungen auch deutlich gemacht, ist jedoch abhängig von den jeweiligen gesellschaftlichen Umständen, die den Gebrauch und die Wahrnehmung eines Apfels bestimmen. Das nächste Kapitel geht deshalb einleitend darauf ein, welche unterschiedlichen Einstellungen und Sichtweisen gegenüber dem Apfel vorhanden sein können, wobei es im ersten Teil um die verschiedenen symbolischen Bedeutungen des Apfels geht und im zweiten Teil um dessen verschiedene Gebrauchszwecke.

II.1.1

DER APFEL IN DER MYTHOLOGIE UND NEUERE ZUSCHREIBUNGEN

Im folgenden wird gegenüber gestellt welche Bedeutungen der Apfel in der Mythologie hatte und welche Bedeutungen ihm heute zugeschrieben werden. Dabei wird deutlich, wie der Apfel in den alten Mythen bewundert wird: Er ist ein Nahrungsmittel das an einem Baum hängt, sich ständig verändert, schön anzuschauen, und vielseitig verwendbar ist. Er ist ein Wunder und deshalb ranken sich auch viele Geschichten um ihn. Die neueren Bedeutungen sind dagegen von der Natur und Schicksalhaftigkeit abgekoppelt. Man wundert sich nicht mehr über den Apfel, er kann nicht mehr überraschen. Der Apfel wird nun beliebig und als reine Form einsetzbar.

Der Apfel in der Mythologie

Die Mythen und Geschichten, die sich um den Apfel ranken, reichen weit zurück. In allen euro-asiatischen Kulturen war er ein Symbol des Lebens, der Unsterblichkeit, der Liebe und Fruchtbarkeit und wurde weiblichen Gottheiten zugesprochen. In Babylon wurde Ischtar als Apfelträgerin verehrt, bei den Griechen Aphrodite und bei den Germanen Idun (Laudert 1998, S. 51). In der keltischen Tradition ist der Apfel auch mehrfach Symbol spirituellen Wissens (Herder Lexikon der Symbole 1978, S. 16).

Die Geschichte vom Paradiesbaum, dessen Früchte Unsterblichkeit verleihen sollen, taucht in den unterschiedlichsten Kulturen immer wieder als Legende auf. Die Insel Avalon, das Apfelland, galt den Kelten als Paradies. Die irischen Könige sollten, wenn ihre Todesstunde nahte, von der Licht- und Todesgöttin Morgaine einen magischen Apfel oder blühenden Apfelzweig, der sie in das Land der Jugend entführte, erhalten. In der gälischen Sprache hieß die glückselige Insel der Äpfel "Emain", die in der Skalendichtung folgendermaßen beschrieben wurde:

> "Ein immergrüner Ort ist das
> fruchtbare Emain;
> Schön ist das Land, wo es zu finden,
> Liebling ist das Schloß
> vor anderen Schlössern.
> Üppige Apfelbäume wachsen
> auf diesem Boden."

(aus Laudert 1998, S. 51)

In der nordischen Mythologie besaß die Göttin Idun die Herrschaft über die goldenen Äpfel des Lebens, die die Fähigkeit besaßen, den zu verjüngen, der sie verzehrte. Die Asen, das gewaltigste Göttergeschlecht in der germanischen Mythologie, bekamen täglich davon zu essen, wodurch sie immerwährende Jugend besaßen.

Ein Baum mit goldenen Äpfeln war auch in der griechischen Mythologie ein Symbol für neues Leben und Unsterblichkeit (Lurker 1990, S. 156). Die Göttin Hera, Gattin des Zeus, soll als Hochzeitsgeschenk von der Erdmutter Gaia einen Apfelbaum mit goldenen Äpfeln erhalten haben (Laudert 1998, S. 51). Dabei war der Apfel in den frühen Mythologien immer ein Symbol des Weiblichen: In jeder Kultur war sie es, die dem Menschen den Weg zur Vollkommenheit zeigte (Fischer-Rizzi 1993, S. 15). Der männliche Held hingegen zieht aus, um einen dieser Äpfel zu brechen. Er muß schreckliche Abenteuer bestehen, bis er am Ziel ist.

Herakles, oder auch römisch Herkules, einer der berühmtesten Helden der Antike, halb göttlicher, halb menschlicher Abstammung und Sohn des Göttervaters Zeus, muß,

Abbildung 1:
"Herkules Farnese von hinten",
Hendrik Goldzins, Kupferstich
um 1592 (Staatliche Museen
Kassel, Graphiksammlung)

als er erwachsen ist, zwölf Arbeiten vollbringen. Als letzte Tat soll Herkules die goldenen Äpfel der Hesperiden holen. Die Äpfel befinden sich in einem Garten am Rande der Welt und werden von dem Drachen Ladon und den Hesperiden bewacht (Lukatis, Ottomeyer 1997, S. 16). Es gibt zwei überlieferte Versionen des Hesperidenabenteuers: Nach der ersten Version überredet Herkules Atlas, Hesperidenvater und Träger des Himmelsgewölbes, die Äpfel zu holen, da er selbst den Garten nicht betreten darf. Atlas ist froh die Last des Himmelsgewölbes eine Zeit lang an Herkules abgeben zu können. Nach der Rückkehr von Atlas kann Herkules ihn nur mit einer List überzeugen, den Himmel wieder zu übernehmen, nur durch sie kann er mit den Äpfeln entschwinden. Nach der zweiten Version dringt Herkules selbst in den Garten ein, tötet den Drachen Ladon und pflückt die Äpfel. Diese Apfelgeschichte ist in der Figur des Herkules Farnese, die auch auf dem Oktogon in Kassel-Wilhelmshöhe steht, verkörpert: In der rechten, hinter dem Rücken verborgenen Hand hält der Held die Äpfel aus dem Garten der Hesperiden.

Der Apfel symbolisiert in der griechischen Mythologie auch Liebe und Lust. Die Zerstörung Trojas soll auf einen Racheakt zurückzuführen sein, der mit einem Apfel seinen Anfang nahm: Zur Hochzeit von Thetis und Peleus waren alle Götter als Gäste geladen, nur Eris, die Göttin der Zwietracht war vergessen worden. Sie warf deshalb rachedurstig einen Apfel mit der Aufschrift "Der Schönsten" in die Hochzeitsgesellschaft, worauf Paris diesen Zankapfel derjenigen Göttin überreichen sollte, die seine Aufschrift am meisten verdiente. Unter Hera, Athene und Aphrodite wählte Paris Aphrodite, die Göttin der Schönheit, Lust und Sexualität, denn sie hatte ihm Helena, die schönste und meistbegehrte Frau der Erde zur Gattin versprochen. Paris, der Sohn des trojanischen Königs Priamos, entführte Helena kurze Zeit später, worauf der Trojanische Krieg ausbrach. Im Trojanischen Krieg nahm die ursprüngliche Rache der Zwietrachtsgöttin Eris ungeahnte Ausmaße an (Laudert 1998, S. 54).

Im Christentum wird der ursprüngliche Symbolgehalt des Apfels in sein Gegenteil verkehrt: "Malum ex malo": Alles Unheil kommt vom Apfel. Der lateinische Begriff hat bezeichnenderweise zwei Bedeutungen, nämlich "Apfel" und "Übel" bzw. "böse" (Steiner 1993, S. 9; Laudert 1998, S. 53). Allerdings hat die Frucht in der christlichen Symbolik eine zwiespältige Bedeutung:

"Gott ließ aus dem Erdboden allerlei Bäume aufsprießen, lieblich zum Anschauen und gut zur Nahrung, den Lebensbaum aber mitten im Garten, und auch den Baum der Erkenntnis von Gut und Böse .... Gott gebot dem Menschen: Von allen Bäumen des Gartens darfst Du essen; nur vom Baum der Erkenntnis darfst Du nicht essen ... Die Schlange aber war listiger als alle anderen Tiere des Feldes. Sie sprach zur Frau: Hat Gott wirklich gesagt: Ihr sollt von keinem Baum des Gartens essen? .... Da sah die Frau, daß der Baum gut sei zum Essen und eine Lust zum Anschauen. Sie nahm von seiner Frucht, aß und gab auch ihrem Mann, und auch er aß." (Genesis 2,9-3,6) (vgl. Farbtafel I).

Von der christlichen Theologie wird diese Begebenheit als Sündenfall bezeichnet. Er hat die Vertreibung aus dem Paradies zur Folge, brachte der Menschheit Schmerzen, Mühsal, Arbeit und Tod sowie alle möglichen anderen Übel. Nach der Umwandlung der frühen matriarchalen Mutterreligionen, in denen der Apfel mit positiven und (meist) erstrebenswerten Begriffen wie Unsterblichkeit, Leben, Liebe und Fruchtbarkeit verbunden wurde, bekam der Apfel im Christentum die Bedeutung der Sünde und des Verderbens zugesprochen. Die patriarchalischen Kirchenväter verwandelten den lebensspendenden Apfel in ein Objekt der Sünde und der Verführung (Fischer-Rizzi 1993, S. 16). Die früher weise Göttin wurde nun als neugierige, schwache Eva wahrgenommen, die eine schwere Sünde beging, indem sie den Apfel vom Baum der Erkenntnis kostete.

Doch nicht nur Verführung und Sünde symbolisiert der Apfel im Christentum, sondern auch Erlösung: Der Apfel wird nicht nur in der Hand von Adam und Eva dargestellt, sondern auch in der Hand von Maria und Jesus. Maria ist das Gegenbild zu Eva: Durch die eine kam die Sünde, durch die andere die Erlösung (Steiner 1993, S. 9). In der Malerei sind häufig Darstellungen zu finden, auf denen Maria dem Jesuskind eine Blume oder eine auf die Erlösung hinweisende Frucht wie Apfel, Granatapfel oder Traube bzw. später eine goldene Kugel reicht. Die von Eva verbotenerweise gepflückte Frucht führt zum Sündenfall, aus den Händen des göttlichen Kindes aber gereicht sie den Menschen zum Heil (Lurker 1990, S. 174).

Gleichfalls wird der Apfel zu einem Zeichen weltlicher Macht: Eine ausführliche Beschreibung des sogenannten Reichsapfels und über dessen Gebrauch ist in "Zedlers großem Universallexikon" von 1742 zu finden. Den ersten Reichsapfel soll es hiernach schon seit Karl dem Großen (d.h. um 800) gegeben haben: "Reichs - Apfel ist eines derer Reichskleinodien, so einem Kayser bei seyner Krönung vorgetragen und als ein Zeichen seiner Herrschafft überreicht wird. Der Römische Kayser Augustus hat eine schlichte Kugel angenommen, seine angemaßte Herrschafft über die ganze Welt dadurch anzudeuten. Die Griechischen Kayser haben sie nachgehends mit einem Kreuz überhöhet, anzuzeigen, daß alle Reiche Christo unterworffen sein sollen. Der Papst Benedict VIII soll dergleichen Insignie dem Kayser Heinrich II zugeschickt haben, von welcher Zeit es die Deutschen Kayser beibehalten. Carl V hat den Reichs - Apfel dem Churfürsten zu Pfalz, dessen Amt ist, demselben bey einer Krönung vorzutragen, in das Wappen gesetzt, der aber nunmehr von Chur Bayern geführet wird. Verschiedene Stände des Reiches haben einen Reichs - Apfel auf ihre Münzen prägen lassen, ihre Pflicht gegen den Kayser und das Reich zu verstehn zu geben. Hingegen haben auswärtige Könige und selbstwältige Fürsten denselben, als ein Zeichen der höchsten Gewalt auf die Kronen und Hüte ihrer Wappen gesetzt. Es bestehet aber der eigentlich so genannte Reichs - Apfel, welcher einem neu erwählten Kayser öffentlich vorgetragen und bei dessen erfolgter Krönung überreicht wird, aus einer mittelmäßigen Kugel, welche man wohl in eine Manns-Hand fassen kan. Er ist ganz von dem allerfeinsten Golde, 3 Marck und 3 Loth schwer, inwendig aber ist eine pechige Materie. Es gehen nach der Länge und Breite zwey Ringe herum, deren einer halb, der andere ganz mit Edelsteinen besetzet ist, das Gold daran ist aber etwas schlechter, als an dem Reichs - Apfel. Oben darauf stehet ein güldenes Kreuz, mit allerley Edelsteinen, welche meist geschliffen sind, ingleichen halbe Perlen. Auf einem Sapphir ist ein Monogramma, so vermuthlich den Namen Cuonrad enthält. Neben diesem sind noch zwey andere Reichs - Aepffel unter denen Reichs - Kleinodien vorhanden, welche aber bey der Krönung nicht gebraucht werden, nur von vergüldeten Silber und innen hohl seyend, oben darauf stehen auch vergüldete Kreuze ohne Edelgesteine. Den zuerst angeführten Reichs - Apfel hält der Herr von Ebner für Carls des Großen seinen, wie er auch also in denen alten Matriculu derer Reichs - Kleinodien genannt wird; von dem Kreuz und übrigen Zierrathen aber glaubt er, sie möchten erst um die Zeiten Kayser Conrads II hinzugekommen seyn." (Zedlers großes Universallexikon 1742, S. 65).

Der Reichsapfel ist meist eine schlichte Kugel, teilweise umspannt von Bügeln, die mit Perlen oder Edelsteinen verziert sind (vgl. Farbtafel II). Bei christlichen Herrschern war er mit einem Kreuz bekrönt (Herder Lexikon der Symbole 1978, S. 16). Im Mittelalter[10] gehört der Apfel als Reichsapfel neben dem Zepter und der Krone zu den Insignien der Kaiser und Könige. Die Kugelform wird zum Abbild des Kosmos und der Erde (Schramm 1958, S. 178; Steiner 1993, S. 9). 1492 fertigt Martin Behaim einen Globus an, den er in Analogie zum Reichsapfel "Erdapfel" nennt. Die Gegenstücke dazu sind die ab dem 16. Jahrhundert auftauchenden Reichsäpfel, deren Kugel wie ein Globus ausgestaltet ist (Schramm 1958, S. 54).

Friedrich Schiller, der immer einen Apfel in seiner Schreibtischschublade aufbewahrt haben soll (Laudert 1998, S. 56), verwendet in seinem Drama Wilhelm Tell (1804) den Apfel als zentrales Requisit, das Herrschaft symbolisieren soll: Als Wilhelm Tell und sein Sohn Walter den Hut des Landvogtes Geßler nicht grüßen, zwingt Geßler Tell, einen Apfel vom Kopf des eigenen Sohnes zu schießen. Tell muß ein tödliches Risiko eingehen, da er die Macht des Vogtes nicht anerkennt:

> *"Nun Tell! Weil du den Apfel triffst vom Baume*
> *Auf hundert Schritte, so wirst du deine Kunst*
> *Vor mir bewähren müssen - Nimm die Armbrust -*
> *Du hast sie gleich zur Hand - und mach dich fertig,*
> *Einen Apfel von des Knaben Kopf zu schießen -*
> *Doch will ich raten, ziele gut, daß du*
> *Den Apfel treffest auf den ersten Schuß,*
> *Denn fehlst du ihn, so ist dein Kopf verloren."*
>
> *(Friedrich Schiller: Wilhelm Tell)*

Tell trifft den Apfel mittendurch und der Bann scheint gebrochen. Doch nachdem Tell dem Landvogt gesteht, einen zweiten Pfeil bereitgehalten zu haben, um bei ungünstigem Ausgang den Landvogt zu töten, demonstriert Geßler noch einmal seine Macht, verhaftet Tell und will ihn einkerkern. Unter widrigen Umständen kann Tell fliehen und plant, Geßler zu erschießen. Er übt Rache am Tyrannen in der Hohlen Gasse und gibt damit das Zeichen zur Erhebung gegen die Unterdrücker.

Auch hier symbolisiert der Apfel Macht und Herrschaft. Nach Zedlers großem Universallexikon müßte auf Geßlers Hut ein Wappen mit dem Reichsapfel gewesen sein. Tell unterwirft sich dieser Macht nicht, kann sie vorläufig sogar brechen, als er den Apfel vom Kopf seines Sohnes schießt, aber endgültig erst, als er Geßler selbst umbringt. Die schweizer Sage Wilhelm Tell taucht schon im Laufe des 15. Jahrhunderts auf. Allen Überlieferungen dieser Sage ist die Apfelschußszene und die Ermordung Geßlers gemeinsam. Der Aufstand gegen Macht und Herrschaft bleibt das Zentralmotiv der Geschichte.

Dagegen betrachtet Johann Wolfgang von Goethe den Apfel nicht als Machtsymbol, sondern knüpft in seinem Werk Faust (1808) an die griechische Mythologie an: Der Apfel steht hier für die begehrlichen Frauenbrüste, die mit Liebe Lust und Fruchtbarkeit in Verbindung gebracht werden[11]: Dr. Faustus bekennt in der Walburgisnacht:

"Einst hatt ich einen schönen Traum.
Da sah ich einen Apfelbaum.
Zwei schöne Äpfel glänzten dran.
Sie reizten mich, ich stieg hinan."

Worauf Gretchen voll Hingabe erwidert:

"Der Äpfelchen begehrt ihr sehr,
und schon vom Paradiese her,
von Freuden fühl ich mich bewegt,
daß auch mein Garten solche trägt."

(Johann Wolfgang von Goethe: Faust)

Auch im deutschen Volksglauben steht der Apfel häufig in Beziehung zur Fruchtbarkeitssymbolik: "Sie hat des Apfels Kunde nit", heißt es z.B. von einem Mädchen, das noch nichts vom geschlechtlichen Umgang weiß; gibt es in einem Jahr viele Äpfel, so gibt es im nächsten Jahr viele Buben (Handwörterbuch des deutschen Aberglaubens 1987, S. 511). Der Andreasabend (30. November) galt als Orakelnacht für Heiratslustige. Die betreffende Person mußte an diesem Abend einen Apfel häuten, ohne die Schale abreißen zu lassen. Über die Schulter geworfen, konnte man aus der auf dem Boden liegenden Form der Schale den Anfangsbuchstaben des Zukünftigen herausdeuten (Laudert 1998, S. 53). In Kirgisien sollen sich Frauen, die Kinder bekommen wollten, unter einen Apfelbaum gelegt haben; orientalische Jüdinnen wuschen sich mit Apfelsaft vermengtem Wasser, um schwanger zu werden (Füllemann, Füllemann 1997, S. 35).

Auch als Liebessymbol tritt der Apfel im deutschen Aberglauben sehr häufig auf: Mit einem Apfel, der unter der Achsel oder auf den Genitalien gelegen war und tüchtig durchgeschwitzt wurde, kann man die Liebe eines Mädchens erwerben; Apfelkerne zu Staub gebrannt und mit dem Menstruationsblut vermischt, einem Jüngling in die Speise gemengt, soll ihn zu toller Liebe treiben (Handwörterbuch des deutschen Aberglaubens 1987, S. 512).

Durch Kinder- und Hausmärchen werden die alten Symbolgehalte des Apfels teilweise bis in unsere Zeit, wenn auch in verschlüsselter Form, weitergetragen (Uther 1997). Meist bringen die - verbotenerweise gepflückten oder gegessenen - Äpfel in den Märchen Glück und Geld ("Frau Holle") oder eine schöne Prinzessin bzw. Prinzen ("Schneewittchen", "Dat Erdmänneken") oder gar beides ("Der Teufel mit den drei goldenen Haaren", "Der goldene Vogel", "Der Eisenhans"). Der Apfel erfüllt in den Märchen oftmals auch eine Art Schutzfunktion. Er wird benutzt, um etwas aufzuhalten (z.B. "Schneewittchen") oder zu prüfen (z.B. "Frau Holle"), führt aber letztendlich doch immer zum guten Ausgang. Und in dem Märchen "Von dem Machandelboom" wird der Apfel wieder mit der uralten Symbolik Fruchtbarkeit und Unsterblichkeit in Verbindung gebracht.

In Sagen wird überliefert, daß es Apfelbäume gibt, die in der heiligen Nacht blühen und dann gleich Früchte tragen; wenn man sich in der Christnacht unter einen Apfelbaum stellt, soll man den Himmel offen sehen (Handwörterbuch des deutschen Aberglaubens 1987, S. 518). Aber auch unheimlich erscheint der Apfelbaum in verschiedenen Sagen: Auf dem Heuberg bei Rottenburg a. N. kommen Freitags die Hexen zusammen und tanzen unter einem großen Apfelbaum, dem "Hexenbäumle"; der Alp erscheint in Apfelgestalt oder der Apfel verwandelt sich in eine Kröte (Handwörterbuch des deutschen Aberglaubens 1987, S. 518).

Folgende weitere abergläubische Bedeutungen sind überliefert: Damit Apfelbäume gut tragen, müssen sie am Karsamstag beim Glorialäuten oder am 25. März vor Sonnenaufgang geschüttelt werden. Wenn man den Kadaver eines jungen Schafes in den Apfelbaum hängt, soll er besser tragen. Bei der Apfelernte muß man ein oder zwei Äpfel am Baum hängen lassen (Opfer an den Baumgeist); die Früchte eines zum ersten Mal tragenden Apfelbaums muß man (auch wenn es nur ein Apfel ist) in einem großen Korb nach Hause tragen; die Kerne der an Weihnachten verspeisten Äpfel, in den Garten gepflanzt, geben das beste Obst und bedürfen keiner Veredelung (Handwörterbuch des deutschen Aberglaubens 1987, S. 510 - 511).

Neben den genannten Bedeutungen, die der Apfel im Aberglauben hat, spielt die Symbolik Heim, Haus, Geborgenheit und Heimat im Zusammenhang mit dem Apfel lange Zeit eine große Rolle. In den bekannten Gedichten "Einkehr" von Ludwig Uhland (1787 - 1862), "Vom schlafenden Apfel" von Robert Reinick (1805 - 1852) und "Apfel-Kantate" von Hermann Claudius (1878 - 1980) ist der Apfel unzertrennlich mit diesen Bedeutungen verbunden. Auch in dem Kindergedicht "In meinem kleinen Apfel" kommen sie zum Ausdruck:

> *In meinem kleinen Apfel,*
> *da sieht es lustig aus:*
> *es sind darin fünf Stübchen*
> *grad wie in einem Haus.*
> *In jedem Stübchen wohnen*
> *zwei Kernchen schwarz und fein,*
> *die liegen drin und träumen*
> *vom lieben Sonnenschein.*
> *Sie träumen auch noch weiter*
> *gar einen schönen Traum,*
> *wie sie einst werden hängen*
> *am lieben Weihnachtsbaum.*
>
> *(Volkstümlich überliefertes Liedgut)*

Insbesondere im Zweiten Weltkrieg sind Heimat und Verbundenheit zum Vaterland von großer ideologischer Wichtigkeit. Auch hier wird der Apfel symbolisch verwendet, wie das Gedicht eines Kriegsberichterstatters zum Ausdruck bringt:

Ein Apfel von daheim

So gut hat mir kein Apfel je geschmeckt,
Wie dieser eine, der aus Deutschland kam ...
Im Beutel, den ich mit nach vorne nahm,
hab ich mit frohem Staunen ihn entdeckt.

Ich spüre - und bekenn es ohne Scham - ,
daß er in mir ein leises Heimweh weckt,
weil in ihm all der zarte Zauber steckt,
der mich im Herbst zu Hause überkam.

Mir ist, ich seh den alten Apfelbaum,
in goldenroter Üppigkeit und Süße
behangen bis zum hohen Wipfelsaum.

Klang nicht der leichte Schritt vertrauter Füße?
Der Apfel hält mich wohl so tief im Traum,
als wenn ich fernhin meine Mutter grüße ...

(Kriegsberichter Heinrich Knacker)[12]

Neuere Zuschreibungen

Die neueren Bedeutungen, die dem Apfel zugeschrieben werden, werden im Gegensatz zu dessen mythologischen nicht mehr mit Wundern, Überraschungen oder gar Gefühlen in Verbindung gebracht. In der allgemein bekannten Werbung geht es vielmehr um rationale Kalküle: Der Apfel steht hier für Gesundheit (z.B. in der Zahnpasta-Werbung) oder Natürlichkeit (z.B. in der Kosmetik-Werbung). Mit Äpfeln soll man erfolgreich abnehmen können, wobei die Früchte alle wichtigen Nährstoffe enthalten: Ein ungeschälter roher Apfel von 150 Gramm Gewicht enthält 75 Kilokalorien, 0,3 Gramm Eiweiß, 0,9 Gramm Fett, 15,4 Gramm verwertbare Kohlenhydrate, 4,5 Gramm Ballaststoffe, 2 Milligramm Natrium, 216 Milligramm Kalium, 11 Milligramm Kalzium, 15 Milligramm Phosphor, 0,5 Milligramm Eisen sowie 0,05 Milligramm Thiamin, 0,03 Milligramm Riboflavin, 0,08 Milligramm Pyridoxin, 10 Milligramm Ascorbinsäure bzw. Vitamin C und die Vitamine B1, B2 und B6 (Füllemann, Füllemann 1997, S. 110).

Die Redewendung "Für nen Appel und nen Ei" weist dagegen darauf hin, daß ein Apfel etwas günstiges ist (Laudert 1998, S. 50). Die Firma OBI wirbt auf ihren Prospekten mit diesem Symbol, um darauf hinzuweisen, wie billig und gut die Dinge sind, die sie verkaufen (vg. Farbtafel III). Auch der Supermarkt DELTA wirbt, weit sichtbar, mit einem großen grünen Apfel, um auf seine "frischen und günstigen" Angebote aufmerksam zu machen. Die Einkaufsgelegenheiten der Shell-Tankstellen symbolisieren dagegen mit dem Apfel "Das bequeme Shopping".

Bevor im nächsten Kapitel auf den frühen Umgang und den Gebrauch mit dem Apfel eingegangen wird, soll mit den zwei folgenden Anekdoten abschließend die inzwischen feststellbare weit verbreitete Beliebigkeit der neueren Bedeutungszuschreibungen des Apfels verdeutlicht werden:

So soll z.B. die Stadt New York durch einen Apfel bekannt geworden sein. In den 70er Jahren, als New York große soziale Probleme hat, wird eine Werbekampagne gestartet, deren Kennzeichen ein roter Apfel ist. Das Konzept knüpft an die verbreitete Bezeichnung "The Big Apple" an: 1920 soll New York das erste Mal "Big Apple" genannt worden sein. Die Bezeichnung entsteht angeblich im Zusammenhang mit den damals bekannt gewordenen kreisförmigen Pferderennbahnen. In den 30er Jahren benutzen dann auch schwarze Jazzmusiker den Namen, um New York und Harlem bekannt zu machen, dort gibt es sogar ein Nachtclub mit dem Namen "Big Apple". Ebenso wird ein Tanzschritt, der in den 30ern in den ganzen USA Mode wird, so benannt. Der Apfel und die Stadt New York werden im Laufe der Zeit unzertrennlich: "An apple is shaped like the world, and by synecdoche, the Big Apple has become to stand for the place where opportunities - and problems - converge. If you can make it in New York, you can make it anywhere." (Stern, Mellins, Fishman 1995, S. 33).

Auch von der Computerfirma Apple Macintosh wird der Apfel als Symbol für die ganze Welt eingesetzt: Zu Beginn sollte diese Computermarke für dezentrale Intelligenz (der Kleincomputer für den individuellen Haushalt) und eine alternative Lebensform stehen. Heute steht er für Modernität und globale Vernetzung. Die Namengebung steht in direkter Beziehung zum Apfel: Als Steve Jobs mit seinen Kollegen die Firma in einer kalifornischen Garage gründete, waren die Apfelkisten der Sorte Macintosh[13], die als Regale, Tische und Sitzgelegenheiten in der Werkstatt herumstanden, ausschlaggebend bei der Namensfindung. Die Gründer der Firma benutzten den Apfel und den Sortennamen, um einen günstigen und qualitativ guten Computer, den man sich überall auf der Welt leisten kann, zu symbolisieren[14]. Das Firmenlogo ist ein poppiger, regenbogenfarbengestreifter, angebissener Apfel. Seit Juni 1998 ist das Logo geändert worden: Nicht mehr der farbenfrohe, poppige (alternative) Apfel ist das Aushängeschild der Firma, sondern ein silbergrauer Apfel tritt an dessen Stelle, um eine besondere Qualität, die dennoch preiswert ist, zu symbolisieren.

II.1.2

BEDEUTUNG VON OBST ALS NAHRUNGSMITTEL UND IN DER MEDIZIN BIS ZUM 18. JAHRHUNDERT

Durch die Römer sollen verschiedene Obstarten- und sorten, namentlich auch Äpfel nach Gallien und Germanien eingeführt worden sein. Die Germanen hatten zu dieser Zeit offensichtlich noch keine wohlschmeckenden Früchte. Als Beleg wird der römische Geschichtsschreiber Tacitus angeführt, der spöttisch vom "agrestia poma", dem ländlichen oder wilden Obst der Germanen berichtet hat (Laudert 1998, S. 49). Die Römer sollen hingegen etwa 30 verschiedene Apfelsorten gezüchtet haben (Laudert 1998, S. 50) und kannten auch die Kunst der Vermehrung durch Veredeln (Wolf 1989, S. 38). Die älteste Beschreibung über das Veredeln stammt nachweislich aus Virgils[15] Georgica, seinen Gedichte vom Landbau[16]:

"Wo aus ebener Rinde der knospende Keim sich hervordrängt
Und sein zartes Gewebe durchbricht, wird enge
gehöhlet
Grad in den Knoten ein Schoss; Hier schleuß des
anderen Baumes
Aug" hinein, und lehr es in saftiger Schale bekleiben.
Aber ein glatter Stamm wird abgesägt, und mit Keilen
Tief ein Weg in die Härte gebahnt; Dann füge des Obstes
Schwangeres Reis in den Spalt; Nicht lange dau'rts,
und gewaltig
Schwang sich empor zum Himmel der Baum mit
glücklichen Zweigen,
Selber sein neues Laub und nicht eigene Früchte bewundernd."

(Aus Virgils Georgica II.74.)

Nach der Zeitenwende drangen die Römer verstärkt nach Germanien vor und gründeten dabei viele Städte. Davon lagen die meisten in Gunstlandschaften, d.h. in Gegenden mit gutem Klima und Boden. Die großen Städte und befestigten Castra wie Colonia Traiana (Utrecht), Castra Vetera (Xanten), Colonia Agrippina (Köln), Augusta Treverorum (Trier) und Maguntiacum (Mainz) haben einen Kranz von intensiv genutztem Gartenland um sich gehabt (Busch 1984, S. 22)[17].

Nach dem Ende des Römischen Reiches und der Völkerwanderung (Höhepunkt im 4.-6. Jahrhundert) war die Kultur in Deutschland dann jedoch weitgehend eine bäuerliche, die auf Naturalwirtschaft beruhte. Die Höfe und Siedlungen waren von "Hausland" umgeben, das für den Gartenbau genutzt wurde (Busch 1984, S. 22). Es kann davon ausgegangen werden, daß in diesen Gärten auch Obstbäume gestanden haben.

Von Kaiser Karl dem Großen (768 - 814 n. Chr.) sind wieder die ersten Aufzeichnungen über Apfelbäume überliefert. In einer Landgüterverordnung für die königlichen Höfe ("Capitulare de Villis")[18] im damaligen Fränkischen Reich verordnete er den Anbau von Gartengewächsen. Auf seinen Hofgütern sollten Obstbäume aller Art (z. B. Äpfel, Kirschen, Pflaumen, Pfirsiche und Birnen) gepflanzt werden (Morgan, Richards 1993, S. 25). Karl der Große legte auf seinen Gütern Greisenwyler, Stephanswerth und Treola Baumschulen an (Winkelmann 1944, S. 10). Damals sollen bereits 70 Apfelsorten bekannt gewesen sein (Heller 1995, S. 20). Die Liste der im "Capitulare de Villis" empfohlenen Apfelsorten weist auf damals schon wertvolle Apfelsorten hin (z.B. Gormaringer und Geroldinger) (Busch 1984, S. 22).

Die Klöster sind seit Beginn und während des gesamten Mittelalters jedoch die eigentlichen Träger und Verbreiter des Garten- und Obstbaus in Europa (Herrmann 1966, S. 23). Im einzigartig erhaltenen Bauplan vom Kloster St. Gallen (um 830) wird deutlich, daß neben anderen Obstbäumen auch Apfelbäume wuchsen. Beim Kloster sollen helle Äpfel mit zarter Schale gewachsen sein, so groß, daß die Schüler mit beiden Händen nach ihnen greifen konnten (Füllemann, Füllemann 1997, S. 58). Die Gartenausmaße waren relativ klein, so daß er für die Selbstversorgung der Klosterbewohner nicht gereicht hätte. Dies weist darauf hin, daß in erster Linie Versuchspflanzungen vorgenommen wurden, d.h. neben anderem Obst und Gemüse auch Apfelsorten selektiert und veredelt wurden. Diese Pflanzen wurden außerhalb des Klosters verbreitet und in anderen Gärten kultiviert. Mit der Ausbreitung der Klöster müssen sich demnach auch neue Kulturapfelsorten verbreitet haben.

Das naturwissenschaftliche Wissen in den Klöstern findet neben der mündlichen Überlieferung auch über Bücher seine Verbreitung: Die Benediktinerin Hildegard von Bingen (1098 - 1179) zählt in ihrem "Buch von dem inneren Wesen der verschiedenen Naturen und Geschöpfe" (um 1160) eine ganze Reihe von Obstarten und -sorten auf (Trenkle 1943, S. 10; Vogellehner 1984, S. 81). Für sie steht dabei die Heilkunde im Vordergrund: Den Saft von im Frühjahr gepflückten Apfelbaumblättern, vermengt mit dem Saft der Rebe, empfiehlt sie gegen Augentrübung. Nach Hildegard von Bingen sind rohe Äpfel nur gesunden Menschen, nicht den Kranken bekömmlich (Füllemann, Füllemann 1997, S. 139).

50 bis 80 Jahre später schreibt Albertus Magnus, Naturforscher, Philosoph und Theologe in verschiedenen Dominikanerorden (1193 - 1280), Bücher zum Thema Landwirtschaft, Garten- und Obstbau: Das 7. Buch der Botanik "Über die Verwandlung der Pflanze aus dem wilden Zustand in den Kulturzustand" gibt eine Reihe von Kulturanweisungen für verschiedene Garten- und Landwirtschaftspflanzen, wobei auch Apfelbäume genannt werden (Vogellehner 1984, S. 82 - 83).

Im Mittelalter wird auf dem Land der Garten- und Obstbau hauptsächlich für die Selbstversorgung betrieben, der Austausch dieser Produkte erfolgt ausschließlich vor Ort. Baumgärten liegen vielfach in der Mitte eines Herrenhofes und bilden damit in der Regel den Ortsmittelpunkt[19] (Kroeschell 1984, S. 99). Mumford beschreibt die Versorgung mit Lebensmitteln im 12. Jahrhundert folgendermaßen: "Man beachte die Reihenfolge. Zunächst haben wir das untertänige Land, wo Waren meistens nur am Ort erzeugt und ausgetauscht wurden. Nur Abteien und Krongüter verkauften ihren Wein, ihr Getreide und Öl über große Entfernungen. Was aus der Ferne an Handel die Stadt erreichte, war unregelmäßig und unzuverlässig." (Mumford 1984, S. 294).

Gartenerzeugnisse und Obst für die städtische Bevölkerung werden vor Ort oder in der nahen Umgebung hauptsächlich für die Selbstversorgung angebaut. Im Mittelalter spielen Gärten in den Städten eine große Rolle. Entweder nehmen sie einen weiten Raum innerhalb des Mauerrings ein oder sie liegen direkt außerhalb des Mauerrings (Kroeschell 1984, S. 99). Viele Städte sind von einem Verteidigungsring umgeben, der aus Wall, Graben und Palisaden besteht. Das Gelände zwischen Mauer und äußerem Ring wird gärtnerisch von sog. Pfahlbürgern genutzt (Busch 1984, S. 23).

Obwohl schon 1150 in Straßburg, der Stadt mit dem ältesten Stadtrecht, der Obst- und Gemüsehandel erwähnt wird (Kroeschell 1984, S. 104), kann im Mittelalter von einem Handel mit Äpfeln in größerem Stil nicht gesprochen werden, schon gar nicht mit frischen Äpfeln. Zur Erntezeit reichen die Äpfel zur Selbstversorgung aus, nur die seltenen und unregelmäßigen Überschüsse werden, wie Aufzeichnungen aus Köln zeigen, gelagert und als Spezialität später verkauft, jedoch weder über große Entfernungen noch in großem Umfang (Irsigler 1972, S. 654). In Lübeck entsteht 1370 eine Gärtnerzunft, die sich um die Beschaffung und den Handel von Saatgut, die Einhaltung von Anbauregeln, die Löhne der Gesellen und um die Qualität der Ware kümmert, die entweder aus dem Betrieb oder auf ausgelosten Marktständen in der Stadt verkauft werden (Busch 1984, S. 23). Ob Gärtner im Mittelalter tatsächlich auch Obst angebaut haben, ist nicht genau belegt. Aufgrund der vorhandenen Quellenlage ist jedoch davon auszugehen, daß der Obstbau durch Gärtner und Landwirte sowohl in der Stadt als auch auf dem Land betrieben wurde.

1349 erscheint von Konrad von Megenberg (1309 - 1374), Regensburger Dom- und Ratsherr sowie Lehrer an der Pariser Universität, das erste naturwissenschaftliche Buch in deutscher Sprache. In diesem populär geschriebenen "Puch der natur", das als erste naturwissenschaftliche Inkunabel gedruckt wird und deshalb größte Bedeutung für die Verbreitung naturwissenschaftlicher Kenntnisse im Mittelalter hat, wird auch ausführlich auf den Obstbau eingegangen (Vogellehner 1984, S. 90). Das Buch trägt dazu bei, daß sich die vorhandenen Kenntnisse über den Obstbau verbreiten, auch wenn nur in einem zu heute vergleichsweise geringen Umfang. Ebenso in dieser Zeit schreibt Gottfried von Franken das früheste uns bekannte "Pelzbuch", in dem verschiedene Pfropfmethoden und Rezepte gegen Obstschädlinge mitgeteilt werden. Dieses Buch wird erst später aus dem lateinischen in die deutsche Sprache übersetzt und bis in das 16. Jahrhundert in neuen Auflagen gedruckt (Schröder-Lembke 1984, S. 113).

Im Laufe des Mittelalters steigt die Zahl der städtischen Bevölkerung und damit auch die Zahl der Handwerker und Händler. Die befestigten Stadtanlagen des Mittelalters sind zu klein für die neu hinzukommenden Menschen; so entstehen vor den Toren der Stadt weitere Ansiedlungen, die durch eine zweite (oder dritte) Stadtmauer geschützt werden (Benevolo 1991, S. 337). Mit dem Aufbau der Städte wächst auch der Bedarf an Garten-erzeugnissen. Dieser Zusammenhang darf jedoch nicht überschätzt werden, denn der Anteil von Gemüse und Obst an der Ernährung der Menschen im Mittelalter war relativ klein (Mennell 1988, S. 74 - 77). Außerdem gab es um 1500 nur 30 - 35 Städte mit mehr als 10 000 Einwohnern (Busch 1984, S. 22).

Ein Handel mit frischem Obst oder Gartenerzeugnissen in größerem Stil und über weitere Entfernungen ist damit für die Zeit des Mittelalters nicht zu vermuten, denn die gärtnerische und landwirtschaftliche Nutzung des Bodens direkt in den Städten oder an den Stadträndern läßt sich bis in das späte Mittelalter verfolgen und ist auf etlichen Stadtansichten aus dieser Zeit zu erkennen (z.B. Benevolo 1991, S. 456 - 457). In den Städten ist es selbstverständlich, Landwirtschaft, meist in Form von Viehhaltung, für die Selbstversorgung mit Nahrungsmitteln zu betreiben[20]. Der landwirtschaftliche Betrieb ist ein Teil des Haushalts. Dies wird aufgrund der Bebauung städtischer Grundstücke und der für diese Zeit weit verbreitete Wohnform deutlich: Entweder befinden sich hinter dem Haus Ställe und Scheunen, in denen vor allem Lebensmittel für die Eigenversorgung produziert wurden (Kaspar 1987, S. 169) oder die Raumaufteilung der Häuser zeigt, daß der landwirtschaftliche Bereich und der Wohnbereich unter einem Dach waren (Einhäuser) (Kaspar 1987, S. 185).

Mit dem allgemeinen Aufschwung der Städte sind auch Veränderungsprozesse für die ländliche Bevölkerung verbunden: Die Städte als Handelszentren importieren nun größere Mengen Lebensmittel und Rohstoffe vom Land und exportieren von Handwerkern hergestellte Waren sowie Produkte, die sie selbst aus fernen Ländern importiert haben (hauptsächlich Gewürze). Das Land dagegen ist wegen des ständigen Bevölkerungswachstums in den Städten gezwungen, die Produktion zu steigern. Einzelne Höfe, die weitgehend auf Selbstversorgung ausgerichtet sind, können diese Produktionssteigerungen allerdings nicht ohne weiteres leisten. Deshalb gründen Feudalherren neue Städte, eigens für Arbeiter, die auf ihren Besitzungen Landwirtschaft betreiben (Benevolo 1991, S. 340 -341).

Entscheidende Auswirkungen auf den Obstbau und -handel haben die gesellschaftlichen Veränderungen während des Mittelalters in der Stadt und auf dem Land allerdings nicht. Obst macht weiterhin nur einen sehr geringen Anteil an der Ernährung aus. Die Quellenlage zeigt, daß sowohl im 14. Jahrhundert als auch im 16. Jahrhundert Obst meist nur an Sonn- und Feiertagen als Nachtisch oder bei Festmahlzeiten gegessen wird (Irsigler 1972, S. 653; Herborn 1984, S. 24 - 25). Ein Indiz für die geringe Bedeutung von Obst als Nahrungsmittel sind auch die überlieferten Ausgaben eines patrizischen Haushaltes in Köln Ende des 14. Jahrhunderts: Für Obst und Gemüse wurde im Vergleich zu anderen Nahrungsmitteln, wie z.B. Brot, Mehl, Fleisch, Fisch und Gewürze nur sehr wenig ausgegeben (2,7 % der Gesamtausgaben für Nahrungsmittel und Getränke) (Irsigler 1972, S. 640).

Allerdings müssen für die tatsächlichen Verbrauchsmengen, über die für das Mittelalter keine gesicherten Kenntnisse vorhanden sind, die selbst erzeugten Obst- und Gemüseprodukte mit einbezogen werden: Von Anfang August bis Mitte Dezember wurde in dem Kölner Haushalt überhaupt kein Obst gekauft, denn in dieser Zeit reichte der eigene Obstgarten zur Versorgung mit Frischobst aus (Irsigler 1972, S. 654). Von Dezember bis Mai wurden Äpfel gekauft, jedoch in ganz geringen Mengen. Dies galt als Spezialität, denn die Lagerhaltung von Äpfeln, die in der Stadt aus Platzgründen nur begrenzt möglich war, konnte auch von den Landwirten vor der Stadt nur eingeschränkt betrieben werden. Hochwertiges Obst wurde deshalb gern als Geschenk gegeben: Der Hausherr des Kölner Haushaltes bekam im Jahr 1391 neben Pflaumen und Birnen auch 20 Äpfel geschenkt (Irsigler 1972, S. 655).

Während des Mittelalters gab es zunehmend Zünfte, in denen auch Gärtner organisiert waren, eine große Bedeutung konnten sie aber nicht gehabt haben, denn ihr Gewerbe wurde meist mit anderen Gewerben zusammengelegt: Für Augsburg ist 1276 nachgewiesen, daß die Gärtner mit den Obstern und Huckern (Kramhändler) zusammen waren; in Zürich 1489 mit den Ölern, Winzern und Gremplern (Krämern). In Basel umfaßte die Gärtnerzunft im Jahr 1622 neben Gärtnern und Ackerleuten auch die Fuhrleute, Förster, Schützen und Jäger sowie Seiler und Wirte (Kroeschell 1984, S. 105). Die zunftmäßige Organisation der Gärtner war also immer mit anderen Bereichen kombiniert und zielte aufgrund der Art der Gewerbe tendenziell auf die Organisation des Handels: In Frankfurt wird z.B. im 16. Jahrhundert explizit der gemeinsame Schifftransport der Gartenerzeugnisse zu den Markttagen in Mainz und Bingen geregelt. Die Regelung der Produktion selbst, die in anderen Handwerken eine große Rolle spielt, scheint es bei Gärtnern nicht gegeben zu haben.

Im Gegensatz zum Süden und Westen, war im Osten Deutschlands (in Sachsen, der Lausitz, Schlesien und Preußen) das Gärtnern kein zünftig organisiertes städtisches Handwerk, sondern bei den Kleinbauern angesiedelt, die Obst nur für sich selbst erzeugten (Kroeschell 1984, S. 108). Trotz einer zunftmäßigen Organisation der Gärtner gehörten Äpfel nicht zu einem begehrten Handelsgut, denn sie konnten nicht ohne weiteres transportiert werden. Ebenso hatten Äpfel, die im Mittelalter verzehrt wurden, auch vom Geschmack her nichts mit denen von heute gemein. Sie dürften um ein vielfaches kleiner sowie saurer und holziger gewesen sein. Die Warnungen von Hildegard von Bingen und späteren Gelehrten, Äpfel nicht roh und schon gar nicht auf leeren Magen zu verzehren, sprechen für sich.

Dennoch breitet sich, nicht nur wegen der schriftlichen Überlieferung obstbaulicher Kenntnisse, der Anbau von Obstbäumen immer mehr aus: Zum ausgehenden 15. Jahrhundert soll es in Deutschland in vielen für den Obstbau günstigen Gegenden Obsthaine auf Allmenden und Äckern sowie auf Feldwegen gegeben haben. Die in diesen Gunstlandschaften gelegenen Groß- und Stadtdörfer hatten wenig Platz für Gärten. Gemüsebau wurde auf Krautäckern vor dem Dorf betrieben, am Haus hatte man nur ein "Kräutergärtlein" und wohl einen Obstbaum oder Weinstock (Busch 1984, S. 24). Im 16. Jahrhundert soll Obst schon eine wachsende Bedeutung als Nahrungsmittel gehabt haben: In der Provinz Hanau sollen Kirschen, Pflaumen und Äpfel überall verfügbar gewesen sein und in gedörrter Form einen wichtigen Bestandteil der Alltagsnahrung ausgemacht haben (Zimmermann 1919, ohne Seitenangabe).

Auch in den Städten und deren Umland breiten sich im Spätmittelalter Obstbäume aus: Im 16. Jahrhundert lassen sich in allen größeren Städten Obst- und Gemüsemärkte feststellen. Die Bevölkerung wurde reicher und die Wohnkultur stieg. In diesem Zusammenhang dehnen sich auch die Gärten, nun vielmehr Lust- als Nutzgärten in den Städten aus. Hier finden sich auch Obstbäume, denn blühende Bäume und farbige Früchte sind schön anzusehen. Die Beschreibung über die Anlage eines Gartens, die 1579 der Straßburger Arzt Melchior Sebicio veröffentlichte, macht deutlich, daß Obstbäume ein wichtiger Bestandteil städtischer Gärten sind: Es gibt einen gesonderten Krautgarten für die Gemüse und einen "Blumgarten" mit einem breiten Mittelweg, auf der einen Seite "Blumwerk", auf der anderen wohlriechende Kräuter. Am Ende des Gartens durch Mauern abgesondert soll der "Baum- oder Lustgarten" angelegt werden, wobei eine Hälfte der Anzucht dienen soll, auf der anderen Seite soll Platz für die geimpften einheimischen und fremden Bäume sein. In der Mitte ist ein großer "Spazierplatz" vorgesehen, der auch einen Brunnen hat, um die Pflanzen im Garten begießen zu können (Schröder-Lembke 1984, S. 116).

Gegen Ende des 16. Jahrhunderts soll das Gartenanwesen der Fugger in Augsburg einen solchen Umfang erreicht haben, daß die Augsburger sich beklagt haben sollen, ihre Wohnstätten würden dadurch beengt (Busch 1984, S. 24). Auch in anderen Städten wuchs die Anzahl der Gärten. In Hamburg waren die Gärten von Caspar Anckelmann besonders berühmt, in denen hunderte verschiedener Fruchtbäume gestanden haben sollen (Busch 1984, S. 27).

Es gibt aber auch Städte, die im 16. Jahrhundert aus verschiedenen Gründen schrumpfen. Die Stadtmauern ziehen sich deshalb wie ein zu weiter Gürtel um die freigewordenen Flächen. Sie werden von den Pfahlbürgern (oder eher Kleinlandwirten) gartenbaulich und hauptsächlich zur Selbstversorgung genutzt (Busch 1984, S. 26).

In der "Hausväterzeit"[21] ab dem 16. Jahrhundert geben drei Gruppen von Druckschriften über gartenbauliche Tätigkeiten der Deutschen Auskunft: Die "Pelzbücher", die Anweisungen über das Veredeln von Obstbäumen geben, die "Kräuterbücher", welche Heilkräuter und ihre Anwendung darstellen und Schriften, die aus der französischen und italienischen Gartenliteratur übertragen waren (Schröder-Lembke 1984, S. 112). Durch diese Schriften werden obstbauliche Kenntnisse den lesekundigen Bevölkerungsschichten vermittelt: Johannes Bauhin (1541 - 1613) gibt genaue Beschreibungen über verschiedene Obstsorten und die Verwertung des Obstes. Als erstes rein pomologisches deutsches Buch wird das "Künstlich Obst- und Gartenbuch" bezeichnet, das Kurfürst August von Sachsen 1571 herausbringt. Es enthält einen Arbeitskalender, Anweisungen zum Oculieren sowie Rezepte für Baumsalben, es erlebt drei Auflagen und hat damit einen starken Einfluß auf die Entwicklung des Obstbaus im 16. und 17. Jahrhundert.

1596 wird die Schrift "Garten Ordnung" von Pfarrer Johannes Peschelius veröffentlicht, in der im dritten Teil auf die Kunst des Pfropfens, die Bekämpfung der Gartenschädlinge und die Pflege der Obstbäume eingegangen wird (Schröder-Lembke 1984, S. 117). Gleichzeitig (1598) kommt auch von Johannes Colerus ein Buch über den Gartenbau heraus. Er beschreibt einen Garten, der vier Teile hat, nämlich den Baumgarten, den Blumgarten, den Garten für wohlriechende und nützliche Kräuter und den für "eitel Küchenspeise". Der gesamte Garten soll mit Büschen, Pfählen oder einer Mauer eingehegt werden, damit das Obst, das im Garten wächst, nicht von außen gesehen werden kann. Ein Zeichen dafür, daß gutes Obst damals eine erhöhte Wertschätzung erfährt (Schröder-Lembke 1984, S. 117 - 118). Die Verbreitung guter Obstsorten findet durch Holztriebe (Reiser) statt. Ein Zeitgenosse von Colerus schildert, wie er Reiser von Obstbäumen in fremden Regionen schneidet, sie in einer Blechbüchse voll Wasser transportiert und damit "liebliche" Früchte in seinen Garten holt (Schröder-Lembke 1984, S. 119).

Dennoch scheinen sich immer noch wenig Menschen dem Obstbau zu widmen. Der Obstbau beschränkt sich auf lesekundige und damit eher wohlhabende (Stadt-) Bürger. Colerus kritisiert, daß sich nur wenige Bauersleute mit Gärten beschäftigen. Sie hätten zwar Gärten hinter dem Hof, aber da stehe womöglich Getreide, Bäume gebe es selten. Der Obstbau liegt Colerus folgend sehr im Argen: "Man muß das grobe Volk mit großem Ernst darzu halten, daß sie Obstbäume zeugen ... denn dadurch das Land trefflich an Nahrung kann wachsen und zunehmen... Wenn ich Oberkeit wäre, so wollte ich ihnen mit Ernst auflegen, das ein jeder Bauer das Jahr zum wenigsten 6 oder 8 Stämme setzen und pfropfen und allerlei Obst in die Gärten zeugen müßte." (Zitiert in: Schröder-Lembke 1984, S. 119). Ein Vorschlag, der erst nach dem 30-jährigen Krieg umgesetzt werden sollte.

Die um die Jahrhundertwende zum 17. Jahrhundert bekannten pomologischen Schriften legen nahe, daß in Europa etwa 120 verschiedene Apfelsorten im Anbau waren (Morgan, Richards 1993, S. 46). Schon in der Zeit vor dem 30-jährigen Krieg (1618 - 1648) hatte der Apfel in Deutschland also eine nicht unerhebliche Bedeutung. Es war allerdings nicht so sehr die ländliche Produktion, die die Obstkultur vorantrieb, vielmehr wurde der Obstbau von den Städten und Oberschichten aus vorangetrieben: Die städtischen Bürgergärten, in denen immer auch Obstbäume kultiviert wurden, waren vergrößert worden, auch im nahen Stadtumfeld (Fürstenhäuser) erfuhr die Gartenkultur einen Aufschwung.

Im 30-jährigen Krieg kam es allerdings in vielen Regionen Europas zu katastrophalen Verwüstungen, die auch den Obstbau betrafen: "Auf Jacobi 1631 wurde Osterburg von schwedischen Truppen besetzt, welche die Stadt dermaßen ausplünderten, daß sechs Wochen lang kein Bürger in der Stadt zu finden war. Was nicht erschlagen war, war in die Wälder geflüchtet. Alles Getreide wurde verwüstet, Pferde, Rindvieh und Schafe wurden weggetrieben, die Obstbäume umgehauen; alles bewegliche Eigentum wurde mitgenommen ..." (zitiert in Heller 1995, S. 29).

Es muß dennoch während dieser Zeit schöne und reichhaltige Gartenanlagen städtischer Bürger gegeben haben: Peter Lauremberg (1585 - 1639), Medizinprofessor, Gartenliebhaber und Botaniker besaß im Stadtgebiet von Rostock mehrere große Gärten, in denen er experimentierte. Er führte Tagebuch und veröffentlichte daraus 1631 und 1632 zwei Gartenbücher in lateinischer Sprache. Seine Gärten müssen außerordentlich reichhaltig bepflanzt gewesen sein: In seinem Hausgarten befanden sich z.B. im Jahr 1628 329 junge Obstbäume (Schröder-Lembke 1984, S. 120 - 121). Gegen Ende des Krieges wurden allerdings auch die Gärten wohlhabender Leute nicht mehr verschont: "Der anmutigen Lust- und Fruchtgärten hat der verderbliche Krieg auch nicht verschonet sondern dieselben vielfältig durch Raube ihrer Zierde entblößet und durch Verderben der Fruchtbarkeit verlustiget." berichtet W.J. Dümmler 1651 (zitiert in: Schröder-Lembke 1984, S. 122).

Nach dem 30-jährigen Krieg wird der Obstbau stark ausgedehnt. Die damaligen Herzöge, Grafen, Könige und Kurfürsten lassen das Land wiederbesiedeln und fördern den Obstbau: Kurfürst Friedrich Wilhelm (1620 –1688) verordnete das Pflanzen von sechs Obstbäumen bei jeder Eheschließung; Kurfürst August von Sachsen (1670 - 1733) pflanzte und vermehrte Obstbäume und schrieb sogar ein Buch über den Obstbau; und König Friedrich der II. (1712 – 1786) kümmerte sich um den Anbau der feineren Obstarten und betrieb Baumschulen (Gaucher 1889, S. 186 –187). In Reskripten und Verordnungen wird vorschrieben, "wieviel Obstbäume jeder ansässige Bürger, jeder zuziehende Bürger und jeder heiratende Bürgersohn auf die Allmendflächen oder entlang von Landstraßen und Wegen zu pflanzen hatte. .... Wer seinem Pflegeauftrag nicht nachkam, mußte mit schweren Strafen rechnen, desgleichen wer Obstbäume mutwillig vernichtete oder auch nur beschädigte" (Weller et al. 1986, S. 11). Diese Fördermaßnahmen für den Obstbau sind hauptsächlich auf die anfangs noch relativ schlechte Ernährungssituation in dieser Zeit zurückzuführen, sie sind aber auch Ausgangsbasis für die im weiteren Zeitverlauf zunehmend intensive Beschäftigung mit dem Obstbau.

In der 2. Hälfte des 17. Jahrhunderts entsteht eine reichhaltige Gartenliteratur. Nicht nur das Lebensgefühl hat sich verändert (Barock), sondern auch das Klima[22] und damit die natürlichen Voraussetzungen für den Gartenbau, was sich auch auf die Regeln der Auslese bestimmter Sorten auswirkt. J.S. Elßholz, der Gärtner eines großen Kurfürsten, will mit seinem Buch "Vom Garten Bau" (1664) eine allgemeine Anleitung zum Gartenbau in nördlicheren Breiten geben, da " ... das Clima eines jeden Landes die Regeln des ...

Gartenbaus so sehr verändert, daß auch die fürtrefflichen Lehren der antiken Autoren gutenteils mangelhaft empfunden werden." (zitiert in: Schröder-Lembke 1984, S. 125). In den Gartenanlagen, die er empfiehlt, soll es ringsherum Obstgeländer geben, im Westen, Osten und Norden soll ein Mantel von Baumgärten angelegt werden, um die Winde abzuhalten (Schröder-Lembke 1984, S. 125).

Die Gärten der Kurfürsten waren nicht nur Lust-, sondern immer auch Nutzgärten mit Arzneipflanzen, einem Tiergarten (Damwild, Fische) sowie Gemüse und Blumen. Auch Obst spielt eine große Rolle, denn zum Vermehren und Veredeln war eigens ein großer Platz im Garten vorgesehen (Schröder-Lembke 1984, S. 126). Ein Großteil der Nahrungs-mittel für die fürstlichen Höfe kam aus dem eigenen Garten. Auch die städtischen Bürger versorgten sich mit ihren Gärten weitgehend selber, das bezeugen eine Reihe von Gartenbüchern aus dieser Zeit (Schröder-Lembke 1984, S. 127).

In der "Hausväterliteratur" spielt die Hausfrau im Gartenbereich eine geringe Rolle. Ihre Aufgabe ist es zu ernten, Arznei zu bereiten und Gartenfrüchte zu verarbeiten und zu konservieren. Die Anlage des Gartens, das Graben und Pflanzen, das Veredeln und Beschneiden der Obstbäume und Sträucher ist Aufgabe des Hausvaters und seines Gärtners. Selbst der Küchengarten ist Angelegenheit des Hausvaters. Die meisten Bücher aus der Hausväterzeit sprechen aber nur von Gutsgärten oder Gärten von adeligen Herrschaften, in denen Gärtner angestellt waren, für die wiederum weibliche Hilfskräfte arbeiteten. Diese Literatur täuscht darüber hinweg, daß der Garten bei der Mehrzahl der damaligen Bevölkerung, nämlich bei den Bauern und Bürgern, das Arbeitsgebiet der Frauen war (Schröder-Lembke 1984, S. 129). Im 16. - 18. Jahrhundert sind es überwiegend Frauen, die sich um Anbau, Ernte, Verarbeitung und den Handel mit Gartenerzeugnissen kümmern. Es gibt allerdings nur wenige Bücher, die sich speziell an die Frauen wenden: Daniel Rhagor z.B., Berner Ratsherr, schreibt sein Buch 1639 ausdrücklich für die Bürgersfrauen, die selbst Hand anlegen und keinen Gärtner für sich arbeiten lassen. Sein Garten soll der Küche dienen und daneben "einer emsigen Frau etwas in ihren Säckl ein-tragen" (Schröder-Lembke 1984, S. 127).

Einen umfassenden Überblick über die Bedeutung von und den Umgang mit Äpfeln geben für den Anfang des 18. Jahrhunderts sowohl Jacobus Theodorus Tabernaemontanus in seinem "Kräuterbuch" (1731) als auch Zedlers großes Universallexikon von 1732.

Bei Jacobus Theodorus Tabernaemontanus werden 23 Apfelsorten abgebildet[23] (Tabernaemontanus 1731, S. 1415 - 1420). Der innerliche und äußerliche Gebrauch, d.h. die medizinische Wirkung von Äpfeln steht bei seiner Beschreibung im Vordergrund: "Es haben die Aeffel nicht einerley Natur und Eigenschafft/dann die saure seyn fast kalter und irdischer Natur/die süsse haben ein wenig Wärme bey sich: Die weinechten seyn etwas kalt und warm/die wilden stopffen und ziehen zusammen." (Tabernaemontanus 1731, S. 1415 - 1416).

Über die innerliche Anwendung schreibt er folgendes: "Simeon Sethi schreibet/daß die saure Aepffel denjenigen gut seyn/welchen der Magen von vieler Feuchtigkeit ver-derbet ist. Welche einen weinechten Geschmack habe/sind auch dem Magen gut/erfri-schen denselbigen/seyn eines anmühtigen Geschmacks/werden nützlich in den Fiebern im Mund gehalten/denselbigen darmit zu erfrischen. Es werden auch die Sauräpffel in Butter gebraten/und den Kranken dargereicht/ist ihnen ein liebliche Speiß. Wann man aber der sauren Aepffel rohe zu viel ißet/stopffen sie den Bauch/aber sie machen harnen/und wehren dem Würgen oder Brechen des Magens. Die süssen Aepffel erweichen etwas den Leib/und laxieren/bekommen wol denjenigen/so einen kalten Magen haben/und von gifftigen Thieren gebissen seyn. [Fast alle Aepffel haben die Eigenschafft/so man den ausgepreßten Safft mit ein wenig Saffran vermischet und trincket/widerstreben sie dem Gifft/und treiben die Würm aus dem Leib.] Die Holzaepffel stopffen den Bauch gar sehr/sonderlich der Safft davon." (Tabernaemontanus 1731, S. 1416 - 1417).

Über den äußerlichen Gebrauch führt Tabernaemontanus anschließend folgendes aus: "Je frische Blätter von Aepffelbaum zerstossen/und übergeleget/wehret den anfangenden hitzigen Geschwülsten. Ein süsser Apffel under heister Aschen gebraten und über das Aug gelegt/stillet die Schmerzen und Wehtagen desselbigen: Man kann ihn auch nach Gelegenheit mit Rosenwasser/oder Frauenmilch kochen/und wie ein cataplasma überlegen. [Zu den Stechen der Seiten thut man in ein süssen Apffel gestossen Weyrauch/lässet ihn under der Aschen braten/und legt ihn über. Wider den Brand des Pulvers seudt man ein süssen Apffel in breiten Wegerichwasser/biß er wohl weich wird/darnach legt man ihn mit Milch über den Schaden. Es wird auch darauß die wolriechende Salb Pomada gemacht.]". (Tabernaemontanus 1731, S. 1417 - 1418).

Anschließend wird noch auf die Herstellung von Apfelsirup und eingemachten Äpfeln eingegangen, wobei auch hier der medizinische Zweck im Vordergrund steht. Der Sirup soll folgende Wirkung haben: "... stärcken das schwach zitterend Herz/verwahren vor Ohnmacht/und taugen dem Magen. Sind gut wider die Melancholep/und das verfinsterte Blut." (Tabernaemontanus 1731, S. 1419). Die eingemachten Äpfel " ... kühlen den Magen/vertheilen den zähen Schleim/und löschen den unmässigen Durst." (Tabernaemontanus 1731, S. 1419). Am Ende beschreibt Tabernaemontanus sogar noch die Zubereitung eines Apfelblütenwassers zu "kosmetischen" Zwecken.

Im Unterschied zu Tabernaemontanus, bei dem die verschiedenen Wirkungen der Äpfel hervorgehoben werden, wird in Zedlers großem Universallexikon vielmehr der Blick auf die Beschreibung und systematische Unterscheidung der Äpfel gerichtet: "Eine bei uns bekannte Frucht von mancherley Gattung und Unterscheid, welche auf einem Baume wächst, der ..... Deutsch Apffel - Baum heisset und gemeinlich in zwey Hauptgattungen, heimliche oder zahme und wilde aufgetheilt wird. Der zahme Apffel - Baum .... , ist mancherley, und wird allein durch die vielerley Arten der Früchte unterschieden. Dann ein jedes Land hat seine besonderen Arten derer Apffel, und werden durch Pfropffung oder Pflanzung der Bäume fast noch täglich viel und mancherley Arten gezeuget, also daß man deren Namen durch Zuziehung vieler Geschlechte kaum erzehlen kan." (Zedlers großes Universallexikon 1732, S. 799).

Aus diesem Grund wird eine Klassifizierung der verschiedenen Apfelsorten vorgenommen: "Sie werden voneinander unterschieden nach der Größe, Forme, Farbe, Geruch, Geschmack, und nach der Länge der Stiele, nach Beschaffenheit der Rinde, dem Ort, da sie wachsen, der Zeit, darinne sie reiffen, und nach ihrer Substanz oder Materie an sich selbst. Etliche werden früh, andere spät zeitig. Etliche sind dauerhaft andere nicht. An

Gestalt sind sie rund, platt, länglich, glatt, rauh u.s.w., ja es gibt eine Gattung, die etwas von der Birn-Art an sich haben, und dessenthalben auch Pomme-Poire genennet werden. An Farbe sind sie grün, weiß, gelb, roth oder gemischt. An Geschmack süß, sauer, säuerlich, rauh, lieblich, ungeschmack und haben nach dem Unterscheid ihres Geschmacks unterschiedene Eigenschaften. Die sauren kühlen, ziehen zusammen, zertheilen den Schleim im Magen, dienen mit Butter gekocht in Fiebern; die süssen sind etwas warm, geben gute Nahrung und öffnen den Leib. Die weinichten, säuerlich oder wein-sauren, bekommen dem Herzen und Magen wohl; Die rauhen oder herben kälten und ziehen zusammen, die lieblichen an Geschmack und Geruch zugleich, sind die gesundesten, nahrhafftesten und auch in der Arzney am gebräuchlichsten, z.B. die Renetten .... : Die ungeschmacken oder wässerigen, sind die geringsten, haben die schädlichsten, massen sie wegen ihrer vielen Feuchtigkeit bald im Leibe faulen, und Ursach zu Fiebern und Durchbrüchen geben, dahero auch wenig geachtet werden: Auch sollen sie die Schwindsucht verursachen ..... ." (Zedlers großes Universallexikon 1732, S. 799-800).

Sodann gibt Zedler eine genaue Beschreibung der Apfelbäume, ihrer Blätter und Blüten sowie der Früchte und Wurzeln. Über die Bäume schreibt er folgendes: "Die Bäume, worauf die zahmen Äpffel wachsen, werden füglich in große und kleine eingetheilt. Die großen überkommen eine mittelmäßig Höhe. Die kleinen sind niedrig und sehen einem Strauche ähnlicher, als einem Baum. Ihre Stämme sind, gegen ihre Höhe zu rechnen, nicht eben allzu stark, mit einer Schale überzogen, die aussenher aschfarbig und rauh, auch oftermahls, besonders an großen mit Moos überzogen, inwendig gelblicht und so ziemlich glatt ist. Das Holz ist harte, weiß oder weißlicht und wird wegen seiner Härte, so wohl von wilden als einheimischen Bäumen von den Drechslern und Tischlern zu allerhand Geräthschafft gebraucht." (Zedlers großes Universallexikon 1732, S. 800).

Im folgenden widmet er sich dem Anbau und der Vermehrung (über Pfropfen und Samen). Die Beschreibungen beziehen sich dabei ausschließlich auf große Bäume (oder Hochstämme): "Die gemeine Weise ist, daß man sie in einem hohen Stamm erwachsen lässet." Kleine Obstbäume werden nur in herrschaftlichen Gärten gezogen und gepflanzt: "In großen Herren-Gärten, werden sie aber auch niedrig und in Büschel gezogen, welches man Zwerg-Bäume und nach dem Land ihrer Abkunfft Franz-Bäume nennet. Diese werden auch an Geländer gezogen, und auf Quitten oder andere Stämme, wovon gleich soll gesaget werden, niedrig an der Erden gepfropfet oder geäugelt. ... " (Zedlers großes Universallexikon 1732, S. 801).

Die Behandlung der Äpfel bei der Ernte und Lagerung soll folgendermaßen vorgenommen werden: "Alle Äpffel müssen, wenn sie recht zeitig sind, bey hellem, trockenem Wetter abgelesen, und, wenn sie lange liegen sollen, nicht geschüttelt, sondern mit einem sogenannten Leser oder Obstbrecher abgenommen, auch nicht mit der blossen Hand angegriffen werden, und wenn solches im letzten Viertel des Mondscheins geschiehet, dauer sie so viel besser. Die abgebrochen Äpffel werden in einer luftigen Kammer auf trockene Breter hingelegt, oder in ein Faß gethan, da sie von 10 zu 10 Tagen drey oder viermahl ausgeschüttelt, rein abgewischt, und wieder eingelegt werden, bis sie nicht mehr schwitzen. Was angekommen oder fleckig worden, wird weggethan, das übrige kan alsdenn in dem Faß verschlagen und an einen trockenen, nicht zu kalten Ort verwahret werden, so wird nicht bald eine Fäulnis dazu kommen. Wenn im Winter ein Apffel von dem Frost gerühret worden, legt man ihn in kalt Wasser, so wird der Frost herausgezogen." (Zedlers großes Universallexikon 1732, S. 801-802).

Es wird strikt davon abgeraten, Äpfel roh zu essen, da sie kalt und feucht und zu viel Wässrigkeit in sich haben. Der Arzt "Galenus" sieht in Äpfeln viel mehr eine Arznei als ein Nahrungsmittel. "Fernelius", ein Kollege, nimmt allerdings die gegenteilige Position ein, nämlich daß sie "geschickter zur Küche seyn, als zur Medicin." (Zedlers großes Universallexikon 1732, S. 802).

Die Beschreibung der medizinischen Wirkungen des Apfels nimmt dennoch einen breiten Raum ein: "Doch sind die weinichten oder sauer - süsse, und unter ihnen die Borstorffer dem Magen und Herzen mehr angenehm als gar die sauren und süssen: Denn sie geben eine bessere Nahrung, stärken den Magen und befördern die Dauung, zerdünnen und zertheilen die zähen Feuchtigkeiten und sind in schwermüthigen Krankheiten sehr nützlich. ... Einige essen einen Borstorffer eine Stunde vor der Abend-Mahlzeit, und trincken darauf, einen offenen Leib dadurch zu erhalten. ... Sonst bleibt es dennoch dem Ausspruch ...., die gekochten oder gebratenen schaden weniger, denn die rohen: wie denn auch die Gemüse oder Apffel-Brey mit Anis oder Zimmet und Zucker zubereitet, viel gesunder als die roh genossene Aepffel. Denn die rohen und nicht reiffen, beschweren den Magen, verhindern die Dauung, verursachen Winde und Blehungen, und sein Leben hoch zu bringen, wenn man sich entweder gänzlich aller rohen Frucht enthält, oder doch sehr wenig isset." (Zedlers großes Universallexikon 1732, S. 802).

Daraufhin werden etliche Krankheitsbilder, wie z.B. Brand im Fuß, entzündete Augen, offene Wunden, Geschwüre, Beulen usw. beschrieben und wie sie geheilt werden konnten. Hier spielen faule Äpfel eine große Rolle: "Ein Marktschreyer hat einer Frau, die es so an dem rechten Fuß den heissen Brand gehabt, mit faulen gestossenen Aepffeln geholfen, die er ihr täglich zweymahl als einen Umschlag aufgeleget. .... Mit saurem Apffel-Safft, bestrichen, nimmt die Unsauberkeit und Flechte der Hand weg." (Zedlers großes Universallexikon 1732, S. 803 - 804). Schließlich wird noch auf die Heilwirkungen des Holzapfels und des Mooses, das an Apfelbäumen wächst, speziell eingegangen.

Am Ende wird wieder auf Verarbeitungsmöglichkeiten in der Küche eingegangen (Herstellung von Apfelschnitzen, verschiedene Formen von Bratäpfeln und die Zubereitung von Apfelmus), wobei grundsätzlich herausgestellt wird, daß allein gekochte Äpfel gesund sein sollen (Zedlers Universallexikon 1732, S. 805 - 809).

Obwohl im 18. Jahrhundert immer häufiger Verordnungen, Gesetze und Bücher über Land- und Gartenbau mit ausführlichen Kapiteln über den Obstbau erscheinen, spielt dieser insgesamt gesehen in Deutschland noch keine große Rolle (Liebster 1984, S. 144). Dies liegt vor allem an den Transport- und Verkehrsverhältnissen, die es noch nicht erlauben, Obst über weitere Strecken zu transportieren. In der Regel wird immer noch wenig und frisches Obst verzehrt. Es gibt nur begrenzte Möglichkeiten der Konservierung: In Norddeutschland werden Äpfel überwiegend zu Mus eingekocht und gedörrt, in Süddeutschland liegt der Schwerpunkt bei der Obstweinbereitung.

Der Zeitraum zwischen Mitte des 17. Jahrhunderts und Ende des 18. Jahrhunderts dient allerdings als intellektuelle und staatliche Vorbereitung der starken Ausbreitung des Obstbaus im 19. Jahrhundert ("Zeitalter der Pomologie"), denn schon in dieser Zeit werden Verordnungen, Gesetze und Regeln erarbeitet, nach bürgerlichen Vorstellungen Gärten systematisch ausgeweitet und Kenntnisse über den Anbau verbreitet.

II.1.3
ZUSAMMENFASSUNG

Der Apfel ist lange Zeit etwas Wundersames für die Menschen: Ein schön anzuschauender oder gar genießbarer Apfel an einem Baum ist nicht erklärbar, von Zufällen abhängig und deshalb großer Stoff für Mythen. Erst allmählich werden die Kenntnisse über die Frucht und deren unberechenbares Verhalten ausgeweitet. Der Apfel ist in der Mythologie Symbol der Unsterblichkeit oder der Liebe (griechische und nordische Mythologie), der Sünde und Verderbnis (Christentum) sowie der (globalen) Macht und Herrschaft (Reichsapfel). Solche Zuschreibungen finden sich auch heute noch in vielfältiger, wenn auch häufig versteckter Form. Es gibt im Laufe der Jahrhunderte verschiedene Abwandlungen (der Apfel als Symbol der Liebe wird zum Symbol der Heimat oder Unsterblichkeit wird zu Gesundheit). Andere Bedeutungen, die sich die Werbung heute zunutze macht, sind neu hinzugekommen (z.B. der Apfel als Symbol für Frische, günstige Preise oder Bequemlichkeit). Da heute im Bewußtsein der Menschen der Apfel von Zufällen und Unberechenbarkeiten der Natur kaum noch abhängt, wird er nun beliebig und als reine Form einsetzbar (z.B. als Symbol für eine Stadt oder in der Computerwerbung). Die Basis für Mythen und Geschichten über den Apfel ist damit verlorengegangen.

Bis Äpfel durch verschiedene kulturelle, soziale und landwirtschaftliche Veränderungen einen hohen Gebrauchswert im Alltag bekommen, vergeht lange Zeit. Die Apfelsorten, die wir heute kennen, stammen von den Wildapfelsorten Holzapfel und Zwergapfel ab, die aus dem Kaukasus und Mittelasien stammen sollen. Äpfel sind spalterbig, d.h. aus jedem Samen entsteht eine neue Sorte. Um genießbare Apfelsorten zu erhalten, wurde deshalb schon sehr früh in die natürliche Entwicklung (durch Zufallsselektion oder Auslese) eingegriffen.

Die Entwicklung der Apfelkultur, die im Mittelalter allmählich voranschreitet, erfolgt nicht durch den Austausch von Äpfeln. Äpfel werden vielmehr verbreitet, indem die Bäume durch Reiser und Kenntnisse über deren Kultivierung weitergegeben werden. Die städtische und ländliche Obstkultur entwickelt sich dabei gleichwertig nebeneinander her. Von Klöstern und städtischen Gärten gehen die ersten dokumentierten Anstöße dafür aus. Vieles spricht allerdings dafür, daß die Gartenkultur in und vor den Städten die Entwicklung des Apfels entscheidend beeinflußt hat.

Schöne und schmackhafte Äpfel waren offenbar sehr selten, im Mittelalter sind sie als wertvolle Geschenke dokumentiert. Mit der zunehmenden Verbreitung von Erfahrungen über die Kultivierung von Äpfeln entwickelt sich eine Gebrauchskultur, die sich nicht nur auf die Verarbeitung von Äpfeln (z.B. das Dörren oder die Weinbereitung) bezieht, sondern auch auf den Apfel als Liebhaberobjekt, das bei besonderen Gelegenheiten präsentiert oder verschenkt wird. Gegen Ende des Mittelalters erfährt Obst allgemein eine höhere Wertschätzung, es wird in den meist städtischen Gärten mit hohen Pflanzungen vor der Öffentlichkeit geschützt.

Ein entscheidender Einschnitt bedeutet der 30-jährige Krieg (1618 - 1648), in dem viele Apfelbäume vernichtet werden. Ein Neubeginn der städtischen und ländlichen Apfelkultur erfolgt mit einer gezielten Unterstützung der Obrigkeit (Regeln, Verordnungen, Gesetze). Die Verbreitung naturwissenschaftlicher Bücher, in denen auch der Obstbau ausführlich behandelt wird, unterstützt diese Entwicklung. Einen großen Teil der naturwissenschaftlichen Abhandlungen über Äpfel macht die Beschreibung von medizinischen Wirkungen aus.

Der Apfel bleibt bis 1800 Teil der direkten Selbstversorgung von bäuerlichen und städtischen Haushalten. Der Apfelbaum steht in enger Beziehung zur Gemeinschaft (Dorfmittelpunkt), zum Haus (Garten) oder zur Stadt (Gärten oder landwirtschaftliche Nutzung vor der Stadtmauer). Da die Lager- und Konservierungsmöglichkeiten begrenzt sind, wird die größte Menge des Obstes hauptsächlich in der "Saison" verbraucht. Ein Verzehr frischer Äpfel ist nicht üblich, es wird sogar davon abgeraten. Einen Handel mit Äpfeln gibt es nur begrenzt und dies über äußerst geringe Distanzen, da die Verkehrsverhältnisse sehr schlecht sind.

II.

2. DAS "ZEITALTER DER POMOLOGIE"

Die Wende vom 18. zum 19. Jahrhundert bedeutet für den Obstbau eine entscheidende Veränderung, denn nun beschäftigt man sich in zunehmenden Maße wissenschaftlich mit Obst: Die Wissenschaft vom Obst oder die Pomologie befaßt sich mit der
Beschreibung, Bestimmung und systematischen Einteilung von Obstsorten und später
auch ausführlich mit dem Obstbau insgesamt. Der Obstbau gewinnt mit der wissenschaftlichen Unterstützung gesellschaftlich zunächst vor allem im Bürgertum erheblich
an Bedeutung. Er wird im Laufe der Zeit zum Thema in der ganzen Bevölkerung, denn um
die Pomologie herum entsteht im 19. Jahrhundert eine eigene Kultur und Mode, die insbesondere vom Apfel beeinflußt ist. Daher wird in diesem Kapitel unter "Zeitalter der
Pomologie" beides, also die Wissenschaft vom Obst und die Kultur und Romantik um den
Apfel behandelt[24].

Der Obstbau - und damit auch der Anbau von Äpfeln - wird einerseits weiterhin von
Fürsten und anderen Landesherren auf Schloßgütern und in herrschaftlichen Gärten
betrieben, auf der anderen Seite gewinnt Obst als Nahrungsmittel und damit auch der
Obstbau eine immer größere Bedeutung. Bei der Verbreitung des Obstbaus spielen die
Vorstellungen der bürgerlichen Oberschichten eine entscheidende Rolle. Es sind hauptsächlich Pfarrer, Ärzte, Apotheker, Lehrer und andere Schriftgelehrte, die dem Obstbau
ein verändertes Gepräge geben.

Neben der Pomologie und der sie begleitenden "Apfelkultur" gibt es im 19. Jahrhundert andere bekannte Entwicklungen, wie z.B. die des Transportwesens, der Industrialisierung und Ökonomie. Das "Zeitalter der Pomologie" ist jedoch für den Apfel so
entscheidend, daß es hier getrennt abgehandelt wird. Auf die weiteren, teilweise parallel ablaufenden Entwicklungen und wie sie sich auf den Obstbau auswirken, wird ausführlich im nächsten Kapitel eingegangen.

II.2.1

DER OBSTBAU IN HERRSCHAFTLICHEN GÄRTEN

Ein typischer Vertreter für den Beginn des "Zeitalters der Pomologie" ist Johann
Caspar Schiller (1723 - 1796), der 1795 sein Buch "Die Baumzucht im Großen aus zwan-
zigjähriger Erfahrung im Kleinen" veröffentlicht. Das Buch von Schiller gibt ein ausführ-
liches Bild darüber, wie Obstbau in herrschaftlichen Gärten betrieben wird und welche
bürgerlichen Vorstellungen über die Art und Weise der Kultivierung vorhanden sind.

Schiller ist Obstliebhaber und wird in seiner Arbeit als Obstgärtner von der Obrigkeit
gefördert. Er leitet über 20 Jahre die Hofgärten von Schloß Solitude (bei Stuttgart) in
Diensten von Herzog Carl Eugen, wo er eine Obstbaumschule anlegt, in der nach 11

Jahren 22 400 Obstbäume stehen. In seinem Buch beschäftigt sich Schiller mit der systematischen Obstbaumzucht, der Anlage von Baumschulen und der Beschreibung von Obstsorten[25]. Er zeigt, daß Obstbau mit Erfolg in größerem Stil betrieben werden kann und daß dabei sogar finanzielle Erträge abfallen.

Schiller hat die Idee in ganz Deutschland, insbesondere an den Haupt- und Landstraßen, Obstbäume pflanzen zu lassen. Er rechnet aus, daß dafür etwa 70 Millionen Bäume benötigt werden (eine gewaltige Utopie!). Die Obstbäume spielen für ihn als Nahrungsmittel und aufgrund ihrer touristischen und lufthygienischen Aspekte eine große Rolle: "Wäre irgendwo in Deutschland eine beträchtliche Strecke durchgehends mit Baum-Alleen bepflanzt, es sollten gewißlich viele reisende Ausländer Lust bekommen, ein Land zu sehen, und sich darin aufzuhalten, wo man Meilenlang unter dem angenehmsten Schatten wandeln und an herrlichen Baumfrüchten sich ergötzen und sich damit erquicken kann. ... Die Luft kann sich nur da ihrer fremden Theilchen entledigen, wo etwas vorhanden ist, welches diese an sich ziehen und einsaugen kann." (Schiller 1795, S. 15).

Schiller ist sich bewußt, daß sein Vorhaben ein langfristiges ist: "Die Baumzucht ist freylich etwas, das mehr unsern Nachkommen, als uns selbst zu gute kömmt, aber wir sind auch unserer Nachkommenschaft eben die Aufmerksamkeit und Fürsorge schuldig, die wir unsern Voreltern zu verdanken haben; ..." (Schiller 1795, S. 13). Auch seine Ertragsrechnungen beziehen sich auf weitaus größere Zeiträume, als sie heute zu Grunde gelegt werden. Er geht bei seinen Berechnungen davon aus, daß der Obstertrag dem Zufall unterworfen ist, d.h. nicht jedes Jahr mit einer Obsternte gerechnet werden kann und deshalb im Durchschnitt nur alle drei Jahre ein Ertrag zu erwarten ist (Schiller 1795, S. 21). Er stellt auch Wirtschaftlichkeitsberechnungen über eine Straßenbaumallee an, nach denen vom 1. bis zum 10. Jahr kein Ertrag zu erwarten ist, vom 10. bis 20. Jahr jährlich bis zu 300 Thaler, vom 21. bis 30. Jahr bis zu 900 Thaler, vom 31. bis 40. Jahr bis zu 1 300 Thaler und vom 40. bis 50. Jahr jährlich bis zu 2 000 Thaler (Schiller 1795, S. 22).

Es ist Schiller klar, daß sich seine Idee, ganz Deutschland mit Obstbäumen zu bepflanzen, nicht von alleine durchsetzen wird: "Der Wille des Menschen läßt sich durch keine Macht erzwingen. Er entstehet aus einem gänzlichen Überzeugtseyn bey sich selbst, daß eine Sache an sich gut, nützlich und rhümlich sey, öfters aber auch andern zu gefallen, oder andern nachzuahmen. Nachahmungssucht und Ruhmbegierde, haben von jeher die Menschen zu Thaten entflammt ... Würden also nur vorerst die Großen und Mächtigen einen Anfang machen, ... bald würden die minder mächtigen Stände von selbst nachfolgen, indem das Neue bald Liebhaber findet und leicht zur Mode wird." (Schiller 1795, S. 20). Schiller erweist sich im Nachhinein diesbezüglich als sehr weitsichtig, denn zu seiner Zeit beginnt ein großer Aufschwung im Obstbau, der am Ende in eine Modewelle münden wird, die tatsächlich fast alle Bevölkerungsschichten ergreift.

II.2.2

DIE BLÜTEZEIT DER OBSTKULTUR

Das 19. Jahrhundert gilt in Deutschland als Blütezeit der Obstkultur: Es werden zahlreiche Pomologenvereine[26], pomologische Gesellschaften und Institute[27] gegründet (Friedrich 1956, S. 18), deren Haupttätigkeit darin besteht, ihre Mitglieder mit Edelreisern wertvoller Obstsorten zu versorgen und die allgemeine Sortenkenntnis zu vertiefen. Daneben werden Fachschulen[28] und Ausbildungsstätten für Baumwarte[29] eingerichtet, pomologische Gärten angelegt und Obstbauausstellungen[30] veranstaltet. Im großen Ganzen findet eine "Verwissenschaftlichung" von Alltagswissen nach bürgerlich-herrschaftlichen Vorstellungen statt.

So wie sich die Landwirtschaft im 19. Jahrhundert aufgeschlossen gegenüber neuen Agrarprodukten wie Kartoffeln, Mais und Tabak zeigt, dominiert im Obstbau das Bestreben, den Sortenreichtum der ganzen Welt zu übernehmen und für den eigenen Anbau zu nutzen (Liebster 1984, S. 145). Damit entsteht in Deutschland eine große ortsgebundene Apfelvielfalt[31]. Schon Johann Caspar Schiller hatte erkannt: "Pflanzen sind keine Pariser Hauben und lassen sich unmöglich in die Mode zwingen, sondern man sehe bei einer jeden Gegend sorgfältig nach, welche Gattungen Obst daselbst am liebsten, sichersten, schönsten und besten wachsen. Dieselbe wähle man zum Adaptieren und wende seinen Fleiß daran." (zitiert in Hegemeister 1985, S. 91).

Die Zusammenhänge zwischen bestimmten Anbauorten und Sorten werden im "Zeitalter der Pomologie" sehr differenziert gesehen: Jede Sorte hat vielfältige Ansprüche, die nicht an jedem Ort erfüllt werden können. Deshalb sollen regional unterschiedliche Sorten im Anbau bevorzugt werden. Nicht der Austausch von Obst steht in dieser Zeit im Vordergrund des Interesses, sondern die Vermehrung durch Reißer und die eigene Auslese der für den spezifischen Ort geeigneten Sorten. Mahnungen zur Sortenbeschränkung, die schon einzelne Pfarrer und Lehrer um die Jahrhundertwende zum 19. Jahrhundert gemacht haben sollen, werden ignoriert, da es Mode ist, so viel Obstsorten wie möglich zu kultivieren[32]. Von der Wissenschaft wird parallel dazu versucht, diese Vielfalt ausführlich zu beschreiben und in Systeme zu bringen.

II.2.3

SYSTEMATISIERUNG

In der Pomologie geht es hauptsächlich um die genaue Beschreibung der Obstsorten sowie ihrer Ordnung, Systematisierung und Klassifizierung (Wolf 1989, S. 39). Es werden Systeme entwickelt, in welchen die Äpfel nach der Form, der Reifezeit oder der Beschaffenheit des Fleisches klassenweise eingruppiert sind.

Die ersten Versuche einer Systematisierung werden schon um die Wende zum 19. Jahrhundert von den Pfarrern Johann Volkmann Sickler und Johann Ludwig Christ vorgenommen. Mit den 21 Bänden "Versuche einer systematischen Beschreibung in Deutschland vorhandener Kernobstsorten" von Adrian Diel (herausgegeben 1799 - 1819), wird die Grundlage für alle weiteren Systematisierungen geschaffen. Diel versucht die Obstsorten nach bestimmten Eigenarten der Frucht (Form-, Farb- und Geschmacksmerkmale) zu ordnen. Er wird deshalb auch der "pomologische Linné Deutschlands" genannt (Liebster 1984, S. 146).

Einer der produktivsten Schriftsteller im 19. Jahrhundert ist Friedrich Jacob Dochnahl (1820 - 1904) der in seinem vierbändigen "Führer in der Obstkunde" 1263 Apfelsorten, 1040 Birnen- und 12 Quittensorten sowie etliche Steinobst-, Schalen- und Beerenobstsorten beschreibt. Dochnahl ist Herausgeber der Obstbauzeitschrift "Pomona. Allgemeine deutsche Zeitung für den gesamten Obst- und Weinbau" (Liebster 1984, S. 148). Ein weiterer großer Pomologe im 19. Jahrhundert ist auch Johann Georg Conrad Oberdieck (1794 - 1880), der an der Gründung des Deutschen Pomologenvereins beteiligt und Mitbegründer der "Monatsschrift für Pomologie und praktischen Obstbau" ist. Zusammen mit zwei anderen Autoren gibt er das "Illustrierte Handbuch der Obstkunde" heraus (1858 - 1883), in dem neben vielen anderen Obstsorten 689 Apfelsorten beschrieben sind. Oberdieck ist Liebhaber von sogenannten "Sortenbäumen", d.h. Bäumen auf deren Kronen mehrere Sorten veredelt sind. Insgesamt soll er über 4 000 Obstsorten auf solchen Sortenbäumen veredelt haben (Liebster 1984, S. 148).

Der bedeutenste Pomologe im 19. Jahrhundert ist jedoch Karl Friedrich Eduard Lucas (1816 - 1882). Das Lucas'sche natürliche System wird die Grundlage für die Klassifizierung von Apfelsorten und um die Wende zum 20. Jahrhundert die gebräuchlichste. Nach diesem System werden Äpfel in 15[33], Birnen ebenfalls in 15, Pflaumen und Zwetschen in 10, Kirschen und Weichseln in 12 und Pfirsiche in 4 Klassen eingeteilt (Noack 1895, S. 144).

II.2.4
OBSTBAUMSCHNITT

Neben der Systematisierung und Beschreibung von Obstsorten spielt im Zeitalter der Pomologie auch der Obstbaumschnitt eine große Rolle: Nicolas Gaucher, ein weiterer bekannter Pomologe im 19. Jahrhundert, gibt 1891 sein Buch "Praktischer Obstbau" heraus, das er König Karl von Württemberg widmet. Er beschreibt auf über 80 Seiten die Anzucht von künstlichen Baumformen (Gaucher 1891, S. 311 - 397). Übliche Baumformen in dieser Zeit sind die Pyramiden, die sich in gewöhnliche und regelrechte Pyramiden, Flügel-Pyramiden, Spindeln und Spindel-Pyramiden, Palmetten, Palmetten mit schrägen Ästen, Palmetten mit waagerechten Ästen, Armleuchter Palmetten, Fächer-Palmetten und Kordonsformen unterteilen.

Auch in anderen Obstbaubüchern dieser Zeit lassen sich genaue Beschreibungen dieser Zierformen finden (z.B. Noack 1895). In der Zeitschrift "Der praktische Ratgeber im Obst- und Gartenbau" werden regelmäßig ausführliche Berichte über die sogenannten Formobstgärten gegeben, wie z.B. über den Dresdner Formobstgarten "Weißer Hirsch" von Paul Pekrun, wo alle möglichen Schnittformen in jeder Größe zur Vollendung gebracht wurden (Der praktische Ratgeber im Obst- und Gartenbau, August 1898, S. 314 - 316). Formobstgärten waren auch Bestandteil der Pariser Weltausstellung (1900).

Gauchers Zierpalmette.

Laube aus Verrierpalmetten,
U-Formen und senkrechten Cordons.

Abbildung 2: Blick in den Gaucher'schen Formobstgarten auf der Pariser Weltausstellung 1900
(aus Liebster 1984, S. 154)

II.2.5

DAS GRÖSSTE APFELBLATT

Die Liebhaberei im Obstbau äußert sich in den unterschiedlichsten Formen: In der Zeitschrift "Der praktische Ratgeber im Obst- und Gartenbau" wird z.B. das größte Apfelbaumblatt in Originalgröße (30 cm Länge und 9 cm Breite) abgebildet:

"Ich bin ein Apfelblatt, im Lenz 1898 in einem Garten des nördlichen Bodenseeufers geboren. Meine Geschwister sind auch nicht viel kleiner als ich. Wir gehören einem 13jährigen Bäumchen des Virginischen Rosenapfels an, das viele schöne Frühäpfel trägt. Am Johannistage wurde ich gepflückt und mußte zum Praktischen wandern. Wer ein größeres Apfelblatt hat, der sende es an den Praktischen ein, der gerne wissen möchte, welcher Apfel die größten Blätter bildet. - Das Ergebnis wird bekannt gegeben." (Der praktische Ratgeber im Obst- und Gartenbau, August 1898, S. 301).

Das Ergebnis dieses Wettbewerbs ist folgendes: "Diese Frage aus dem Herzen eines Apfelblattes in Nr. 32 hervorgegangen, erregte einen kleinen Sturm von herbeifliegenden Blättern, so daß es dem Praktischen fast herbstlich um die Nase wehte. .... und ihnen hiermit die interessante Kunde gebracht, daß als Sieger aus dem Wettstreit der Virginische Rosenapfel hervorgegangen ist, ... hat uns Herr Rentier W. Lehmann aus seinen Garten im märkischen Städtchen Baruth (Kreis Jüterbogk-Luckenwalde) freundlich übersandt ...." (Der praktische Ratgeber im Obst- und Gartenbau, September 1898, S. 333).

Diese Episode macht deutlich, wie stark sich der Obstbau aus Liebhaberei in Deutschland Ende des 19. Jahrhunderts ausgebreitet hat. Inzwischen sind nicht mehr nur die bürgerlichen und wohlhabenden Bevölkerungsschichten mit dem Obstbau beschäftigt, sondern zunehmend die ländliche Bevölkerung, die - so wird noch zu zeigen sein - die Aufgabe bekommt, die städtische Bevölkerung zu versorgen.

II.2.6

OBSTBAU AUF DEM LAND

Neben Veröffentlichungen, die eher den Liebhaberobstbau betreffen und deshalb hauptsächlich für die bürgerliche Bevölkerungsschicht von Bedeutung ist, werden Ende des 18. und insbesondere im 19. Jahrhundert zunehmend Bücher über den bäuerlichen Obstbau veröffentlicht. Die meisten Darstellungen basieren dabei auf überliefertem Erfahrungswissen über die Behandlung der Bäume und den Gebrauch der Früchte. Auf der Basis einer massenhaften Verbreitung des Obstbaus soll die Eigenversorgung der Haushalte mit Obst und Obsterzeugnissen gefördert werden, wobei allerdings bürgerliche Vorstellungen eine große Rolle spielen. Die Obstkultur des 19. Jahrhunderts ist zunächst eine städtische und bürgerliche, was sich auch in zahlreichen Klagen in den einschlägigen Schriften über das mangelhafte Echo der Bauern auf die Aufrufe zum Obstbau äußert[34]. Der Liebhaberobstbau öffnet zwar den Zugang zum Apfel für breitere Bevölkerungsschichten, die Anweisungen gehen allerdings i.d.R. an der Lebenswelt und den Alltagsnotwendigkeiten der bäuerlichen Bevölkerung vorbei (vgl. dazu z.B. Mak 1999, S. 56 - 71).

Anton Bruchhausen ist ein typischer Vertreter, der versucht mit seiner Schrift der breiten Bevölkerung, und dabei insbesondere den Bauern, den Obstbau schmackhaft zu machen: "Der Anbau und die Verpflegung dieser Bäume wird in unserem Lande von den meisten Bauersleuten gänzlich vernachlässigt, da sie doch Landes genug dazu habe, und selbige mit geringer Mühe und ohne Unkosten könnten nützlich erziehen ..." (Bruchhausen 1790, S. 333). Unter nützlich versteht Bruchhausen Obst zum Essen (" ... frisch oder gebacken zur angenehmen und gesunden Speise ..."), Trinken (Saft, Apfelwein, Essig), verkaufen ("... und ein gutes Stück Geldes daraus zu machen ...") und die Obstbaumzüchtung. Nach seinen Vorstellungen sollte jeder Bauer eine eigene Baumschule betreiben.

So geht Bruchhausen ausführlich darauf ein, wie diese Baumschulen am besten angelegt, die Bäume gezogen und veredelt (gepropft oder okuliert) sowie gepflegt werden. "Man verschaffe sich Reißer von der besten Sorte der Obstbäume, und von allerhand frühzeitiges und späteres Dauerobst zum Verspeisen, Kochen und Backen ....." (Bruchhausen 1790, S. 340) und "Reißer und Knospen von guten und verschiedenen Obstbäumen müßte der Landmann von seinem Nachbar, der gutes Obst hat, oder von seinen Freunden in Dörfern und Städten, oder von seinem Gutsherrn sich ausbitten ..." (Bruchhausen 1790, S. 346-347). Er empfiehlt 10 Apfelsorten, mit deren Reißern die eigenen Bäume veredelt werden sollen[35].

Verarbeitungsmöglichkeiten des Obstes und der Handel mit ihm spielen bei Bruchhausen keine Rolle[36], die Früchte sollen hauptsächlich für den Eigengebrauch angebaut und verarbeitet werden. Ohne Verarbeitung und Handel machen große Mengen Obst auf dem Land allerdings wenig Sinn, da sich doch die Bevölkerung zunehmend in den Städten konzentriert. Dies ist ein Indiz, daß es um die Jahrhundertwende zum 19. Jahrhundert in erster Linie darum geht, den Obstbau überhaupt zu verbreiten, d.h. den Anteil des Obstes an der Ernährung insgesamt zu erhöhen.

70 Jahre später ändert sich jedoch in den Büchern über Obstbau Wesentliches: Die Beschreibungen fallen ausführlicher aus und es wird stärker auch auf Verarbeitungsmöglichkeiten eingegangen, was darauf hinweist, daß Obst in der allgemeinen Wertschätzung sowohl als Liebhaberobjekt als auch als Nahrungsmittel stark gestiegen ist:

Ferdinand Rubens stellt 1862 in seinem Buch über den Obst- und Gartenbau für den "Bürger und Landmann" unter dem Motto "Wer sähet, der mähet." fest, daß der Obstbau zum Wohlstand führt: "Wo er sich ausbreitet, da nehmen nicht nur die Erwerbsquellen und mit ihnen der Wohlstand zu, sondern es werden auch Sittlichkeit und häusliches Glück im Allgemeinen sehr gefördert." (Rubens 1862, S. XI). Das Obst als edles Nahrungsmittel, insbesondere der Obstwein (eine Verarbeitungsform des Apfels, die vom schädlichen Branntwein entwöhnen soll), die Verschönerung des Grundbesitzes sowie der Landschaft und die Veredlung des Volkes in sittlicher und geistlicher Hinsicht, spielen für den Autor dabei die größte Rolle. Alles in allem verknüpft der Autor den Obstbau mit den Gesellschaftsideen, wie z.B. den Vorstellungen zur Hygiene und Gesundheit, die in der Mitte des 19. Jahrhunderts aus den bürgerlichen Schichten kommen.

Rubens erwähnt insbesondere die (zu einem höheren persönlichen Wohlstand beitragenden) potentiellen Verdienstmöglichkeiten durch den Verkauf von getrocknetem Obst (Rubens 1862, S. XII). Durch diese Art der Konservierung ist eine erste Lösung für die Transport- und Lagerprobleme größerer Obstmengen vorhanden. Für Obstwein macht er sogar regelrecht Werbung: "Der Genuß des Weines veranlaßt bei der Arbeit viel Schweiß, ist auch, wenigstens in allen Ländern, wo kein Wein gebaut wird, zu kostspielig; das Bier verliert von seinem Werthe, wenn es den Sommer über auf das Feld getragen wird; der Branntwein erschlafft die Nerventätigkeit, macht träge und schläfrig und schadet Körper und Geist: wohingegen ein guter Obstwein, zu einem Stück Brot genossen, ein herrliches Erfrischungs- und Stärkungsmittel abgibt." (Rubens 1862, S. XIII). Damit geht Rubens wesentlich über die bisherigen Veröffentlichungen zum Obstbau hinaus, denn er beschreibt ausführlich verschiedene Verarbeitungs- und Verwendungsmöglichkeiten, die auch dazu beitragen können, Überschüsse gewinnbringend zu veräußern.

Rubens widmet sich auch den "feinen Obstsorten", die in privaten Baumhöfen oder Obstgärten gezogen werden. Besonders schönes Obst wird hoch geschätzt, da es offensichtlich noch sehr selten ist. Insbesondere in Belgien und Frankreich soll die Kultur der feineren Obstsorten stark ausgeprägt sein (Rubens 1862, S. 95). Schöne Früchte sind in diesen Ländern Mitte des 19. Jahrhunderts etwas sehr Wertvolles[37], das entweder für viel Geld gekauft oder für etwas weniger geliehen werden kann. Dabei dient der Apfel nicht als Nahrungsmittel, sondern als Schau- und Ausstellungsobjekt[38]:

"Dort findet man fast in jedem Garten die eine oder andere köstliche Frucht, die ihrem Eigenthümer vielen Genuß und wohl ein hübsches Stück bares Geld einbringt. In Brüssel und anderen Großstädten ist es in den Obstläden Kauf und Lauf für eine schöne ausgezeichnete Frucht 1 bis 1 1/2 Frcs. zu zahlen. In Paris, wo der Luxus mit schönem Obst noch in weit höherem Grade getrieben wird, kosten nicht selten auserlesene Exemplare 10 bis 15 Frcs., und für eine kolossale Birne wurde mitunter schon bis 10 Frcs. und mehr bezahlt. Sie dienen dann bei Gastmählern und anderen Festlichkeiten dazu, die Tafel zu schmücken. Gar Viele, welche so viel Geld nicht auslegen und doch auch nicht gern auf diese Prachtstücke, welche nun einmal zur Mode geworden sind, verzichten mochten, miethen die Früchte für den Festabend für 5 oder 10 Frcs., und so wandern dieselben nicht selten von Einem zum Anderen, wodurch die Eigenthümer gar oft eine schöne Summe Geld einnehmen. Sie dienen meist bloß zur Schau und zum Schmucke der Tafel. Ein Fremder, so wurde vor einiger Zeit in einer pomologischen Zeitschrift mitgetheilt, der bei einem Gastmahle die köstlichen Früchte bewunderte und der Ansicht war, daß sie auch wohl von ausgezeichneten Geschmack sein müßten, zerschnitt eine, um sie zu prüfen, wobei er der Hausfrau sie nicht genug loben konnte. Diese mußte gute Miene zum bösen Spiel machen und die Frucht später mit 50 Frcs. bezahlen." (Rubens 1862, S. 95).

Den Großteil des Buches machen jedoch Beschreibungen über bewährtes Erfahrungswissen durch die Arbeit mit Obstbäumen aus, d.h. über die Tätigkeiten, die mit der Aufzucht und Veredelung der Obstbäume zu tun haben, wobei auch ausführlich auf Krankheiten und Schädlinge eingegangen wird: Angefangen mit der Samenschule und der Erziehung junger Obstbäume über die Baumschule (Konzeption einer Baumschule, Anpflanzen der Sämlinge, Veredelung der Obstbäume und Behandlung, Pflege und Wartung der Bäume), die Gewinnung der Früchte (Obstbau in Töpfen, Obstbau am Spalier,

Obstbau im Hofraume und Garten, Obstbau im Baumhofe oder Obstgarten) bis hin zu Krankheiten und Feinden der Obstbäume, gibt Rubens einen ausführliche Überblick darüber, was nach seiner Ansicht für einen lukrativen Obstbau notwendig ist.

Dem Einsammeln und Aufbewahren des Obstes widmet Rubens jeweils nur kurze Kapitel von 2 - 3 Seiten. Bei der "Benutzung" des Obstes geht er ausführlicher auf das Trocknen und Dörren ein, auf das Mus- oder Krautmachen sowie auf die Obstwein- und Essigbereitung (Rubens 1862, S. 181 - 196). Umfang und Ausrichtung der Inhalte weisen allerdings darauf hin, daß die Ernte, Lagerung und Verarbeitung immer noch wesentlich für die Selbstversorgung und nicht für den Markt gedacht sind. Es werden aber offensichtlich die materiellen Grundlagen für einen Handel gelegt. Selbst Mitte des 19. Jahrhunderts geht es dennoch immer noch hauptsächlich darum, den Obstbau überhaupt auszudehnen.

So betrachtet Rubens den Obstbau auch als Aufgabe des Staates: Der Staat oder die Kommunen sollen für die Anlage und Unterhaltung von Obstbaum-Alleen (Straßenobstbau) zuständig sein. Für die Pflege der Bäume soll ein Gärtner eingestellt werden. Durch die Verpachtung des Obstes sind die staatlichen Auslagen und Kosten bald vergütet, es entsteht sogar ein Überschuß nach einigen Jahrzehnten, der zur Bestreitung der Armenbedürfnisse ausreichen würde. Rubens beschäftigt sich in diesem Zusammenhang auch mit grundstücksrechtlichen Fragestellungen wie z.B. den Auswirkungen einer Baumpflanzung auf ein privates Nachbargrundstück (Bewurzelung, Beschattung) und daraus folgenden Regelungen (Abstand) (Rubens 1862, S. 128).

Rubens schließt mit einer "Anleitung zur Kenntnis der vorzüglichsten Obstarten und Obstsorten". Die Beschreibung der Obstsorten basiert auf einer Systematisierung in Geschlechter[39], Klassen[40] und Ordnungen[41], die für diese Zeit verbreitete pomologische Praxis (Rubens 1862, S. 197 - 219).

II.2.7
ZUSAMMENFASSUNG

Die obstbaulichen Bücher im "Zeitalter der Pomologie" sowie die geläufigen Vorstellungen über die Handhabung mit Obst zeigen, daß im 19. Jahrhundert die Ansätze für die Weiterentwicklung des Obstbaus aus Städten kommen. Die Kultivierung des Apfels geschieht nach den Vorstellungen des bürgerlichen Haushaltes. Es wird eine regelrechte Liebhaberei betrieben (z.B. die Systematisierung oder der Obstbaumschnitt) und es entsteht eine sehr stark verfeinerte und elaborierte Gebrauchskultur. In diesem Zusammenhang kann von einer "Verwissenschaftlichung" des Alltagswissen nach bürgerlich-herrschaftlichen Vorstellungen gesprochen werden. Die Landbevölkerung nimmt diese Ansätze aus guten Gründen erst sehr spät auf: Es ist einerseits die eigenständige dörfliche Gemeinschaft, die relativ abgeschlossen lebt. Der Apfel ist fest mit dem Alltag der Menschen sowie dem jeweiligen räumlichen und zeitlichen Kontext verbunden, wodurch ein Anbau von Obst in größerem Stil auf dem Land gar nicht möglich ist. Auf der anderen Seite sind es weiterhin die schlechten Verkehrsverhältnisse, die einen Transport und damit einen Handel des empfindlichen und meist nur kurz haltbaren Obstes nicht erlauben.

Allerdings legt die Pomologie die Grundlagen für die städtische Nachfrage nach Obst sowie für den Anbau und die Verarbeitung in neuen Formen auf dem Land. Aus der Stadt heraus werden gegenüber dem ländlichen Anbau Qualitätsanforderungen und deutliche Hinweise auf Absatzformen gegeben. Zwar überwiegen in den Büchern über den bäuerlichen Obstbau Beschreibungen von bewährtem Erfahrungswissen über den Umgang mit Bäumen und den Gebrauch der Früchte. Es werden aber auch zum ersten Mal Verdienstmöglichkeiten erwähnt und allgemeiner Wohlstand, der durch den Obstbau erzielt werden kann. Möglicherweise vorhandene Überschüsse sollen zu Trockenobst und Obstwein verarbeitet und damit handelsfähig gemacht werden. Daraus kann sich dann ein finanzieller Gewinn ergeben.

In Kombination mit der Mechanisierung in der Landwirtschaft und den sich im Laufe des 19. Jahrhunderts verbessernden Verkehrsverhältnissen wird der Obstbau vorangetrieben. Es wird sich noch zeigen, wie diese Entwicklung in eine - gegenüber anderen Nahrungsmitteln allerdings verspätete - Austauschbeziehung von Stadt und Land mündet.

II.

3. DIE HERAUSBILDUNG DES ERWERBSOBSTBAUS

Schon im 19. Jahrhundert gibt es praktische Ansätze zum Erwerbsobstbau, d.h. Obst wird nicht mehr ausschließlich zur Selbstversorgung oder aus Liebhaberei angebaut, sondern auch um damit zu handeln, also Geld zu verdienen. Die Entwicklung beginnt in kleinen Schritten und an verschiedenen Orten zu unterschiedlicher Zeit, jeweils abhängig von den spezifischen Grundvoraussetzungen, wie z.B. den Transportmöglichkeiten oder der industriellen Entwicklung. Bei der Entstehung des Erwerbsobstbaus kann also nicht von einer linearen Entwicklung gesprochen werden.

Stehen im 19. Jahrhundert auf der einen Seite die Ausweitung der Obstsortimente, deren Beschreibung und Systematisierung sowie der Obstbaumschnitt im Vordergrund (vgl. das Kapitel "Zeitalter der Pomologie"), ist auf der anderen Seite in den Büchern über den Obstbau eine zunehmende Orientierung an wirtschaftlichen Gesichtspunkten festzustellen: Nicht mehr die Selbstversorgung spielt die größte Rolle, sondern der Obstbau als Erwerbsquelle und die "internationale Konkurrenz" gewinnen theoretisch zunehmend an Bedeutung.

II.3.1

WIE SICH DIE LEBENS- UND WIRTSCHAFTSWEISE WÄHREND DER INDUSTRIALISIERUNG ÄNDERT

Bis zum 19. Jahrhundert verändert sich die Art und Weise, wie man auf dem Land und in der Stadt arbeitet und lebt nur sehr langsam. Die Dörfer sind festgefügte eigene Welten, die Landwirtschaft wird sehr arbeitsintensiv betrieben, Nahrungsmittel werden hauptsächlich für den Eigenverbrauch erzeugt (Mak 1999, S. 76). Auch die städtischen Haushalte haben Gärten für die Eigenversorgung, um die Städte herum ist die Landwirtschaft und der Gartenbau angesiedelt. Hier hat man sich auf Produkte, wie Gemüse, Obst, Fleisch und Milch spezialisiert, die aufgrund ihrer Beschaffenheit und der geringen Haltbarkeit schnell in die Stadt gelangen müssen (Mak 1999, S. 70).

Mit der industriellen Revolution, die in der zweiten Hälfte des 18. Jahrhunderts von England ausgeht, verändern sich im 19. Jahrhundert die sozialen und ökonomischen Ausgangsbedingungen in Deutschland, wobei die unterschiedlichen Regionen auch unterschiedlich betroffen sind. Durch das allgemeine Bevölkerungswachstum und die industriellen Ansiedlungen in der Umgebung von Städten steigen deren Einwohnerzahlen z.T. enorm, was im Laufe des Jahrhunderts eine erhebliche Veränderung der Stadtstrukturen nach sich zieht. Durch den erhöhten Nahrungsmittelbedarf, den technischen Fortschritt und den allgemeinen wirtschaftlichen Aufschwung expandieren die Landwirtschaft und Industrie. Es finden Produktionssteigerungen statt, die wiederum einen Verstärkungseffekt auf das Bevölkerungswachstum haben (Benevolo 1991, S. 781).

Diese veränderten Rahmenbedingungen führen Anfang des 19. Jahrhunderts - hauptsächlich im Norden Deutschlands - zum "Agrarkapitalismus", der dem eigentlichen Industrialisierungsprozess vorausgeht[42]. Nach englischem Vorbild soll die Landwirtschaft nun als kapitalistisches Pachtsystem betrieben werden und mit ertragsreicheren landwirtschaftlichen Wirtschafts- und Betriebsweisen eine höhere Rentabilität erzielen (Herath, Kouril, 1989, S. 29). Durch eine Veränderung der Produktionstechniken und Anbaumethoden (Übergang von der Dreifelderwirtschaft zur Fruchtwechselwirtschaft, künstliche Düngung und Stallfütterung) werden für diese Zeit enorme Produktionszuwächse erreicht (Cameron 1991, S. 284 - 303), allerdings hauptsächlich von wenigen Grundherren und Großbauern, die eine Menge Tagelöhner beschäftigen und teilweise von der Regierung unterstützt werden.

Interventionen der Regierung sind in der ersten Hälfte des 19. Jahrhunderts selten, da die Agrarentwicklung auch ohne staatliche Hilfe positiv verläuft. Eine wichtige Ausnahme stellt die Abschaffung der Allmende[43] und damit eine Reform der halbkollektiven Strukturen in der traditionellen dörflichen Landwirtschaft dar, denn sie bringen, so wird argumentiert, verschiedene Nachteile für den angestrebten Produktivitätszuwachs mit sich. Insbesondere werden folgende Gründe vorgebracht: Das gemeinsame Eigentum an Weideland führe zur Vernachlässigung und Überweidung, durch die gemeinsame Viehhaltung werde selektive Viehzucht verhindert. Fragmentierte offene Felder und kollektive Weidewirtschaft auf Brachland oder Stoppelfeldern verhinderten darüber hinaus, daß neue Getreidesorten, Saatfolgen, Dränagen und wandelbarer Ackerbau eingeführt werden könnten (Koning 1994, S. 39 - 40). Um diese Nachteile zu überwinden, wird im Juni 1821 in der preußischen Gemeinheitsteilungsordnung festgelegt, daß die auf dem Land überall verbreitete Allmende "... zum Besten der allgemeinen Landkultur, so viel als möglich ist, aufgehoben werden solle." (zitiert in Damaschke 1922, S. 200). Zusätzlich wird im Juli 1821 das Gemeinheitsteilungsgesetz beschlossen, das jedem Einwohner einer Gemeinde das Recht gibt, die Aufteilung des gemeinsamen Grundeigentums zu beantragen (Damaschke 1922, S. 367).

Obwohl es von vielen Landgemeinden gegen diese Vorschriften großen Widerstand gibt, treiben die Grundherren und Großbauern auf dieser Grundlage die Einhegung voran: Sie beinhaltet die Teilung der Gemeindewiesen, die Zusammenlegung und Einhegung der Felder sowie die Abschaffung kommunaler Rechte (Koning 1994, S. 40). Einen Eindruck über den Umfang dieser Maßnahmen gibt Damaschke: "Von 1834 - 1858 wurden im Königreich Hannover rund 1 900 000 Morgen Gemeindeland in Privateigentum verwandelt, das ist etwa ein Drittel alles landwirtschaftlichen Bodens der Provinz." (Damaschke 1922, S. 201). Die Kleinbauern haben durch die Abschaffung der halbkollektiven Strukturen große Nachteile, denn die Gemeindewiesen und kommunalen Rechte sind für die kleineren Bauern lebensnotwendig, um ihre Erträge aus den eigenen kleinen Feldern zu ergänzen. Deshalb gibt es von dieser Seite noch lange Widerstand. Der Allmendegedanke ist bei der Landbevölkerung so stark verwurzelt, daß auch Ende des Jahrhunderts noch viele Gemeinden - eher im Südwesten Deutschlands als im Osten - Allmendeweiden und -waldflächen haben (Damaschke 1922, S. 201).

Da der Nahrungsmittelbedarf steigt, sollen die einzelnen Bauern ihre Produktivität durch die Maßgaben des Konzeptes der "Rationellen Landwirtschaft" steigern. Um es durchzusetzen wird dafür neben der Einführung der schon genannten Vorschriften regelrecht Propaganda gemacht. Die Umsetzung bleibt allerdings einigen wenigen Großbauern vorbehalten. Die Wirtschaftsweise des überwiegenden Teils der Bauern bleibt noch lange weitgehend auf Selbstversorgung bezogen.

Propaganda für rationelle Landwirtschaft im 19. Jahrhundert

Ein typischer und im 19. Jahrhundert weit verbreiteter Propagandist für die rationelle Landwirtschaft in Deutschland ist Albrecht Daniel Thaer (1752 - 1828), der die Landwirtschaft Anfang des 19. Jahrhunderts zu einer systematischen Wissenschaft entwickelt (vgl. Thaer 1809-12). Er übersetzt englische Schriften über die Landwirtschaft und verbreitet damit in Deutschland die Praxis der Fruchtwechselwirtschaft, der Stallfütterung und Wollveredelung. Darüber hinaus propagiert er die Buchführung (Führung eines Tagebuchs), damit sich der Landwirt über seine Erfolge und Fortschritte klar wird und das Rechnen lernt. Bis in das 20. Jahrhundert hinein bleiben in Deutschland die Vorschläge von Thaer für die Landwirtschaft aktuell (vgl. Tschudi 1901, S. 62 - 63). Auch in anderen Ländern gibt es ähnliche Erscheinungen: In der Schweiz ist der typische Propagandist für den landwirtschaftlichen Fortschritt J.C. Hirzel (1725 - 1803). In seinem Buch "Die Wirthschaft eines philosophischen Bauers" beschreibt er die intensiv-rationellen Methoden des Bauern Jacob Gujer (oder Kleinjogg) (vgl. Herath, Kouril, 1989). Die Propaganda baut jeweils auf Beispielen mit Vorbildfunktion auf, die in Wirklichkeit jedoch nur vereinzelt anzutreffen sind.

Während auf dem Land die Bauern ihre Produktivität für den steigenden Nahrungsmittelbedarf erhöhen sollen, werden die Landwirtschaft und der Gartenbau in und um die Städte durch die Industrie und den damit zusammenhängenden Bevölkerungszuwachs im Laufe des 19. Jahrhunderts fast völlig verdrängt. Das Bevölkerungswachstum in den Städten führt sowohl zu strukturellen Veränderungen im Stadtkern als auch in der Peripherie: Die Straßen im Stadtkern sind viel zu schmal und die Häuser viel zu klein, um die zuwandernden Arbeitskräfte problemlos aufnehmen zu können. Die bessergestellten Bevölkerungsgruppen beginnen deshalb nach und nach, das Stadtzentrum zu verlassen und an den Stadtrand zu ziehen. Die Häuser, die sie verlassen, werden zu Massenquartieren für die ärmere Bevölkerung. Die Gärten hinter den Häusern, die Parkanlagen der hochherrschaftlichen Villen und die Kleingärten werden mit neuen Häusern oder Fabrikhallen bebaut (Benevolo 1991, S. 801). Die neuen ökonomischen Ideen zerstören alte Häuser, Gemüsegärten, Obstwiesen und Dörfer, die der wachsenden Stadt im Wege stehen (Mumford 1984, S. 481).

Allgemein ist die Entwicklung der Städte in der ersten Hälfte des 19. Jahrhunderts von kapitalistischen Ideen und Spekulation gekennzeichnet. Aus dem Grund und Boden soll möglichst viel Gewinn herausgeholt werden. Die Ausprägungen dieser Entwicklung sind dabei von Stadt zu Stadt, insbesondere im europäischen Vergleich, ganz unterschiedlich. In manchen Städten werden schon sehr früh Planungskonzepte umgesetzt, in anderen noch lange nicht. So gibt es z.B. schon Mitte des 19. Jahrhunderts umfangreiche städtebauliche Konzepte, die mit dem Wohn- und Straßenraum aus hygienischen Gründen großzügiger umgehen (Pauerei, Castex, Depaule 1985, S. 20)[44]. Benevolo beschreibt dagegen, wie in dieser Zeit in den meisten Städten auf engstem Raum viele Häuser entstehen und daß eine ungeordnete und unter hygienischen Aspekten untragbare Situation entsteht[45]. Er bezeichnet diese Phase des Städtebaus als "liberale Stadt", das Ergebnis einer Vielzahl sich überlagernder privater und öffentlicher Initiativen, die weder umfassend geplant, noch aufeinander abgestimmt waren (Benevolo 1991, S. 803).

Erst in der zweiten Hälfte des 19. Jahrhunderts wird es üblicher die absolute unternehmerische Freiheit beim Städtebau einzuschränken, indem Bauvorschriften erlassen und öffentliche Aufgaben von den staatlichen Verwaltungsorganen übernommen werden ("post-liberale Stadt") (Benevolo 1991, S. 813). Der Mangel an Hygiene und preisgünstigem Wohnraum soll durch korrigierende Maßnahmen ausgeglichen werden: Es werden öffentliche Parks sowie Arbeitersiedlungen geplant und mit öffentlichen Geldern finanziert (Benevolo 1991, S. 822)[46]. Dennoch werden die Städte so angelegt, daß sie den Haus- und Grundstückseigentümern ein Maximum an Einnahmen garantieren: Die Trennung der Stadt in ein dicht bebautes Zentrum und eine weniger dicht bebaute Peripherie nützt den Haus- und Grundstücksbesitzern, für die Allgemeinheit ist sie dagegen unpraktisch und kostspielig (Benevolo 1991, S. 834). So gibt es die bis dahin selbstverständlichen Selbstversorgungsmöglichkeiten mit Gemüse und Obst in den Städten kaum mehr. Bisher selbst erzeugte Lebensmittel müssen nun gekauft werden, sie werden zur Ware.

Die allgemeine Verfügbarkeit von Nahrungsmitteln ist während der Industrialisierung, insbesondere in größeren Städten und für die Arbeiter, ungenügend. Die Ernährung kann i.d.R. nicht mehr auf der Grundlage der Eigenversorgung oder der Versorgung aus dem Umland sichergestellt werden. Friedrich Engels schildert die Ernährungssituation in den englischen Städten Mitte des 19. Jahrhunderts folgendermaßen: "Die besser bezahlten Arbeiter, besonders solche Fabrikarbeiter, bei denen jedes Familienmitglied imstande ist, etwas zu verdienen, haben, solange es dauert, gute Nahrung, täglich Fleisch und abends Speck und Käse. Wo weniger verdient wird, findet man nur sonntags oder zwei- bis dreimal wöchentlich Fleisch, dafür mehr Kartoffeln und Brot; gehen wir allmählich tiefer, so finden wir die animalische Nahrung auf ein wenig unter die Kartoffeln geschnittenen Speck reduziert - noch tiefer verschwindet auch dieses, es bleibt nur Käse, Brot, Hafermehlbrei (porridge) und Kartoffeln." (Engels 1845, S. 303). Diese Nahrungsmittel sind zusätzlich von sehr schlechter Qualität[47], sie sind häufig verdorben oder verfälscht[48].

Gemüse und vor allem Obst macht im 19. Jahrhundert nur einen geringen Anteil an der allgemeinen Ernährung aus. Die Zerstörung der städtischen Gärten, in denen im Mittelalter noch der Eigenbedarf an Obst und Gemüse weitgehend gedeckt werden konnte, trägt zu der sich ausbreitenden Mangelernährung bei.

Weder die unternehmerischen Initiativen des Werkswohnungsbaus, die einen Garten für die Selbstversorgung mit Obst und Gemüse vorsehen (z.B. Zechensiedlungen), noch die nach Schreber genannte Kleingartenbewegung (1864) können bis zur Jahrhundertwende die Ernährungssituation entscheidend verbessern. Erst nach dem 1. Weltkrieg bekommen diese Gärten eine größere Bedeutung für die Selbstversorgung städtischer Haushalte (Damaschke 1922, S. 131).

Für eine umfassendere Versorgung der großen industrialisierten Städte mit Obst und Gemüse aus dem entfernteren Umland fehlen im 19. Jahrhundert eine entsprechende Infrastruktur sowie Transportmittel. Darüber hinaus sind die räumlichen und zeitlichen Abhängigkeiten bei der Produktion landwirtschaftlicher und gartenbaulicher Erzeugnisse noch stark ausgeprägt. In der bekannten - und damals sehr modernen - landwirtschaftlichen Standorttheorie des Johann Heinrich von Thünen ist Mitte des Jahrhunderts der Gartenbau direkt vor den Toren der Stadt angesiedelt. Aufgrund der erzielbaren Preise und der Beschaffenheit der gartenbaulichen Produkte lohnt der Handel über weitere Entfernungen im 19. Jahrhundert in den meisten Regionen Deutschlands offensichtlich nicht.

Beispiel für modernes Denken in der Landwirtschaft im 19. Jahrhundert

1826 - 63 entsteht das Buch "Der isolierte Staat" von Johann Heinrich von Thünen. Er entwickelt eine landwirtschaftliche Standorttheorie, die Mitte des 19. Jahrhunderts stellvertretend für modernes Denken in der Landwirtschaft steht.

Die erzielbare Grundrente nimmt mit zunehmender Entfernung vom Markt (Stadt) ab, wodurch sich um die Stadt Ringe verschiedener Bewirtschaftungssysteme bilden. Demnach bildet der Gartenbau (und die Milchwirtschaft) als "freie Wirtschaft" den ersten Ring um die Stadt. "Die feineren Gartengewächse, welche teils den Transport auf Wagen aus weiterer Ferne nicht ertragen können wie Blumenkohl, Erdbeeren, Salate u.a.m. und deshalb nach der Stadt getragen werden müssen, teils nur in kleineren Quantitäten ganz frisch abzusetzen sind, können nur in der Nähe der Stadt angebaut werden. Die Gärten werden also die nächsten Umgebungen der Stadt einnehmen." (zitiert in Busch 1984, S. 21). Mit dem Gartenbau verbindet Thünen demnach hauptsächlich den Gemüsebau. Der Obstbau taucht bei Thünen nicht explizit auf. Er kann offensichtlich nicht ohne weiteres seinen Bewirtschaftungsringen zugerechnet werden. Dies läßt darauf schließen, daß Obstbäume in der Regel zum Haus oder Hausgarten gehören.

Zwar tragen veränderte Transportverhältnisse (Übergang vom Zugochsen zum Pferdegespann und in den 1840er Jahren der Eisenbahnbau sowie der Ausbau befestigter Straßen) im 19. Jahrhundert zwar bei, daß schrittweise mehr Waren über weitere Entfernungen ausgetauscht werden können[49]. Regelmäßige Warenströme über größere Entfernungen sind bei landwirtschaftlichen und gartenbaulichen Produkten allerdings selten: Es gibt zwar einen internationalen Getreidehandel mit dem Schiff, ein großmaßstäblicher Austausch anderer landwirtschaftlicher Erzeugnisse findet jedoch aufgrund der hohen Transportkosten kaum statt (Koning 1994, S. 15)[50].

Die Selbstversorgung mit Obst überwiegt das ganze 19. Jahrhundert über: Auf dem Land ist der Obstbau in die Landwirtschaft integriert, wenn die arbeitende Bevölkerung auf dem Land und in der Stadt überhaupt Obst ißt, dann kommt es ganz aus der Nähe. Obstbau zum Gelderwerb wird kaum betrieben. Im Obstbau gibt es zwar ähnliche Entwicklungen wie sie in der Landwirtschaft zu beobachten sind, aber auch hier sind sie mehr Schein als Sein und finden zeitlich verschoben 50 bis 100 Jahre später statt: Im Vergleich zur Landwirtschaft entstehen im Obstbau während der Industrialisierung keine technischen Rationalisierungsmöglichkeiten, die beim Anbau des Obstes, der Pflege, der Ernte und der Lagerung eingesetzt werden können. Im Gegensatz zum Getreideanbau gibt es keine besonderen Vorteile aus einer Massenproduktion mit Maschinen, denn die Arbeit wird mit jedem weiteren Baum nicht weniger intensiv, sie vermehrt sich vielmehr im wesentlichen proportional[51]. Darüber hinaus steht generell die Anschaffung von Maschinen für den überwiegenden Teil der Bauern kaum zur Debatte, denn sie müssen für Geld angeschafft werden, das i.d.R. kaum vorhanden ist. Körperliche Arbeit ist dagegen aus der Sicht der Bauern gratis: Die Arbeit der Frau, der Kinder und des Bauern selbst werden nicht als Kosten einbezogen (Mak 1999, S. 80).

Über den Beginn des Erwerbsobstbaus gibt es widersprüchliche Angaben: Bis zum beginnenden 19. Jahrhundert soll nach einigen Quellen der Obstbau ausschließlich zur Eigenversorgung betrieben worden sein (z.B. Friedrich 1956, S. 17). In dieser Zeit soll es aber auch schon Gebiete um Berlin, um Hamburg, in der Wetterau und in der Oberrheinebene gegeben haben, in denen die Schwelle zum Erwerbsobstbau über-schritten wurde (Liebster 1984, S. 145). Eine andere Quelle hält wiederum fest, daß erst um 1850 die ersten kleinflächigen berufsständischen Obstpflanzungen - als Familien-wirtschaften organisiert - entstanden (Gross 1940, S. 14). Offensichtlich entwickelt sich der Erwerbsobstbau in erster Linie in der Nähe von Städten, in denen Wasserwege für den Transport zur Verfügung stehen, denn aufgrund der Beschaffenheit des Obstes, ist des-sen Handel praktisch nur über den Wasserweg möglich. In kleineren Städten und insbe-sondere auf dem Land wird deshalb der Obstbau weiterhin ausschließlich zur Selbst-versorgung betrieben, lediglich die Überschüsse in guten Jahren werden im näheren Umkreis vermarktet.

Der Transport mit frischem Obst über weitere Entfernungen ist für die reicheren Be-völkerungsschichen bestimmt: Mitte des 19. Jahrhunderts werden Äpfel vom Alten Land bei Hamburg zu unterschiedlichen Orten auf dem Wasserweg exportiert[52]. Die Stadt Berlin wird so zu einem Absatzmarkt von Obstbauern im Alten Land, in Oberlandkähnen wird das Obst auf der Elbe und Havel dorthin verschifft (Busch 1984, S. 34).

Auch andere, entferntere Städte, werden über den Wasserweg beliefert: "Altländer Obst sieht man nicht nur in Hamburg und Bremen; man begegnet ihm in Amsterdam wie in Kopenhagen, in London wie in Danzig; ja blonde Schweden in Stockholm und bärtige Russen in Petersburg schmausen Altländer Äpfel, und mit jedem Jahr vermehrt und erweitert sich der betreffende Handel." (zitiert in: Materialsammlung zur Ausstellung "Historische Apfel- und Birnensorten im Alten Land" 1994, o.S., nach Allmers "Marschen-buch" 1857). Jacob Fick aus Jork soll am 13.10.1850 mit einem mit Äpfeln beladenen Schoner nach Petersburg gefahren sein, der am 04.11. dort landete (zitiert in: Material-

Abbildung 3: Anlandung von Äpfeln in Kähnen, Berlin Mitte des 19. Jahrhunderts
(aus Morgan, Richards 1993, S. 104)

sammlung zur Ausstellung "Historische Apfel- und Birnensorten im Alten Land" 1994, o.S.). Der Verkauf der Äpfel dort soll sich gelohnt haben. Allerdings dürfte es sich, und dafür spricht das recht stolze Erwähnen dieser Transporte in den Quellen, immer noch eher um Ausnahmen in guten Jahren gehandelt haben.

Schon vor 1800 kommen ausschließlich auf dem Seeweg ausländische Sorten aus benachbarten, aber auch entfernteren Ländern in den deutschen Anbau[53]. Mit den verbesserten Verkehrsverhältnissen in der Schiffahrt nach der Mitte des 19. Jahrhunderts gelangen sogar auch aus Überseeländern, insbesondere aus Kanada und den USA, zahlreiche Zufallsfindlinge und Züchtungen nach Deutschland (Petzold 1982, S. 13). Dabei handelt es sich aber nicht um frisches Obst, sondern hauptsächlich werden Reiser und Samen für Veredelungs- und Vermehrungszwecke ausgetauscht. Einen großmaßstäblichen regelmäßigen Handel mit frischen Obst gibt es während der Industrialisierung noch nicht, da dies die Transportverhältnisse in Verbindung mit der Beschaffenheit der Produkte (Stoßempfindlichkeit) nicht erlaubt.

Erst Ende des Jahrhunderts, als die Freihandelsepoche zu Ende geht und der Binnenhandel ausgebaut wird, wird Hamburg täglich mit Obstschiffen aus dem Alten Land versorgt. Die Erzeuger bringen das Obst mit Kähnen auf den Wettern und Fleeten zu den Verladehäfen im Alten Land[54]. Es entstehen Wochenmärkte, der Ladenhandel sowie der ambulante Handel mit Früchten und Gemüse, die sogenannten "Grünhöker", die die Funktion des Absatzes an Verbraucher nach und nach übernehmen (Pickenpack 1974, S. 19). Auch mit der Bahn werden nun zahlreiche Städte in Mittel und Ostdeutschland beliefert.

Berlin bleibt dabei für das Alte Land ein wichtiger Absatzmarkt: "Ein einzelner Obsthändler oder mehrere in Gemeinschaft taten sich zum Apfeleinkauf zusammen; die Ware wurde dann in weiße, saubere Leinensäcke gefüllt. Zur Schonung gegen Stoß wurde Stroh dazwischengepackt." (zitiert in: Materialsammlung zur Ausstellung "Historische Apfel- und Birnensorten im Alten Land" 1994, o.S.).

Auch die Ausfuhr von Äpfeln ins Ausland ist gegen Ende des 19. Jahrhunderts von gewisser Bedeutung, obwohl mit dem Wandel der deutschen Außenpolitik von bevorzugten Abnehmerländern Schutzzölle eingeführt werden: "Nach Rußland, Norwegen und Dänemark lohnt sich wegen des auf ausländisches Obst gelegten Zolls nur der Versand bester Ware. Der Handel nach diesen Absatzgebieten wird von Altländer Schiffern ausgeführt, welche ihre eigenen Schiffe befrachten und Verkauf der Ware selbst vornehmen." (zitiert in: Materialsammlung zur Ausstellung "Historische Apfel- und Birnensorten im Alten Land" 1994, o.S., nach Vollmer 1885). Der Absatz von Obst im Ausland ist allerdings wegen der langen Transportdauer und unsicherer Zollvorschriften für die Händler mit einem hohen Risiko behaftet.

Der Ausbau des internationalen Warenverkehrs in den 70er und 80er Jahren des 19. Jahrhunderts hat zur Folge, daß der Obstbau (wie auch alle anderen Sparten in der Landwirtschaft) einem verstärkten Druck der ausländischen Konkurrenz ausgesetzt wird. Deshalb soll 1886 auf der ersten Versammlung der deutschen Obst- und Weinbauabteilung diskutiert worden sein, ob die deutsche Obsterzeugung reduziert werden sollte. Man kam aber zu dem Ergebnis, daß eine Einschränkung nicht sinnvoll sei. Allerdings sollte eine bessere Verwertung des deutschen Obstes durch technische Fortschritte angestrebt werden und ein stärkerer Export. Es werden Schutzzölle ausschließlich für verarbeitetes Obst eingeführt (Liebster 1984, S. 192). Das spricht für die geringe Relevanz des Importes von frischem Obst.

Obwohl der Obstbau in der Praxis zum überwiegenden Teil weiterhin in der Hauswirtschaft angesiedelt ist und hauptsächlich der Selbstversorgung dient, entsteht rückblickend der Eindruck, die Ausrichtung auf den Erwerbsanbau hätte sich in der landwirtschaftlichen und gartenbaulichen Praxis des 19. Jahrhunderts schon durchgesetzt[55]. Die Theorie täuscht darüber hinweg, daß die Realität in der Landwirtschaft und im Gartenbau lange Zeit noch eine ganz andere war. Die Veröffentlichungen über den Obstbau gegen Ende des 19. Jahrhunderts entsprechen - genauso, wie zu Zeiten des Agrarkapitalismus - viel mehr einem Wunschdenken, als der Wirklichkeit[56].

Ende des 19. Jahrhunderts sind jedoch die theoretischen und praktischen Grundlagen für den Erwerbsobstbau gelegt. Erste größere Anlagen des Erwerbsobstbaus werden konzipiert. Im Obstbau bilden sich zwei Entwicklungsstränge, die im folgenden ausführlicher beschrieben werden, heraus: Auf der einen Seite wird der Obstbau hauptsächlich zur Selbstversorgung betrieben und bleibt damit lange Zeit ein eigenständiger Wirtschaftszweig, der in der Hauswirtschaft angesiedelt ist. Diese Wirtschaftsform nimmt im Laufe der Zeit aus verschiedenen Gründen immer mehr ab[57]. Der andere Strang ist der erwerbswirtschaftlich betriebene Obstbau. Hier bildet sich - durch staatliche Unterstützung - im Laufe der Zeit ein eigenständiger Berufszweig heraus, der durch eine massive Propaganda zunehmend an Einfluß gewinnt.

II.3.2

DER HAUSWIRTSCHAFTLICH ORIENTIERTE OBSTBAU

Maria Bidlingmaier, die 1915 an der Universität in Tübingen promovierte, schrieb eine Arbeit, die sowohl für ihre als auch für unsere Zeit ungewöhnlich ist: Sie schreibt über "Die Bäuerin in zwei Gemeinden Württembergs" und will damit am Beispiel der Gemeinden Lauffen (Gemeinde mit Industrie, Verkehr und in der Nähe der größeren Stadt Heilbronn) und Kleinaspach (Gemeinde ohne Industrie und Verkehr und ohne die Nähe einer größeren Stadt) den Zusammenhang zwischen der Rationalisierung in der Landwirtschaft und den Auswirkungen auf die landwirtschaftlich tätige Frau, die Bäuerin, aufklären. Bidlingmaier gibt in ihrer Arbeit das facettenreiche Bild des Lebens und Arbeitens in bäuerlichen Haushalten zur Jahrhundertwende wirklichkeitsgetreu wieder. Der Obstbau spielt dabei eine nicht unbedeutende Rolle.

Bidlingmaier berichtet, daß der Obstbau in beiden Gemeinden wichtig ist, in seiner Bedeutung sogar steigt, weil das Bedürfnis nach einem billigen Haustrunk wächst (Bidlingmaier 1918, S. 31). Da der Verkauf von Obst wegen kleiner Mengen und geringer Haltbarkeit schwierig ist (von Kleinaspach ist zudem der Markt zu weit entfernt), sind Tafelobstsorten selten. Es werden hauptsächlich Mostobstarten gepflegt, die zugleich den häuslichen Bedarf für andere Gebrauchszwecke decken. Das meiste Obst dient der eigenen Familie, die damit zusammenhängenden Arbeiten werden von der Bäuerin und dem Bauer arbeitsteilig erledigt. "Die Pflege der Obstbäume ist die Arbeit des Bauern - er düngt und putzt die Bäume gewöhnlich im Winter aus - ; die Ernte besorgen Bauer und Bäuerin gemeinsam. Der Verkauf der kleinen Mengen steht historisch der Bäuerin zu, der größeren, wie des Mostobstes, dem Bauern. Er hat auch die Most- und Schnapsbereitung in Händen (Tresterschnaps aus Obstresten nach dem Mosten), während die Obstverwertung und Weiterverarbeitung Sache der Bäuerin ist." (Bidlingmaier 1918, S. 31-32).

In der näher an der Stadt liegenden Gemeinde Lauffen säumen Obstbäume die Grundstücke an der Landstraße ein und es gibt Baumgüter. Auch hier teilen sich Bäuerin und Bauer die Arbeit: "Wenn die Früchte eingeheimst werden, steigt der Bauer auf die Bäume, schüttelt oder pflückt je nach den Obstsorten und ihrer Verwendung. Die Bäuerin sucht die Früchte unter den Bäumen zusammen, sortiert sie nach der Qualität und sammelt sie in bereitgestellte Körbe." (Bidlingmaier 1918, S. 32). Montags mit dem Frühzug bringt die Bäuerin das Obst auf den Heilbronner Markt und verkauft sie dort. Als verkäufliche Sorten nennt Bidlingmaier Goldparmänen, Luiken, Renetten, Rosenäpfel, Lederäpfel, Luisenäpfel.

Die meisten Äpfel werden zu Most verarbeitet, denn in Süddeutschland ist der Most um die Jahrhundertwende ein gebräuchliches Hausgetränk. Etwa 2.100 Liter werden in einem Haushalt pro Jahr für 5 ständige Personen, ein bis zwei Tagelöhner im Sommer und diverse Gäste benötigt (Bidlingmaier 1918, S. 85). Dies entspricht etwa dem täglichen Konsum von einem Liter pro Person. "Viermal am Tag stehen die Mostgläser auf dem Tisch der Kleinaspacher Bauernstube: beim Morgen- und Nachmittagsvesper, am Mittag und am Abend. Auf einem besonderen Tischchen stehen die Mostkrüge und Gläser. Daneben hängt der große Kellerschlüssel, der im Gewahrsam des Bauern und der Bäuerin ist. Von den Familienmitgliedern hat jedes das Recht, sich vom Most einzuschenken; den Familienfremden füllt bald der Bauer, bald die Bäuerin unter vielen Zusprüchen die Gläser voll. Denn es ist alte Sitte, daß die Bäuerin jedem Gast, der ihr Haus betritt, auch dem Handwerker der auf dem Hof arbeitet, dem Geschäftsmann, den seine Beziehungen zum Bauern herführen, ein Glas Most zum großen Brotlaib anbietet." (Bidlingmaier 1918, S. 86).

Obwohl im 19. Jahrhundert eine ausgeprägte antialkoholische Propaganda betrieben wird[58], ist um die Jahrhundertwende die Herstellung nicht-alkoholischer Getränke für den Hausgebrauch selten. Da Most reichlich vorhanden ist, " ... bereitet die Bäuerin gewöhnlich keine Fruchtsäfte zu, trotzdem sich die Pfarrfrau des Ortes (Kleinaspach) um die größere Verbreitung bemüht hat." (Bidlingmaier 1918, S. 87). Auch in Lauffen ist die Saftbereitung selten, " ... es wäre denn, dass eine der weiblichen Personen sommers über ständig zu Hause ist, so daß sie Zeit zu diesen Feinheiten des Haushaltes findet." (Bidlingmaier 1918, S. 96).

Der Obstgarten liegt meist gleich hinter dem Haus, so daß sich zur Obstzeit jedes Familienmitglied frei bedienen kann (z.B. nach der Feldarbeit). Die Lagerung des Obstes wird in Kleinaspach als primitiv bezeichnet, es wird auf einem leeren Kammerboden auf einer Unterlage aus Stroh gelagert. In Lauffen dagegen wird Dauerobst auf Hurten oder auf Sand in einer Kellerecke gelagert. Dieser Vorrat reicht in der Regel den ganzen Winter über (in einem gut geleiteten Bauernhaus gibt es die letzten Äpfel bis kurz vor Ostern). Im Winter kommt jede Woche ein- bis zweimal gekochtes Obst auf den Tisch, im Sommer wird das frische Obst gegessen, später das gedörrte. In Lauffen stellt die Bäuerin einen Korb mit Obst auf den Tisch. "Ausser musähnlichen Gerichten liebt es die Bäuerin, am Backtag einige Obstkuchen herzustellen. Sie werden noch warm und knusprig zum Kaffee als Mittagsmahl genossen. Langsam bürgert sich auch die Gesälz- und Gelleezubereitung aus Zwetschgen, Quitten, Johannisbeeren und unreifen Äpfeln ein. .... Daneben findet, zwar ganz vereinzelt, das Eindünsten schon Eingang ....." (Bidlingmaier 1918, S. 87). Diese Arbeit ist gewöhnlich die Arbeit an Sonntagnachmittagen. Verbraucht wird das verarbeitete Obst von den Kindern und der Bäuerin selbst, " ... weniger der Bauer, der das Salzige und Saure liebt." (Bidlingmaier 1918, S. 96). Der Bauer trinkt eher den Most und den von ihm selbst hergestellten Obstschnaps, der neben dem Genuß (" ... wenn die Männer schwere Wintergeschäfte verrichten ...") auch als Einreibemittel bei Gicht und Rheumatismus verwendet wird.

Zusammenfassend stellt Bidlingmaier fest, daß der Obstbau der Bäuerin durch den Verkauf des feinen Obstes sowie durch hochwertige Obstverwertung und Weiterverarbeitung zu Zwecken des Verkaufs und Konsums der bäuerlichen Familie die Möglichkeit eröffnet, ihre Produktivkraft im Erwerbsbetrieb gewinnbringend zu steigern.

Die Dissertation von Maria Bidlingmaier ist eine der wenigen Texte, die neben anderen Alltagsgebräuchlichkeiten den Obstbau und dessen Nutzung wirklichkeitsgetreu wiedergibt. Die geringe Anzahl solcher Veröffentlichungen täuscht darüber hinweg, daß praktisch bis zur Mitte des 20. Jahrhunderts die hauswirtschaftliche Ausrichtung im Obstbau als Wirtschaftsform im Vordergrund steht. Sicherlich gab es einige landwirtschaftliche und später auch obstbauliche Betriebe, die die im folgenden dargestellten Rationalisierungsvorschläge weitgehend realisieren, die Mehrzahl jedoch ist davon ausgenommen.

Die Notwendigkeit, den Obstbau in Richtung Erwerbsobstbau zu entwickeln, ergab sich nicht von selbst. Vielmehr wurde eine Propaganda betrieben, die mit den Argumenten mehr Wirtschaftlichkeit und Wettbewerbsfähigkeit sowie einer angeblich notwendigen Versorgung mit "hochwertigerem" Obst geführt wurde. Auch heute noch werden diese Argumente mit der gleichen Logik fortgeführt. Sie focussieren ihre Ausführungen ausschließlich auf die erwerbswirtschaftliche Seite, die zu weiteren Rationalisierungsmaßnahmen im Obstbau führen. Die andere Seite des Obstbaus, die Selbstversorgung als Subsistenztätigkeit, wird schon im 19. Jahrhundert nicht mehr als ernstzunehmende wirtschaftliche Tätigkeit wahrgenommen, sondern mit den Worten Liebhaberobstbau und Sortenwirrwarr abgehandelt[59].

II.3.3
DER ERWERBSWIRTSCHAFTLICH ORIENTIERTE OBSTBAU

Mit dem Beginn der staatlichen Förderung des Obstbaus fängt eine systematisch vorangetriebene Veränderung in Richtung Erwerbswirtschaft an. Ab 1894 erhält der Obstbau durch das Landwirtschaftskammergesetz eine gesetzliche Grundlage. Er wird nun zunehmend von öffentlich rechtlichen Körperschaften (Landwirtschaftskammern) übernommen sowie gefördert (Friedrich 1956, S. 18; Wolf 1989, S. 40) und bekommt hierdurch einen anderen Stellenwert.

Im Rahmen der staatlichen Förderung wird der Obstbau zu einem eigenständigen Beruf entwickelt, noch vor der Jahrhundertwende werden entsprechende Ausbildungsplätze geschaffen. Nicolas Gaucher sieht z.B. den ausschlaggebenden Grund für die geringe Rentabilität des Obstbaus in der fehlenden Ausbildung: " ... So wie der Obstbau an vielen Orten betrieben wird, kann er überhaupt nicht lohnen. ... Kein anderer Beruf wird allgemein so dilettantenhaft betrieben wie der Obstbau. Wir haben sehr viele Berufe, die sehr viel leichter zu erlernen sind, und immer hält man gründliche praktische und theoretische Ausbildung für jeden, der den Beruf betreiben will, für erforderlich. Nur von unserem schönen Berufe wird angenommen, jede gründliche Vorbildung sei entbehrlich. ... Diese allgemein geringe berufliche Sachkenntnis derer, die Obstbau betreiben, namentlich oft auch die krasse Unbefangenheit auch in geschäftlicher Hinsicht, in Fragen des Absatzes usw. , das sind die Gründe, die den schlechten Stand unseres Obstbaus hinreichend erklären. ... Der Obstzüchter, der beim regelmäßigen Betriebe des Obstbaues vorwärtskommen will, muß eine praktische Schule durchgemacht haben und durch und durch Fachmann sein." (Gaucher 1896, S. 505).

Bei der staatlichen Förderung spielt der Straßenobstbau eine große Rolle: An den öffentlichen Landstraßen der Provinz Hannover werden im Jahre 1895/96 im Ganzen 187 556 Obstbäume gezählt (Ulrich 1911, S. 3). Für Gemeinden hatte der Straßenobstbau als Einnahmequelle (Verpachten von Bäumen oder Verkaufen von Ernterechten) - wenn auch unregelmäßig - eine wachsende Bedeutung. Es findet eine breite Diskussion über die Praxis im Straßenobstbau statt. In einer damals bekannten Obstbauzeitschrift wird unter der Rubrik "Briefkasten" auf die Frage "Welche Apfelsorten eignen sich am besten für

Chausseen oder Wege?" geantwortet, daß aus Gründen einer besseren Arbeitsverteilung beim Ernten verschiedene Sorten notwendig sind, die nicht alle gleichzeitig, sondern zu unterschiedlichen Zeiten reif werden (Der praktische Ratgeber im Obst- und Gartenbau September 1898, S. 360).

Einschlägige Bücher über den Obstbau kurz vor der Jahrhundertwende fallen durch die bemerkenswerte Mischung "fortschrittlicher" und "traditioneller" Argumente auf. Diese Übergangszeit soll im folgenden ausführlich beschrieben werden, da hier verschiedene neue Sichtweisen auftauchen, die sich in Deutschland erst ab etwa 1950 praktisch durchsetzen werden.

Einerseits wird der Obstbau grundsätzlich als gute Einnahmequelle und deshalb als Vorteil für das "Deutsche Vaterland" herausgestellt. Für gutes Obst bestehe immer eine gute Nachfrage und es sei sogar ein bedeutender Handelsartikel nach anderen Ländern, schreibt Noack (Noack 1895, S. 1). Wo andere landwirtschaftliche Kulturen zurückstehen müssen (z.B. an Straßen, Wegen, auf Wiesen und Dämmen, Rainen und Abhängen oder anderem unzugänglichen Gelände) könne Obstbau immer noch einträglich betrieben werden. Dennoch habe der Erwerbsobstbau keine große Verbreitung, was unnötige Staatsausgaben nach sich ziehe: "... da nun in vielen Gegenden Deutschlands die landwirtschaftliche Bevölkerung die hohe Bedeutung des Obstbaus zum Teil noch nicht erkannt hat, so beziehen dieselben nicht nur große Quantitäten von frischem und getrockneten Obst aus Frankreich und Belgien, wo der Anbau feineren Tafelobstes auf der höchsten Stufe steht, sondern auch aus viel weiter entfernt liegenden Ländern, z.B. aus der Schweiz, Tirol und Italien und selbst aus den Vereinigten Staaten Nordamerikas." (Noack 1895, S. 2)[60].

Diese Beschreibung dürfte nach den tatsächlichen Verhältnissen damals stark übertrieben sein, ist aber sicher in dieser Zeit eine gute Propaganda für einen rationelleren Obstbau. In Noacks weiteren Ausführungen wird deutlich, daß der Apfel - obwohl er praktisch ungeeignet dafür ist - von einer nationalen und internationalen "Konkurrenzschlacht" erfaßt wird, die Ende des 19. und Anfang des 20. Jahrhunderts die führenden Industriestaaten, vor allem England und Deutschland, betreiben. Kaiser Wilhelm II. treibt die Nationalgefühle an und jeder importierte Apfel ist ein Argument, den einheimischen Obstbau zu verbessern. Obwohl von einem Weltmarkt für Äpfel keine Rede sein kann, wird die Drohung vor "Zurückfallen" und "Rückstand" eingesetzt, um die Bauern zu moderneren Produktionsformen zu bewegen.

Auf der anderen Seite werden herkömmliche Beschreibungen über den Umgang mit Obst beibehalten. So spielen beim Alltagsgebrauch des Apfels unterschiedliche Jahres- und Tageszeiten eine wesentliche Rolle: "Sommeräpfel und Sommerbirnen werden am besten einige Tage vor der vollen Reife vom Baum genommen, da sie sich dann länger halten, Herbst- und Winteräpfel und Birnen werden geerntet, wenn sie vollständig ausgewachsen sind und sich leicht von den Zweigen abpflücken lassen, sie haben dann die sogenannte Baumreife erlangt, während die Lager- oder Genußreife bei denselben erst eintritt, wenn sie längere oder kürzere Zeit, je nach der Sorte, in Kellern oder Obstkammern gelegen haben." (Noack 1895, S. 105). Sommeräpfel sollen an heißen Tagen am besten in den Morgenstunden abgenommen werden, ihre Haltbarkeit läßt sich verlängern, indem man in der Reife am wenigsten fortgeschrittene Früchte einzeln in weiches Papier einwickelt (Wesselhöft 1897, S. 9).

Die Verarbeitungsweisen und -möglichkeiten, die Noack und Wesselhöft sehr ausführlich beschreiben, sind vielfältig: Wein-, Liqueur-, Sirup-, Essig- und Branntweinbereitung, das Konservieren, das Einmachen, die Zubereitung von Mus, Apfelkraut, Marmelade und Gelee, das Kandieren, Dörren und Trocknen. Die in den Büchern genannten Apfelsorten entsprechen aufgrund ihrer unterschiedlichen Eigenschaften (z.B. Textur, Reifezeit, Geschmack) den unterschiedlichen Gebrauchszwecken. Es werden auch die neuesten Verarbeitungsgeräte vorgestellt: Die (fahrbare) Obstmahlmühle, verschiedene Pressen, Schäl- und Stanzmaschinen. Für die Haltbarmachung werden übliche Mittel wie Essig oder Branntwein genannt, bei Apfelwein sind es Mostbirnen oder Speierlinge, die seine Haltbarkeit befördern[61]. Genannt wird außerdem die Verwendung von Fallobst, Obstabfällen und Obsttrester, die zur Verfütterung an Kühe und Schweine eine Rolle spielen. Der Trester wird in manchen Gegenden sogar getrocknet und als Brennstoff verwendet (Noack 1895, S. 143). "Auch als Brennmaterial sind die Obstrückstände wertvoll. So rechnet man die Trester von 6 Zentnern gemischten Obsts gleich einem Raummeter Buchenholz ... " (Wesselhöft 1897, S. 111).

Es wird deutlich, daß Obst im wesentlichen in kleineren Mengen in Hauswirtschaften oder genossenschaftlich verarbeitet wird. Eine industrielle Verarbeitung für einen größeren Absatzmarkt gibt es kaum. Lediglich Apfelwein und Apfelkraut werden in manchen Gegenden "fabrikmäßig für den Handel in weitere Ferne" hergestellt (Noack 1895, S. 134).

Die Lagerung von Herbst- und Winterobst soll traditionell in Kellern, Gewölben oder Kammern vorgenommen werden, am besten in Holzgerüsten, deren Böden mit Farnkrautblättern, Moos oder Pappdeckeln belegt werden soll, damit die Äpfel eine weiche Unterlage haben. Auch Sommeräpfel können auf diese Art und Weise 2 bis 3 Wochen aufbewahrt werden (Noack 1895, S. 107). Die Lagerung des Obstes für den Handel unterscheidet sich in dieser Zeit nicht wesentlich, sie wird in den gleichen Räumlichkeiten und mit den gleichen Methoden, lediglich in einem etwas größerem Maßstab (Obsthäuser) vorgenommen (Wesselhöft 1897, S. 22).

Nur mit großem Aufwand können Herbst- und Winterfrüchte über weitere Entfernungen versendet werden. "Man packt die Früchte in Fässer oder Kisten und zwar jede einzelne Frucht in zartes Papier gewickelt so ein, daß abwechselnd eine Lage Papierschnitzel oder trockenes Moos oder Holzwolle und eine Lage Obst aufeinander folgt ... . Bei kürzeren Entfernungen kann das Einwickeln der einzelnen Früchte in Papier unterlassen werden." (Noack 1895, S. 108). Auch auf die Qualität der Straßen und Wege sowie auf die verschiedenen Transportmittel wird eingegangen: "Auch der Wagen, auf den die Körbe sodann gestellt werden, ist noch mit Stroh zu belegen, was namentlich bei holprigen Wegen notwendig ist. ... Für Postsendungen (bis 5 kg) verdienen dem aufzunehmenden Quantum entsprechende Kistchen den Vorzug, bei Bahnsendungen größere Kisten. ..." (Wesselhöft 1897, S. 26).

Die gebräuchlichste Baumform beim Obstbau ist der Hochstamm, denn er kann auf dem Feld, auf Baumgütern, in Grasgärten, auf Viehweiden und an Straßen und Wegen gepflanzt werden (Noack 1895, S. 109). Nur für Hausgärten oder "in hohen, den Stürmen ausgesetzten Lagen", sind kleinere Stämme gefragt. Noack berichtet aber auch von Obstbäumen in Töpfen ("vornehmlich Äpfel") und beschreibt deren Aufzucht und Pflege (Noack 1895, S. 117 - 120). Auch im "modernen" Erwerbsobstbau wird ausschließlich der Hochstamm verwendet. Unter der Überschrift "Drei Apfelsorten für den Massenanbau" wird berichtet: "Kürzlich besuchte ich eine der bedeutensten, jüngeren Obstanlagen des Königreichs Sachsens: Klostergärtnerei Sornzig bei Oschatz. Es sind hier in den letzten Jahren, wenn ich nicht irre, 3.000 Hochstämme angepflanzt, davon mehr als 2.000 Wintergoldparmäne. ...." (Der praktische Ratgeber im Obst- und Gartenbau August 1898, S. 325).

Neben diesen, auf einen kleineren Maßstab ausgerichteten Ausführungen wird auch "modernes" erwerbswirtschaftlich ausgerichtetes Gedankengut in der Obstbauliteratur eingestreut. So wird z.B. dem Obstbauer nahe gelegt, daß er seine Früchte verarbeiten soll, damit sich der Verkauf lohnt (Noack 1895, S. 121), wobei die Herstellung von Trockenobst die größte Rolle spielt: "Eine der vorteilhaftesten und leicht von jedermann auszuführenden Verwendungsweise ist das Trocknen oder Dörren des Obstes, durch welches in verhältnismäßig kurzer Zeit große Quantitäten von Obst in einen Zustand versetzt werden, in dem es sich lange aufbewahren läßt und sich vorzüglich zum Transport in die weite Ferne eignet, da es durch den Trocknungsprozeß auf ein sehr geringes Gewicht (den 6. bis 10. Teil des frischen Obstes) reduziert wird und sich somit die Transportkosten entsprechend verringern. Gut getrocknetes Obst bildet für manche Länder einen bedeutenden Exportartikel ..." (Noack 1895, S. 138). Der Hintergrund dieser Ausführungen scheint allerdings nicht die Sorge um Verdienstmöglichkeiten der Bauern zu sein, sondern die Angst vor Unterversorgung mit Dauerobst aus dem eigenen Land und der Versuch einen neuen wettbewerbsfähigeren Wirtschaftszweig, die industrielle Obstverarbeitung und den industriellen Obstbau, aufzubauen.

In diesem Zusammenhang werden verschiedene Argumente für Rationalisierungsnotwendigkeiten im Obstbau angeführt: Es sollen nur solche Sorten angepflanzt werden, die sich als Tafelobst oder zu anderen Verwendungsweisen besonders eignen, deren Früchte deswegen gesucht sind und sich zu höheren Preisen verwerten lassen. "Beabsichtigt man Obstverkauf, so kommt es, wenn er lohnend sein soll vor allem darauf an, von jeder Obstgattung nur einige wenige Sorten, die sich für Boden und Klima am besten eignen und deren Früchte für eine bestimmte Verwendungsart als die besten erkannt sind, anzupflanzen, da der Käufer weit lieber von solchen Stellen seinen Bedarf entnimmt und einen weit höheren Preis zahlt, wo er die für seine Zwecke geeigneten Sorten in größeren Quantitäten vorfindet. Selbst das feine Tafelobst, namentlich, wenn man es nicht direkt an die Konsumenten verkaufen kann, läßt sich in einigen wenigen guten, aber in größeren Quantitäten vorhandenen Sorten weit besser verwerten als eine größere Anzahl von Sorten in kleineren Quantitäten." (Wesselhöft 1897, S. 25).

An den auf den städtischen Obstmärkten angebotenen Sorten, sollen sich die Obstbauern orientieren, denn diese sollen den größten Gewinn bringen: "Den größten Fehler, der früher von den meisten Obstzüchtern begangen wurde, war die mangelnde, richtige Auswahl der Sorten, wodurch eine Masse von Bäumen gepflanzt wurde, die nur ein geringwertiges Obst liefern, das sich nur schwer und zu geringen Preisen verwerten läßt.

.... Während früher sehr häufig alle möglichen Sorten durcheinander angepflanzt wurden, werden jetzt von jeder Obstgattung nur einige wenige Sorten, die sich für Boden und Klima am besten eignen und deren Früchte für eine bestimmte Verwendungsweise als die besten erkannt sind, in größerer Anzahl angepflanzt, wodurch die lohnendsten Erträge erzielt werden. ... Für Liebhaber, die das geerntete Obst in der eigenen Haushaltung konsumieren, ist es ganz hübsch, viele Sorten anzupflanzen, denn sie haben dann größere Abwechslung beim Genuß; ... Aber für diejenigen, die das geerntete Obst verkaufen wollen, ist die Anpflanzung vieler Sorten nur nachteilig." (Noack 1895, S. 122).

Während beim hauswirtschaftlich orientierten Obstbau viele Apfelsorten sinnvoll sind, geht es bei der erwerbswirtschaftlichen Orientierung um den Anbau größerer Mengen einer einzigen Sorte. Dafür soll der Obstbauer seine bisherigen Anbaumethoden verändern. Nur an solchen Orten, wo sich die Obstbauern auf bestimmte Sorten und größere Mengen spezialisiert haben, bildet sich ein Absatzmarkt mit einem entsprechend organisierten Handel. "Je besser das Obst gezüchtet wird, namentlich je mehr die Sorten für bestimmte Zwecke geeignet sind, sei es zum Rohgenuß, zum Einmachen, Dörren etc. und je mehr durch Genossenschaften der Obsthandel organisiert wird, desto rentabler wird der Obstbau werden." (Noack 1895, S. 123).

Die Rationalisierung im Obstbau wird zusätzlich vorangetrieben, indem vorgeschlagen wird, unterschiedliche Qualitätsklassen einzuführen, damit ein höchstmöglicher Gewinn erzielt werden kann: "Es empfiehlt sich, das Tafelobst vor dem Verkauf zu sortieren, wodurch höhere Preise erzielt werden; die erste Qualität darf nur in gleichmäßig schönen, großen, tadellosen Früchten, die zweite in etwas kleineren, aber ebenfalls schönen Früchten bestehen, die übrigen, weniger schön entwickelten oder beschädigten Früchte werden dann zu Mostobst oder im eigenen Haushalt auf verschiedene Art verwendet. Durch die Aufbewahrung schöner Früchte von guten Tafelobstsorten bis nach Weihnachten und länger kann namentlich in sehr obstreichen Jahren, in welchen im Herbst das Obst nur geringen Wert hat, oft der drei- und vierfache Erlös erzielt werden." (Noack 1895, S. 124). Es wird herausgestellt, daß Preisvorteile sowohl durch ein ansprechendes Äußeres als auch durch zeitliche Verzögerungen, mit denen das Obst auf den Markt gelangt, erzielt werden können. Ein Zusammenhang, den die südlichen obstexportierenden Länder schon erkannt hatten: Sie gelangen außerhalb der einheimischen Obstsaison mit ihren gut aussehenden Früchten auf den Markt[62].

Um die Jahrhundertwende ist in fast allen Branchen eine sehr modern anmutende Diskussion um die "internationale Konkurrenz" im Gange. Nationale Töne wechseln mit Drohungen vor ferner Konkurrenz. Auch Deutschland will mit den französischen und amerikanischen Obstbauern, die als Vorbilder herausgestellt werden, europa- und weltweit konkurrieren. Ebenso andere Länder wie z.B. Großbritannien diskutieren dies und registrieren aufmerksam zunehmende Apfelimporte aus den USA[63], Kanada, Australien[64], Neuseeland[65] und Südafrika[66]. Mit dem Argument drohender weltweiter Konkurrenz soll sich der Obstbau am Vorbild der Industrie orientieren (wo sich immer mehr Fabriken spezialisieren und vergrößern) und auf wenige marktgängige Sorten konzentrieren. Erste Forderungen nach größeren Anbaueinheiten tauchen auf. Die so ausgelöste Tendenz zur Spezialisierung führt insbesondere in England, aber auch in anderen europäischen

Ländern zu einer Reduktion der Sortenvielfalt (Morgan, Richards 1993, S. 96).

Aber nicht nur der Anbau und das damit zusammenhängende Sortiment ist - so bereits die damalige Diskussion - für den "internationalen Wettbewerb" noch nicht geeignet, sondern auch die notwendigen Organisations- und Infrastrukturen fehlen. Im Gegensatz zu Deutschland stellt man in England schon 1854 aufgrund erster Importe aus Amerika um: Konkurrenzfähigkeit ist das Argument, um eine zentrale Organisation zu bilden und den Obstbau in qualitativer und quantitativer Hinsicht zu verändern (Morgan, Richards 1993, S. 109). Der deutsche Obstbau ist im Vergleich zu England Ende des 19. Jahrhundert in dieser Beziehung offenbar noch nicht so weit organisiert. Infrastrukturen wie der Großhandel, Lager- und Verarbeitungsmöglichkeiten sowie das entsprechend spezialisierte Personal existieren noch nicht im vergleichbaren Umfang, was zur Jahrhundertwende erschreckt zur Kenntnis genommen wird.

Die schon vor der Jahrhundertwende ausgeführten Argumente für eine erwerbsmäßige Ausgestaltung des Obstbaus werden in der folgenden Zeit weitergeführt und zugespitzt. Die Folge ist eine zunehmende Sortenreduzierung und Standardisierung innerhalb und zwischen den Sorten. Im folgenden werden in den Bereichen wirtschaftliche Rahmenbedingungen, Obstlagerung, -transport und -handel sowie den Anbaumethoden die Argumente, die dem Erwerbsobstbau zum Durchbruch verhelfen, detailliert weiterverfolgt und daran der Weg zum Standardapfel verdeutlicht.

II.3.4
ZUSAMMENFASSUNG

Insbesondere in der zweiten Hälfte des 19. Jahrhunderts werden durch den Industrialisierungsprozeß die Landwirtschaft und der Gartenbau in und um die Städte durch den Bevölkerungszuwachs und Spekulationsinteressen von Grundbesitzern fast völlig verdrängt. Die Nahrungsmittelproduktion wird zur Sache des Landes gemacht, die Bauern im Umland sollen durch Produktivitätszuwächse dem steigenden Nahrungsmittelbedarf nachkommen. Propaganda für die "rationelle Landwirtschaft" sowie entsprechende wirtschaftliche und politische Rahmenbedingungen forcieren diese Entwicklung. Die schlechte Ernährungslage der Bevölkerung - insbesondere die der Arbeiter in der Stadt und auf dem Land - kann jedoch aufgrund fehlender Transportinfrastruktur und mangelnder technischer Möglichkeiten nur langsam verändert werden. Auch öffentliche oder private Planungskonzepte aus dieser Zeit (z.B. der Werkswohnungsbau oder die Schrebergartenbewegung), die dazu beitragen sollen, den Selbstversorgungsgrad bei Obst und Gemüse zu erhöhen und damit die Ernährungslage zu verbessern, haben kaum eine Wirkung.

Der Obstbau wird im gesamten 19. Jahrhundert weiterhin hauptsächlich zur Selbstversorgung betrieben. Insbesondere in bäuerlichen Haushalten spielt der Obstbau und die Verarbeitung von Obst im Alltag eine große Rolle. Obwohl der internationale Warenverkehr aufgrund verbesserter Transportverhältnisse durch die Eisenbahn und den Seeverkehr in der 2. Hälfte des 19. Jahrhunderts ausgebaut wird, ist der Handel mit frischen Äpfeln nicht weit verbreitet. Vielmehr sollen im Obstbau Früchte für die industrielle Weiterverarbeitung im Inland erzeugt werden, da auf ausländischen Obsterzeugnissen Schutzzölle liegen. Durch die (natürlichen und politischen) Handelsbarrieren, die eine Ausweitung der Märkte kaum ermöglichen, sowie die geringen Rationalisierungspotentiale im Anbau bleiben der Obstbau und die -verarbeitung - trotz wachsender Propaganda - noch lange im hauswirtschaftlichen Bereich angesiedelt.

Dennoch ist die Situation als Ausgangsbasis für die weitere Entwicklung äußerst entscheidend. Einerseits hat die städtische Apfelkultur mit dem "Zeitalter der Pomologie" gerade einen Höhepunkt erreicht. In diesem Zusammenhang werden vielfältige qualitative Ansprüche formuliert, die auf einem praktischen, orts- und zeitspezifischen Umgang mit Äpfeln und Bäumen beruht. Andererseits wird versucht, dem ländlichen Obstbau vorzuschreiben, wie zu wirtschaften sei, und zwar abgekoppelt von praktischen Erfahrungen mit der eigenen Gebrauchskultur. Diese Bewegung speist ihre Erkenntnisse vorwiegend aus der "fortschrittlichen" Industrieentwicklung und den sie begleitenden ökonomischen Theorien. Mit wirtschaftspolitischen Argumenten, die teilweise sehr modern wirken ("Bedrohung durch internationale Konkurrenz"), propagieren ihre Vertreter den Erwerbsobstbau.

Im Laufe des 19. Jahrhunderts nimmt die Vermittlung dieser Einstellung in den zeitgenössischen Obstbaulehrbüchern immer mehr Raum ein, so daß der Eindruck entsteht, der Anbau von Obst zu Erwerbszwecken sei in der Praxis schon weit verbreitet. Dabei ist die Realität - so zeigt ein Blick in den Alltag dieser Zeit - eine ganz andere. Man trifft beim Obstbau auf eine selbstbewußte ländliche Gebrauchskultur und Wirtschaftsform, die die theoretischen Modelle des industrieorientierten Fortschritts nicht akzeptiert. Obwohl durch staatliche Förderung die Grundsteine für eine Zentralisierung der Produktion und eine Neuorganisation des Marktes gelegt werden, ist der Obstbau von einem eigenständigen Berufszweig noch weit entfernt. Neben den bewährten Erfahrungen der ländlichen Bevölkerung bilden auch die noch sehr aufwendigen Verfahren bei der Lagerung und dem Versand von Obst klare Schranken für die Modernisierer.

II.

4. DER APFEL AUF DEM WEG ZUM "INDUSTRIEPRODUKT"

Die entscheidende Umgestaltung der obstbaulichen Wirtschaftssysteme wird in der Obstbauliteratur des 20. Jahrhunderts überwiegend auf das Anwachsen der Städte (ab 1870) zurückgeführt. Es wird argumentiert, daß dem damit verbundenen gesteigerten Obstbedarf nicht mehr nachgekommen werden konnte und sich deshalb zwangsläufig auch die Anbaumethoden verändern mußten. Der deutsche Obstbau wird im Vergleich zu anderen Ländern als rückständig dargestellt, da anbautechnische sowie betriebswirt-schaftliche Belange lange Zeit vernachlässigt worden wären. Andere westeuropäische Länder, wie Holland, Dänemark, Belgien und Schweden hätten sogar schon Mitte des 19. Jahrhunderts ihren Obstbau längst auf Marktbelieferung umgestellt und mit betriebs-wirtschaftlichem Denken eine "zweckmäßigere" Anbaugestaltung realisiert, wodurch sie wettbewerbsfähiger seien. So beschreibt z.B. Friedrich, ein typischer Stellvertreter des modernen Obstbaus, rückblickend die Situation des deutschen Obstbaus (Friedrich 1956, S. 18)[67].

Wie schon im vorigen Kapitel deutlich wurde, greifen diese dargestellten Zusam-menhänge allerdings viel zu kurz. Vielmehr ist die Entwicklung des Obstbaus in der ersten Hälfte des 20. Jahrhunderts auf ein Zusammenspiel mehrerer Veränderungen in der Gesellschaft zurückzuführen. Es ist nicht der Apfel, der eine andere "zweckmäßigere Produktionsweise" benötigt, sondern sein Anbau wird den gesellschaftlichen Bildern und Vorstellungen angepaßt, was weder an seinem Aussehen noch an der Vielfalt seiner Sorten spurlos vorübergehen wird. So spielen für die Entwicklung des Obstbaus nicht nur die Veränderungen der Städte eine Rolle, sondern ebenso andere Auswirkungen der Industrialisierung. Aufgrund der unzureichenden Lebens- und Ernährungsbedingungen eines großen Teils der Bevölkerung rückt z.B. die soziale Frage in den Vordergrund, die durch entsprechende Planungen im Städtebau entschärft werden soll. Darüber hinaus tragen die ökonomischen Theorien des 19. Jahrhunderts, obwohl sie sich vor allem auf die industrielle Produktion beziehen, auch dazu bei, den Obstbau und -handel in anderen Formen zu betreiben. In diesem Zusammenhang verändern sich auch die räumlichen Vorstellungen der Menschen. Bevor nun auf die mit dem Obstbau und dem Apfel direkt zusammenhängenden Entwicklungen eingegangen werden soll, werden im folgenden diese Hintergründe als entscheidende Voraussetzungen für die spezifische Entwicklung im Obstbau näher beleuchtet.

II.4.1

WIE DIE GÄRTEN ERST IN DIE STADT HINEINSOLLEN UND
DANN DOCH AUS DEN STÄDTEN VERSCHWINDEN

Zur Wende des 20. Jahrhunderts ist die Wirtschaftspolitik in fast ganz Europa liberal ausgerichtet. Internationale wirtschaftliche Handelsbarrieren werden abgebaut. Den Vorstellungen der klassischen Nationalökonomie folgend, die von Adam Smith begründet wurde, werden politische Maßnahmen ergriffen, die inländische Wirtschaft anzukurbeln, damit sie auf dem internationalen Markt konkurrenzfähig bleibt. Anfang des 20. Jahrhunderts steht deshalb argumentativ auch im Obstbau die Wettbewerbsfähigkeit mit anderen Ländern im Vordergrund, obwohl Ex- und Importe mit Obst noch eine relativ geringe Rolle spielen. Der Obstbau wird nun mit allen Mitteln gefördert, sei es mit staatlichen Subventionen oder massiven Werbekampagnen. Die heimischen Anbauflächen sollen nach Regeln des nationalen und internationalen Wettbewerbs entsprechend ausgeweitet und bewirtschaftet werden. Arbeitsteilung und Spezialisierung sollen auch dem Apfel auf die Sprünge helfen.

Der "Wohlstand der Nationen" von Adam Smith

Adam Smith (1723 - 1790) geht in seiner Theorie der klassischen Nationalökonomie davon aus, daß alle Menschen bestrebt sind, ihre Lebensbedingungen zu verbessern und daß der Mensch eine ursprüngliche Neigung zu Tausch und Handel hat. Nach Smith ist die Quelle allen Reichtums die produktive menschliche Arbeit. Der Dreh- und Angelpunkt von Smith' Theorie ist die Arbeitsteilung: Sie steigert das Pro-Kopf-Einkommen und führt zu einer prosperierenden Weltwirtschaft, die wiederum neue Produktionsverfahren und Produkte anregt. Soll die Arbeitsteilung vertieft werden, müssen die Märkte wachsen. Dies wird wiederum durch den Abbau von Handelshemmnissen: Freihandel lautet die Devise. Für die Arbeiter bringt die zunehmende Arbeitsteilung steigende Löhne und steigende Beschäftigung. "Es ist die immense Vervielfachung der Produktion all der verschiedenen Produktionszweige infolge der Arbeitsteilung, die in einer gut regierten Gesellschaft zu allgemeinem Wohlstand führt, der bis in die untersten Schichten des Volkes reicht." (Kurz 1993, S. 11 - 13).

Obwohl sich sowohl vor dem Ersten als auch dem Zweiten Weltkrieg jeweils die außenwirtschaftspolitische Ausrichtung Deutschlands radikal ändert, bleiben die eingesetzten Strategien und Mittel, den Obstbau zu fördern, die gleichen. Im Rahmen der Kriegsvorbereitungen dienen die Unterstützungsmaßnahmen jeweils den wirtschaftlichen Autarkiebemühungen im Ernährungsbereich. Die Produktionsfortschritte sollen hauptsächlich der Erhöhung des Selbstversorgungsgrades dienen und eine größere Wettbewerbsfähigkeit soll dazu beitragen, nach dem Sieg einen deutschen "Großwirtschaftsraum" aufzubauen (Corni, Gies 1997, S. 365 - 371).

Vor diesem Hintergrund interessieren in zunehmenden Maße Fragen des Marktes und der Absatzmöglichkeiten sowie der Arbeits- und Betriebswirtschaft. So werden in der ersten Hälfte des 20. Jahrhunderts in der Fachliteratur über den Obstbau rationelle

Arbeitsmethoden in Verbindung mit einer spezialisierten Massenproduktion propagiert. Da der Apfel als eher "konservativer Typ" bezeichnet werden kann, der aufgrund seiner Eigenschaften ganz sympathisch an diesen Ansprüchen gemessen immer etwas hinterherhinkt, gelingt seine Erzeugung mit "fordistischen Prinzipien" jedoch nur sehr eingeschränkt. Der Apfel ist sowohl viel zu sehr Liebhaberobjekt als auch notwendige Ernährungsgrundlage in der Selbstversorgung. In der ersten Hälfte des 20. Jahrhunderts widerspricht außerdem die Einstellung vieler Menschen gegenüber dem Apfel ihrer Vorstellung einer industrieorientierten Massenproduktion.

Zum Begriff Fordismus

1908 brachte Henry Ford (1863 - 1947) in Detroit seinen Kleinwagen oder das "T-Modell" heraus. 1913 ließ er es auf dem Fließband produzieren. Seine Gedanken über die industrielle Massenproduktion faßt er folgendermaßen zusammen: "Stellt eine Ware so gut und billig her, wie es möglich ist, und zahlt so hohe Löhne, daß der Arbeiter das, was er erzeugt, auch selbst zu kaufen vermag; schaltet jede Verschwendung aus und spart vor allem das kostbarste Gut, die Zeit; laßt alle Arbeiten, die eine Maschine verrichten kann, von Maschinen und nicht von Menschen verrichten, da Menschenkraft zu wertvoll ist; erschließt immer neue künstliche Kraftquellen - und ihr müßt prosperieren." Diese Grundsätze für die Industrialisierung wurden nach dem Taylorismus, der das Prinzip der Trennung von durchführender und organisatorischer Arbeit vertritt, als die fortgeschrittensten angesehen. Fords Buch "Mein Leben und Werk" von 1923 galt seither als die "Bibel des industriellen Fortschritts" (Bollerey, Fehl, Hartmann 1990, S. 71).

Noch in den 20er Jahren spielt in Deutschland die soziale Frage, die schon im letzten Jahrhundert thematisiert wurde, in der gesellschaftlichen Diskussion eine große Rolle: "Die soziale Frage ist es, die unserer Zeit ihren Stempel aufdrückt. In stürmischen Volksversammlungen, in stillen Gelehrtenstuben, in den Prunkgemächern der Staatsmänner, in den armseligsten Dorfschenken, überall wird um Antwort gerungen." (Damaschke 1922, S. 17). Damaschke beschreibt in seinem Buch, in dem es um die allgemeine Bodenreform geht, ausführlich die Situation der städtischen Bevölkerung im ersten Viertel des 20. Jahrhunderts: Die Ernährung ist schlecht (ein großer Teil der Bevölkerung lebt von Brot, Kartoffeln und Schnaps), die städtischen Wohnungen sind unzumutbar (ohne Heizung und völlig überbelegt) und der allgemeine Gesundheitszustand stark beeinträchtigt (z.B. durch Skorbut und Rachitis) (Damaschke 1922, S. 1 - 17).

Um diesen Problemen zu begegnen, entstehen etliche städtebauliche Planungskonzepte, die die Situation in den Städten verbessern sollen. Dabei geht es nicht nur um die Verbesserung der Wohnsituation und der hygienischen Verhältnisse, sondern auch darum, Klassenkonflikte zu vermeiden und soziale Gegensätze zu versöhnen. Mit den Mitteln des Städtebaus soll maßgeblich zur Formung der Gesellschaft beigetragen werden (Bollerey, Fehl, Hartmann 1990, S. 21).

1898 entsteht in England die in den 20er Jahren in Deutschland modern geltende Gartenstadtidee von Ebenezer Howard. Durch die Planung einer eigenständigen, von Grünanlagen durchsetzten Siedlung in der Nähe von übervölkerten Großstädten sollte sowohl ein weiteres Wachstum dieser Städte als auch die Landflucht verhindert werden[68]. Die "Gartenstadt" ist dabei allerdings keine Mustervorlage für einen neuen Städtebau, es geht vielmehr im Kern um ein Lebensreformmodell (Howard war Sozialreformer und nicht Städtebauer). Die erklärenden Pläne waren keine städtebaulichen Pläne (wie sie von vielen Reformern fälschlicherweise begriffen wurden), sondern "Strukturkonzepte", mit denen die Grundsätze der Gartenstadt verdeutlicht werden sollten (Bollerey, Fehl, Hartmann 1990, S. 22 - 23).

Aus Howards Gartenstadtidee kristallisieren sich nach der Jahrhundertwende in Deutschland zwei Reformlinien für den Städtebau heraus: Die eine Richtung beruft sich eher auf eine Lebens- und Wohnreform, die andere auf ein Städtebaumodell. Sie nehmen beide ihre eigene Entwicklung, wobei der Natur in Form von Gärten - in denen möglicherweise Obstbäume stehen können - eine ganz unterschiedliche Rolle zugesprochen wird.

Aufgrund der Wohnungsbaureform entstehen schon vor dem Ersten Weltkrieg Planungen für Villenkolonien (die Reform bürgerlichen Wohnens) sowie für Kleinsiedlungen (die Reform des kleinbürgerlichen Wohnens) (Bollerey, Fehl, Hartmann 1990, S. 31). In beiden sind Gärten integraler Bestandteil, wobei in den Kleinsiedlungen mehr Nutz- als Ziergärten vorgesehen sind. Diese Gärten haben nicht nur wegen der damit verbundenen Selbstversorgungsmöglichkeit einen hohen Stellenwert, sie dienen vielmehr als Ausgleich zur Erwerbsarbeit und - insbesondere ab den 20er Jahren - für die körperliche Ertüchtigung. Mit dem Wohnungsbaugesetz von 1918 wird der Kleinwohnungs- und Siedlungsbau stark ausgedehnt[69]. Die Kleinsiedlungen sind in der Regel so angelegt, daß das Ausgangselement die Wohneinheit bzw. die Haus- und Gartenparzelle ist. Der Boden wird als Produktions- und Reproduktionsbasis begriffen (Böse 1981, S. 66). In diesen sogenannten "Horizontalen Gartenstädten" spielen öffentliche, halböffentliche und private Freiflächen (Nutzgärten) eine ausschlaggebende Rolle.

Aus der "Gartenstadtidee" entsteht aber nicht nur eine Wohn- und Lebensreform, sondern es geht vor allem um ein städtebauliches Modell, das funktionalistischen Grundsätzen folgt. Unter dem Motto "Licht, Luft und Bewegung" entstehen Konzepte des funktionalistischen Städtebaus oder der "Vertikalen Gartenstadt". So wird in den 20er Jahren in Deutschland die Großsiedlung als neue, zeitgemäße Form der Gartenvorstadt verstanden (Bollerey, Fehl, Hartmann 1990, S. 36). Zwar waren in diesen Trabantensiedlungen ursprünglich auch Arbeitsplätze vorgesehen, unter dem Einfluß der Bemühungen um die funktionale Entflechtung der Stadt werden die Trabanten aber rasch mit Schlafstädten in Verbindung gebracht (Bollerey, Fehl, Hartmann 1990, S. 49).

Schon seit 1929 laufen die Vorbereitungen für die Trennung der städtischen Funktionen in Arbeiten, Wohnen, Erholung und Verkehr[70], die in der "Charta von Athen" 1941 festgeschrieben werden[71]. Bei diesem funktionalistisch ausgerichteten Städtebau wird die Natur als Material genutzt, mit dem die Stadt "aufgelockert" und "gegliedert"[72] werden soll (Böse 1981, S. 77). Die Begrünung ergibt sich aus der Wohlfahrtswirkung der Durchgrünung (Durchlüftung und Besonnung) (Böse 1981, S. 58). Die Architektur gilt als monumentale Plastik, durch deren Öffnungen der Blick ins Grüne inszeniert wird. Nutzgärten haben in diesen Planungen keine Bedeutung mehr. Obwohl von allen Seiten mehr Grün für die Städte gefordert wird, erlebt der Obstbau in der Stadt keine

Renaissance. Aufgrund des sich durchsetzenden Funktionalismus im Städtebau und der Raumplanung wird es zur Aufgabe des Landes, Obst zu erzeugen. Nutzgärten in den Städten verlieren dabei nicht nur planerisch an Bedeutung, sondern auch gesellschaftlich, sei es wegen der sinkenden Wertschätzung der (unproduktiven) Eigenarbeit oder weil das (auf dem Land erzeugte) Obst und Gemüse zunehmend gekauft werden kann.

Vorstellungen und Konzeptionen von Raum Anfang des 20. Jahrhunderts

(Dieser Abschnitt ist eine Zusammenfassung der Ausführungen von Gerhard Strohmeier in einem Gemeinschaftsbeitrag über das Thema "Vorstellungen und Wahrnehmungen von Raum in der Antike, dem Mittelalter und der Neuzeit". Weitere Ausführungen zu diesem Thema sind auch zu finden bei Schivelbusch, W.: Geschichte der Eisenbahnreise. Frankfurt/M. 1993 und bei Sachs, W.: Die Liebe zum Automobil. Ein Rückblick in die Geschichte unserer Wünsche. Hamburg 1984).

Gegen Ende des 19. Jahrhunderts existiert bereits die Vorstellung eines zusammenhängenden Raumes, der "Welt". Das Wissen um den Globus erweitert und verbreitet sich mit zunehmender Alphabetisierung der Bevölkerung sowie durch Fototechnik und Druck. Dennoch sind die Überwindung und Besiedelung geographischer Räume noch eine große Herausforderung. Die Transportmittel sind noch wenig entwickelt, die Segelschiffahrt weitgehend auf dem Stand des 16. und 17. Jahrhunderts, die Eisenbahnen sind nur in Ballungszentren von größerer Bedeutung. Die Aufgabe der Moderne im 20. Jahrhundert liegt daher im Ausbau und der Verbesserung der Transportmittel: Die Beschleunigung des Verkehrs ist gleichzeitig Voraussetzung und Ergebnis der Industrialisierung. Durch das Kapital wird Zeit zu einer zentralen Kategorie der Ökonomie. Die Beschleunigung des Verkehrs ist aber nicht nur eine abstrakte Größe in der industriellen Ökonomie, sondern auch eine große Faszination. Die Geschwindigkeit, mit der Züge und später Autos die Landschaft durchqueren, ist mit einem neuen Raumgefühl verbunden. Der Raum wird nun zum Zwischenraum, der schnell durchfahren wird. Ängste, die mit der Geschwindigkeit zu tun haben, werden als altmodisch abgetan. Die Gerade beginnt nun den Raum zu dominieren, Eisenbahnlinien und später Autobahnen werden schnurgerade durch die Landschaft geschlagen. Die Dominanz des Schnellen zeigt sich auch in der Architektur der neuen Sachlichkeit und im Funktionalismus (Bauhaus). Der Funktionalismus ist das Ergebnis moderner Raumvorstellungen, er führt zur Zonierung und Standardisierung. Corbusier zeigt am Beispiel des Stadtplanes, wie die Ordnung der Städte durch Zonierung gedacht ist. Auch die Stadt soll durch Übertragung des Prinzips der "Raum"ordnung der fordistischen Fabrik, in der das Fließband das räumliche und organisatorische Ordnungsprinzip darstellt, geordnet werden. Die "Charta von Athen" weist der Stadt Funktionsbereiche zu, die weltweit gelten sollen. Freizeit, Arbeiten, Wohnen und Verkehr werden in getrennten Räumen klar und deutlich voneinander abgetrennt. Auch zwischen den Städten wird die Zonierung und Standardisierung durch Vorstellungen einer hierarchischen Ordnung verschiedener Stufen der Zentralität von Orten eingeführt (Christaller). Die Raumplanung und die Raumordnungsgesetze vollziehen die Prinzipien der Zonierung.

(Olshausen, Dinzelbacher, Strohmeier, 1993, S. 592 - 634)

II.4.2

DIE VERWIRKLICHUNG VON RENTABILITÄT UND

SPEZIALISIERUNG IM OBSTBAU

Internationale Konkurrenz und Wirtschaftlichkeit

In der Zeit vor dem Ersten Weltkrieg wird den Bauern nahegelegt, sich ganz oder stärker dem Obstbau zu widmen, denn eine Spezialisierung verspräche größere Ertragsmöglichkeiten. In vielen mit dem Obstbau befaßten Büchern werden Beispiele von Privatleuten erwähnt, für die - auch wenn hauptsächlich nur in guten Jahren - der Obstbau eine einträgliche Einnahmequelle ist: "Ein Obstzüchter in Stromberg auf dem Hunsrück vereinnahmte von seinen Bäumen im Jahre 1886 nach Abzug seines eigenen Bedarfes 6 000 Mk. und eine Witwe daselbst von 17 Bäumen über 500 Mk. ..... Ein Landwirt im Bremischen Gebiet löste aus dem Ertrage seines mittelgroßen Obstgartens, einer sogenannten Obstwiese, die als Kälber- und Schweineweiden dient, im Jahr 1900 über 900 Mk." (Ulrich 1911, S. 3).

Die angestrebten größeren Produktionsmengen von Obst sollen jedoch vorrangig nicht dem internationalen Handel dienen, sondern der Deckung des Bedarfs im eigenen Land. Mit dem Argument, daß Deutschland (unnötigerweise) viel zu viel Obst importiere ("aus der Schweiz, Südtirol, Italien, Böhmen, Bosnien, Serbien, Bulgarien, Rumänien"), soll der Obstbau ausgeweitet werden. Gleichzeitig sollen Schutzzölle eingeführt werden, damit keine ausländische Konkurrenz entsteht. "Begünstigt ist ja diese Einfuhr durch die eigenartigen Zollverhältnisse, da in der Zeit von September bis November fremdes Obst ohne Steuer importiert werden darf. Durch das Zusammenstehen und ein einheitliches Vorgehen der Obstzüchter, Gärtner usw. wie es schon angebahnt ist, wird jedoch hoffentlich bald in dieser Beziehung der Einrichtung eines Schutzzolles eine Änderung erzielt werden." (Kraft 1910, S. III - VI).

Die Importe und damit die Ausgaben Deutschlands für frisches Obst steigen Anfang des 20. Jahrhunderts, von einem allerdings niedrigen Ausgangspunkt, kontinuierlich an. Am wirtschaftlichen Wettbewerb orientierte Ökonomen und Fachleute reagieren entsprechend darauf: Um die Importmengen zu reduzieren, wird der deutsche Obstbau von staatlicher Seite finanziell stark gefördert: "Es erscheint vollkommen ausgeschlossen, daß die vermehrte Anpflanzung und fachgemäße Pflege der Obstbäume in absehbarer Zeit zu einem Überfluß führen könnten. Vergegenwärtigt man sich dabei, daß das deutsche Obst dem ausländischen gegenüber nicht etwa minderwertig, sondern ihm fast immer in der Güte überlegen ist, so ist damit ein weiterer Grund für die günstige Zukunft des deutschen Obstbaus gegeben." (Ulrich 1911, S. 2).

Mit Statistiken werden die Erfolge der Ausweitung des deutschen Obstbaus verbreitet. Diese Erfolgsmeldungen sollen für die Bauern Anreiz sein, den Obstbau zu Erwerbszwecken zu betreiben und sich über eine Spezialisierung am Wachstum des deutschen Obstbaus zu beteiligen. Gleichzeitig wird vor den steigenden Importen gewarnt. Im Jahr 1902 sollen die Ausgaben für Obstimporte 57 Millionen Mark betragen haben, im Jahr 1907 sogar 102,8 Millionen Mark (vgl. Groß, Kümmerlen 1922, S. 9). Die wichtigsten

Einfuhrländer für Äpfel sind im Jahre 1911 Frankreich, Österreich, Ungarn, Italien, Schweiz, Belgien, Niederlande, Vereinigte Staaten (Dauerobst) sowie bereits Kanada und Australien (Pfeiffer, Kurek 1922, S. 3 und 4).

Trotz der staatlichen Bemühungen, den deutschen Erwerbsobstbau auszudehnen, gibt es nur wenige Bauern, die sich auf eine Spezialisierung einlassen. In der Praxis steht der Anbau für den Eigenbedarf weiterhin im Vordergrund. Auch entsprechende Ausführungen in Obstbaubüchern weisen darauf hin[73], daß die Selbstversorgung mit Obst im Vergleich zum Erwerbsobstbau in der Theorie noch einen bedeutenden Stellenwert hat. Demnach ist der Obstbau für Erwerbs- und damit für Handelszwecke weiterhin eine Seltenheit.

Es sind überwiegend wenige größere Höfe und Güter, die sich Anfang des 20. Jahrhunderts mit dem Obstbau zu Erwerbszwecken beschäftigen: Kleinere Höfe besitzen entweder kein entbehrliches Land für eine größere Obstbaumplantage oder die Pflege- und Erntearbeiten, die häufig mit Arbeitsspitzen im Feldbau zusammenfallen, sind zu arbeitsaufwendig. Darüber hinaus gehören zu einem betriebswirtschaftlich orientierten Erwerbsobstbau auch Investitionen (z.B. für die Lagerung und Vermarktung der Früchte), die ein Kleinbetrieb gar nicht aufbringen kann. Die für Erwerbszwecke notwendige Spezialisierung und Intensivierung können sich kleine Höfe nicht leisten. Wegen der zunehmenden Spezialisierungstendenzen bei größeren Höfen müssen allerdings bereits erste kleinere Bauernhöfe und Obstbauern den Verkauf ihres Obstes, den sie nebenher in kleinem Umfang betreiben, einstellen. Für sie ist mit der beginnenden Ausbreitung des Erwerbsobstbaus eine z.T. beachtliche Nebenerwerbsquelle versiegt.

Noch in den 20er Jahren wird der Obstbau kaum als Hauptberuf ausgeübt. Da die Frachtkosten für feineres Obst verhältnismäßig hoch sind, ist der Obstbau als Haupterwerb nicht sehr lukrativ (Groß, Kümmerlen 1922, S. 9). Vielmehr wird er aufgrund der unregelmäßigen Erträge als Nebenerwerb (zusammen mit der Landwirtschaft) empfohlen (Pfeiffer, Kurek 1922, S. 4). In Obstbaulehrbüchern wird allerdings auf die Unterscheidung von Erwerbsobstbau und Liebhaberobstbau großen Wert gelegt. Bei dem letzten spielen die Sortenvielfalt und die Baumformen eine sehr viel größere Rolle, als die Rentabilität, die für den Erwerbsobstbau das A und O ist und die nur mit intensiver Anbauweise und bestimmten Obstsorten erzielt werden kann. Letztlich bedeutet bereits die Bezeichnung "Liebhaberobstbau" eine erhebliche Abwertung der Selbstversorgung und des Eigenverbrauchs sowie eine Negierung des ökonomischen Wertes der Eigenarbeit.

Zu Beginn der 30er Jahre rücken dann die Ausführungen über den Liebhaberobstbau in den Hintergrund. Dafür stehen nun Wirtschaftlichkeitsüberlegungen an erster Stelle: " ... Nicht Schönheit und Geschmack sind für den landwirtschaftlichen Obstbau ausschlaggebend, höchstens mitbestimmend, sondern in erster Linie "Wirtschaftlichkeit". ... Von einer Obstsorte, die mit Aussicht auf Rentabilität angepflanzt werden kann, muß verlangt werden, daß der Baum gesund und kräftig wächst, daß er sich widerstandsfähig gegen Krankheiten und Schädlinge erweist, daß er in einem gewissen Alter Massenerträge abwirft; ferner daß die Früchte sich in hohem Prozentsatz vollwertig auf dem Baum ausbilden, daß sie "handelsfähig", d.h. auf dem Markt als Tafelobst gesucht sind, andernfalls als Mostobst ein erstklassiges Produkt ergeben...." (Schaal 1930-33, ohne Seitenangabe).

Der Apfel in der NS-Ideologie: Fortschritt gegen "Blut und Boden"

Die 1933 an die Macht kommenden Nationalsozialisten haben zwei ganz wesentliche Triebkräfte faschistischer Bewegungen in sich vereint, einerseits einen hohen Technik- und Fortschrittsglauben (insbesondere auch symbolisiert durch Autotechnik, Flugzeuge etc.), andererseits einen Mythos von Deutschtum und Germanien. Rassistisch begründete Aggressivität ist beiden gemeinsam. Die mythischen Vorstellungen machen sich auch im Obstbau an der "Blut-und-Boden"-Theorie fest, diese bestätigt aber eher fortschrittshemmend alte Anbauformen und das "Erbe" der Vorfahren. Es ist interessant festzustellen, wie sich letztlich der Fortschrittsglaube durchsetzt und damit einer weiteren Spezialisierung und einem industriemäßigen Anbau mit sehr viel stärkeren staatlichen Zwang als bisher den Weg bereitet.

So wird einerseits Traditionen eine klare Absage erteilt. Es geht nun darum "fortschrittlich" zu denken: "... man darf sich hierbei nicht von althergebrachten Traditionen und Sprüchen 'aus der guten alten Zeit' leiten lassen, nein, ausschlaggebend ist heute einzig und allein die spätere Rentabilität der Anlage; ...". (Phillipps, Kuntz 1936, S. 15). Die Autoren weisen darauf hin, daß die Verkaufsmöglichkeiten günstiger sind, wenn größere Mengen einer Obstsorte angebaut werden. Bei der Auswahl geeigneter Obstsorten spielt der Reifezeitpunkt eine große Rolle: Mit Dauer-Winterobst kann z.B. eine höhere Rentabilität erzielt werden, da der Verkauf des Obstes hinausgeschoben werden kann. Die allgemeinen Anbauempfehlungen drehen sich in den 30er Jahren fast nur noch um Rentabilitätsgesichtspunkte, wobei man sich vorwiegend an den Marktverhältnissen in der Nähe der Anbaugebiete orientiert.

In den 40er Jahren wird darauf abgezielt klarzustellen, daß Traditionen dem notwendigen ökonomischen Denken entgegenstehen. So beschreibt z.B. Hildebrandt in seinem Einleitungskapitel "Die seelische Einstellung des deutschen Menschen zum Obstbau im geschichtlichen Werden" in eindrucksvoller "Blut und Boden" - Ideologie die "uralte Bindung", die Sehnsucht des Menschen zu den Bäumen und die daraus resultierende Ehrfurcht, die wirtschaftliche Belange oftmals in den Hintergrund treten läßt (Hildebrandt 1943, S. 9 - 10). Er führt u.a. die vorhandene Sortenvielfalt im Obstbau auf diese spezielle Beziehung zurück: "Immer wieder sind mir diese Zusammenhänge dann klar geworden, wenn ich einen Bauern schwer und ernst beim Baumpflanzen sah. Wenn er mit liebevoller, oft altmodischer Gewohnheit, mit tiefem wissenden Blick seinen Baum in fast weihevoller Handlung selbst der Erde übergibt. Dann sieht er unbewußt in die Ahnenferne und liebevoll noch in die Enkelzukunft, der des Erbhofes heute wieder bestimmt ist. So konnte der deutsche Obstbauer nie rechnen, weil es ihm um andere Dinge ging, so lief er unbewußt, aber schicksalsbedingt fast traumhaft neben dem Rechner einher, dem der Obstbau zur Zahl, die Ernte zu einem Produkt wurde. Wir brauchen kalte Rechner und nüchterne Produzenten, wir brauchen aber auch die anderen, an unbewußt ewiges Wissen im Blutstrom ihres Seins gebunden." (Hildebrandt 1943, S. 10).

Eine mythisch überhöhte Beziehung zu den Obstbäumen ist Teil der NS-Ideologie, gleichermaßen dafür notwendig sind aber auch die "kalten Rechner und nüchterne Produzenten", die den deutschen Obstbau leistungsfähiger machen sollen. Denn auch volkswirtschaftlich soll der deutsche Obstbau "siegen". In Statistiken werden die inländische

Abbildung 4: "Kind und Baum wachsen miteinander und gehören einander. So wächst neue Liebe zum Baum im werdenden Volk." (aus Hildebrandt 1943, Umschlagseite)

Obsterzeugung, der Obstverbrauch, die durchschnittlichen Erträge pro Baum und die Einfuhrmengen in Zahlen wiedergeben (Trenkle 1943, S. 14 - 27; Winkelmann 1944, S. 6 - 9). Im Vergleich mit anderen europäischen und überseeischen Ländern schneidet dabei der deutsche Obstbau wieder schlecht ab. Der eigentliche Zweck solcher Darstellungen besteht darin, einen starken Veränderungsdruck zu erzeugen[74]. Dieser wird jedoch nicht nur auf den Anbau ausgeübt, sondern insbesondere auf alle nachgelagerten Tätigkeiten, die mit der Obsterzeugung zu tun haben. Sowohl die Obstlagerung als auch der Transport und Handel mit Obst sollen sich entsprechend verändern, denn sie sind die Voraussetzung für den angestrebten leistungs- und wettbewerbsfähigen Obstbau.

Parallel zu dieser weit verbreiteten Einstellung in der Obstbauliteratur entwickelt sich Anfang der 30er Jahre auch eine Alternativrichtung: Das biologisch dynamische Wirtschaften im Obst- und Gartenbau. Auf der Grundlage der Ideen von Rudolf Steiner (1861 - 1925) geht es darum, sich gegenüber dem allgemeinen Trend der Spezialisierung zu distanzieren und sich nach anderen Regeln zu richten, die dem Wesen der Bäume entsprechen, (Steiner 1996, S. 178 - 194). Es wird für mehr Naturnähe plädiert, wobei auf die Auswirkungen des Mondes oder die positiven Zusammenhänge zwischen Viehhaltung und Obstbau hingewiesen wird (Schomerus 1932, S. 27). Die Vertreter dieser Alternativrichtung sprechen sich gegen den propagierten Massenanbau weniger Obstsorten, ja sogar weniger Obstarten aus: "Wenn sich in einem Apfelquartier vielleicht versehentlich eine Birnenpflanze vorfindet, so kann man die Feststellung machen, daß eine solche Pflanze besser gedeiht und sich kräftiger entwickelt als die gleichaltrigen in einem geschlossenen Birnenquartier. ... Es wird daher angeregt, in einer Baumschule die verschiedenen Obstarten gemischt zu pflanzen, um dadurch ein kräftigeres, gesünderes Pflanzenmaterial heranzuziehen." (Schomerus 1932, S. 13). Diese Alternativrichtung stellt allerdings keinen Widerspruch zur vorherrschenden Meinung dar, denn auch hier geht es vorrangig um Ertragssteigerungen, auch wenn sie mit anderen Mitteln erreicht werden sollen.

Während des Zweiten Weltkrieges, geht es in der Obstbauliteratur im wesentlichen darum, wie die Erträge gesteigert werden können, denn Lebensmittel und insbesondere frisches Obst sind knapp. In der Zeitschrift "Deutscher Obstbau" werden unter der Überschrift "Es geht um gutes Volksobst" folgendes Ziel für den deutschen Obstbau formuliert: "Die Steigerung des Obstertrages ist unser Hauptziel. Sie gilt nicht allein für den landwirtschaftlichen Obstbau oder den Edelobstbau oder den Straßenobstbau oder den Liebhaberobstbau. Auf jedem Gebiet sind Leistungen möglich. Für die Versorgung unseres Volkes brauchen wir aber preiswertes Massenobst, also Obstsorten, die regelmäßig reiche Ernten bringen, hart sind und nicht die Behandlung brauchen wie edle Tafelsorten. ..." (Deutscher Obstbau, Februar 1941, S. 5)[75]. Trotzdem wird deutlich gemacht, daß es grundsätzlich nicht darum geht, "auf Teufel komm heraus" Obst anzubauen, sondern daß es klare Zuständigkeiten gibt: Der Erwerbsobstbau soll für Tafelobst zuständig sein und der bäuerliche Obstbetrieb für das Wirtschaftsobst (Deutscher Obstbau, August 1941, S. 144).

Obwohl es in den Kriegsjahren zunehmend Versorgungsschwierigkeiten mit Nahrungsmitteln gibt, wird der Straßenobstbau kritisiert, der in einigen Gegenden Mittel- und Norddeutschlands eine relativ große wirtschaftliche Rolle, in Süddeutschland dagegen eine geringe Rolle spielt. Der Anlaß für diese Kritik ist der steigende motorisierte Verkehr: Sowohl aus obstbaulichen als auch straßentechnischen, straßenwirtschaftlichen und verkehrstechnischen Gründen sollen die Obstbäume in Zukunft von den Reichsstraßen und Landstraßen auf die weniger verkehrsreichen Nebenstraßen zurückgedrängt werden (Trenkle 1942, S. 39; Trenkle 1943, S. 176 - 179). An diesen Nebenstraßen und in Gebieten mit günstigen Voraussetzungen für den Straßenobstbau sollen mit einem Reichsgesetz die Straßenangrenzer verpflichtet werden, Obstbäume anzupflanzen bzw. zu dulden. Für Obstbaupflanzungen an Straßen sollen sogenannte "Primitivsorten" verwendet werden, die frosthart sowie widerstandsfähig gegen Schädlinge und Krankheiten sind aber weniger wertvoll für den Rohgenuß. Hingewiesen wird auch darauf, daß es zukünftig mit der geplanten Teerung aller Straßen gar nicht mehr möglich sein wird, Pflanzungen am Rande des Straßenkörpers vorzunehmen.

In der Literatur der 40er Jahre wird bei den Betriebsformen in erster Linie zwischen dem Erwerbsobstbau (der hauptberuflich oder nebenberuflich betrieben werden kann) und dem allerdings kaum noch Relevanz besitzenden Liebhaberobstbau unterschieden (Trenkle 1942, S. 35; Trenkle 1943, S. 164 - 169). Der Erwerbsobstbau wird in reine Obstwirtschaften (Betriebe, die ausschließlich auf Obstbau eingestellt sind und z.T. auf fremde Arbeitskräfte angewiesen sind) und gemischte Obstbaubetriebe (Betriebe, die daneben Ackerbau, Viehzucht oder Gemüsebau betreiben) eingeteilt. Reine Obstbauwirtschaften haben die Aufgabe, Höchstleistungen oder hohe Durchschnittsleistungen bezüglich der Güte und Erträge zu erzielen, Busch- und Spindelbäume stehen bei dieser Betriebsform im Vordergrund. Bei gemischten Obstbaubetrieben wird darauf hingewiesen, daß es auf eine entsprechende betriebsorganisatorische Eingliederung des Obstbaus ankommt, damit sich keine zu großen Arbeitsspitzen ergeben[76]. Insgesamt werden solche Mischbetriebe als nachteilig beurteilt, da sie zu arbeitsaufwendig und damit allgemein den Prinzipien der Leistungssteigerung und Wirtschaftlichkeit im Obstbau entgegenstehen (Trenkle 1942, S. 35). Allerdings verfolgt Trenkle keine klare Linie in der Bewertung gemischter Betriebe: Da reine Obstbauwirtschaften krisenanfälliger sind, können sie niemals allein ausschlaggebend für die Wettbewerbsfähigkeit des deutschen Obstbaus sein. Außerdem stehen die meisten Obstbäume in den 40er Jahren immer noch überwiegend in kleineren Mischbetrieben unter 10 ha. Deshalb setzt der Autor - anscheinend im Interesse der Bauern - bei diesen Betrieben an: "Auf der anderen Seite ist es aber notwendig, beim landwirtschaftlichen Obstbau in Deutschland eine grundlegende Umstellung vorzunehmen, ihn von seinem herkömmlichen Abhängigkeits- und Unterordnungsverhältnis innerhalb des landwirtschaftlichen Betriebes frei zu machen und ihn mehr als gleichberechtigten Betriebszweig in den landwirtschaftlichen Gesamtbetrieb einzugliedern." (Trenkle 1943, S. 168). Er führt einige betriebswirtschaftliche Untersuchungen an, die zeigen, daß sich bei einer richtigen Organisationsplanung der Obstbau auch im landwirtschaftlichen Betrieb rechnet.

Neben den reinen und gemischten Obstbaubetrieben wird auch der Obstbau im bäuerlichen Hausgarten angesprochen. Einerseits wird der Hausobstbau als sehr wichtig (für die Selbstversorgung und in guten Jahren als Einnahmequelle) angesehen, andererseits wird er durch die großen Ernteschwankungen und die große Sortenzersplitterung als störend für die Marktregelung kritisiert. Damit diese Störung zukünftig nicht zu groß wird, wird angeregt, daß auch hier eine gewisse Einheitlichkeit der Sorten angestrebt werden soll (Trenkle 1942, S. 35). Es wird deutlich, daß im Obstbau - sei es der Obstbau, der auf Erwerbszwecke ausgerichtet ist oder der sogenannte "Liebhaberobstbau" - in den 40er Jahren das Rentabilitätsdenken im Mittelpunkt der Argumentationen steht.

II.4.3

DIE ENTWICKLUNG DER OBSTLAGERUNG, DES OBSTTRANSPORTES UND -HANDELS

Die Obstlagerung ist noch bis in die 50er Jahre "traditionell" ausgerichtet. Kleine Mengen oder Obst für den häuslichen Gebrauch werden in Obsträumen[77], auf Dachböden oder im Keller auf speziellen Obstgestellen gelagert (Betten 1906, S. 128 - 137). Größere

Mengen von Obst (Handelsware) werden ab der Jahrhundertwende in der Regel in Obstlagerhäusern aufbewahrt, die eine Spezialisierung des Hauskellers darstellen. In diesen Lagerhäusern wird das Obst frisch gehalten, indem ständig Frischluft zugeführt wird.

Als modern gelten in dieser Zeit Frischluftlager, in denen gleichzeitig eine bestimmte Luftfeuchtigkeit geschaffen wird. So ist z.B. der Obstkeller des Versuchsgarten-Vereins Sachsenhausen-Frankfurt a.M. angelegt: Der Boden besteht aus Backsteinen, die nicht verfugt sind, damit die natürliche Feuchtigkeit aus dem Boden aufsteigen kann. Als Feuchtigkeitsmesser wird ein (selbstgebastelter) Hygrometer eingesetzt. Wenn die Feuchtigkeit zu gering ist, wird mit einer Gießkanne der Boden begossen. Daneben gibt es ein ausgeklügeltes Lüftungssystem. Eine gute Durchlüftung wird durch zwei sich gegenüberliegende Schächte erzielt, die direkt von den Fenstern auf den Boden herunterführen. Die Schächte sind außen mit Klappen versehen, die entsprechend geöffnet oder ganz geschlossen sind. Der Gebrauch dieses Lüftungssystems wird ausführlich erklärt (Betten 1906, S. 124 - 127).

Die Lagermöglichkeiten werden bis zum Ende des Zweiten Weltkrieges nicht wesentlich weiterentwickelt, die Vorschläge für die Lagerung von Obst unterscheiden sich kaum und bleiben traditionell[78]. Die vorhandenen Techniken werden i.d.R. beibehalten[79], lediglich die Lagerräume bzw. Gebäude scheinen - nach dem Bildmaterial zu urteilen - im Laufe der Zeit größer geworden zu sein.

Ganz anders entwickeln sich der Obsttransport und -handel: Aus dem Jahr 1906 ist eine ausführliche Beschreibung über den Weg des Obstes von Erzeugern zu den Verbrauchern in der Stadt vorhanden (Heller 1995, S. 48 - 52). Es handelt sich hierbei offensichtlich um die Anfänge eines organisierten Großhandels, um Obst aus einer dünnbesiedelten Region an die Verbraucher zu bringen: Aufgrund der Klagen der Erzeuger, der Obstbau bringe nichts ein, organisiert Rektor Lehrmann aus der Stadt Calbe an der Milde (Altmark) einen Zwischenhandel in Form eines Vereins. Er befragt alle Mitglieder, welches und wieviel Obst sie abgeben wollen und veröffentlicht daraufhin diese Angebote in der Verkäuferliste der Obstverkaufsnachweisstelle der Landwirtschaftskammer für die Provinz Sachsen. Die Erzeuger überlassen Lehrmann ihr Obst zum Verkauf in Kommission. Er kümmerte sich um Schriftverkehr mit Käufern, schreibt Frachtbriefe, bestellt den Spediteur, kontrolliert die Ware und rechnet mit der Vereinskasse ab. Aus dieser beschafft er 100 Körbe, die sich die Erzeuger als Transportverpackung für 10 Pf. pro Korb leihen können. Das Verpacken wird von den Erzeugern selbständig mit verschiedenen Materialien (Holzwolle, Heu, Grummet, Stroh) durchgeführt. Dies erweist sich nach einiger Zeit als zu aufwendig und ein einheitliches Verpackungsmaterial wird eingeführt (Holzwolle). Da den Experten zufolge der einzelne Lieferant die Verpackung, Behandlung und Sortierung nicht einheitlich und sorgfältig genug macht, soll ein Verpacker ausgebildet und eingesetzt werden, der diese Arbeiten in immer gleicher Qualität durchführt.

Vor dem Ersten Weltkrieg bleibt ein auf diese Weise organisierter Handel eine Seltenheit, denn seine Entstehung hängt stark mit der Entwicklung von spezialisierten Obstbaubetrieben, die das Obst hauptsächlich für den Erwerb anbauen, zusammen. Deren Anzahl, so konnte im vorigen Kapitel gezeigt werden, war jedoch noch sehr gering. In der Regel wird das Obst nicht über weitere Entfernungen gehandelt, nur wenige Betriebe versenden vor dem Ersten Weltkrieg Äpfel an Privatleute (Busch 1984, S. 35). Ein Grund dafür sind die schon erwähnten schlechten Transporteigenschaften der vorhandenen Apfelsorten. Die meisten sind zu empfindlich, um über weitere Strecken transportiert zu werden.

Deshalb werden nun für den Anbau Sorten empfohlen, die das Transportieren relativ gut überstehen können: "Bei der Auswahl der Sorten ist ein wesentliches Gewicht auf die Transportfähigkeit der Sorte zu legen. Alle Sorten mit Früchten, welche bei leichtem Druck mit dem Finger Quetschwunden, sogenannte Druckstellen, bekommen, sind vom Anbau auszuschließen, es sei denn, daß sie wie der oben erwähnte Kaiser Alexander sehr begehrt und wertvoll sind. Solche Früchte müssen sehr sorgfältig geerntet, verpackt und befördert werden, und diese Sorgfalt, sowie die Kosten an Verpackungsmaterial und überschüssige Fracht drücken den Reingewinn erheblich herab." (Settegast 1909, S. 761).

In dem Maße, wie der Transport thematisch an Wichtigkeit gewinnt, spielen Transportverpackungen eine zunehmende Rolle. Um die überwiegend empfindlichen Apfelsorten überhaupt transportfähig zu machen, ist i.d.R. eine sehr aufwendige Vorbehandlung notwendig, die sich nur lohnt, wenn eine entsprechende Nachfrage nach hochwertigem Tafelobst vorhanden ist. Eine größere Nachfrage ergibt sich, wenn auch weiter entfernte Absatzgebiete (z.B. größere Städte) erschlossen werden. Mit einer entsprechenden Transportverpackung wird der Apfel als gute Handelsware bezeichnet, denn es ist dann kein Problem, weiter entfernte Absatzmärkte zu erschließen: "Die Früchte vertragen bei geeigneter Verpackung selbst den weiteren Versand sehr gut weshalb der Apfelbaum auch in Gegenden angepflanzt werden kann, die von den Verbrauchs- und Absatzorten entfernt liegen." (Ulrich 1911, S. 8).

Die vorgelagerten Stufen des Obsthandels (Lagerung, Sortierung und Verpackung) werden aber noch lange nicht so professionell betrieben, daß sich ein Transport von Obst in größerem Umfang rechnet. Obwohl in den 20er Jahren Obst zunehmend über Händler gekauft wird, scheint der Transport größerer Mengen noch nicht die Regel zu sein.

In den 20er Jahren wird an der Art und Weise, wie mit Obst gehandelt wird, Kritik laut. Die gängigen Ernte-, Lager-, Sortierungs- und Verpackungsverfahren werden stark angegriffen, dafür werden rationellere Verfahren propagiert, die eine Gewinn- und Zeitmaximierung versprechen (Stoffert 1921, S. 46 - 52). Es wird ausführlich beschrieben, wie das Obst am besten vom Baum in die Sammelbehälter, von diesen zu Zwischensammelanlagen, dann zu den Aufbewahrungs- oder Packlagern (mit einer entsprechenden Vorsortierung) transportiert werden können. Diese Schritte sollen möglichst so erfolgen, daß die Früchte nicht zu stark beschädigt werden. Eine Lagerung von größeren Mengen bei den Erzeugern oder Händlern ist bei diesem Verfahren nicht vorgesehen. Sie wird sogar als unökonomisch bezeichnet, offensichtlich deshalb, da die Lagerung von Obst noch in den einzelnen (städtischen) Haushalten üblich ist: "Ich stehe auf dem Standpunkt, das Obst so schnell wie möglich zu verkaufen, da durch Lagern desselben kein größerer Gewinn erzielt wird, wie durch Frischverkauf .... Außerdem deckt jede Hausfrau, so weit sie Platz hat, ihren Winterbedarf an Früchten gern im Herbst, denn sie geht von dem richtigen Standpunkt aus, daß Winterobst im Herbst gekauft billiger ist, wie solches während der Winterzeit." (Stoffert 1921, S. 49).

In den 30er Jahren beginnt eine starke Modernisierungswelle in der Obsterzeugung sowie beim Obsthandel. Solange der Obstbau lediglich zur Deckung des eigenen Bedarfs betrieben wurde, waren die Absatzverhältnisse und der Aufbau zentraler Strukturen kein Thema. Vor dem politischen Hintergrund des von den Nationalsozialisten geplanten "Großwirtschaftsraums" und der Ernährungsautarkie Deutschlands werden nun jedoch die strukturellen Veränderungsnotwendigkeiten herausgestellt. Der Obstbau soll rationeller betrieben und der Obstabsatz in größerem Stil geregelt werden. In den Lehrbüchern werden die Vorteile für Obstbauern durch den Zusammenschluß in Obstbauvereinen beschrieben sowie verschiedene Formen des Handels vorgestellt (Phillipps, Kuntz 1936, S. 98-99). Demnach hat die Direktvermarktung immer noch die größte Gewinnspanne, der Handel über Zwischenhändler ist auch in den 30er Jahren noch nicht sehr lukrativ. Dennoch sollen sich die Obstbauern von den allgemein üblichen Handelsvorschriften über Qualitätsklassen und Verpackung leiten lassen, die vom Reichsnährstand, der ersten zentral gelenkten Organisation für die Obsterzeugung und den -handel, festgelegt werden.

Der Reichsnährstand, eine öffentlich-rechtliche Gesamtkörperschaft, die alle in der Ernährungswirtschaft tätigen Personen und Betriebe (einschließlich Handel und Verarbeitung) sowie alle landwirtschaftlichen Selbstverwaltungsorgane und Verbände zwangsweise zusammenfaßt, wird 1933 eingerichtet. Er ist auf Landes-, Kreis- und Ortsebene verankert und als staatliches Organ direkt dem Landwirtschaftsministerium unterstellt. Die Landwirtschaftspolitik orientiert sich unter Darré (Reichsminister für Ernährung und Landwirtschaft) sowohl an der "Blut-und-Boden-Ideologie"[80], als auch an einem großmaßstäblichen Handel, der die Grundvoraussetzung für den geplanten "Großwirtschaftsraum" darstellt[81]. Der Reichsnährstand übernimmt eine Kontrollfunktion bezüglich der Obsterzeugung und des -absatzes. Die Förderung des gesamten deutschen Obstbaus erfolgt bis zum Ende des Zweiten Weltkrieges durch den Reichsnährstand (Winkelmann 1944, S. 13).

Die Verordnung über den Zusammenschluß der deutschen Gartenbauwirtschaft vom 27. Februar 1935 wird die Grundlage für eine Marktordnung im nationalsozialistischen Sinne. Danach werden alle Erzeuger- und Verarbeitungsbetriebe sowie Betriebe, die sich mit der Verteilung von Gartenbauerzeugnissen beschäftigen, in Gartenbauwirtschaftsverbänden zusammengeschlossen. Ihre Aufgabe ist es, die Regelung des Absatzes und der Verwertung von Obst und Gemüse nach nationalsozialistischen Grundsätzen zu wahren. Zu diesem Zweck werden wichtige Obst- und Gemüsebaugebiete zu "geschlossenen Anbaugebieten" erklärt und zur Regelung des Absatzes Bezirksabgabestellen (Bast) eingerichtet. Die Bezirksabgabestellen fungieren dabei nur als Treuhänder der Erzeugerschaft und ihrer Abnehmer. Als vorteilhafteste Organisationsform wird eine Anbau- und Beratungsgemeinschaft e.V. vorgeschlagen (Trenkle 1942, S. 100). Der Reichsnährstand legt nicht nur die Zahl der Abgabestellen fest, sondern auch deren Einzugsgebiete, die im übrigen auch beim Wiederaufbau nach dem Zweiten Weltkrieg beibehalten werden (Jaeger 1969, S. 21). Darüber hinaus wird in der Marktordnung eine Warenlenkung, Verbrauchslenkung und Marktstatistik festgelegt, eine einheitliche Sortierung und Verpackung vorgeschrieben, der Verkauf auf Wochenmärkten geregelt[82], eine Kennzeichnung des Obstes vorgeschrieben[83], "Aufklärung" betrieben, um den Obstverbrauch zu steigern, Obstpreise festgesetzt, die Anlieferung und Lagerung zeitlich begrenzt, die

Einfuhr von Obst und Südfrüchten geregelt, die Herstellung von Dauererzeugnissen bestimmt sowie der Anbau geregelt (Winkelmann 1944, S. 284 - 288). Durch den Reichsnährstand wird der Obstanbau und -handel staatlich zentral gelenkt, es gibt das erste Mal eine gesetzliche Trennung der verschiedenen Handelsstufen (Pickenpack 1974, S. 21).

Die Anpassung des Verbrauchs von Lebensmitteln an die Produktionsmöglichkeiten der heimischen Landwirtschaft übernimmt bereits die - manchmal recht simpel anmutende - Werbung. Es gilt die Mängel der zeitweise schlechten Versorgungslage positiv darzustellen und um Verständnis zu werben. Dies wird mit Parolen und Losungen in Tageszeitungen wie z.B. "Kauft deutsches Gemüse", "Eßt mehr Fisch", "Wer deutschen Honig ißt nützt der deutschen Volkswirtschaft", "Trocken Brot macht Wangen rot" und mit Werbekampagnen bei zeitweiligen Erntespitzen umgesetzt. Um Obstüberschüsse zu verwerten, wird zusätzlich z.B. vom Winterhilfswerk den Gaststätten ein Eintopfgericht aus Kartoffeln und Äpfeln ("Himmel und Hölle") vorgeschrieben (Corni, Gies 1997, S. 355).

Zwar werden schon nach dem Ersten Weltkrieg in einigen Gebieten Deutschlands Versteigerungsmärkte für Gemüse und Obst nach holländischem Muster eingerichtet, die den Obstabsatz vereinfachen und die Standardisierungsbestrebungen fördern sollen (Trenkle 1942, S. 99). Diese Organisationsform hatte aber noch lange nicht solche Ausmaße wie die des Reichsnährstandes, denn hier konnte zusätzlich mit Zwangsverordnungen gearbeitet werden. In der Zeitschrift Deutscher Obstbau wird z.B. in den Kriegsjahren dazu aufgerufen, jedes vorhandene Obst zu Sammelstellen zu bringen. Von den Sammelstellen aus sollte das Obst in großem Stil in die Großstädte gebracht und dort für die Front und die Heimat verarbeitet werden.

Durch die Lebensmittelknappheit im Zweiten Weltkrieg und die Erfahrungen bei der Kriegslogistik ergibt sich für den Obsthandel ein ungeheurer Rationalisierungsschub beim Aufbau der damit zusammenhängenden Beschaffungs- und Vertriebsstrukturen. Selbst die "Blut-und-Boden"-Ideologie von Darré wird geopfert: Seine unzureichenden Modernisierungen und das Festhalten an alten Strukturen führen 1942 zu seiner Absetzung durch Hitler, Nachfolger wird Backe, ein außerordentlicher Technokrat (Corni, Gies 1997, S. 591).

Durch die Vermehrung der Lastkraftwagen und Traktoren sowie durch den verstärkten Straßenbau wird das Obst jetzt auch aus Gegenden transportiert, wo dies früher nicht möglich war. Insgesamt wird nun viel mehr Obst transportiert, was sowohl Konsequenzen für die Art der Transportverpackung als auch des Transportes an sich hat: Für die Verpackungsgefäße werden in den 40er Jahren nach den Reichseinheitsvorschriften Normierungen vorgeschlagen[84] (Trenkle 1942, S. 97; Winkelmann 1944, S. 277). Für den Versand sollen Federwagen oder Fahrzeuge mit Gummirädern benutzt werden. Wo solche Fahrzeuge noch fehlen, soll beim Transport auf schlechten Straßen und Wegen Stroh unter die Transportgefäße auf den Boden des Fahrzeugs gelegt werden. Auf den Transport mit der Bahn wird ausführlich eingegangen, auch Tafelobst wird in entsprechenden Verpackungsgefäßen mit der Bahn versendet. Der Bahnwaggon soll in 4 - 5 Abteile aufgeteilt werden, jedes Abteil soll nur eine Sorte Früchte enthalten. (Trenkle 1942, S. 98 - 99). Die Art des Verpackens richtet sich auch nach der Güte der Früchte und der Entfernung, über die sie transportiert werden. "Je weichfleischiger und wertvoller die Früchte sind, und je größer die Entfernung ist, desto sorgfältiger muß gepackt werden bzw. desto mehr Packmaterial muß verwendet werden. Es ist dafür zu sorgen, daß das Obst in dem gleichen Zustand in die Hände der Käufer gelangt, wie es an den Bäumen hing." (Winkelmann 1944, S. 277).

Mit einer Verladeprüfung (die während des Krieges zeitweilig ausgesetzt wird), erfolgt eine Bewertung des verladenen Obstes nach den Kriterien: Sortierung nach Form und Größe, die Reinheit der Schale (Schorfflecken, Obstmaden), die Fruchtbehandlung (Druckstellen, Verletzungen), die Färbung und der Fruchtglanz sowie der Verladearbeiten. Die vorgesehene Güteklasse wird nur dann anerkannt, wenn eine bestimmte Punktzahl erreicht wird. Auf der Ladung wird das Ergebnis innen und außen gekennzeichnet (Winkelmann 1944, S. 279 - 280). Insgesamt existiert gegen Ende des Zweiten Weltkrieges eine durchaus modern entwickelte Transportlogistik, die allerdings in den Bomben und Kriegswirren zunehmend improvisieren muß, bis sie schließlich ganz zusammenbricht.

II.4.4

AUSWIRKUNGEN NEUER ANBAUMETHODEN AUF DEN BAUM

Auch die Apfelbäume bleiben nicht dieselben: Im Rahmen der beschriebenen Veränderungen bei der Obstlagerung, dem Obsttransport und -handel, verändern sich im Laufe der Zeit auch die Anbaumethoden und damit das Aussehen der Bäume. Ebenso hat die Propaganda für reine Obstbauwirtschaften und spezialisierten Massenanbau - wenn zunächst auch nur in geringem Umfang - Einfluß auf die Art und Weise, wie Obstbau betrieben wird. Kleine Bäume gewinnen sowohl im privaten als auch im erwerbsmäßigen Obstbau zunehmend an Bedeutung, denn mit ihnen soll der Obstbau wirtschaftlicher betrieben werden können. Die parallel zu dieser Argumentation verlaufende Kritik an Hochstämmen trägt gleichermaßen dazu bei, daß die Bäume immer kleiner werden.

Die Kritik an Hochstämmen hat eine gewisse Tradition. So weist z.B. schon 1867 bei der Generalversammlung des hannoverschen Pomologenvereins ein Vertreter aus dem Alten Land auf die Gefahren von großen Bäumen hin: " ... Die hohen Bäume aber tragen wenig Früchte, von denen wir einen Theil trotz Leitern von fünfzig Fuß Höhe nicht herunter bekommen können, und alle Jahr purzelt ein halb Dutzend niedlicher Altländerinnen beim Pflücken herunter, das kann man ja gar nicht verantworten. ... " (Pomologische Zeitschrift 1868, S. 49).

In der Obstbauliteratur Anfang des 20. Jahrhunderts geht es zunehmend darum, den Umgang mit den Bäumen unter "rational-wirtschaftlichen" Gesichtspunkten zu beschreiben. Der Baumschnitt dient nach der Jahrhundertwende nicht mehr der Verschönerung (vgl. Kapitel "Zeitalter der Pomologie"), er soll nun dazu beitragen, Ertragssteigerungen zu erzielen. Die Erfahrungen dafür kommen aus dem im letzten Jahrhundert gepflegten Formobstbau. Diese künstlich gezogenen Baumformen, die ausschließlich in den bürgerlichen Schichten eine Rolle spielten, können damit als Vorläufer moderner Anbauformen mit Niedrigstämmen bezeichnet werden. Galten bisher sogenannte "Zwergbäume" ausschließlich als Zierde, wird nun von "eigentlichen Zwergbäumen" gesprochen. Damit wird ein Bedeutungswandel eingeleitet, in dessen Rahmen niedere Stammformen, insbesondere im Zusammenhang mit dem Erwerbsobstbau, in den Rang ernstzunehmender Bäume gehoben werden (Kraft 1910, S. 41).

In der Obstbaupraxis ist allerdings weiterhin der Hochstamm die vorherrschende Baumform. Allgemein wird davon ausgegangen, daß erst nach 10 - 15 Jahren mit Erträgen gerechnet werden kann, denn erst nach diesem Zeitraum tritt eine annehmbare Verzinsung der Anlage und des Unterhaltungskapitals ein (Ulrich 1911, S. 2-3). Für Hochstammanlagen werden Unternutzungen empfohlen (z.B. Grasnutzung oder Gemüseanbau). Kleine Bäume finden nur im Zusammenhang mit größeren Obstgütern Erwähnung und als eine weitere Art der Unternutzung von Hochstämmen: Sie sollen zwischen Hochstämmen, Halbstämmen und Beerensträuchern gepflanzt werden. Buschbäume allein werden nur für den Hausgarten empfohlen, der dem feineren Obstbau dienen soll (Ulrich 1911, S. 12-13).

Auch in den 20er Jahren sind Unternutzungen beim Obstbau noch allgemein üblich, nicht nur bei Hochstämmen, sondern auch für den Buschobstbau werden Zwischen- und Unterkulturen (die etwaige Ernteausfälle mit auffangen können) empfohlen: " ... Ich selbst stehe ja auf dem Standpunkt, daß wir bei reinem Obstbau, ohne jede Zwischenkulturen und Unterkulturen, wenigstens was Mittel- und Norddeutschland anbelangt, nichts ausrichten können; ich bin bis jetzt auch noch nicht eines besseren belehrt worden durch Leute die sagen konnten 'Sieh, Du irrst, hier bei mir geht es.' " (Stoffert 1921, S. 25). Als Zwischenpflanzung empfiehlt Stoffert auf einer Anlage mit Halbstämmen Buschbäume zu setzen, als Zwischenkultur Beerenbüsche und als Unterkultur Gemüse. Mischkulturen sind, so wird deutlich, nicht nur in Haus-, Bauern- oder Kleingärten üblich, sondern auch in geschlossenen Obstanlagen (Groß, Kümmerlen 1922, S. 48 - 50).

Der Obstbau mit kleinen Bäumen gewinnt thematisch stark an Bedeutung. Es entsteht aber der Eindruck, daß sich die Obstbauexperten sich nicht so recht trauen, den in der Praxis vorherrschenden Hochstammobstbau zu kritisieren. Der Hochstamm wird immer wieder verteidigt[85]. Offensichtlich kann sich niemand so recht vorstellen, daß es künftig keine großen Obstbäume mehr geben sollte.

Anfangs werden kleine Bäume nur für Gärten und Kleingärten empfohlen, da für sie nicht so viel Platz benötigt wird und der Anbau ökonomischer ist (billiges Pflanzmaterial, früher Ertrag). Vor einem intensiven Buschobstbau wird noch ausdrücklich gewarnt: "Leider sind wir nicht in der Lage, überhaupt bestimmte Angaben betreffs sicherer Erträge zu geben, da hier alles von der Witterung abhängt. .... So bleibe ich auf dem Standpunkt, jeden zu warnen, sein Geld lediglich in geschlossen gepflanzte Apfel- oder Birnbusch-Plantagen zu stecken." (Stoffert 1921, S. 4). Darüber hinaus wird hervorgehoben, daß Buschobstanlagen besten Boden in geschützter Lage benötigen. Da solche Voraussetzungen nicht an jedem Ort zu finden sind, ist es nicht möglich, diese Art von Bäumen überall zu pflanzen.

Nun werden spezielle Standortansprüche für Apfelbäume thematisiert: "Je höher die durchschnittliche Jahrestemperatur eines Ortes ist, desto eher werden bessere, feinere Sorten aller Obstarten gedeihen." (Pfeiffer, Kurek 1922, S. 6). Dabei werden zunehmend einseitige Kriterien formuliert, die nur eingeschränkt den unterschiedlichen Ansprüchen der vorhandenen Sortenvielfalt gerecht werden. Dies wird im weiteren Zeitverlauf dazu beitragen, die Vielfalt bei den vorhandenen Obstsorten auszudünnen.

In den 30er Jahren wird eine neue Phase der Entwicklung eingeleitet: Aufgrund der inzwischen besseren Möglichkeiten bei der Schädlingsbekämpfung durch Chemie sowie bei der industriellen Ernte und Verwertung werden für gute Standorte Monokulturen empfohlen, wobei Zwischenpflanzungen aufgrund der wirtschaftlichen Lage offensichtlich noch üblich sind. Unter Rentabilitätsgesichtspunkten wird weiterhin herausgestellt, daß nur die besten Standorte für den Obstbau ausgewählt werden sollen: "Wohl heißt es ja: 'Auf jeden Raum pflanz´ einen Baum'! Wir setzen allerdings hinzu 'Nur auf dem allerbesten Raum pflanz´ einen Baum'!" (Phillipps, Kuntz 1936, S. 19).

Um eine größtmögliche Selbstversorgung während des Krieges zu gewährleisten, wird ab den 40er Jahren in Deutschland der Obstbau intensiviert: Immer größere Bewirtschaftungsflächen, Hochbusch- und Spindelbuschpflanzungen in geschlossenen Quartieren, Windschutzpflanzungen, Bewässerungsanlagen, Frostschutzmaßnahmen und Schädlingsbekämpfung sind Kennzeichen dieser Intensivierung (Gross 1940, S. 14).

Dem Hochstamm wird der Kampf angesagt (Deutscher Obstbau, April 1941, S. 70). Aufgrund des strengen Winters 1939/40, in dem eine große Anzahl von Bäumen erfriert, sollen von nun an nur noch frostharte Stämme gezogen werden[86]. Auch hier sollen kleine Stämme größere Vorteile haben: Da die Baumkrone hoher Bäume nicht den gesamten Stamm beschatten und damit schützen kann, ergeben sich sowohl Frostschäden als auch Sonnenbrand, was die Entwicklung der Bäume stört und die Erträge negativ beeinflußt. Deshalb wird neben der Propaganda für frostharte Sorten auch Propaganda für kleinere Bäume, wie z.B. den Viertelstamm gemacht: "Die Zukunftsform des Obstbaumes ist der Viertelstamm auf Sämlingsunterlage." (Deutscher Obstbau, April 1941, S. 72). Auch von frostharten Spindelbäumen wird ab dieser Zeit gesprochen (Deutscher Obstbau, September 1941, S. 172). Mischkulturen in Form von Unternutzungen haben, so heißt es anfangs noch, durchaus ihre Berechtigung: "Reiner Obstbau oder Obstbau mit Unterkultur? ... Man wird im Obstbau weder nur das eine oder nur das andere vertreten. Je nach Gebiet verdient das eine oder andere den Vorzug ..." (Deutscher Obstbau, Dezember 1941, S. 42).

Die Entwicklung schreitet nunmehr rapide fort: In der selben Zeitschrift wird schon eineinhalb Jahre später für die Abschaffung von Mischkulturen in Form von Unterkulturen plädiert: " ... daß die fast ausschließliche und dauernde Verbindung von Obstbau mit landwirtschaftlichen Unterkulturen und der nachteilige Einfluß der Unterkulturen auf den Wasserhaushalt und auf die Nährstoffversorgung der Obstbäume eine der Hauptursachen der unregelmäßigen Ernten im landwirtschaftlichen Obstbau darstellen." (Deutscher Obstbau, Juli 1943, S. 114). Manche Autoren warnen regelrecht vor Unternutzungen: "Vielfach wird die Frage einer Futternutzung von Bedeutung. Ich möchte, von ganz wenigen Ausnahmen abgesehen, vor einer Grasnutzung unter Obstbäumen warnen. Die Obstpflanzung ist zu wertvoll dazu." (Hildebrandt 1943, S. 149).

Ein letzter Argumentationsfaden bleibt den Befürwortern der Unterkulturen noch: Die in Hitlers Theorien immer wieder auftauchende angebliche "Landnot" in Deutschland:

"Bei der in den meisten Gebieten Deutschlands herrschenden Landnot wird man in den meisten Obstpflanzungen, wenigstens in den ersten Jahren, meist nicht ganz auf Unterkulturen verzichten können." (Trenkle 1943, S. 184). Daß Mischkulturen, insbesondere für Gärtner und Kleinbauern, auch noch aus anderen Gründen einen Sinn machen, wird schlichtweg geleugnet: "Die Mischkultur ist in erster Linie Ausdruck unserer deutschen Landnot. Aus diesem Zwang eine Tugend zu machen und sie als Anbauideal oder als Stütze des Obstbaus hinzustellen, erscheint deshalb wenig angebracht." (Kemmer 1941, o. Seitenangabe).

Die Propaganda wirbt ganz klar, zunehmend nach dem Durchsetzen der "Modernisierer" unter den Nationalsozialisten, für den Anbau von niedrigeren Bäumen: Hochstämme werden in der Zeitschrift "Deutscher Obstbau" nunmehr Überhochstämme genannt. Ein sogenannter 3/4 Stamm soll an ihre Stelle treten, soweit nicht ohnehin der Halbstamm geeigneter ist. Waren bisher die kleineren Bäume überwiegend aus vorhandenen schwachwüchsigen Sorten "zusammengepfropft" worden, beginnt man in den 40er Jahren gezielt Zwergunterlagen zu züchten. Sie werden in die vier Wuchsgruppen schwachwachsend (Malus EM IX)[87], schwach- bis mittelstarkwachsend (Malus EM II), mittelstark- bis starkwachsend (Malus EM I) und starkwachsend (Malus EM XVI) eingeteilt (Trenkle 1942, S. 24). Dabei ist noch nicht klar, welche dieser Zwergunterlagen für verschiedene Boden- und Lageverhältnisse sowie für bestimmte Apfelsorten und Baumformen geeignet sind. Entsprechende Anbauversuche sollen darüber Aufschluß geben.

An die Stammformen im erwerbsmäßigen Obstbau werden bestimmte, nach den deutschen Güteklassen (Qualitätsbestimmungen) des Reichsnährstandes festgelegte Anforderungen gestellt (Trenkle 1942, S. 32 - 34). Dies betrifft z.B. die Stammhöhe, die Krone und die Anzahl der Kronentriebe. Der Hochstamm wird in diesem Zusammenhang für Straßen und Wege und für den landwirtschaftlichen Obstbau, auf Feldern, Wiesen und Weideland empfohlen. Ein zu hoher Stamm wird als unnatürlich bezeichnet, Hochstämme sind außerdem zu teuer, da die Pflege und Behandlung zu aufwendig ist (Trenkle 1943, S. 157). Dem Halbstamm wird gegenüber dem Hochstamm eindeutig der Vorzug gegeben, da er "im Ankauf billiger ist ... einen kürzeren Baumpfahl braucht ... den Stürmen weniger ausgesetzt und gegen Sonnenbrand geschützt ist .... die Pflege und Ernte erleichtert und verbilligt ist." (Trenkle 1942, S. 32; Trenkle 1943, S. 157).

Für den Erwerbsobstbau sollen Buschbäume verwendet werden, die im Vergleich zu den Hoch- und Halbstämmen früher tragen und aufgrund ihrer wesentlich leichteren Handhabung noch billiger als Halbstämme sind. Allerdings schlägt Trenkle vor, sogenannte "Hochbüsche" zu verwenden, da damit die Bodenbearbeitung leichter ist (Trenkle 1943, S. 158). Besonders hervorgehoben werden Buschbäume auf Zwergunterlagen da sie dichter gepflanzt werden können. Nach Trenkle sollen neben dem Buschobstbaum der Spindelbaum oder Spindelbusch, insbesondere im intensiven Erwerbsobstbau, stark an Bedeutung gewonnen haben. Der Anbau von Äpfeln mit diesen Baumformen ist in Wirklichkeit jedoch nur vereinzelt anzutreffen, denn er ist noch viel zu aufwendig. Ein Foto zeigt z.B., wie die Früchte an diesen Spindelbüschen einzeln mit Pergaminbeuteln umhüllt sind, um die sich in den Monokulturen stark verbreiteten Schädlinge abzuhalten (Trenkle 1943, S. 161).

Auffallend für die 30er und 40er Jahre ist, wie in der Obstbauliteratur Anbau und Pflege von Halbstämmen, Buschbäumen und Spindelbüschen thematisch an Wichtigkeit gewinnen. Insbesondere die Vorteile von Spindelbüschen werden herausgestellt (vgl. z.B. Hildebrandt 1943, S. 118; Trenkle 1943, S. 161). Winkelmann beschreibt schließlich gegen Ende des Zweiten Weltkrieges nur noch den Anbau von Niederstämmen (Busch-bäume, Spindelbüsche und Schnurbäume), auf Hochstämme wird nicht mehr eingegangen (Winkelmann 1944, S. 179 - 200). Damit ist, kurz vor Ende des Zweiten Weltkrieges, fast vollständig in der Theorie die spätere Entwicklung vorweggenommen. In der Praxis ist die Entwicklung jedoch noch lange nicht so weit. Nur vereinzelt und in günstigen Lagen trifft man Plantagen mit niedrigen Stämmen an.

Mitschurin, ein bekannter russischer Botaniker, behauptet zwar in seinen Ausführun-gen über "Grundsätze und Methoden der Arbeit im Obstbau" etwas später in der Sowjetunion, daß bereits alle Obstzüchter des Westens und Nordamerikas die dringende Notwendigkeit einer Reduktion des Wuchses bei Kernobst anerkannt haben (Mitschurin 1951, S. 160)[88]. Die Ausbreitung des Obstbaus mit schwachwüchsigen Baumformen geht jedoch langsamer vor sich, als geplant. Ausschlaggebend dafür sind mehrere Gründe: So sind z.B. in der Zucht noch keine geeigneten Exemplare vorhanden, schon gar nicht für den Anbau in größerem Stil. Darüber hinaus hat sich der Busch- und Spindelobstbau wirt-schaftlich noch nicht bewährt, weil er viel zu arbeitsaufwendig ist. Eine maschinelle Aus-rüstung für eine rationelle Bodenbearbeitung gibt es bis zu den 50er Jahren noch nicht (Poenicke 1948, S. 145). Ein weiterer Grund stellt sich mit der vorhandenen Sortenvielfalt im allgemeinen Obstbau, denn es gibt nur ganz wenige Sorten, die auf schwachwüchsigen Unterlagen ertragreicher sind. Diese Sorten sind wiederum, insbesondere im Massen-anbau, sehr empfindlich gegen Schädlinge und Krankheiten. Um diese zu bekämpfen oder zu vermeiden, müssen Schädlingsbekämpfungsmittel eingesetzt werden, die bis zu den 50er Jahren noch nicht in ausreichendem Maße entwickelt sind und kostengünstig zur Verfügung gestellt werden können.

II.4.5

DIE REGLEMENTIERUNG DES APFELS

Anfänge der Sortenreduzierung und Standardisierung

Die ständigen Bemühungen von Theoretikern um einen erwerbswirtschaftlichen und angeblich rentablen Obstbau, lassen nunmehr auch den Apfel nicht mehr unberührt. Apfelsorten werden verschwinden oder ihr Verschwinden wird zumindest angeordnet, bestimmte Formen und Größen werden vorgeschrieben. Sowohl die angestrebten ratio-nellen Anbaumethoden als auch der Handel in größerem Stil erfordern eine Einheitsware, die in großen Mengen reproduzier- und planbar ist. Deshalb rückt das Thema Sorten-bereinigung und -standardisierung in den Vordergrund. Das unter betriebswirtschaft-lichen Aspekten ungünstige Sortenvielfalt des Liebhaber- und Selbstversorgungsanbaus vergangener Zeiten - so wird in verschiedenen Obstbaubüchern immer wieder herausge-stellt - soll beseitigt werden.

Die Bemühungen um eine Sortenreduzierung haben schon eine längere Geschichte: Schon 1818 wird der Versuch gemacht, mit einer systematischen Beschreibung Klarheit über den Wert verschiedener Obstsorten zu schaffen, wobei sich 37 anbauwürdige Edelsorten herauskristallisieren (Friedrich 1956, S. 19). Eine nachweisliche Wirkung auf die vorhandene Sortenvielfalt soll diese Liste allerdings nicht gehabt haben. In der allgemeinen Encyclopädie der Wissenschaften und Künste wird 1820 davon berichtet, daß man in Deutschland mehr als 300 Sorten Äpfel kennt und anbaut (Ersch, Gruber 1820, S. 393).

1853 wird von der ersten deutschen Pomologenversammlung ein zweiter Versuch einer Sortenreduzierung unternommen und das erste Reichsobstsortiment herausgegeben. Es umfaßt 10 Apfelsorten[89]. Dieses vorgeschlagene Sortiment wird aber schon 1857 auf der zweiten Pomologentagung auf 21 Sorten erweitert. Darunter befinden sich solche, die einigen Obstbauern auch heute noch bekannt sind[90]. Allerdings kamen in das erweiterte Sortiment nicht nur neue Sorten hinzu, aus dem ersten Sortiment von 10 Apfelsorten wurde nachweislich auch eine gestrichen, nämlich der Borsdorfer (oder Borstorfer). Ausschlaggebend hierfür soll die sehr spät einsetzende Tragbarkeit (d.h. Erreichung des Vollertrages) gewesen sein (Heller 1995, S. 35).

1874 wird ein drittes Reichssortiment aufgestellt, das 49 Apfelsorten enthält[91]. In der Fachliteratur über den Obstbau variiert allerdings die Anzahl der Apfelsorten, die bis zur Jahrhundertwende für den Anbau empfohlen werden, stark. Der Grund sind die noch nicht einheitlichen Qualitätskriterien, die der jeweiligen Beurteilung zugrundegelegt werden. Der Obstbauexperte Noack schlägt z.B. 38 Apfelsorten für Hochstämme und 22 Sorten für niedere Zwergformen vor (Noack 1895, S. 158 - 165). In der Zeitschrift "Der praktische Ratgeber im Obst- und Gemüsebau" dagegen wird 1898 ein Sortiment von insgesamt 38 Sorten vorgestellt, das unter anderem auch die in der Natur vorkommenden unregelmäßigen Erträge verschiedener Sorten mit einbezieht und damit einer zu starken Sortenreduzierung widerspricht: "Von unserem 1882/83 angelegten Apfelsortiment haben sich die meisten Bäume nach ihrer Entwicklung als Allezweijahrträger erwiesen. ... In dem einen Jahre zum Brechen voll, in dem anderen auch nicht eine einzige Blüte. Bei einer größeren Sortenzahl wird nun immer ein Teil der Sorten Frucht tragen." (Der praktische Ratgeber im Obst- und Gartenbau, Juni 1898, S. 205). Als Allezweijahrträger werden 24 Sorten genannt[92], als jedes Jahr tragend (allerdings mit einem geringeren Ertrag) 14 Sorten[93].

Um die Jahrhundertwende spielen Lokalsorten eine große Rolle. Bei der Vielzahl der vorhandenen Sorten, sollten die Obstbauern die Möglichkeit haben, sich an diesen für die entsprechende Gegend geeigneten Sorten zu orientieren: "Die Zahl der Sorten ist sehr groß. Wer im Zweifel ist, der halte sich an erprobte Lokalsorten, ferner an solche, die von landwirtschaftlichen Vereinen oder von bewährten Obstzüchtern empfohlen werden. Wer die Augen aufmachen und lernen will, wird nicht leicht fehl gehen." (Sänger 1901, S. 105). Gleichzeitig weist der Autor aber darauf hin, daß beim Verkauf von Obst eine Beschränkung der Sortenwahl im Anbau sinnvoll ist. Die Käufer wären an größeren Mengen einer jeweils gleichen Apfelsorte stärker interessiert als an vielen unterschiedlichen Sorten. In Frankreich und Nordamerika profitieren angeblich auch der Handel und die Fabrikanten von einer solchen Sortenbeschränkung.

Auch Settegast geht auf das Thema Sortenbeschränkung ausführlich ein. Als Vorbildfunktion dient ihm Nordamerika: "Im Gegensatz zu der Sortenwahl, wie sie im Haus- und Gutsgarten beliebt wird, richtet man sein Augenmerk bei Feldpflanzungen auf wenige, aber reich tragende Sorten, die gern gekauft, hoch bezahlt und gut verwendbar sein sollen. .... Die Anpflanzung weniger Sorten bringt mannigfache Vorteile. Die lieferbare Menge derselben Sorte ist derartig groß, daß sie einen wesentlichen Faktor im Großhandel bildet und alle Vorteile wahrnehmen kann, welche diesen eigen sind, und welche mit der billigeren Ausnutzung der Transportmittel verbunden sind. Endlich aber auch vereinfacht sich der Betrieb selber, indem die Minderung der Sorten eine mehr großzügige Bewirtschaftung erlaubt. Wir haben in Nordamerika gewaltige Pflanzungen, welche aus einer einzigen Sorte bestehen, welche in jener Gegend besonders gut gedeiht. Oft sind sogar ganze Gebiete mit derselben Sorte bepflanzt. Dort ist das Prinzip der Sortenspezialisierung bis zum äußersten getrieben. Abgesehen davon, daß die geologischen und klimatischen Verhältnisse bei uns ungleichmäßiger, wechselnder sind und derartige Spezialisierung bei uns dadurch erschwert wird, ist sie in diesem Maße durchaus nicht ratsam." (Settegast 1909, S. 778).

Hier beschreibt der Autor zwar ausführlich die Vorteile, die eine Sortenbeschränkung im Anbau mit sich bringen soll, er sagt aber auch, daß eine Spezialisierung, wie sie andernorts realisiert wird, für Deutschland aufgrund der vielfältigen klimatischen Verhältnisse nicht so ohne weiteres möglich ist. Er warnt vor Risiken, die eine zu große Spezialisierung mit sich bringen können: "Es ist nur zu verständlich, daß bei Eintritt ungünstiger Erntejahre, bei Eintritt von Spätfrösten dann der gesamte Ertrag verloren geht. Das kann sogar mehrer Jahre nacheinander vorkommen, und im folgedessen sind im Staate Ohio und Oregon vor wenigen Jahren wohlhabende Obstzüchter ihres Vermögens verlustig gegangen. Diese Gefahr droht natürlich auch in Deutschland." (Settegast 1909, S. 779). Da die Natur nicht kalkulierbar sei, könne das Produktionsmodell aus der Industrie, das eine reproduzierbare Massenware hervorbringe, auf den Obstbau nicht übertragen werden.

1910 werden für den Anbau sogenannte "Normalsortimente"[94] empfohlen (Kraft 1910, S. 53), die neben empfehlenswerten Handelsfrüchten auch eine große Zahl von Lokalsorten enthalten. Der große Vorteil der Lokalsorten ergibt sich daraus, daß sie sich besser akklimatisieren können. Aus diesem Grund kann mit ihnen teilweise ein größerer Gewinn erzielt werden als mit fremden, in den Anbau eingeführten Handelssorten. Deshalb wird davor gewarnt, sich ausschließlich auf marktfähige Sorten zu konzentrieren. Vielmehr komme es darauf an, sich auf wenige Sorten zu spezialisieren, um erfolgreich Obstbau zu betreiben[95]. Die Anbaugebiete in Tirol spielen bei den Vorschlägen für eine Sortenreduktion eine Vorreiterrolle: "Gerade durch richtige Beschränkung der Sortimente hat es seinem [dem Tiroler] Obstbau einen Weltruf verschafft; seine Sortimente aber enthalten für die einzelnen Gegenden stets nur 6-10 Sorten! In gewissen Großkulturen Amerikas sind sogar nur 2-5 Sorten eingeführt. ..." (Kraft 1910, S. 54). Dennoch empfiehlt der Deutsche Pomologenverein ein Jahr später noch 53 Apfelsorten für den Anbau in Deutschland (Ulrich 1911, S. 17 - 22). Die Vorstellung, in ganz Deutschland nur noch einige wenige Apfelsorten anzubauen, stößt offenbar sogar bei vielen Theoretikern auf wenig Gegenliebe.

Noch in den 20er Jahren spielen die von Gegend zu Gegend unterschiedlichen Lokalsortimente die wichtigste Rolle bei den Anbauempfehlungen: "Dem einzelnen Obstzüchter wird die Auswahl der für seine Verhältnisse inbetracht kommenden richtigen Sorten dadurch erleichtert, daß es für alle Teile Deutschlands Verzeichnisse gibt, welche die für gewisse Gebiete empfehlenswerten und bewährten Sorten (sogenannte Normalsortimente) enthalten. Zu beachten ist hierbei aber, daß diese Sorten für große Anbaugebiete (Provinz, Kreis usw.) in der Hauptsache nur übersichtlichen Wert haben, und daß die Lokalsortimente, sofern sie auf Grund langjähriger, fachgemäßer Beobachtung aufgestellt wurden, ungleich wichtiger sind. Die engere Sortenfrage kann nur aufgrund örtlicher Erfahrungen beantwortet werden." (Groß, Kümmerlen 1922, S. 30). Es werden 25 empfehlenswerte und 9 beachtenswerte Apfelsorten vorgestellt (Groß, Kümmerlen 1922, S. 31 - 35).

In den 20er Jahren spielt nicht nur für den Erwerbsobstbau die Sortenbeschränkung eine große Rolle, sondern auch im Straßenobstbau wird nun das Sortenvielerlei problematisiert: "Würde einheitlich eine Straße mit einer Sorte bepflanzt, mit einer guten Sorte, wie viel größer wäre der Vorteil der Verwaltung." (Stoffert 1921, S. 46). Damit wird deutlich, welchen entscheidenden Einfluß in dieser Zeit wirtschaftliche Gesichtspunkte in den Vorstellungen der Obstbauexperten haben. Sogar der Straßenobstbau soll nun Gewinne abwerfen, indem auch hier eine Konzentration auf wenige "gute" Sorten stattfindet.

Kennzeichen für die Obstbauliteratur Anfang des 20. Jahrhunderts ist die starke Thematisierung der Sortenbeschränkung in Zusammenhang mit einer geeigneten regional spezifischen Sortenauswahl. Vor dem Hintergrund der allgemeinen Bemühungen, den Obsthandel zu professionalisieren, spielt neben der Sortenbeschränkung im Anbau das Sortieren des Obstes nach einheitlichen Kriterien eine zunehmende Rolle: "Um den heutigen Marktverhältnissen und Absatzgebieten gerecht zu werden, muß das Tafelobst eine Sortierung nach Größe, Sorte, Farbe und Reinschaligkeit erfahren. Für unsere deutschen Verhältnisse dürfte vorerst noch eine Sortierung in zwei Gruppen angehen. Die 1. Gruppe (Ia Qual.) besteht aus großen, reinschaligen, vollständig gesunden Früchten, die 2. Gruppe (gewöhnl. Qualität) aus kleiner, etwas fleckiger, aber trotzdem gesunder Ware." (Kraft 1910, S. 74).

Das Sortieren oder mit anderen Worten die Auslese der "besten Früchte" soll dazu beitragen, daß deutsches Obst an Wertschätzung gewinnt. Vorbild für gut sortiertes Obst ist das amerikanische: "Der große Fehler, daß aller Schund als Wirtschaftsobst mit auf den Markt geworfen wird, ist mit Schuld daran, daß wir heute eine so große Menge ausländischen Obstes in Deutschland finden. ... Solche Ware darf nicht zum Verkauf ausgestellt werden, sie gerade bringt unser deutsches Obst in Mißkredit. Man sehe sich doch das amerikanische Obst an, es ist, was Qualität anbelangt, lange nicht so gut wie unser deutsches Obst; aber in der Sortierung können wir uns ein Beispiel nehmen. ... Es ist keinem Großhändler übel zu nehmen, daß er mit amerikanischem Obst handelt; es verkauft sich leichter wie unser deutsches Obst; es ist gleichmäßige Handelsware, meistens in schön gefärbten Früchten - was unseren Früchten oft fehlt - und dann jedes Quantum zu haben." (Stoffert 1921, S. 50). In diesem Zusammenhang wird zwar auch erkannt, daß

Schönheit nicht unbedingt Qualität bedeutet. Die Konsequenz daraus ist aber nicht, die Qualität des deutschen Obstes zu erhalten, sondern es soll, ebenso wie das amerikanische, schöner und in jeder beliebigen Menge zu haben sein.

Mit der Sortierung gewinnt das Aussehen oder das Äußere der Früchte stark an Bedeutung. Nur die "schönsten" Exemplare sollen zum Verkauf gelangen. Aber nicht nur die Früchte selbst sollen "schön" sein, sie können darüber hinaus "schöner" gemacht werden, indem eine entsprechende Umgebung für sie inszeniert wird: "Auch auf die Verpackung soll das größte Gewicht gelegt werden; jede Verkaufsware soll für sich sprechen. Die ganze Aufmachung soll so sein, daß sie den Käufer anmutet und zum Kauf anlockt. .... Gut verpacktes Obst muß beim Auspacken genau noch so aussehen, wie es eingepackt wurde; alsdann ist man sicher, sich seine Kundschaft dauernd zu erhalten." (Stoffert 1921, S. 51 und 52).

Durch das Sortieren, das sich ausschließlich an der äußeren Erscheinungsform festmacht, wird der Apfel zu einer Ware gemacht, die es Wert ist, gekauft zu werden. Je "schöner" sie sich präsentiert, desto mehr Käufer sollen sich finden. Damit wächst der Markt für Äpfel und es lohnt sich, einen intensiven Anbau von nunmehr ganz bestimmten Apfelsorten zu betreiben. "Unser Obstbau wird daher erst zur richtigen Blüte kommen und die ihm gebührende Bedeutung erlangen, wenn von Seiten der Konsumenten eine ausgedehnte stetige Nachfrage insbesondere nach Qualitätsobst sich geltend macht." (Pfeiffer, Kurek 1922, S. 11).

Neben der äußeren Erscheinungsform werden in den 20er Jahren gesundheitliche Qualitäten von Obst populär gemacht. Der Apfel gewinnt zusätzlich an Wertschätzung, indem der Apfel ernährungswissenschaftlich "in Wert" gesetzt wird. In den Obstbaubüchern werden nun wichtige Inhaltsstoffe von Obst, wie z.B. Kohlenhydrate, Eiweiße, Fette, Öle, Nährsalze und Vitamine sowie deren Wirkung auf die inneren Organe und Vorgänge im menschlichen Körper beschrieben. Gesundes Obst ist schönes Obst, das qualitativ nicht besser wird, wenn es durch viele Hände geht - so wird herausgestellt (Pfeiffer, Kurek 1922, S. 10). Neben den schönen Äpfeln soll auch die Eigenarbeit im Obstgarten gesundheitsfördernd wirken: "Die ideellen Vorteile des Obstbaus sind nicht minder wichtig. Erholungsstunden sind es, die nach getaner Arbeit draußen im Garten in frischer Luft verbracht werden. Die Arbeit im Obstgarten ist eine notwendige Abwechslung für den Körper, die der neuerdings durch Sportbestrebungen erzielten Übung von Herz und Muskeln gleich kommt. Daneben weckt diese Beschäftigung Freude an der Natur ..." (Pfeiffer, Kurek 1922, S. 11).

Vom bodenständigen Apfel zur Einheitssorte

In den 20er Jahren entsteht schließlich ein Reichssortiment (Friedrich 1956, S. 19), das aus drei und später aus fünf Apfelsorten besteht[96]. Die Konzentration auf wenige Sorten bereitet die weiteren Maßnahmen, die nach der Machtübernahme der Nationalsozialisten ergriffen werden, bereits vor. Die Sorten dieses Reichssortiments werden in der Obstbauberatung der Folgezeit besonders hervorgehoben, spezielle Lokalsorten eher unterdrückt[97]. Phillipps und Kuntz behaupten, daß im Gegensatz zu früheren Zeiten kein

Interesse mehr an den vielen verschiedenen lokalen Obstsorten bestehe, denn die wirtschaftlichen Verhältnisse würden dazu zwingen, nur einige wenige Sorten und diese in recht großer Zahl zu pflanzen (Phillipps, Kuntz 1936, S. 25). Sie empfehlen hauptsächlich fünf Apfelsorten[98]. Darüber hinaus werden 29 weitere Sorten beschrieben, allerdings mit dem Hinweis, daß hier jeder Einzelne entscheiden muß, ob sich ein Anbau dieser Sorten lohnt. Letztendlich liegt die Entscheidung, welche Sorten angebaut werden, noch beim Obstgärtner, der die spezifischen Gegebenheiten des Anbauortes kennt.

Ganz anders beim Thema Veredelung. Hier wird der Obstgärtner als Experte bereits entmündigt: "Um die grossen wirtschaftlichen Schäden, die unserer Obstbaumzucht durch ungeübte, ungelernte Veredler zugefügt werden, zu beheben, dürften nur solche Leute zum Veredeln der Obstbäume berechtigt sein, die von einer Behörde ein Befähigungszeugnis hierzu vorweisen können." (Phillipp, Kuntz 1936, S. 51).

Es zeigt sich, daß die Wahl, welche Apfelsorte in den Anbau gelangt, im Laufe der Zeit zunehmend fremdbestimmt wird. Qualitätsmaßstäbe, die sich ursprünglich am Alltagshandeln und damit verbundenen Gebrauchskulturen orientierten sowie abhängig von spezifischen räumlichen und zeitlichen Bedingungen waren, verändern sich und werden zu indirekten Bedüfnissen. Waren es im 19. Jahrhundert in der Regel Frauen, die die Sortenwahl im Obstgarten bestimmten[99], wird diese Kompetenz im Laufe der Zeit den Männern zugesprochen, die gelernt haben sollen, rationeller mit dem Obstbau umzugehen. Später gibt es dann ausgewiesene Spezialisten, die angeblich aufgrund ihrer Ausbildung viel besser wissen sollen, welche Sorten am günstigsten für die Vermehrung sind und sich damit für einen Anbau eignen. Deren Auswahlkriterien beziehen sich nicht mehr auf spezifische räumliche und zeitliche Gegebenheiten, sondern ausschließlich auf die Markteignung. Die vielfältigen Qualitäten, die eine entscheidende Rolle bei der eigenen Verarbeitung und Aufbewahrung spielen, sind dagegen irrelevant geworden. "Zunächst ist es nötig, dass wir grössere Mengen bestimmter gangbarer und gleichmäßiger Ware schaffen, die eine solche Beschaffenheit hat, daß sie als marktfähig bezeichnet werden kann. Wir müssen also anders ausgedrückt, standardisieren. Die vorhandenen zahlreichen Sorten, die teils aus früherer Zeit übernommen, teils aus gewisser Liebhaberei und Unkenntnis angebaut wurden, sind allen Bestrebungen in Bezug auf den Absatz äusserst hinderlich. Die kleinen, ungleichen und gemischten Obstmengen machen den Obstzüchter nicht lieferungsfähig; er ist vom Zufall im Handel abhängig oder auf den Zwischenhandel selbst angewiesen." (Phillipps, Kuntz 1936, S. 98).

Für den Obstbau soll jetzt Massenobst und "Volksobst" gezüchtet werden[100], das zu entsprechend erschwinglichen Preisen verkauft werden kann (Phillipps, Kuntz 1936, S. 99). Da die Käufer Obst mit Druckstellen beanstanden würden, müssen die Früchte makellos aussehen. Die Obsternte muß deshalb mit großer Vorsicht von statten gehen, damit später keine Druckstellen entstehen[101]. Eine Sortierung in verschiedene Qualitätsklassen (eingeteilt in 1., 2. und 3. Qualität) soll garantieren, daß nur die beste Ware an die Käufer gelangt (Phillipps, Kuntz 1936, S. 100-101).

Eine Reduzierung des Sortenbestandes wird mit dieser Propaganda aber offensichtlich nur zum Teil erreicht, zumal die "Blut-und-Boden" Theoretiker sich an die Überlieferung germanischer Vorväter anlehnen, die für Lokalbezug und Sortenvielfalt stehen. In den

40er Jahren wird dies dann aber offen kritisiert: "Wie man leider heute noch in ganz Deutschland, vornehmlich in alten Anlagen, besonders aber in Hausgärten sehen kann, hatten unsere Vorväter ein buntes Sortenvielerlei. Für den Liebhaber mag das schön und gut gewesen sein. Nachdem sich der Obstbau jedoch allmählich von der Liebhaberstufe zum Erwerbsobstbau entwickelt, war und ist das Sortengemisch aus betriebs- und markt- technischen Gründen nicht mehr möglich. Es entstanden - zwar vornehmlich in Amerika - aber auch im deutschen Reich, somit Anlagen aus nur wenigen (vier bis fünf) Sorten bestehend." (Gross 1940, S. 176). Im Erwerbsobstbau hat demnach eine Konzentration auf wenige Sorten schon stattgefunden. Auch im landwirtschaftlichen Obstbau scheinen sich entsprechende Veränderungen abzuzeichnen: "Der landwirtschaftliche Obstbau ist besonders durch Entrümpelung verbessert worden. Wenige marktgängige Sorten werden bevorzugt." (Gross 1940, S. 14).

Die sogenannte Entrümpelung[102] erweist sich jedoch auch als nachteilig. Der Obstbau- experte Gross muß die bekannte Tatsache erneut feststellen, daß der Apfel ein Fremd- befruchter, d.h. langfristig nicht fähig ist, sich mit sorteneigenem Pollen zu befruchten (Gross 1940, S. 176)[103]. Darüber hinaus gibt es verschiedene Sorten, die sich nicht unter- einander befruchten können (Sterilitätsgruppen). Beim Anbau sehr weniger Sorten kommt es also dazu, daß kein Fruchtansatz entsteht, auch wenn es reichlich Blüten und Pollen gibt. Weiter zeigt sich, daß es gerade unter den "besten" und "gängigsten" Apfel- sorten solche mit völlig degenerierten Pollen gibt, die überhaupt keine Befruchtung mehr auslösen können. Dieses Problem hatten vor der Jahrhundertwende schon die Amerika- ner[104]. Aufgrund dieses Problems entsteht ein eigener Wissenschaftszweig im Obstbau: Die Befruchtungssoziologie, in der die Zusammenhänge der Befruchtung erforscht werden.

Auch in den 40er Jahren ist Amerika das Vorbild für eine reproduzierbare Stan- dardware im Obstbau. Ein Abteilungsleiter im Reichsnährstand kritisiert zwar das ameri- kanische Modell, indem er darauf hinweist, daß es in Deutschland im Vergleich zu Amerika zu viele unterschiedliche klimatische Verhältnisse gäbe. Dies wirke sich außer- dem auch auf den Geschmack aus: Die amerikanischen Äpfel schmeckten durchweg fade und entbehrten jeder feineren, unterschiedlich vorhandenen Würze (Deutscher Obstbau, März 1941, S. 42). Auf der anderen Seite verteidigt er jedoch das Ziel einer allgemeinen Sortenreduzierung, Sortierung und Standardisierung: " ... Nicht der standortgebundene Obstbauer bestimmte den Absatz, sondern der von der Erzeugung losgelöste städtische Handel und der ebenfalls vom Boden losgelöste städtische Verbraucher. Der Städter wird bei seinem Kauf entscheidend vom Auge beeinflußt, daher die Entwicklung der Reklame und der äußeren Aufmachung. Fehlerfreie Früchte mit leuchtenden Farben wurden wich- tiger als die innere Güte. Das Ausland lieferte sie, zumal nur seine besten Qualitäten den weiten Transport im Preis trugen. Der Handel forderte nicht nur Fruchtformen, die das Verpacken erleichterten, sondern vor allem große Mengen einheitlicher Sorten und Sortierungen. ... Der Handel forderte die Vereinheitlichung des Sortiments." (Deutscher Obstbau, März 1941, S. 42 und 43).

Der Reichsabteilungsleiter stellt weiter fest: "Jeder Liebhaber eines Dinges strebt da- nach, das äußerlich schönste oder wohlschmeckenste oder auch fruchtbarste seiner Art selbst zu schaffen oder zu erwerben." (Deutscher Obstbau, September 1941, S. 161).

Neben dem Erwerbsobstbau, der marktfähiges Standardobst erzeugen soll, steht gleichwertig die Selbstversorgung mit Obst aus dem eigenen Garten. Auch hier spielt eine
gewisse Sortenreduzierung eine Rolle. Neben Tafelobst sollen aber auch Sorten für weitere
Gebrauchszwecke angebaut werden. Der Autor mahnt eine Sortenliste an, die zwischen
Sorten für den Erwerbs- und Liebhaberobstbau unterscheidet. Der Erwerbsobstbau soll
dabei ausschließlich auf Tafelsorten ausgerichtet werden.

Die gewünschte Entwicklung bei der Obsterzeugung und im Obsthandel wird von politischer Seite ab den 40er Jahren stark vorangetrieben. Die "Blut-und-Boden"- Anhänger
werden von ausschließlich auf Produktivität zielenden Fachleuten ersetzt. In der
Kriegszeit werden vom Reichskommissar für die Preisbildung sogenannte "Wertgruppen"
für den Obstbau eingeführt (Deutscher Obstbau, September 1941, S. 163). Die Kriterien
für diese Wertgruppen sind die Erntemenge, die Transporttauglichkeit sowie die Bedeutung für den Frischmarkt und für Industrie. Aufgrund dieser Bewertungskategorien werden entsprechende Vorschläge gemacht, ob die im Anbau befindlichen Sorten vermehrt,
erhalten oder vermindert werden sollen. Neben diesen Wertgruppen werden von der
Hauptvereinigung der deutschen Gartenbauwirtschaft die sogenannten Gütegruppen
(Reichseinheitsvorschriften für die Sortierung) entwickelt: "Bei der Sortierung des
Kernobstes ist grundsätzlich zu unterscheiden zwischen Sortierung nach Güte (Qualität)
und nach Größe der Früchte. Bei der Sortierung nach der Güte (Qualität) gehen die
Reichseinheitsvorschriften davon aus, daß der Begriff 'Tafelobst' dem Begriff 'Eßobst'
gleichzustellen ist, d.h. alle Apfel- und Birnenfrüchte, die sich gut zum Rohgenuß eignen und bestimmten Mindestanforderungen in ihrer äußeren Beschaffenheit entsprechen,
gehören im weiteren Sinne zum Tafelobst - Eßobst -." (Trenkle 1942, S. 90).

Damit werden in den 40er Jahren das erste Mal Qualitätsmaßstäbe festgelegt, die sich
sowohl an hohen Erntemengen und der Widerstandsfähigkeit als auch am äußeren
Erscheinungsbild der Früchte festmachen. Die Sortierungsbestimmungen aus der NS-Zeit
bilden die Grundlage für die später eingeführten Qualitätsvorschriften auf europäischer
Ebene. Unterschieden wird zwischen der Güteklasse I A (Tafelobstauslese), der Güteklasse
A (Tafelobst), der Güteklasse B (Wirtschaftsobst) und der Güteklasse C (Industrieobst).
Bei der Güteklasse I A werden Mindestgrößen der Früchte in den 4 Kategorien sehr großfrüchtig (Mindestdurchmesser 70 mm), großfrüchtig (Mindestdurchmesser 65 mm),
mittelfrüchtig (Mindestdurchmesser 60 mm) und kleinfrüchtig (Mindestdurchmesser 55
mm) eingeführt (Trenkle 1942, S. 91). Dabei wird auch eine weitergehende Größensortierung innerhalb der einzelnen Obstsorte vorgeschrieben. Die Sortierung nach Größen
ist bei der nächst niedrigeren Güteklasse A schon nicht mehr zwingend notwendig. In der
Regel wird jedoch der Mindestdurchmesser in dieser Gütegruppe 5 mm geringer als bei
der Gütegruppe I A festgelegt, eine Sortierung nach Größengruppen innerhalb der Sorten
ist nicht mehr vorgeschrieben.

Die Auswahl der anzubauenden Obstsorten soll sich weiterhin an den jeweils unterschiedlich ausgeprägten örtlichen Standort- und Absatzverhältnissen orientieren, wobei
die von den Landesbauernschaften aufgestellten Sortenlisten für die einzelnen
Anbaugebiete und die Ratschläge der Obstbaufachbeamten den letzten Ausschlag geben
sollen[105]. In diesem Zusammenhang wird aber auch die Notwendigkeit einer Art Massen-

anbau herausgestellt: "Wichtig ist bei der Sortenwahl, daß sich nicht nur der einzelne Obsterzeuger - ganz besonders bei Kernobst - größtmögliche Beschränkung in der Sortenzahl auferlegt, sondern daß in jedem Anbaugebiet ganz allgemein einzelne Hauptsorten in größeren Mengen zum Anbau gelangen." (Trenkle 1942, S. 42). Einen Absatz später warnt der Autor allerdings vor zu weit getriebenen Monokulturen, da sie zu großen Schäden führen können (welche es sind, nennt er nicht). Als Lösung schlägt er geschlossene Pflanzungen verschiedener Obstarten in einem gewissen Wechsel vor, "so wie es den Standortverhältnissen, den betriebswirtschaftlichen und sonstigen Verhältnissen entsprechend angezeigt erscheint." (Trenkle 1942, S. 43).

Hier tut sich ein gewisses Spannungsverhältnis auf, das auf den Widerspruch "Großwirtschaftsraum" und "Blut-und-Boden-Ideologie" zurück geführt werden kann. So wird der Schlüsselbegriff "Bodenständigkeit", der in der NS-Zeit in allen gesellschaftlichen Bereichen eine große Rolle spielt, in den 40er Jahren auch im Obstbau diskutiert (Kemmer 1942, S. 173 - 175). Da mit dem Begriff "Bodenständigkeit" allgemein die "langfristige Verankerung der jeweiligen Tätigkeit im Volkstum" verbunden ist, stellt sich bezüglich der Wahl der Obstsorten im Spannungsfeld traditionell und wirtschaftlich ausgerichteter Ansätze die Frage, welche als bodenständig zu bezeichnen sind. Interessant ist in diesem Zusammenhang die Argumentationsführung, die darauf hinausläuft, eine strikte Definition, die alles Fremde ausschließt, zu vermeiden. Letztendlich können fremde Sorten durchaus akzeptiert werden, wenn sie entsprechende Vorteile für das deutsche Volk haben (z.B. Frosthärte oder Transporttauglichkeit)[106]. Im Vordergrund steht trotz der Autonomiebestrebungen des Deutschen Reiches eine "fortschrittliche" industriell orientierte Denkweise, die durchaus dafür offen ist, Erfolgversprechendes aus anderen Ländern zum eigenen wirtschaftlichen Nutzen zu gebrauchen.

Die 40er Jahre werden in der Zeitschrift Deutscher Obstbau als "Zeitalter der Sortenbeschränkung" bezeichnet (Deutscher Obstbau, Oktober 1943, S. 19). Im Jahr 1943 werden von Hildebrandt 22 Apfelsorten[107] mit Angabe der jeweiligen Wertgruppen für den Anbau empfohlen[108]. Darüber hinaus weist er darauf hin, daß die nicht aufgeführten Sorten des Gebietssortiments und wertvolle Gebietssorten zusätzlich zu berücksichtigen sind (Hildebrandt 1943, S. 102 - 105). Die örtlichen Verhältnisse werden zwar als grundlegend für den Erfolg einer Obstpflanzung angesehen. Es wird jedoch herausgestellt, daß "sich nicht nur der einzelne Obsterzeuger - ganz besonders beim Kernobst - größtmögliche Beschränkung der Sortenzahl auferlegt, sondern daß in jedem Anbaugebiet einzelne Hauptsorten in größeren Mengen zum Anbau gelangen." (Trenkle 1943, S. 200). Trenkle empfiehlt 25 Apfelsorten[109] und gibt neben anderen Kriterien auch die Größengruppen und den Marktwert der Frucht an (Trenkle 1943, S. 203 - 205).

Neben den Bewertungskriterien Widerstandsfähigkeit, Krankheitsresistenz, Versandfähigkeit und Reifezeit werden zunehmend Absatzmöglichkeiten und Güteklassen entscheidende Kriterien für die Sortenwahl[110]: "Es kommt nicht allein auf die Größe des Ertrages, sondern auf den Anteil verkaufsfähiger Früchte an. Je vollkommener und gleichmäßiger die Früchte ausgebildet werden, desto mehr Obst kann der Obstbauer absetzen, desto lohnender sind seine Pflanzungen." (Winkelmann 1944, S. 45). Winkelmann schließlich gelingt die Vereinbarung von NS-Ideologie und Sortenreduzierung, indem er der aggressiven Rassentheorie die Argumente entlehnt: Ein Defizit im Obstbau seien die "geringwertigen Sorten", "es dürfte sich empfehlen, alle geringwertigen Sorten durch Umpfropfen mit solchen auszumerzen, die unter den gleichen Verhältnissen ebenso viele, aber wertvollere Früchte liefern." (Winkelmann 1944, S. 45).

Der Autor empfiehlt trotz dieser Argumente noch insgesamt 43 Apfelsorten (mit Angabe von Preis- und Größengruppen) für den Anbau[111] (Winkelmann 1944, S. 59 - 64).

Obwohl in der ersten Hälfte des 20. Jahrhunderts eine starke Sortenreduzierung bis hin zum "Ausmerzen" sogenannter geringwertiger Apfelsorten vorgeschlagen wird, werden in Wirklichkeit noch eine Vielzahl von Sorten angebaut und genutzt, jeweils abhängig von verschiedenen Bedingungen an unterschiedlichen Orten. Letztlich werden Apfelbäume sehr alt, so manche Sorte hat an unbekanntem Platz den Eifer der Theoretiker überlebt.

II.4.6
ZUSAMMENFASSUNG

Die Entwicklung des Obstbaus ist in der ersten Hälfte des 20. Jahrhunderts auf ein Zusammenspiel verschiedener gesellschaftlicher Veränderungen zurückzuführen. Dabei ist, wie auch schon im 19. Jahrhundert, die Theorie der gesellschaftlichen Realität weit voraus. Die Theorie entfernt sich zudem von der lang bewährten Praxis des Anbaus und Gebrauchs des Apfels immer weiter. Es ist nicht der Apfel, der eine andere "zweckmäßigere Produktionsweise" bedarf, sondern seine Anbauform wird den gesellschaftlichen Bildern und Vorstellungen angepaßt. Dies wird weder an seinem Aussehen noch an der Vielfalt seiner Sorten spurlos vorüber gehen.

Die Vorstellungen über den Obstbau und -handel orientieren sich an den Theorien der klassischen Nationalökonomie. Mit staatlicher Unterstützung wird die Intensivierung des Anbaus sowie Spezialisierung und Arbeitsteilung gefördert. Insbesondere im Rahmen der Kriegsvorbereitung und während des Zweiten Weltkrieges geht es um massive Produktionssteigerungen: Sie sollen der Erhöhung des Selbstversorgungsgrades dienen, die größere Wettbewerbsfähigkeit soll nach dem Sieg dazu beitragen, einen deutschen "Großwirtschaftsraum" aufzubauen.

Der Apfel hinkt in seiner Entwicklung jedoch an diesen Ansprüchen gemessen hinterher, da aufgrund seiner Eigenschaften das für die Industrie entwickelte "fordistische Produktionskonzept" nur sehr eingeschränkt funktioniert. Ein Grund dafür ist die fehlende Nachfrage nach gehandelten Äpfeln, denn Äpfel werden in der Regel selbst geerntet, Überschüsse werden getauscht. Sogar als angefangen wird, mit gesundheitlichen Argumenten für den Apfel zu werben, weitet sich die Nachfrage im Handel kaum aus. In dieser Zeit widerspricht die Einstellung vieler Menschen gegenüber dem Apfel der Vorstellung einer industrieorientierten Massenproduktion. Selbst die heute übliche Angebotsform des Apfels als Ware in einem Lebensmittelgeschäft wäre vielen fremd gewesen.

Der Apfel ist noch stark als Selbstversorgungsprodukt in die Haushalte eingebunden. Da im ersten Viertel des 20. Jahrhunderts die Wohnbedingungen für große Teile der Bevölkerung schlecht sind, entstehen Lebensreform- und Stadtplanungsmodelle, die Selbstversorgungsmöglichkeiten in Form von Gärten (und damit auch Obstbäume) mit einplanen. Diese Konzepte beziehen sich häufig auf die "Gartenstadtidee" von Ebenezer Howard. Dabei entwickeln sich zwei Reformlinien für den Städtebau: Bei der einen geht es um das Umsetzen einer Lebens- und Wohnreform, aus der Konzepte zur sogenannten "Horizontalen Gartenstadt" entstehen (z.B. Kleinsiedlungen und Reihenhäuser mit Gärten für die Selbstversorgung). Bei der anderen Richtung handelt es sich um Konzepte des funktionalistischen Städtebaus oder der "Vertikalen Gartenstadt" (Hochhaussiedlungen, bei denen die Natur als Projektionshintergrund dient), die sich auf der Grundlage der "Charta von Athen", in der die Funktionstrennung von Wohnen, Arbeiten, Freizeit und Verkehr propagiert wird, weitgehend behaupten wird.

Aufgrund des sich durchsetzenden Funktionalismus im Städtebau und in der Raumplanung wird es zur Aufgabe des Landes gemacht, Obst zu erzeugen. Nutzgärten in den Städten verlieren dabei nicht nur planerisch an Bedeutung, sondern auch gesellschaftlich, sei es wegen der sinkenden Wertschätzung der (unproduktiven) Eigenarbeit oder weil das (auf dem Land erzeugte) Obst und Gemüse zunehmend gekauft werden kann.

Im Obstbau selbst spiegelt sich dieser Hintergrund wieder: Bis zu den 30er Jahren wird der Obstbau kaum als Hauptberuf ausgeübt, es gibt nur wenige Betriebe, die sich auf Obstbau spezialisiert haben. Obst wird nur eingeschränkt über weitere Entfernungen gehandelt, da eine entsprechende Nachfrage nicht vorhanden ist. Die Organisationsformen im Handel sind im Anfangsstadium, die Transportmöglichkeiten des empfindlichen Obstes sind aufgrund unzureichender Transportmittel und -infrastruktur schlecht. Das große Sortenvielerlei - das von der Bevölkerung sehr geschätzt wird - erlaubt keinen ausgedehnten Handel, der auf reproduzierbares Obst in großen Mengen angewiesen ist.

Ab den 30er Jahren erlebt der Obstbau einen großen Rationalisierungsschub, wobei ein hoher Technik- und Fortschrittsglaube in der Gesellschaft die Triebfeder ist. Kennzeichnend für die obstbauliche Fachliteratur dieser Zeit ist die starke Thematisierung der Sortenbeschränkung. Die Autoren legen sich dabei allerdings nicht eindeutig fest. Dem traditionellen Erfahrungswissen, das auf einer lokal und regional unterschiedlichen Sortenauswahl beruht, steht das moderne Gedankengut einer extremen Sortenreduzierung fast gleichwertig gegenüber. Obwohl Elemente der bei den Nationalsozialisten gepflegten "Blut-und-Boden"-Ideologie scheinbar einer Modernisierung im Wege stehen, setzt sich letztlich der Modernitätsgedanke durch und bereitet einer weiteren Spezialisierung und Wettbewerbsfähigkeit den Weg. Die Anpassung des Verbrauchs von Lebensmitteln an die Produktionsmöglichkeiten der heimischen Landwirtschaft übernimmt bereits die Werbung.

Im Laufe des Zweiten Weltkrieges wird die Steigerung der Produktivität um jeden Preis betrieben. Eine zunehmende Fremdbestimmung durch staatliche und technische Kontrolle sowie das Durchsetzen von Normen werden kennzeichnend für diese Zeit. Durch die Einheitsorganisationen und den hohen Gehorsamsgrad in der Bevölkerung stellt der Faschismus den Obstbautheoretikern eine ungeahnt hohe Determinierungskraft zur

Verfügung. Im Rahmen der Kriegslogistik ergibt sich für den Obsthandel (nicht zuletzt aufgrund einer hohen Anzahl ausgebeuteter Fremdarbeiter) ein ungeheurer Rationalisierungsschub beim Aufbau der damit zusammenhängenden Beschaffungs- und Vertriebsstrukturen. Mit der Einführung von Güte- und Qualitätsklassen, die das Aussehen und die Größe der Äpfel festlegen, wird der Einstieg in eine reproduzierbare Massenproduktion geschaffen. Dabei wird bei deren Einführung ganz offen davon geredet, daß die "innere Qualität" von Äpfeln dabei keine Rolle mehr spielt, ganz wesentlich ist dagegen das äußere Erscheinungsbild und die Produktion großer Mengen einer einheitlichen Ware. Im Prinzip werden in der logistisch stark gesteuerten, hoch arbeitsteiligen und mobilen Kriegswirtschaft die Grundsätze und Methoden vorweggenommen, die später in der Nachkriegsgesellschaft ebenfalls eingeführt werden.

II.

5. DIE SOZIALE MARKTWIRTSCHAFT SCHAFFT DEN INDUSTRIEAPFEL

II.5.1
DIE RANDBEDINGUNGEN

II.5.1.1
Die politische und ökonomische Situation in den Nachkriegsjahren

In den ersten Nachkriegsjahren ist vielen Menschen nicht klar, welche Entwicklung Deutschland nehmen soll, viele befürchten, ein Ende der Rolle als modernes Industrieland. Obwohl Roosevelt schon 1944 andere Pläne mit Westdeutschland hatte und auch später vor allem in den Westzonen von vielen Deutschen bald eine deutliche Orientierung auf die USA und die Westalliierten forciert wird, gibt es Unsicherheiten. Vor allem der Morgenthau-Plan[112], nach dem Westdeutschland den Status eines Agrarlandes bekommen soll, beeinflußt die Deutschen in ihrer Einstellung. Es entstehen Vorschläge, die sich an diesem Konzept orientieren und z.B. bei Straßenplanungen Obstpflanzungen einbeziehen[113]. Sogar die Mittelstreifen der Autobahnen sollen im Rahmen des Wiederaufbaus mit Obstbäumen bepflanzt werden[114] und die Erträge der Verwaltung der Autobahnen zugute kommen (Eichhorn 1947, S. 33 - 34).

Nachdem aber schon 1947 von den Amerikanern das European Recovery Programme (ERP) oder der Marshall-Plan[115] ins Leben gerufen wird, ist die Orientierung der ökonomischen und politischen Verhältnisse bereits relativ eindeutig: Westeuropa erhält nicht nur wirtschaftliche Unterstützung, sondern wird als politisches Gegengewicht zur Sowjetunion und den mit ihr verbundenen Staaten aufgebaut (Cameron 1992, S. 235 - 236; Weimer 1998, S. 27 - 30). Im Laufe der Zeit verschärft sich der Ost-West-Konflikt, der 1963 mit dem Mauerbau in Berlin einen seiner Höhepunkte hat. Die politisch und wirtschaftlich unterschiedliche Entwicklung Ost- und Westdeutschlands wird nun endgültig festgeschrieben.

In diesem und dem folgenden Kapitel wird vorrangig auf die Entwicklung in Westdeutschland eingegangen. Eine notwendig längere Abhandlung der Verhältnisse in der DDR, die von den Grundvoraussetzungen anders gestaltet sind, im Obstbau im Kern aber auf das selbe Prinzip, nämlich auf die Produktion eines Industrieapfels hinausgehen, würde den Rahmen dieser Arbeit sprengen[116].

Mit Hilfe des Marshall-Plans und der Währungsreform 1948 wird von den Westmächten die Wirtschaft Westdeutschlands nach marktwirtschaftlich und liberal orientierten Kriterien wieder aufgebaut. Der Marshall-Plan verpflichtet die Westeuropäer zu einer engen wirtschaftlichen Zusammenarbeit durch den Abbau von Handelshemmnissen (Weimer 1998, S. 28). Kein anderes Land war schneller, dieser Vorgabe zu folgen: Ludwig Erhard läßt bereits Anfang November 1949 die deutsche Einfuhr aus den OEEC[117] zu 37 Prozent liberalisieren (Weimer 1998, S. 88). Die Wirtschaft Westdeutschlands erzeugt nach dem Ablauf der Marshall-Plan-Hilfe 1952 bereits eine höhere Gesamtproduktion als vor dem Krieg (Cameron 1992, S. 238).

Insgesamt hat die begonnene Industrialisierung eine sehr hohe Zustimmung in der Bevölkerung: Einerseits ist es nicht zu der befürchteten "Argrarisierung" Westdeutschland als "Strafe" gekommen, andererseits will man nun mit Anstrengungen auf dem industriellen Sektor zeigen, daß man "wieder jemand ist"[118]. Vorbild ist der Sieger des Zweiten Weltkrieges, die USA, die bereits in den 30er und 40er Jahren Vorbild für die deutschen Obstbautheoretiker war.

Vor diesem Hintergrund werden die Prinzipien der Industrialisierung nun auch auf die Landwirtschaft[119] und benachbarte Bereiche, wie den Obstbau, übertragen. Die Grundlagen für einen industriellen, marktwirtschaftlich orientierten Obstbau, wie z.B. Organisationsstrukturen für den Handel und der Ausbau von Verkehrswegen, sind allerdings schon, wie im letzten Kapitel gezeigt werden konnte, in den 30er und 40er Jahren noch in der Zeit des Nationalsozialismus gelegt worden. Dies bildet eine hervorragende Ausgangsbasis für die Verwirklichung des geplanten "Fortschritts".

Der Intensivobstbau wird nach dem Zweiten Weltkrieg stark propagiert. Dies paßt auf der einen Seite zu der schlechten Versorgungslage der Bevölkerung mit Nahrungsmitteln, aber auch zu der allgemeinen Aufbruchstimmung der Bevölkerung im Rahmen der Wirtschaftshilfen. Auffallend ist, daß in diesem Zusammenhang oft noch die alte Terminologie von vor 1945 verwendet wird. Es wird ja auch kaum etwas anderes gemacht: "Es ist daher höchste Zeit, im Anbau alles Erfolgversprechende zu erschöpfen und Unwirtschaftliches auszumerzen." (Poenicke 1948, S. 13).

Die Ansprüche, die nun an den Obstbau gestellt werden, kommen nicht mehr von der staatlichen Administration, die früher zur Sortenbegrenzung und Rationalisierung aufrief, sondern nach dem Krieg werden die Ansprüche des Großhandels und der Verwertungsindustrie (z.B. die Getränkeindustrie) herausgestellt (z.B. Poenicke 1948, S. 21). Diese Veränderung der inhaltlichen Schwerpunkte in der Obstbauliteratur zeigt sich entsprechend zeitlich verschoben sowohl in den veränderten Anbaumethoden der folgenden Jahrzehnte als auch in den Eigenschaften der hauptsächlich angebauten Apfelsorten. Auch wenn schon in früheren Jahren die Tendenz zu einem industriell ausgerichteten Obstbau ging, wird nun die Entwicklung im Rahmen des Wiederaufbaus, der für viele Menschen ein "Neuanfang" und die Chance für eine "moderne Entwicklung" bedeutet, forciert. Die steigende Bedeutung des internationalen Wettbewerbs durch die Gründung der Europäischen Wirtschaftsgemeinschaft (EWG) trägt zu strukturellen Veränderungen im deutschen Obstbau und -handel bei, die in einer vorher nicht gekannten Geschwindigkeit vor sich gehen. Der Apfel wird zum Industrieprodukt. Seinen Weg bestimmt nun die Logik der Produktion des Volkswagens, ob geeignet oder nicht.

II.5.1.2
Wie durch Planung Apfelbäume aus dem Blickfeld der Menschen verschwinden

Nach dem Zweiten Weltkrieg setzt sich das funktionsgerechte Bauen und Planen in verschiedenen Schüben fort, die Produktion von Obst wird nun endgültig zur Sache des Landes gemacht. Nachdem anfangs noch, insbesondere auch durch die Versorgungs-unsicherheiten während und nach dem Zweiten Weltkrieg bedingt, Selbstversorgung durch eigene Gärten und Kleingärten eine wichtige Rolle spielt, nimmt diese zunehmend ab. In der Stadtplanung setzt sich das Prinzip der Funktionstrennung durch, das eine Spezialisierung der Räume sowohl in den Städten als auch außerhalb nach sich zieht. Damit verändert sich das Verhältnis zwischen Stadt und Land. Das Ganze geschieht auf der Grundlage funktionalistisch ausgerichteter Planungstheorien. Der gleichzeitige mas-sive Ausbau von Verkehrsinfrastruktur führt dazu, daß Raum immer durchlässiger wird und damit sowohl für die Wirtschaft als auch in der Wahrnehmung der Menschen eine immer geringere Rolle spielt. Obstbäume verschwinden aus den Städten fast ganz, auch auf dem Land verlieren Nutzgärten für die Eigenversorgung an Bedeutung. Es wird selbstverständlich, daß Äpfel gekauft werden können und jederzeit in gleicher Qualität zur Verfügung stehen.

Aufgrund der Wohnungsnot in den 50er Jahren beginnen in Westdeutschland enorme Wohnungsbauaktivitäten, die bis in die 60er Jahre anhalten. Wohnungsbau gilt als Sozialpolitik, deshalb verpflichtet sich die Regierung zum "Bau von Wohnungen, die nach Größe, Ausstattung und Miete für breite Schichten des Volkes bestimmt und geeignet sind" (Weimer 1998, S. 85). Der soziale Wohnungsbau hat Konjunktur, wobei öffentliche Mittel eine wesentliche Rolle spielen (Weimer 1998, S. 105). In der Regel realisieren Baugesellschaften oder Genossenschaften diese Wohnungsbauprojekte, die den Auftrag haben, möglichst funktionsgerechten, günstigen und renditeträchtigen Wohnraum zu erstellen. Vor dem Hintergrund des "Organischen Städtebaus"[120] dienen die Grünflächen nach funktionalistischen Grundsätzen als Projektionsfläche[121] für die Architektur und als Mittel, um Wohnraum im Grünen zu verkaufen. Außerdem sind diese Freiräume im Besitz der Baugesellschaften " ... und es ist verständlich, daß sie bisher alles versucht haben, eine materielle Aneignung durch die Bewohner zu verhindern; denn wo angeeignet wird, wird die Verfügung der Baugesellschaften enteignet." (Böse 1981, S. 83).

Anfang der 70er Jahre beginnt eine zweite Wohnungsbauwelle (Weimer 1998, S. 213). In vielen Städten entstehen Hochhäuser oder Trabantensiedlungen nach dem Vorbild von Le Corbusier. Die Freiflächen werden zu reinen Abstandsflächen degradiert. Das Konzept der Grünfläche als Abstandsfläche prägt auch den Einfamilienhausbau. Die Gärten wer-den vorwiegend nicht mehr als Nutzgärten, sondern als Ziergärten angelegt, die pflege-leicht mit Koniferen bepflanzt oder mit Pflastersteinen ausgefüllt werden. Auch wenn es andere Beispiele gibt, hat sich inzwischen diese funktionale Erscheinungsform von Grün-flächen und Gärten durchgesetzt. Sogar in Kleingartensiedlungen sind viele Nutzgärten zu Wochenendgrundstücken mit englischem Rasen und Blumentöpfen umgewandelt wor-den. Die Obstbäume, die dort oder in anderen Gärten noch vorhanden sind, sind meist völlig überaltert.

Die Leitbilder der Planungsmodelle aus den 30er und 40er Jahren, wie z.B. die

"Funktionstrennung" (Charta vom Athen), das "System Zentraler Orte" von Christaller[122] oder "Die räumliche Ordnung der Wirtschaft" von Lösch[123] stehen Pate für die "moderne" Raumplanung, Planungsgrundlagen, die nach dem Zweiten Weltkrieg weitgehend umgesetzt werden und heute noch gelten. Die rechtliche Ausprägung der "Funktionstrennung" für die städtische Planung findet sich in der Baunutzungsverordnung von 1962. Auf nationaler Ebene greift das Bundesraumordnungsprogramm von 1975, indem den "Freiräumen" die Funktionen land- und forstwirtschaftliche Produktion, Freizeit und Erholung, Wasserversorgung, "ökologische Ausgleichsfunktion" und Rohstoffgewinnung zugedacht wird (Holzapfel, Traube, Ullrich 1988, S. 189 - 190).

Das "Prinzip der großräumigen Funktionsgliederung" wird mit dem "Prinzip der Hierarchisierung der Räume" verknüpft. Nach dem "System Zentraler Orte" von Christaller werden den Regionen und Städten bestimmte Funktionen zugeordnet. Ihre Bedeutung ergibt sich aus ihren wirtschaftlichen Leistungen, wobei allerdings nur diejenigen wirtschaftlichen Aktivitäten zugrunde gelegt werden, die exportorientiert sind und Kapitalströme hereinziehen (Heinritz 1979, S. 19). Aus Orten mit einem entsprechenden Bedeutungsüberschuß werden Zentren, gleichzeitig entstehen nach hierarchischer Ordnung von diesen Zentren funktional abhängige "Versorgungsgebiete"[124]. Dieses Konzept begründet eine systematische Bevorzugung der Ferne vor der Nähe (Holzapfel, Traube, Ullrich 1988, S. 190).

Neben diesen planerischen Leitbildern spielen auch ökonomische Mechanismen für einen veränderten Umgang mit Raum eine Rolle. Mit der beschleunigten Entwicklung des Transportsystems bekommt der Raum, insbesondere im Rahmen wirtschaftlicher Standorttheorien, eine andere Bedeutung. Er strukturiert sich nun nicht mehr durch die Transportkosten (wie es bei Thünen der Fall war), sie verlieren vielmehr ihre raumdifferenzierende Wirkung, da sich die "Distanzräume" zwischen verschiedenen Orten in immer kürzere "Zeiträume" auflösen (Läpple 1992, S. 180). Für die Wirtschaft wird das Raumproblem immer mehr auf den Produktionsfaktor "Raumüberwindungskosten" reduziert (Läpple 1992, S. 171), da der Raum durch Zeit substituiert werden kann[125]. Die Vorstellungen von Raum und Zeit in der Wirtschaft abstrahieren sich, indem sie auf Kostenfaktoren reduziert werden.

Gleichzeitig werden vor dem Hintergrund des politischen Ziels, gesellschaftliche Gleichheit und Wohlstand für alle zu befördern, die Stadt-Land-Gegensätze immer mehr aufgehoben. Das Land wird ab den 50er Jahren von der Stadt zunehmend abhängiger, es gerät in einen Zustand ständiger Peripherisierung. Das Land wird zum Produzenten und Lieferanten von Rohstoffen und Abnehmer für Fertigprodukte aller Art (Ipsen 1992, S. 142). Der Staat schafft für diese Entwicklung entsprechende Rahmenbedingungen, wie z.B. Verkehrsinfrastrukturen und Gesetze wie das Flurbereinigungsgesetz sowie Institutionen, wie Landwirtschaftsämter und andere Beratungsorgane (Ipsen 1992, S. 144). Gleichzeitig werden städtische Lebensweisen in den ländlichen Raum hineingetragen (Mak 1999, S. 231 - 261). Insgesamt kristallisieren sich im Laufe der Zeit allerdings ganz unterschiedliche Beziehungsformen zwischen Stadt und Land heraus, die in der sogenannten "nachfordistischen Phase" Anknüpfungspunkte für veränderte ländliche Planungsmodelle liefern.

Die "fordistische Vergesellschaftung"

Das Produktionskonzept des Fordismus, das auf einer weitgehenden Präzisierung und Standardisierung der Produktionskomponenten, der "wissenschaftlichen" Zerlegung des Arbeitsprozesses, der Anwendung neuer Transfersysteme, einer externen Vertiefung der Arbeitsteilung und der weitgehenden Dequalifizierung der Produktionsarbeiter zugunsten des Managements beruht (Hirsch, Roth 1986, S. 50), entwickelt sich im 20. Jahrhundert zum Fortschrittsmodell für die ganze Gesellschaft: Das produktionsorganisatorische Konzept erfordert ein soziales und ökonomisches Umfeld, das den Kapitalismus ab der Mitte des 20. Jahrhunderts prägen wird (Hirsch, Roth 1986, S. 45).

Nachdem sich fordistische Prinzipien in den meisten Wirtschaftsbereichen weitgehend durchgesetzt haben, entsteht aufgrund der Erhöhung des realen Lohnniveaus ein neues Konsummodell, das traditionelle Reproduktionsformen nach und nach vollständig ersetzt. Die Entwicklung ist durch die Industrialisierung der Landwirtschaft und der Haushalte sowie das allmähliche Verschwinden kleinhandwerklicher Produktionsformen und traditioneller Dienstleistungsberufe gekennzeichnet (Hirsch, Roth 1986, S. 50 - 51). In diesem Zusammenhang verändert sich sowohl die Raumnutzung als auch die Raumwahrnehmung sehr stark.

Der Standardisierung des Raumes und seiner Zonierung folgt ab den 80er Jahren eine Flexibilisierung der Raumwahrnehmungen. Dies schlägt sich nieder in veränderten Planungskonzepten wie "Verdichtung" oder "nachhaltige Stadtentwicklung". Die neue Raumordnung baut auf flexibler Durchmischung auf. Allerdings wird mit dieser "Durchmischung" in der Praxis oft weder Dichte noch Nachhaltigkeit erreicht, sondern es entsteht ein überall ähnliches Durcheinander, dem krampfhaft versucht wird ein "Image" aufzusetzen. "In Visionen von Planern werden Industriereviere zu Erholungsräumen, Natur überwächst Industrieanlagen und wirtschaftliche Zukunft findet Raum in kleinen pavillionartigen gläsernen Gebäuden, High-Tech siedelt neben Golfplätzen und Schafweiden von Bio-Bauern." (Olshausen, Dinzelbacher, Strohmeier 1993, S. 625). Nach der Standardisierung von Räumen wird nun der besondere Ort gesucht. Dabei geht es nicht nur um die Erhaltung oder Schaffung lokaler oder regionaler Besonderheiten, sondern kulturelle Formen und Zeichensysteme werden als Mittel verwendet, um Räume wieder aufzuwerten. So kann z.B. eine Kulturlandschaft als "authentische" Naturlandschaft für den Tourismus aufgewertet werden. Diese Wahrnehmungsformen von Raum haben zwar noch Bezüge zur Realität, klammern aber bestimmte Teile dieser Realität bewußt aus. "Die geschaffene Wirklichkeit steht als Raum vor uns, von der Realität vorhandenen Raumes nicht mehr unterscheidbar, weil das Raumbild selbst zur Wahrnehmungsweise geworden ist." (Olshausen, Dinzelbacher, Strohmeier 1993, S. 628).

Die veränderte Raumnutzung und -wahrnehmung durch funktionalistisch ausgerichtete Planung trägt dazu bei, daß auch ein verändertes Verhältnis der Menschen zum Apfel entsteht. Obstbäume bekommen ihren "Raum" zugewiesen, sie sind nicht mehr überall vorhanden und verschwinden aus dem Blickfeld der Menschen. Auch wenn aktuell Versuche stattfinden, alte Apfelsorten wieder "in Wert zu setzen", bewegen sich diese

Bemühungen doch sehr stark an der Oberfläche. Denn inzwischen sind (durch Planung) sowohl die materiellen Grundlagen, wie z.B. dezentrale Lagermöglichkeiten, weitgehend verloren gegangen, als auch konkrete zeitliche und räumliche Bezüge, die die vielfältigen Erscheinungsformen und Qualitäten des Apfels ursprünglich ausgemacht haben. Wie die Entwicklung beim Apfel, die vom "fordistischen" und "nachfordistischen" Produktionsmodell in spezifischer Weise abweicht, vonstatten gegangen ist, wird ausführlich in den folgenden Kapiteln nachgezeichnet.

II.5.2
DIE OBSTWIRTSCHAFTEN WANDELN SICH

II.5.2.1 Der Internationale Wettbewerb und Europa

Aufgrund der zunehmenden wirtschaftlichen Verflechtungen mit anderen Ländern rücken in den 50er und 60er Jahren marktwirtschaftliche Gesichtspunkte in den Vordergrund, wie noch nie zuvor. In verschiedenen Veröffentlichungen dieser Zeit wird die Marktwirtschaft als überaus wichtig für den deutschen Obstbau herausgestellt: "Der Obstbau für den Markt muß nach wirtschaftlichen Grundsätzen erfolgen; die Produkte müssen den Marktansprüchen entsprechen. ... Der einzelne Obstbauer muß sich entscheiden, ob er auch in Zukunft sich am Markt beteiligen will oder nicht." (de Haas 1957, S. 12).

Durch die Westintegration und der unter Adenauer eingeleiteten engen Zusammenarbeit mit Frankreich, die bald in die Europäische Wirtschaftsgemeinschaft (EWG) münden sollte ("Römische Verträge" von 1959), wird ein größeres Marktgebiet geschaffen: Wie schon um die Jahrhundertwende wird der dabei zu erwartende Abbau der Handelshemmnisse und die internationale Konkurrenz zum Druckmittel, das den Obstbau in die gewünschte Richtung treiben soll.

Da der deutsche Obstbau auf die politischen Vorgaben einer freien Marktwirtschaft nicht vorbereitet ist, wird er vom Staat subventioniert (und zugleich eine spätere EWG-Praxis vorweggenommen). Damit sollte die Benachteiligung der deutschen Obsterzeuger gegenüber Erzeugern in anderen Ländern nicht zu stark werden. Die Subventionen werden u.a. damit legitimiert, daß direkte und indirekte staatliche Förderungen bei der Obstproduktion auch in anderen Ländern üblich seien. Die Natur, wie z.B. unterschiedliches Klima und Wetter, wird hingegen als Einfluß herausgestellt, denen alle Obstbauern in jeder Region und in jedem Land unterworfen sind[126]. In dieser Beziehung herrscht sozusagen Wettbewerbsgleichheit. Allerdings wird im Laufe der Zeit durch die Entwicklung und den Einsatz von Technik versucht die Natur weitgehend auszuschalten und damit zur wirtschaftlichen Randbedingung zu machen.

Kontrolle über die Natur durch Frostschutzmaßnahmen

Seit der Entstehung von Obstbauplantagen werden verschiedene Maßnahmen verfolgt, um Frostschäden zu verhindern: In den 30er Jahren werden dafür in Amerika Heizöfen (Briketts) verwendet. Eine andere Methode ist das Räuchern, unter dieser Nebelschicht kann die Temperatur längere Zeit gehalten werden. Auch mit chemischen Nebeln werden Experimente gemacht: "O.W. Kessler (1928) verwendete amerikanische Heizöfen, in welchen er ein Gemisch von 3 Teilen Naphthalin und 1 Teil Teer verbrannte. Der Rauch war so dicht, daß der Eisenbahnverkehr unterbrochen wurde. Der Temperaturgewinn betrug 4°C; aber Feld und Flur waren nachher mit einer dicken Schicht von Ruß überdeckt. Später (1934) stellte er Wolken von Ammonchlorid her, mit denen es in ebenem Gelände gelang, eine zusammenhängende Nebeldecke zu bilden. Er hat aber schließlich das Vernebeln zugunsten des Heizens aufgegeben." (Kobel 1954, S. 47 - 49).

Ende der 50er Jahre werden im Erwerbsplantagenobstbau Beregnungsanlagen angeschafft, um gegen Frost, Dürre, Mehltau, Rote Spinne und Mäusebefall vorgehen zu können. "Das Abbrennen von alten Autoreifen, mit Torf und Sägemehl überdeckt, hatte sich zur Frostabwehr gut bewährt, war aber zu arbeitsaufwendig." (Der Erwerbsobstbau 1959, Nr. 7, S. 143).

Frostschutzmaßnahmen in den 60er Jahren sind die Herstellung von Nebel oder Rauch, Beheizung, Beregnung und Bewindung. Beheizungsmaßnahmen mit kleinen Brikett- oder Ölöfen stehen im Vordergrund. Der Nachteil dieses Frostschutzes wird in der Luftverunreinigung und der starken Verschmutzung des Bedienungspersonals gesehen (Hilkenbäumer 1964, S. 199). Um Nebel oder Rauch zu erzeugen, wird feuchtes Stroh, Laub, Reisig, Sägemehl und Nadelstreu empfohlen. Auch alte Autoreifen, Textilabfälle, Teer und ähnliches Material kommen zur Anwendung. Für die Herstellung von künstlichem Nebel werden chemische Mittel, wie z.B. Schwefeltrioxyd und Phosphorpentoxyd eingesetzt (Hilkenbäumer 1964, S. 199).

Mit der Ausrichtung des Obstbaus auf den europäischen Raum und den internationalen Wettbewerb werden entscheidende strukturelle Veränderungen eingeläutet: Gefördert wird der Großbetrieb, der einzig in der Lage scheint, den industrieförmigen Anbau zu erreichen. Es gilt "die Spreu vom Weizen" zu trennen und eine klare Hinwendung zur Produktion für den Markt zu vollziehen. Dies bezieht sich hauptsächlich auf angeblich unrationell wirtschaftende Selbstversorger oder Kleinbetriebe, deren Erträge zeitweise über den Eigenbedarf hinausgehen und ungeplant auf dem Markt erscheinen. "Für die süddeutschen Gebiete ist eine innerdeutsche Konkurrenz entstanden, auf die sich der süddeutsche Obstbau einstellen muß. Gegenüber dem Druck der ausländischen Konkurrenz wird sich der deutsche Obstbau nur behaupten können, wenn die Gebiete sich aufeinander abstimmen und in der Produktion sich ergänzen." (de Haas 1957, S. 44)[127]. In Jahren mit hohen Ernten kommen zu viele "schlechte Qualitäten" auf den Markt, die mit dem Ausland nicht konkurrieren können. Deshalb sollen die Produktionsgrundlagen und Methoden für den Erwerbsobstbau auf die Rentabilität des Betriebes und auf den Markt ausgerichtet, die nicht dem Erwerb dienenden Pflanzungen auf den Eigenbedarf des Hauses beschränkt werden (de Haas 1957, S. 19).

Wie schon früher ist es Teil der Propaganda, den deutschen Obstbau im Vergleich mit anderen Ländern als "rückständig" zu bezeichnen[128]. 1951 hat Westdeutschland nach Frankreich den größten Obstbaumbestand, der Marktobstbau ist jedoch nur mit 12% daran beteiligt. Der Grund sind die fehlenden Vermarktungsstrukturen, die direkte Vermarktung des Obstes vom Erzeuger zum Verbraucher überwiegt noch in den 50er Jahren[129], beklagt ein Autor (de Haas 1957, S. 431-435), der Anbau sei im allgemeinen zu wenig auf die Marktverhältnisse ausgerichtet (de Haas 1957, S. 44).

Darüber hinaus werden die Erträge pro Baum (als quantitative Größe und ohne Sortenangabe) im Vergleich mit anderen Ländern problematisiert: Die Durchschnittserträge pro Apfelbaum liegen 1950/54 in Westdeutschland insgesamt bei 31,9 kg, im Alten Land südwestlich von Hamburg bei 100 kg/Baum, in der Schweiz jedoch bei 120-159 kg/Baum. "Obwohl die Baumlücken, die durch die Frostwinter verursacht wurden, ausgeglichen werden konnten, liegen die durchschnittlichen Erträge je Baum noch zu niedrig." (de Haas 1957, S. 44). In einer Fußnote zu diesem Satz führt der Autor aus: "Inzwischen hat der Winter 1955/56 neue Baumverluste vor allem in Süd- und Westdeutschland verursacht und wertvolle Unterstützung für die Rodeaktion [unproduktiver Bäume] gebracht." Um die Produktivität weiter zu erhöhen, werden zunehmend die angeblich wirtschaftlicheren, weil früher tragenden, niedrigen Stämme (Busch- und Spindelbuschbäume) gepflanzt (de Haas 1957, S. 29). Der Niederstammanbau in geschlossenen Anlagen wird propagiert. Die Region Meckenheim bei Bonn gilt hier als Vorbild: Es ist in den 50er Jahren das erste ausgedehnte Gebiet mit Plantagenobstbau (78,5 % Niederstämme) (de Haas 1957, S. 38)[130].

Internationale Vergleiche werden vorgenommen, um den Produktionswettbewerb im Erwerbsobstbau weiter voranzutreiben. In den 50er Jahren liegen 57% der Weltapfelerzeugung in Europa, so schreibt der Obstbauexperte de Haas (de Haas 1957, S. 20). Die Produktivität (pro Baum) ist jedoch in den schon in dieser Zeit wichtigen überseeischen Obstexportländern USA, Kanada, Australien, Neuseeland und Chile enorm gestiegen. In Südafrika z.B. wird nach dem Krieg doppelt so viel produziert, in Argentinien steigt die Apfelproduktion sogar um das siebenfache (de Haas 1957, S. 21). Der Hauptaugenmerk wird jedoch auf die Obstproduktion in den europäischen Ländern gerichtet. Sie werden als die maßgeblichen Konkurrenten angesehen, da sie ihre Exportmengen von Obst, das auch in Deutschland angebaut werden kann, kontinuierlich steigern[131]. Allgemein haben die Importe von Obst aus westeuropäischen Ländern nach Westdeutschland (dies sind hauptsächlich Apfelsinen und Mandarinen, aber auch Äpfel) in den 50er Jahren kontinuierlich zugenommen. Inzwischen werden in allen Monaten des Jahres nach Westdeutschland Äpfel eingeführt (de Haas 1957, S. 44 - 46).

Der Wettlauf um Steigerungsraten bei Produktion und Export[132] geht im nächsten Jahrzehnt weiter. Um die Marktanteile in der EWG zu sichern, sollen die deutschen Erwerbsobstbauern frühe Apfelsorten pflanzen, da in den anderen EWG Ländern hauptsächlich Herbst- und Wintersorten angebaut werden (Stork 1964, S. 190 - 191). Westdeutschland kann im internationalen Vergleich zwar weiterhin mit seinen Produktionsmengen mithalten, das Obst bleibt jedoch überwiegend im eigenen Land, da die Vermarktungsstrukturen noch nicht auf einen internationalen Markt ausgerichtet sind.

Bei der Ausfuhr von Äpfeln stehen in den 60er Jahren Italien[133], Argentinien und Australien an der Spitze. Die Tafelapfeleinfuhr nach Westdeutschland stammt in den 60er Jahren zu etwa 80% aus westeuropäischen Nachbarländern (Hauptlieferanten: Italien, Frankreich und Holland[134]) und zu 20% aus Übersee (hauptsächlich Argentinien und Australien) (Dassler 1969, S. 139).

Die deutschen Obstbauern, insbesondere spezialisierte größere Betriebe, brauchen die Konkurrenz aber nicht zu fürchten. Denn insbesondere seit der gemeinsamen Marktorganisation für Obst und Gemüse sowie der Liberalisierung des Obst- und Gemüsehandels in der Europäischen Wirtschaftsgemeinschaft, wird der Markt stark reguliert. Die Verordnung des Rates der EWG vom 14. Januar 1962, die die erste rechtsverbindliche Grundlage für einen gemeinsamen Umgang mit Obst und Gemüse darstellt, hat zum Ziel, ein angemessenes Preisniveau für die Erzeuger zu garantieren, das Gleichgewicht zwischen Angebot und Nachfrage zu erhalten und die Spezialisierung innerhalb der Gemeinschaft zu fördern. Um diese Ziele zu erreichen, werden einerseits mikroökonomische Maßnahmen ergriffen, die konzentrationsfördernd wirken (Pickenpack 1974, S. 99). So wird in der VO 159/66 der EWG vorgeschrieben, daß Erzeugerorganisationen als Instrument der Markt- und Preispolitik das Angebot konzentrieren, geeignete Einrichtungen zur Aufbereitung und Vermarktung erstellen sowie die Erzeuger zur totalen Andienung ihrer Produkte verpflichten sollen. Als Anreiz zur Gründung werden Zuschüsse gewährt (Pickenpack 1974, S. 84). Andererseits werden Maßnahmen zur Abschwächung von bedeutenden Preisschwankungen vorgesehen (Stork 1964, S. 173). So wird im Rahmen der gemeinsamen Agrarpolitik der EWG der Europäische Ausrichtungs- und Garantiefonds für die Landwirtschaft gegründet, von dem auch der Obstbau profitiert. Mit diesem Fonds werden die Erzeuger der EWG vor der Konkurrenz aus Drittländern geschützt, es gibt relativ hoch festgesetzte Mindestpreise und eine Abnahmeverpflichtung der staatlichen Interventionsstellen (Pickenpack 1974, S. 84).

Anstatt zu liberalisieren, d.h. Staatseingriffe zu reduzieren, wie es ja die allgemein akzeptierte Wirtschaftstheorie fordert, wird genau das Gegenteil gemacht: Im gesamten Agrarsektor finden Subventionen, Preisregulierungen und Staatseingriffe statt. Die EWG-Politik verfolgt in der Landwirtschaft einen starken Protektionismus (Weimer 1998, S. 127 - 128). Auch für die Obstwirtschaft ist dies der Fall: Mit der EWG-Marktordnung für Obst und Gemüse wird sowohl in den Warenfluß vom Produzenten zum Verbraucher als auch in die Preisbildung lenkend eingegriffen (Pickenpack 1974, S. 97). Diese Politik, die vor allem großen Betrieben zugute kommt, wird von den großen, mächtigen Bauernverbänden stark unterstützt[135]. Während Kleinbetriebe die Fördersystematik, den Wechsel von Rodungs- und qualitätsgebundenen Prämien nicht durchschauen, nutzen Großbetriebe die Werkzeuge gezielt zur Produktionssteigerung, kleinere Betriebe bleiben auf der Strecke. Dies wiederum führt zu hochrationellen, großen Betrieben mit Monokulturen, die Rekordernten einfahren[136].

Aufgrund der massiven Anbauförderung steigt das Gesamtangebot von Obst in Europa, ab Anfang der 70er Jahre wird sogar eine Überproduktion von Obst festgestellt. Die Folgen davon äußern sich in einem Preisverfall (Pickenpack 1974, S. 32), der insbesondere wieder kleinen, wenig spezialisierten Obstbauern zu schaffen macht. "Die Überproduktion trifft heute nicht nur solche Anbauer, bei denen noch gestern durch öffentliche Mittel unberechtigte Hoffnung geweckt wurden, sondern auch alle jene - und zwar besonders hart - die ihren Obstbau nach unternehmerischen Gesichtspunkten aufgebaut haben." (Der Erwerbsobstbau 1970, Nr. 11, S. 201). Die Schuld dafür findet der Autor am Gießkannenvergabeprinzip der Beihilfen, die in den 60er Jahren von den einzelnen Landesministerien zur Förderung des Erwerbsobstbaus gewährt werden. Die Fördermaßnahmen gehen alle auf eine Steigerung der Produktion hinaus, "... selbst die bisherigen Rodeprämien sind gewährt worden, um zweckmäßigeren Anbauformen Platz zu machen." (Der Erwerbsobstbau 1970, Nr. 11, S. 202). Der Autor fordert in diesem Zusammenhang die Obstbauwissenschaft auf, sich auf ökonomische Fragen zu konzentrieren: "Theorien haben zweifellos Bedeutung, über das wirtschaftliche Auf und Ab entscheiden unmittelbar und fühlbar nur Tatbestände. Und alle Tatbestände sind meßbar." (Der Erwerbsobstbau 1970, Nr. 11, S. 201).

Die Problematik der Überproduktion gibt es EWG-weit. Auch die Niederlande sind davon betroffen, wobei hier von der "Golden-Krise" gesprochen wird, denn die Überproduktion wird auf eine zu hohe Erzeugung von 'Golden Delicious' zurückgeführt[137]: "Ein Ausweg ist deswegen besonders schwierig, weil es hierbei um junge Intensiv-Anlagen geht, die hohe Investitionen erfordert haben. Jedoch ist, um die Überproduktion zu senken, eine speziell auf diese Sorte ausgerichtete Rodeaktion in der EG dringend erforderlich. ... In 7 von 10 Jahren waren die erzielten Durchschnittspreise nicht kostendeckend." (Erwerbsobstbau 1976, Nr. 8, S. 115). Durch das übermäßige Angebot von Äpfeln können keine Preise mehr erzielt werden, die dem Kostenaufwand der Produktion entsprechen.

Nun werden die in der EWG-Verordnung von 1962 vorgeschlagenen Maßnahmen zur Abschwächung von bedeutenden Preisschwankungen eingesetzt: Seit 1971 verfügt die deutsche "Bundesvereinigung der Erzeugerorganisationen für Obst und Gemüse e.V." über einen Interventionsfond, der bei Absatzschwierigkeiten mit preisstabilisierenden Maßnahmen den Markt entlasten soll und den Erzeugern einen Mindestpreis garantiert. 1975/76 wird dieser Fonds z.B. dazu benutzt, dem Markt Obst zu entziehen, d.h. es zu vernichten. Da diese preisstabilisierende Maßnahme umstritten ist, werden Subventionen für die Reduzierung von Anbauflächen (Rodungen) gewährt. Diese Rodungsaktionen in den 70er Jahren sind eine EWG-Gemeinschaftsmaßnahme, im Rahmen derer in ganz Europa sehr viel Obstbaufläche verschwindet. Das Ernteaufkommen wird so reduziert. Um Angebot und Nachfrage im Gleichgewicht zu halten, d.h. die Preise zu stabilisieren, reichen diese Maßnahmen jedoch nicht aus (Liebster 1984, S. 175). Denn die starke Überproduktion ist in der Hauptsache auf die Fördermaßnahmen zurückzuführen, die die Spezialisierung unterstützen. Da spezialisierte Betriebe aufgrund ihrer hohen Investitionskosten darauf angewiesen sind, große und steigende Mengen zu produzieren, ist der Circulus virtuosus des Wachstums eingebaut. Es kommt also ein Prozeß in Gang, der sich selbst verstärkt.

Im Laufe der 80er Jahre kann die Überproduktion europaweit eingedämmt werden, insbesondere deshalb, weil die Spezialisierung als Mittel der Produktionssteigerung an ihre Grenzen stößt und damit Produktionsüberschüsse nur in guten Jahren ein Problem sind. In Westdeutschland geht die Apfelerzeugung sogar schon seit den 70er Jahren zurück. Als Ursache dafür wird nicht die Rodungsaktion, sondern in erster Linie der Verdrängungswettbewerb in Europa angeführt, "... der aufgrund einer Überschußsituation auf dem Apfelmarkt eine Verlagerung der Produktion an die kostengünstigsten Standorte erzwingt." (Wegner 1989, S. 21). Dieses sind Anbaugebiete in Frankreich und Italien, die erst in den 80er Jahren Produktionsabnahmen verzeichnen. Bei weltweiten Vergleichen wird deutlich, daß Länder der Südhemisphäre generell bevorteilt sind: Produktion und Export nehmen hier stark zu[138]. Als Schutzmaßnahme wird deshalb von der EG-Kommission 1988 ein Lizenz- und Kautionssystem für sämtliche Apfelimporte aus Drittländern erlassen. Wegen der Überschreitung einer festgelegten Importschwelle werden daraufhin die Einfuhren aus Chile unterbunden (Wegner 1989, S. 146).

Die Konkurrenz in Europa ist für den deutschen Obstbau durch eine weitgehende Gleichbehandlung der Obsterzeuger in den Ländern der europäischen Wirtschaftsgemeinschaft heute kein besonderes Thema mehr. Vielmehr gehört Deutschland seit Ende 1991 zur Europäischen Union (EU)[139] und damit zum Europäischen Binnenmarkt, der während der 80er Jahre vorbereitet wurde. Damit sind die deutschen Obstbauern nicht mehr nur für sich selbst verantwortlich, sondern sie konkurrieren gemeinsam mit den EU-Ländern auf dem Weltmarkt. Die Einnahmen eines deutschen Obstbauers sind heute davon abhängig, welche Weltmarktpreise für Äpfel erzielt werden können. Die größte Furcht der großen Obsterzeuger sind gute Obstjahre, in denen viel zu große Mengen auf dem europäischen Markt auftauchen und deshalb die Preise sinken. Schlechte Jahre sind für industrielle Obstbetriebe dagegen von Vorteil, denn dann kann die teure und hochkomplizierte Technik eingesetzt werden, die andere kleinere Obstbauern nicht haben.

Heute haben nur noch die Obstbaubetriebe eine Chance auf dem Markt, die sich den Qualitätsstandards des internationalen Handels anpassen. Das Obst der deutschen Erzeuger bleibt zwar überwiegend im eigenen Land[140], es werden jedoch große Mengen an Äpfeln importiert, wobei Italien wie schon in den 60er und 80er Jahren auch in den 90ern an erster Stelle steht (ZMP 1998, S. 108). An den Qualitätsstandards der importierten Äpfel - so wird es jedenfalls von den großen Händlern und Einkäufern gefordert - müssen sich die einheimischen messen. Dies führt im ersten Schritt dazu, daß die Erzeuger versuchen, ihre Anbaumethoden und ihren Sortenspiegel anzupassen, zwei Themen, die in den folgenden Kapiteln besprochen werden sollen. Im zweiten Schritt machen sie sich damit abhängig vom europäischen und globalen Marktgeschehen, das von einzelnen Obsterzeugern nicht mehr beeinflußt oder gar gesteuert werden kann. Das Überleben eines Obstbauern hängt vom Weltmarkt ab, der in diesem Bereich stark reguliert ist: Ohne massive Unterstützung der EU könnten die meisten der Obsterzeuger heute gar nicht überleben.

II.5.2.2
Größer und effizienter: Die neue Struktur im Erwerbsobstbau und ihre Förderung

Auch wenn, wie bereits gezeigt wurde, zunehmender Wettbewerb auf internationaler Ebene in den 50er und 60er Jahren den deutschen Obstbau in eine strukturelle Neugestaltung drängt, wird eine betriebswirtschaftliche Intensivierung noch durch weitere Maßnahmen gefördert ("Obstbauliche Grundsatzwandlung"). Der Trend geht zu einem regional konzentrierten Intensivobstbau, wie die Entwicklungen im Alten Land und die Anbauformen im Bodenseeraum zeigen (Pickenpack 1974, S. 32; Frick 1985, S. 26). Die Flurbereinigungsmaßnahmen in allen Gebieten Westdeutschlands unterstützen dieses Vorhaben, insbesondere bei der Intensivierung vorhandener und Eliminierung wenig ertragreicher Obstbaubetriebe (Stork 1964, S. 195)[141].

In diesem Zusammenhang wird eine klare Trennung des Selbstversorgerobstbaus vom Marktobst als notwendig befunden. Es wird sogar gefordert, daß ersterer ganz vom Markt verschwinden soll, obwohl in den 50er Jahren das Marktgeschehen noch zum größten Teil von Kleinanlieferern bestimmt wird, d.h. von Nebenerwerbsbetrieben, die einen sehr großen Selbstversorgungsanteil, insbesondere bei Kernobst haben[142]: Die vier südhessischen Obstgroßmärkte Kronberg, Kriftel, Zwingenberg und Erbach/Rhg. werden z.B. von ca. 16.000 Kleinanlieferern und nur 2.000 "zünftigen Erwerbsobstbauern" beliefert (Der Erwerbsobstbau 1959, Nr. 6, S. 118).

Wie wichtig die Nebenerwerbsbetriebe für den Markt sind, macht folgende Aussage deutlich: "Trotz der starken Zersplitterung des Obstangebotes in eine Vielzahl von Arten, Sorten und Tagesmengen und der damit verbundenen vermarktungstechnischen Schwierigkeiten werden die Nebenerwerbsbetriebe ihre marktwirtschaftliche Bedeutung behalten, denn es ist schwer vorstellbar, daß die Obstgroßmärkte Süddeutschlands gefahrlos auf 50 bis 60% ihrer Jahresumsätze verzichten können, die gegenwärtig aus der Nebenerwerbswirtschaft kommen. Außerdem sind die Nebenerwerbsbetriebe wegen ihres hohen Arbeitskräftebesatzes und der kleinen Anbaufläche geradezu prädestiniert für den Anbau arbeitsintensiver Obstkulturen ... " (Der Erwerbsobstbau 1959, Nr. 6, S. 119). Auch sozialpolitisch haben in den 50er Jahren die Nebenerwerbsbetriebe eine große Bedeutung, denn die soziale Lage bestimmter Bevölkerungsgruppen, wie z.B. Rentner und Witwen sowie auch Arbeiter, macht eine zusätzliche Einnahme aus der Bewirtschaftung von Nebenerwerbsflächen notwendig. Dabei bietet der Obstbau größere Ertragsaussichten, als andere landwirtschaftliche Kulturen.

Auch in den 60er Jahren wird mit dem Obstbau noch Sozialpolitik betrieben. Allerdings spielen nun nicht mehr zusätzliche Erwerbsmöglichkeiten die größte Rolle, sondern die sozialen Funktionen des Liebhaberobstbaus in Haus- und Schrebergärten werden herausgestellt: "Die Bedeutung dieses Anbautyps liegt neben der eigenen Bedarfsdeckung und der einer Nebenertragsquelle besonders auf sozialem Gebiet: Er ist vorzüglich geeignet, dem schwindenden Eigentumsbewußtsein mit seinen negativen politischen und moralischen Begleiterscheinungen, dem gewisse Schichten der Stadtbevölkerung besonders ausgesetzt sind, entgegenzuwirken." (Stork 1964, S. 25).

Gleichwohl wird der bereits erwähnte Plantagenobstbau als Haupterwerbsquelle propagiert. Versuchsanlagen, die schon in den 30er Jahren konzipiert wurden, werden als beispielhaft herausgestellt (Der Erwerbsobstbau 1959, Nr. 7, S. 141). Kennzeichen solcher Obstplantagen sind die Beschränkung auf wenige Sorten (in den 50er Jahren hauptsächlich die Sorte 'Cox Orange') sowie die Verwendung schwachwüchsiger Stämme, die spindelförmig erzogen werden. Durch eine relativ dichte Pflanzung werden frühe und hohe Flächenerträge erzielt. Außerdem können rationell arbeitende Pflanzenschutz-[143], Bodenbearbeitungs- und Schnittholzgeräte eingesetzt werden, gleichzeitig erhöhen sich in solchen Anlagen die Pflück- und Transportleistungen[144]. Beim Aufbau solcher Anlagen wird auf die Möglichkeit einer weitgehenden Mechanisierung Rücksicht genommen, damit neben einem ausreichenden Flächenertrag eine hohe Produktivität je ständig beschäftigter Arbeitskraft erzielt werden kann (Der Erwerbsobstbau 1959, Nr. 8, S. 158).

Der Plantagenobstbau stellt eine Spezialisierung im Erwerbsobstbau dar, die es in der Form noch nicht gegeben hat. Bis in die 60er Jahre hinein wird der Erwerbsobstbau entweder im Nebenbetrieb (Landwirtschaft ist der Haupterwerbszweig) oder im Hauptbetrieb (Landwirtschaft stellt lediglich einen Risikoausgleich dar) ausgeübt. In beiden Betriebsformen kann der Plantagenobstbau arbeitswirtschaftlich nicht sinnvoll realisiert werden. Als Nebenbetriebszweig in der Landwirtschaft gibt es ihn deshalb bald gar nicht mehr. Auch als Hauptbetriebszweig gibt es ihn kaum, da die daranhängende Landwirtschaft als Risikoausgleich zu wenig Gewinn abwirft (Der Erwerbsobstbau 1959, Nr. 7, S. 142).

Der Plantagenobstbau basiert auf Prinzipien, die es bis in die 60er Jahre praktisch nur in der industriellen Produktion gibt. Mit seiner maschinellen Ausrüstung und Arbeitsteilung kommt der Plantagenobstbau dem angestrebten Ideal industriemäßiger Produktion am nächsten. Allerdings erlaubt diese Produktionsform dem Obstbauern, sofern er sich auf diesen Weg eingelassen hat, nichts anderes mehr als ausschließlich die Produktion einer Obstsorte, wie z.B. von Äpfeln. Für den Obstbau ist diese Produktionsform vergleichbar mit einer spezialisierten Obstfabrik, in der große Mengen uniformer Äpfel hergestellt werden. Die Umsetzung dieser Idee soll aber noch einige Jahrzehnte dauern. Sie kommt deshalb relativ langsam voran, da weder das Pflanzmaterial noch die Apfelsorten anfangs dafür geeignet sind, große reproduzierbare Mengen zu erzeugen: Noch 1965 sind 66 % der Apfelbäume im Erwerbsobstbau Hoch- und Halbstämme (Liebster 1984, S. 188), mit denen es aufgrund verschiedener natürlicher Bedingungen nicht möglich ist, eine uniforme Ware zu produzieren[145]. Nur kleine Baumformen wie z.B. Spindeln erlauben auch aufgrund arbeitsökonomischer Zusammenhänge eine fabrikmäßige Produktion[146]. Die Umstellung von hohen Baumformen auf niedrige geschieht aber nur allmählich. Ebenso muß noch eine für diese Produktionsform entsprechende Technik bezüglich der Ernte und Lagerung[147] entwickelt werden. Auch in der Wissenschaft sind die Kenntnisse über die Behandlung der Bäume und Früchte in Monokulturen sowie deren Wechselwirkungen mit anderen natürlichen Bedingungen, wie z.B. den Boden oder das Kleinklima noch lange nicht ausreichend erforscht.

Die propagierte Veränderung der bisherigen Produktionsformen, die auf Gemischtwirtschaften basierten und sich bis dahin bewährt hatten, setzt sich allerdings, wie schon gezeigt werden konnte, nicht von allein durch. Um eine Spezialisierung und Intensivierung im Obstbau voranzutreiben, wird den Erwerbsobstbauern eine Sortenbereinigung, verbunden mit einer Rodung alter Bestände (insbesondere in den kleinen Betrieben) und die Ausrichtung auf moderne marktkonforme Sorten empfohlen. Daneben wird die Notwendigkeit herausgestellt " ... mehr als bisher große und einheitliche Partien zum geeigneten Zeitpunkt dem Markt zur Verfügung zu stellen und rentabel zu verwerten." (Der Erwerbsobstbau 1960, Nr. 2, S. 37). Um die mit diesen Zielen verbundene Produktionsweise zu realisieren, werden vom Staat erhebliche Subventionen geleistet: "Erhebliche Subventionen für Bäume, und Geräte, Beispielanlagen und intensive Schulung der obstbaulich ahnungslosen Bauern waren dabei eine gute Starthilfe." (Der Erwerbsobstbau 1959, Nr. 7, S. 141).

Die Verwissenschaftlichung des Obstbaus

In den 50er Jahren beginnt die "Verwissenschaftlichung" des Obstbaus, d.h. der Blick wird auf die "unsichtbaren" Vorgänge der Bäume, des Bodens, der Blüten und der Früchte gerichtet. Unter der Verwendung angelsächsischer Literatur (in England und den Vereinigten Staaten sind entsprechende Forschungen auf dem Gebiet des Obstbaus schon länger üblich), wird nun z.B. über die Aufnahme und den Verbrauch der Bäume von Mineralstoffen, die Beeinflussung der Blütenanlage durch Hemmung und Förderung der Kohlenstoffassimilation und die Ausbildung des weiblichen Geschlechtsapparates und die Sterilität der weiblichen Geschlechtszellen ausführlich geschrieben (Kobel 1954).

Bei der Züchtung, so wird herausgestellt, geht es um leistungsfähige Sorten. "Solange das Obst der Selbstversorgung und der Belieferung der nächstgelegenen Märkte diente, blieben die Ansprüche, die man an die Sorten stellte, verhältnismäßig bescheiden. Vom Augenblick an, als der Großhandel sich des Obstes bemächtigte, und es auf dem Markte mit den Südfrüchten in Wettbewerb treten mußte, vergrößerten sich die Anforderungen an die Qualität und an das Aussehen der Früchte ganz wesentlich. Die alten Sorten genügten nicht mehr, und das Verlangen nach neuen, den Ansprüchen des Konsumenten, des Handels und der Produzenten besser dienenden Sorten wurde immer dringlicher.

Bei den Kernobstsorten wird namentlich vermehrt Wert auf schönes Aussehen, Lagerfähigkeit, Lagersicherheit und gute Transportfähigkeit gelegt." (Kobel 1954, S. 288 - 289).[148]

Im Zusammenhang mit der wissenschaftlichen Forschung werden auch in Deutschland veränderte Lagertechniken größeren Ausmaßes ins Auge gefaßt. Durch entsprechende Untersuchungen wird nicht mehr die Lagerung bei einer bestimmten Temperatur und Luftfeuchtigkeit (Kühllagerung) als einzige Möglichkeit gesehen, sondern die Zusammensetzung der Luft wird als entscheidender Einfluß auf die Haltbarkeit der Früchte ausgemacht. Bisher wurde mit einer bestimmten Temperatur und einem bestimmten Feuchtigkeitsgehalt der Luft die Transpiration der Früchte bzw. deren Wasserverlust und somit deren Alterungsprozeß beeinflußt (Kobel 1954, S. 235). Eine andere Möglichkeit, die Haltbarkeit hinauszuzögern ergibt sich durch die Beeinflussung des Atmungsprozesses der Früchte. Die Atmungsintensität nimmt im allgemeinen mit einem zunehmenden CO_2-Gehalt der Luft ab, wodurch die chemischen Umsetzungsprozesse in den Früchten verlangsamt bzw. verhindert werden. Ein weiterer Vorteil dieser sogenannten Gaslagerung ist die Tatsache, "daß Äpfel, die in kohlensäurereicher Atmosphäre gelagert wurden, noch eine verminderte Atmung aufweisen, nachdem man sie wieder in normale Luft gebracht hat. Aus dieser Nachwirkung ergibt sich einer der wesentlichen Vorteile der Gaslagerung gegenüber der Kühllagerung in gewöhnlicher Luft." (Kobel 1954, S. 238). Die Früchte verlassen das Gaslager in der Regel in einem festeren Zustand als das Kühllager. Die Lagermethode im Gaslager ist *in den 50er Jahren in England, Holland, Dänemark und den Vereinigten Staaten schon üblich. Ein Nachteil dieser Lagerung wird allerdings in den hohen Kosten gesehen, denn gasdichte Aufbewahrungsräume und Einrichtungen zur Dosierung des Sauerstoff- und CO2-Gehaltes sind notwendig.*

Dennoch breiten sich im Laufe der 60er Jahre Gaslager aus: "Außer dem ventilierten Normallager erfreuen sich das Kühllager und das Gaslager wachsender Beliebtheit. Beide Lagerarten, für die sich keineswegs jede Spätsorte eignet, ermöglichen es, das Leben der abgeernteten Frucht durch Verlangsamung der Atmungsfähigkeit und damit des Reifeprozesses zu verlängern." (Dassler 1969, S. 139).

Die Betreuung der Obstbauern erfolgt durch Obstbauberatungsringe, deren Organ die Obstbauzeitschrift "Der Erwerbsobstbau" (bis in die 70er Jahre) bzw. "Erwerbsobstbau" (ab den 70er Jahren) ist und die einen großen Einfluß auf das Anbaugeschehen haben: Im Obstbauberatungsring Schleswig-Holstein sind beispielsweise 1959 80% der statistisch erfaßten Obstanbaufläche des Landes angeschlossen (Der Erwerbsobstbau 1959, Nr. 8, S. 157). "Die Kulturarbeiten verlangen im Obstbau Fachkenntnisse, die in einem bäuerlichen Betriebe von vornherein nicht gegeben sind. Hier setzte daher die eigentliche Aufgabe des Beratungsringes ein. Er muß durch seine Tätigkeit die fehlenden Kenntnisse ausgleichen, damit der bäuerliche Erwerbsobstbau das Qualitätsniveau erreicht, das der heutige Markt verlangt." (Der Erwerbsobstbau 1959, Nr. 8, S. 158)[149]. Je nach dem, wie groß der Betrieb ist, sollen sich entweder der Besitzer selbst, seine Söhne oder ein ständig beschäftigter Arbeiter einer Ausbildung unterziehen[150]. "Kein Betrieb ohne Baumpfleger" und "Kein Betrieb ohne Motorspritze" sind die Forderungen der Obstbauberatungsringe.

Auch der Lagerhausbau, der nur den Großbetrieben nutzt, wird von den Landesregierungen und Landwirtschaftskammern in den 50er Jahren großzügig gefördert. Durch prognostizierte Ertragszuwächse werden massive Fehlbestände sowohl für Kühl- als auch Normallager errechnet. "Es sind daher auch in der Zukunft weitere Lagerhausbauten erforderlich. Um die Aufbereitung und Vermarktung der Produktion in geordnete Bahnen zu lenken, wird das geschlossene Anbaugebiet mit einem Netz von zentralen Kühlhäusern und Packstationen überzogen." (Der Erwerbsobstbau 1959, Nr. 8, S. 158). Neben der Intensivierung des Anbaus ist ein massiver Infrastrukturausbau für die Obstvermarktung geplant.

In den 60er Jahren wird der reine obstanbauende Betrieb weiterhin massiv propagiert. Vor dem Hintergrund des europäischen Marktes werden für solche spezialisierten und hoch technisierten Produktionsformen zwei Vorteile formuliert: Alle Betriebseinrichtungen können auf die Belange des Obstbaus ausgerichtet werden und der Betrieb kann dem Verlangen des Verbrauchers nach Qualitätsware entsprechen (Hilkenbäumer 1964, S. 275). Aber auch Nachteile werden benannt: Ein 100%iges Verlustrisiko, z.B. durch Fröste, hohe Kapitalaufwendungen für die Technik, die für den Aufbau eines spezialisierten Betriebes notwendig ist sowie eine zu erwartende Bodenmüdigkeit bei einseitiger Bepflanzung (Hilkenbäumer 1964, S. 276).

Trotz dieser schwerwiegenden Nachteile wird der Obstbau als Nebenbetriebszweig abgelehnt, ebenso Produktionsformen, die Mischpflanzungen[151], Misch- und Unterkulturen vorsehen. Der Selbstversorgerobstbau soll sich aus dem Erwerbsobstbau und der Marktbelieferung völlig heraushalten, denn angeblich stört er mit seinem Sortenvielerlei und seiner unregelmäßigen Marktbeschickung ein geregeltes, nach rein ökonomischen Gesichtspunkten ausgerichtetes Marktgeschehen (Hilkenbäumer 1964, S. 284).

Auf den Obstbau wird die Logik der betriebswirtschaftlichen Denkweise aus der industriellen Massenproduktion übertragen. Entsprechende Berechnungen ergeben, daß auch im Obstbau in größeren Betriebseinheiten mit "fortschrittlicher" Erzeugungstechnik der Handarbeitsbedarf und damit die Produktionskosten sinken (Hilkenbäumer 1964, S. 293; Stork 1964, S. 29). Der Erzeugungsaufwand wird aufgrund der sich durchsetzenden betriebswirtschaftlichen Denkweise vom Bereich des Arbeitsaufwandes in den Bereich des Kapitalaufwandes verlagert (Stork 1964, S. 30). Erst damit lohnen sich Spezialisierung, Technikeinsatz und immer größere Betriebe. Da in der Erntezeit ein großer Arbeitsaufwand anfällt, sollen Lohnarbeiter in der Saison angestellt werden (Hilkenbäumer 1964, S. 292). Durch Rationalisierungsmaßnahmen und Technik kann z.B. im Alten Land bei wachsenden Erträgen der Arbeitskräfteeinsatz um die Hälfte reduziert werden, wodurch die Lohnkostensteigerungen fast zu 100 % ausgeglichen werden können (Pickenpack 1974, S. 68). Aus diesem Grund werden die 60er und 70er Jahre auch als die goldenen Jahre des Obstbaus bezeichnet, was jedenfalls für diejenigen zutrifft, die die Subventionen erhalten und als Großbetriebe überleben. Die Eigenversorgung geht im Zuge dieser Entwicklungen ständig zugunsten des spezialisierten und organisierten Marktobstbaus zurück (Pickenpack 1974, S. 46).

Durch die Abkehr von Gemischtwirtschaften und die sich durchsetzende betriebswirtschaftliche Denkweise steigen die Betriebsgrößen (Pickenpack 1974, S. 69). Die Kehrseite vom Wachstum der Erträge und Betriebsgrößen ist allerdings eine steigende Abhängigkeit von der Technik und vom Pflanzenschutz.

Zum Thema "Pflanzenschutz"

1940 wird das Versuchsgut Höfchen in Burscheid von der I.G. Farbenindustrie (später Bayer) eingerichtet. Dieses Versuchsgut ist die erste größere Versuchsstation der Welt, die sich ausschließlich mit der Pflanzenschutzforschung beschäftigt. Bis in die 40er Jahre werden in der Landwirtschaft und im Gartenbau vorwiegend anorganische Wirkstoffe (z.B. Arsen, Kupfer, Schwefel, Quecksilber) oder pflanzliche Extrakte (Nikotin, Pyrethrum) für die Krankheits- und Schädlingsbekämpfung eingesetzt (Erwerbsobstbau 1980, Nr. 8, S. 183).

1940 bis 1950 werden in Höfchen neue Präparate entwickelt, wie z.B. Pomarsol, ein organisches Fungizid, das während der gesamten Vegetationsperiode angewendet werden kann. Dieses Mittel ist auch das erste, das mit hohem Druck gespritzt werden kann, ohne Blätter oder Früchte zu schädigen[152]. Desweiteren wird in den 40er Jahren Bladan und Selinon zur Schädlingsbekämpfung entwickelt. 1944 wird E 605 erfunden und in Höfchen praktisch erprobt. E 605 ist ein Insektizid mit Breitbandwirkung, das angeblich gut pflanzenverträglich ist und keine gesundheitlichen Gefahren bei den Verbrauchern darstellt. Es wird der sog. "Höfchen-Spritzplan" aufgestellt, der auf E 605 und Pomarsol basiert. "Der Obstbau-Spritzkalender hat sich dadurch wesentlich vereinfacht, der Arbeits- und Kostenaufwand war geringer, der ertrags- und qualitäts- sichernde Erfolg der Pflanzenschutzmaßnahmen jedoch wesentlich größer geworden." (Erwerbsobstbau 1980, Nr. 8, S. 184).

In den 50er Jahren werden die sog. "systemischen Insektizide" (Systox, Metasystox) entwickelt. Systemische Insektizide bleiben über mehrere Wochen wirksam, alle sau- genden Schädlinge werden über diesen Zeitraum abgetötet. Seit 1953 kann mit dem Mittel Tuzet Schorf bekämpft und die Fruchtausfärbung sowie Schalenqualität "verbes- sert" werden. Daneben wird aus Gründen der mechanisierten Arbeits- und Ernte- technik an verschiedenen Präparaten zur Unkrautbekämpfung geforscht. Auch die Wuchsstoff-Forschung, die schon vor dem 2. Weltkrieg eine gewisse Bedeutung hatte, gewinnt an Bedeutung. Solche Mittel wie z.B. Belvitan, Tomafix und Apponon sollen zu höheren Erträgen führen (Erwerbsobstbau 1980, Nr. 8, S. 184).

Im Zeitraum 1960 - 1970 werden weitere Mittel entwickelt, wie z.B. Gusathion MS und E 605-Combi zur gleichzeitigen Bekämpfung saugender und beißender Schädlinge im Obstbau. Zur Apfelmehltaubekämpfung wird das systemische Fungizid Bayleton entwickelt, gegen Spinnmilben wird das Mittel Peropal in den Handel gebracht (Erwerbsobstbau 1980, Nr. 8, S. 185). Offensichtlich treten aber bei den zu bekämp- fenden Schädlingen inzwischen auch Resistenzen auf: "Das Auftreten von resistenten Spinnmilbenpopulationen machte die Entwicklung spezieller Akarizide wie Eradex not- wendig. Zur gleichzeitigen Bekämpfung von Apfelmehltau und resistenten Spinn- milben wurde Morestan auf Grund umfangreicher Versuche entwickelt, ..." (Erwerbsobstbau 1980, Nr. 8, S. 184).

Versuche, ohne den "agrikulturchemischen Fortschritt" im Obstbau zu arbeiten, wer- den in den 80er Jahren strikt abgelehnt, denn sie sollen zu starken Ertragseinbußen führen: "Die biologisch dynamische Wirtschaftsweise wird propagiert, deren erstmalige Erprobung vor 55 Jahren zu Ertragsminderungen von 50 bis 60 % führte, Ergebnisse, an denen sich bis heute wenig geändert hat." (Erwerbsobstbau 1980, Nr. 8, S. 187). Daß die möglichen Ertragseinbußen mit den inzwischen stark verbreiteten Monokul- turen zu tun haben können, die im Vergleich zu Gemischtkulturen viel anfälliger gegenüber Schädlingen und Krankheiten sind, wird nicht in Erwägung gezogen.

Mitte der 80er Jahre soll nach einem Spritz- und Arbeitstagebuch für den Erwerbs- obstbau von der BASF insgesamt 22 Mal pro Jahr gegen Schorf- und Rindenkrank- heiten, Mehltau, Stippigkeit, verschiedene Schädlinge sowie Unkräuter gespritzt wer- den (BASF 1985, S. 4 - 15): In der Zeit vom Knospenschwellen bis Knospenaufbruch sollen 2 Spritzungen vorgenommen werden, in der Zeit des Knospenwachstums bis zum Ballonstadium der Blüten 3, inklusive einer Spritzung gegen Unkräuter. Während des Blühens bis zur Nachblüte sollen wiederum 3 Spritzungen (inklusive gegen Unkräuter) durchgeführt werden, zusätzlich wird ein Spritzmittel für die Triebhem-

mung empfohlen (nach der Blüte wird versucht das Wachstum in die sich ausbilden-
den Früchte zu lenken, d.h. unerwünschtes Wachstum des Holzes zu verhindern). In
dem Stadium, ab dem die Früchte etwa die Größe einer Haselnuß erreichen, bis Ende
Juli, sind 8 Spritzungen vorgesehen, von Anfang August bis vor der Ernte wiederum 3.
Nach der Ernte bis zum Blattfall soll abschließend noch 2 Mal gespritzt werden.

Der "Pflanzenschutz" wird im Laufe der Zeit ein fester Bestandteil des Produktionsverfahrens im Obstbau. Bis in die 90er Jahre werden Pflanzenschutzmittel zum überwiegenden Teil großflächig eingesetzt, wodurch die Flora und Fauna stark geschädigt
werden. Aufgrund des öffentlichen Drucks wird in den 80er Jahren auch im Erwerbsobstbau über Umweltschutzmaßnahmen nachgedacht. Dies mündet im "integrierten
Pflanzenschutz", für den 1983 - 1987 mit einem Modellvorhaben des Bundesministeriums für Ernährung, Landwirtschaft und Forsten Akzeptanz geschaffen werden soll
(vgl. Dickler 1989). Im Rahmen dieses Produktionsverfahrens sollen Spritzmittel
gezielter eingesetzt werden können, da die Obstanlagen als selbständiges Ökosystem
mit entsprechenden Stoffkreisläufen, die ein natürliches Regulationsvermögen besitzen, betrachtet werden. So werden z.B. tierische Schädlinge nicht sofort mit Pflanzen-
schutzmitteln behandelt, sondern es wird versucht, die natürlichen Feinde der Schädlinge zu fördern. Für den "integrierten Anbau" sind Kenntnisse der Ökosysteme und
deren wechselseitige Beeinflussung durch Sorten, Pflanzsysteme, Schnittmaßnahmen,
Bodenbearbeitung, Düngung und Pflanzenschutz notwendig. Lupe und Mikroskop werden zum Betriebsmittel (Friedrich, Rode 1996, S. 12). Vorteilhaft für den "Integrierten Anbau" sind größere Schläge mit einheitlichen Beständen, da hier Pflanzenschutzmittel gezielter und damit umweltschonender eingesetzt werden. "Größtmögliche Einheitlichkeit von Baumform, Baumgröße und Pflanzabstand innerhalb eines
Schlages ist auch eine Voraussetzung dafür, daß bei den Pflanzenschutzarbeiten mit
geringstmöglichen Brüheaufwand gearbeitet werden kann." (Friedrich, Rode 1996, S.
16). Auch wenn die Spritzmittel bei diesem Produktionsverfahren gezielter eingesetzt
werden, hat sich die Anzahl der empfohlenen Pflanzenschutzspritzungen noch lange
nicht reduziert. Vielmehr hat sich der Aufwand, der für den Pflanzenschutz getrieben
wird, stark erhöht: 1994 und auch 1999, wo nicht mehr nur der "integrierte Anbau"
sondern der "kontrolliert integrierte Anbau" praktiziert wird, werden insgesamt 32
Spritzungen pro Jahr empfohlen, 10 Spritzungen mehr als 1985 (OVR 1994, S. 8 - 31;
OVR 1999, S. 10 - 33).

1989 werden auf dem ersten europäischen wissenschaftlichen Symposium über die
"integrierte Obstproduktion" die Aufgaben für den "integrierten Obstbau" definiert:
"Integrierte Obstproduktion ist die Kombination genetischer, pflanzenbaulicher, bio-
technischer und chemischer Verfahren in einem rentablen Produktionssystem, das die
Produktqualität optimiert und Umwelt und menschliche Gesundheit schützt."
(Friedrich, Rode 1996, S. 12). Inzwischen ist die "integrierte Produktion" im Obstbau
in allen bedeutenden Anbaugebieten gang und gebe. Die Obstbauversuchsanstalt des
Alten Landes in Jork stellt ihre Empfehlungen für den Obstbau seit 1989 auf den
"integrierten Anbau" ab. Die dabei vorgesehenen Pflanzenschutzmaßnahmen orientieren sich an Werten, die die Internationale Organisation für biologische Bekämpfung

von schädlichen Pflanzen und Tieren (IOBC) festlegt. Für die Festlegung der Werte sind die wirtschaftlichen Schadensschwellen ausschlaggebend, denn "der Integrierte Obstanbau verfolgt das Ziel, die ökologischen und ökonomischen Erfordernisse in ausgewogener Weise zu beachten." (OVR 1994, S. 79).

Das Thema "Pflanzenschutz" löst heute, wo der Umweltschutzgedanke in der Gesellschaft Fuß gefaßt hat, heftige Diskussionen aus. Im "Bioobstbau", der in den letzten Jahren stark expandierte, werden zwar keine synthetischen Mittel gespritzt, dafür aber anorganische (wie z.B. Kupfer und Schwefel), die in größeren Mengen die Umwelt ebenso erheblich schädigen können. Auch der "Bioobstbau" ist heutzutage auf wenige, aus dem konventionellen Anbau kommende Sorten spezialisiert, die großflächig angebaut werden. Auf Spritzmittel kann hier nicht verzichtet werden, da im Falle einer Schädigung durch Schädlinge oder Krankheiten sofort die gesamte Ernte in Gefahr ist. Damit haben sich die "Bioobstbauern" in die gleichen Abhängigkeiten wie alle anderen Erwerbsobstbauern begeben. Ob nun der "integrierte Obstbau" oder der "Bioobstbau" die Umwelt weniger schädigt, sei dahingestellt, denn ob "gezielt synthetisch" oder "viel anorganisch" einen relevanten Unterschied machen, muß noch genauer untersucht werden. Zukünftig werden sich der "integrierte" und der "biolo-gische" Pflanzenschutz annähern, so die Meinung vieler Obstbauexperten. Es ist jedoch offensichtlich, daß der spezialisierte Erwerbsobstbau - ob "integriert" oder "biologisch" - ohne "Pflanzenschutz" gar nicht mehr auskommt: "Wenn der Pflanzen-schutz nicht notwendig wäre, könnte ja jeder Äpfel anbauen. Wo würden wir denn da hinkommen!" (Aussage eines interviewten Obstbauern).

Heute ist die industrielle Produktionsform beim Apfel weitgehend verwirklicht. Während früher der Wechsel zwischen guten und schlechten Ertragsjahren, die so-genannte Alternanz, typisch war, sind mit der Verwirklichung moderner Anbaumethoden und der Ausdehnung intensiv bewirtschafteter Apfelanlagen die Ertragsschwankungen verringert worden (Wegner 1989, S. 19). Sowohl betriebswirtschaftlich als auch gesamt-gesellschaftlich scheinen sich diese Bemühungen gelohnt zu haben: "Im Erwerbsobstbau wurde in der Summe der Wirkungen vieler Einzelmaßnahmen erreicht, daß die Preise, zu denen der Produzent das Obst gewinnbringend an den Handel abgeben kann, weniger gestiegen sind, als die Kosten, die der Produzent für Arbeitskräfte und Produktionsmittel bezahlen muß. Wirtschaftlich betrachtet ist damit ein wertvoller Beitrag zum Wachstum des gesamtgesellschaftlichen Wohlstands geleistet worden, der ausgeblieben wäre, hätte man nicht die ganze Palette neuer produktionstechnischer Möglichkeiten genutzt." (Friedrich, Rode 1996, S. 11).

Abbildung 5: Werbung für Spritzmittel 1988 (aus Zeitschrift 'Obst und Garten' 1/88)

Aus ökonomischen Gründen wird mit moderner Technik und Pflanzenschutz versucht, sich von der Natur unabhängig zu machen. Trotzdem hat sie immer noch einen deutlichen Einfluß auf die Erträge. Da in den Ländern der Südhalbkugel der Erde jährliche Schwankungen nicht so stark ausgeprägt sind, haben die Obstbauern dort Vorteile gegenüber ihren deutschen Kollegen. Diese sogenannten "komparativen Kostenvorteile" haben sich aber nur deshalb ergeben, da sich der deutsche Anbau auf Produktionsformen und den Anbau von Sorten eingelassen hat, die auch in anderen Ländern und Kontinenten praktiziert werden[153]. Beim gleichzeitigen Ausbau des internationalen Handels sind die modernen deutschen Obstbauern heute nicht mehr nur von moderner Technik und Pflanzenschutz abhängig, sondern auch von der Apfelerzeugung in anderen Ländern und dem internationalen Apfelmarkt - Abhängigkeiten, die heute Selbstverständlichkeiten sind.

Eine einzelbetriebliche Anpassung an die Forderungen des Marktes ist schon in den 70er Jahren innerhalb eines Unternehmens allein meist nicht mehr möglich (Pickenpack 1974, S. 3). Das Überleben eines einzelnen Betriebes hängt im Laufe der Zeit zunehmend vom Anschluß an Erzeuger- oder Handelsorganisationen ab, denn er allein kann nicht mehr mit marktfernen Gebieten konkurrieren, die immer wichtiger für den Absatz werden. Wie die Entwicklung im Obsthandel nach dem Zweiten Weltkrieg vor sich geht, wird im folgenden Kapitel beschrieben. Dabei wird auch deutlich, welchen starken Einfluß die Art und Weise, wie der Handel betrieben wird, auf die Produktionsformen des Apfels und den Apfel selbst haben.

II.5.2.3
Der Einfluß des Obsthandels auf den Apfelanbau

Neben einem intensiven Anbau werden ab den 60er Jahren zentrale Vermarktungsformen massiv vorangetrieben. Die Stärkung der Vermarktung bedeutet letztendlich, daß die Wichtigkeit des Bindegliedes Handel, der Waren und Informationen vermittelt, zunimmt: Der Abstand zwischen Erzeugung und Gebrauch wächst. Als Gründe für die Notwendigkeit einer möglichst intensiven und rationell organisierten Produktion und Vermarktung werden sinkende Obstpreise und steigende Löhne angeführt (Der Erwerbsobstbau 1959, Nr. 7, S. 141; Der Erwerbsobstbau 1965, Nr. 3, S. 41). Eine Intensivierung der Produktion und Vermarktung kann aber nur dann wirkungsvoll erreicht werden, "je mehr Ware nur weniger, aber handelsfähiger Sorten an eine Zentrale zusammenfließt". Um dies zu forcieren, werden, wie schon in den vorigen Kapiteln beschrieben wurde, "moderne" Anbau- und Vermarktungsformen propagiert und staatlich subventioniert. Trotzdem verläuft die Entwicklung keineswegs so, wie von den Experten erwartet wird. "Da wir zweifellos über ermutigende Anfänge auf dem Gebiet der Konzentration verfügen, ist zu klären, warum das Wachstum dieser Organisation nicht zügiger erfolgt." (Der Erwerbsobstbau 1965, Nr. 3, S. 41).

Als wichtigster Grund wird die falsche Einstellung der Obstbauern und Obstbäuerinnen angeführt. Ihr mangelndes Interesse an der Erzeugung großer Mengen einer einheitlichen Standardware verhindere den Aufbau zentraler Lager-, Aufbereitungs- und Vermarktungseinrichtungen. Darüber hinaus stehen aber auch praktische Gründe, die in den Organen der Obstbauberatung ausführlich diskutiert werden, einer Zentralisierung entgegen:

Mit einer zentralen Lagermöglichkeit entstehen für den Einzelbetrieb erst einmal keine besonderen Vorteile, da der Obsterzeuger selbst das Obst zur Zentrale fahren muß. Durch die Flurbereinigungsmaßnahmen sollen diese Wege zwar verkürzt werden, dennoch entstehen Kosten, die vorher nicht vorhanden waren, da das Lager auf dem Hof immer ein selbstverständlicher Bestandteil der Obstanlage war. 1960 verfügt z.B. der weitaus größte Teil der Betriebe im Alten Land über eigenen Lagerraum, mehr als 80% der Lagerkapazitäten liegen noch in der Hand der Erzeuger (Der Erwerbsobstbau 1960, Nr. 2, S. 36).

Bei einer zentralen Aufbereitungsanlage entstehen erst wirtschaftliche Vorteile, wenn dort preisgünstiger sortiert werden könnte als im eigenen Betrieb. "Die bisher vorhandenen Maschinen ermöglichen zwar oft einen höheren stündlichen Durchsatz, der dem Leistungsvermögen der Sortierzentrale sehr dienlich ist, die pro Arbeitskraftstunde erzielte Leistung bewegt sich aber stets auf der gleichen Höhe wie mit den oft primitiveren Einrichtungen des Einzelbetriebes. ... Erschwerend für die Zentrale kommt nun hinzu, daß Sozialleistungen (Feiertage, Urlaubsanspruch, Beschäftigung des Stammpersonals außerhalb der Saison) wenigstens teilweise die Sortierkosten zusätzlich belasten." (Der Erwerbsobstbau 1965, Nr. 3, S. 42). Durch eine zentrale Aufbereitungsanlage entstehen damit keine günstigeren, sondern eher höhere Sortierkosten. Sie würde erst dann für den Einzelbetrieb interessant, wenn sie ihn von einer Arbeitsspitze entlasten würde.

Auch bei der Vermarktung liegen die Vorteile einer Zentralisierung nicht ohne weiteres auf der Hand. Die Gründung von zentralen Vermarktungsorganisationen stößt insbesondere bei den Ehefrauen der Erzeuger auf Widerstand. Für sie war die Fahrt zum Wochenmarkt " ... ein gewisses gesellschaftliches Ereignis, das zudem die Möglichkeit bot, einen Teil des Erlöses in die eigenen Taschen fließen zu lassen." (Jaeger 1969, S. 19). In den 60er Jahren fassen die meisten Erzeuger einen Anschluß an Vermarktungsorganisationen nur zögerlich ins Auge, denn aufgrund der Art und Weise, wie und welches Obst sie erzeugen, kann durch die Direktvermarktung mehr Geld verdient werden. Da aber, ebenso wie in anderen Wirtschaftszweigen, die Löhne im Obstbau steigen, wird damit ein Anlaß für den Zwang zu rationelleren Umschlagmethoden gefunden: "Hier sind also Kräfte am Werk, die zur Konzentration zwingen." (Der Erwerbsobstbau 1965, Nr. 3, S. 42).

Auch wenn in den 60er Jahren die Zentralisierung der Sortierung, Aufbereitung und Vermarktung sehr stark propagiert wird, kann sie kurz- bis mittelfristig nicht verwirklicht werden. Neben der fehlenden richtigen Einstellung der Obstbauern und Obstbäuerinnen sind die entsprechenden Obstmengen einer einheitlichen Standardware gar nicht vorhanden. Deshalb werden nun nur noch einige wenige "marktgängige" Sorten für den Anbau empfohlen. Es müssen große Mengen einer Sorte angebaut werden, damit eine zentrale Aufbereitungsanlage kostendeckend arbeiten kann. Eine zentrale Anlage mit großem Mengendurchsatz setzt eine Standardisierung des Obstes voraus (Der Erwerbsobstbau 1965, Nr. 3, S. 42).

Die Katze beißt sich in den Schwanz: Für den angestrebten großdimensionierten Anbau werden zentrale Vermarktungsorganisationen gewünscht, die aber nur dann funktionieren, wenn der Anbau großdimensioniert ist. Um eine Zentralisierung dennoch zu forcieren, wird geschickt versucht, den Mengendurchsatz bestimmter Obstsorten zu steigern: "Jede Verkaufs- und Aufbereitungsanlage arbeitet um so rentabler, je kontinuierlicher der Durchfluß der Ware gestaltet werden kann. Man wird sich also bemühen, wenigstens zu einem gewissen Prozentsatz vom Geschehen des Marktes und den Zufälligkeiten der Witterung unabhängig zu werden. Hier bietet sich als Puffer das anzuschließende zentrale Lager an. Auch auf der Erzeugerseite stößt man relativ schnell auf Gegenliebe und schon beginnen die eingangs geschilderten Kräfte zu wirken, die oft in geschickter Form manipuliert, aber dadurch nicht beseitigt werden. Trotz dieser Gegebenheiten besteht ein wachsender Sog zur zentralen Lagerung, Sortierung und Vermarktung. .... Zur Konzentration zwingt aber nicht nur die Marktferne, sondern auch die Wandlung des Marktes. Es ist daher verständlich, daß Bemühungen im Gange sind, jene Probleme in ihrer Wirkung zu mindern, die heute noch einer zügigen Konzentration hindernd im Wege stehen." (Der Erwerbsobstbau 1965, Nr. 3, S. 42).

Einer "zügigen Konzentration" der Lagerung und Aufbereitung steht außerdem die Verwendung unterschiedlicher Ernte-, Transport- und Versandkisten entgegen. Um Abhilfe zu schaffen, soll eine Großkiste[154] eingeführt werden, die eine rationellere Arbeitsweise erlaubt: Es können größere Mengen in kürzerer Zeit transportiert werden, Leergutkosten und Raumbedarf sowie der damit verbundene Verwaltungsaufwand verringern sich und Sortierleistungen können gesteigert werden. Diese Großkiste soll auch in den Obstbaubetrieben bei der Ernte, Verladung und beim Transport Vorteile bieten - vorausgesetzt der Betrieb ist groß genug und betreibt Plantagenobstbau, bei dem große Mengen jeweils einer Obstsorte angebaut werden[155]. Allerdings herrschen - wie schon erwähnt - in den 60er Jahren immer noch zahlenmäßig kleine Obstbaubetriebe vor, die weder einen entsprechenden Mengendurchsatz noch die entsprechende Arbeitsorganisation für die Auslagerung bestimmter Tätigkeiten haben. Die Zentralisierung der Lagerung, Aufbereitung und Vermarktung wird dennoch weiter vorangetrieben, diesmal nicht nur mit Propaganda für einen rationelleren Obstbau, sondern es werden mit der Einführung der Großkiste die materiellen Grundvoraussetzungen geschaffen. Damit die zentralen Dienstleistungen überhaupt funktionieren, werden große Mengen einer einheitlichen Ware benötigt, die über das Hintertürchen Großkiste von den Erzeugern so beschafft werden kann. Die Einführung der Großkiste trägt damit entscheidend dazu bei, die Zentralisierungsbemühungen bei der Vermarktung zu verwirklichen.

Die steigenden Löhne sollen - wie in der Industrie - durch eine verbilligte Obstproduktion, d.h. durch weitgehende Mechanisierung und Einsparung menschlicher Arbeitskraft bei der Obsterzeugung aufgefangen werden. Dazu tragen sowohl die schon erwähnten Großkisten als auch Paletten bei "... weil erst bei großen Einheiten eine spürbare Verbilligung dieser Arbeiten und der Aufbereitungskosten möglich ist. Beide Arbeitssysteme - Paletten- und Großkistenbetrieb - sind auch für den modernen Obstbau revolutionäre Methoden. Sie machen einschneidende Veränderungen in der Betriebsorganisation und bei den Betriebseinrichtungen erforderlich. ... Eine Mindestbetriebsgröße ist erforderlich. ... Mit überkommenen Methoden und Ansichten muß oft vollständig gebrochen werden. Andererseits ist auch sicher, daß kein anderes System z.Z. größere Möglichkeiten bietet, zu Einsparungen von Arbeitskraft und Kostensenkungen zu kommen." (Der Erwerbsobstbau 1965, Nr. 5, S. 94-95).

Abbildung 6: Obsternte in Großkisten (aus Frick 1985, S. 27)

Im Rahmen der industriellen Anbauformen und weil in den 60er Jahren der Absatz über Selbstbedienungsläden immer bedeutender wird, soll das Obst "selbstbedienungsfähig" werden. In modernen Großsortieranlagen wird es mit Hilfe komplizierter Maschinen möglich, das Obst in Foodtainer mit Schrumpffolie, in Netz- und Plastikbeutel oder Faltschachteln zu verpacken (Der Erwerbsobstbau 1965, Nr. 5, S. 96). Mit dieser modernen Technik wird die Sortierung und Aufbereitung, die der Obstbauer früher im eigenen Betrieb machen konnte, endgültig ausgelagert. Die damit verbundenen Arbeiten sind nun viel zu aufwendig und teuer, um sie noch selbst machen zu können.

Als Vorbilder für einen erfolgreichen strukturellen Wandel werden in den 60er Jahren erneut Beispiele aus dem Ausland zitiert, bei denen die obstbaulichen Strukturen z.T. erheblich stärker zentralisiert sind: In den überseeischen obstexportierenden Ländern wird die Obstausfuhr von Zusammenschlüssen von Produzenten und Verfrachtern überwacht. Diese Außenhandel-Boards sind Organisationen, die ein Ausfuhr-Monopol für bestimmte Güter ihres Landes besitzen (Pickenpack 1974, S. 151). In Südafrika ist dies das South African Deciduous Fruit Board, in Australien das Australien Apple and Pear Board, in Neuseeland das New Zealand Apple and Pear Marketing und in Chile die Compania Frutera Sud Americana. Diese Organe überwachen die Einhaltung bestimmter Mindest- und Gütevorschriften. Außerdem haben sie sich - im Gegensatz zu den europäischen Ländern - auf einheitliche Kistengewichte verständigt (Dassler 1969, S. 157). Offensichtlich konnten in ehemaligen Kolonien europäischer Länder "moderne" Anbau- und Vermarktungsformen viel einfacher und schneller durchgesetzt werden. Nicht zuletzt deshalb, weil dort vorher keine Äpfel in größerem Umfang angebaut wurden.

Diese großen Handelsorganisationen auf anderen Kontinenten sind die Vorbilder, wenn in den 60er und 70er Jahren über Verbesserungsmöglichkeiten im deutschen Obsthandel gesprochen wird. Die Wirklichkeit im deutschen Obsthandel sieht allerdings anders aus. Es gibt Ende der 60er, Anfang der 70er Jahre noch ganz verschiedene Formen von Vermarktungsstrukturen bei Obst, die sich in der Regel ausschließlich auf regionale Märkte beziehen:

Jäger beschreibt Ende der 60er Jahre die Situation der Vermarktung von Obst und Gemüse an den nordrheinischen Erzeugerversteigerungen: Obst wird überwiegend über Versteigerungsmärkte (Auktionen) gehandelt, wobei der persönliche Kontakt des Erzeugers mit dem Händler überaus wichtig ist (Jaeger 1969, S. 33). Am weitesten verbreitet sind die sogenannten Durchfahrtsversteigerungen, bei denen der Erzeuger mit seinen Waren unter der Uhr und den Augen der Verkäufer vorbeifährt. Da diese Verkaufsform sehr zeitaufwendig ist, wird an einigen Versteigerungsmärkten auch die Versteigerung nach Mustern vorgenommen. Damit der Erzeuger nicht nur die beste Ware zeigt, aber die schlechte verkauft, erfolgt die Auswahl der Musterprodukte nach niederländischem Vorbild durch eine unabhängige Person (Jaeger 1969, S. 42). Desweiteren gibt es Stapelversteigerungen, d.h. der Händler kann größere, einheitlich zusammengestellte Partien einer Ware ersteigern[156]. Auch in diesem Zusammenhang wird eine Standardware wichtig, der Anbau einer einheitlichen und marktgängigen Sorte in ausreichender Menge ist die Voraussetzung für Stapelversteigerungen. Damit entsprechende Partien zusammenkommen, schlägt der Autor vor, daß die Versteigerungsorganisationen einen stärkeren Einfluß auf den Anbau nehmen sollten (Jaeger 1969, S. 43). Diese Form der Versteigerung ist jedoch vom Umfang her offensichtlich Zukunftsmusik, denn Ende der 60er Jahre ist die Erzeugerstruktur in Nordrhein noch viel zu kleinteilig, so daß sich ein Verkauf großer einheitlicher Mengen nur mit sehr viel Aufwand bewerkstelligen läßt. Auch gibt es noch nicht genügend Abnehmer, die an großen Mengen derselben Ware interessiert sind.

Die von der Anzahl und vom Umsatz her wichtigsten Großabnehmer in Nordrhein sind Ende der 60er Jahre Marktgroßhändler[157], Fahr- und Versandhändler[158] sowie diverse Mischformen von beidem. Sie versorgen fast ausschließlich die Konsumzentren in der näheren Umgebung (Jaeger 1969, S. 190). Die meisten Käufer an den Versteigerungen haben ihren Geschäftsort in Nordrhein, Großabnehmer aus anderen Teilen der Bundesrepublik sind ganz selten (Jaeger 1969, S. 200). Eine dritte Gruppe sind die Großunternehmen des Einzelhandels, die Obst und Gemüse auf mehreren Versteigerungen erwerben und die Ware in eigenen oder ihnen angeschlossenen Einzelhandelsgesellschaften vertreiben (Jaeger 1969, S. 76 - 78). Sowohl die Lagerung als auch die Raumüberbrückung vom Erzeuger zur Versteigerung liegt in diesem Fall im Aufgabenbereich des Erzeugers oder der Sammelstellen. Den Transport nach dem Kauf übernehmen die Großabnehmer oder Großhändler.

Die Kunden der Großabnehmer sind überwiegend selbständige Einzelhändler (Fachgeschäfte) oder Großküchen bzw. Verarbeiter. Großunternehmen des Lebensmitteleinzelhandels sind in den 60er Jahren noch sehr selten, nehmen an Bedeutung jedoch zu[159]. Aufgrund der zersplitterten Angebotssituation an den Versteigerungen, sind sie dazu gezwungen, gleichzeitig an mehrerer Orten einzukaufen, um ein entsprechend umfangreiches Sortiment anbieten zu können (Jaeger 1969, S. 89).

Freske in der gotischen Kapelle der Schattenburg, Feldkirch, Österreich (Informationsprospekt)

Reichsapfel um 1200, Köln (?), (aus Füllemann, Füllemann 1997, S. 173)

OBI-Werbung (aus einem Werbeprospekt von OBI)

"Be different", Marc Bornschein o.J. (Postkarte)

"Ewa's Dessous Tips" (aus tops tips Anzeigen 1998, S. 8)

"Iss mich täglich!" (Deutsche Obst-Werbung GmbH)

"Ceci n'est pas une pomme", René Magritte 1964 (Postkarte)

"Reiben & Riechen", (Postkarte, Zwickauer Pressedienst)

Das größte Problem, das einer verbesserten Vermarktung entgegensteht, sieht Jaeger in der Vielzahl der Anlieferer bzw. Erzeuger, die ein stark zersplittertes Angebot liefern. Um dies zu umgehen, will er nach niederländischem Vorbild zentrale Aufbereitungs- und Lagereinrichtungen sowie Poolsysteme einrichten[160]. Darüber hinaus schlägt er vor, die Qualität und Sortierung der Ware zu verbessern sowie zusätzliche Dienstleistungen, wie z.B. das Verpacken des Obstes anzubieten[161]. Desweiteren schlägt er eine verbesserte Marktberichterstattung vor, die neben den Preisen auch Auskunft über Größen und Gewichte geben soll. Im Mittelpunkt der Verbesserungsvorschläge steht - wie auch bei anderen Autoren aus dieser Zeit - wieder die Zentralisierung. So sollen in diesem Fall die Versteigerungsmärkte zusammenarbeiten und sich auf bestimmte Obst- und Gemüse-sorten spezialisieren. Für eine solche Maßnahme sprechen angebliche Kostensenkungen und die Möglichkeit, größere Posten einer Obstart vorzuhalten, womit auch Großabneh-mer mit überregionalen Geschäftsbeziehungen angesprochen werden. Jaeger spricht sich für die Fusion der - auf kleine Mengen und regionale Märkte ausgerichteten - Versteige-rungsmärkte aus. Die "Verlierer" in einem solchen Prozeß bleiben als Sammelstellen erhalten. Das dort gelagerte Obst wird, so wie es schon bei anderen fusionierten Ver-steigerungsmärkten passiert, von den Großabnehmern ohne Besichtigung gekauft, an deren Stelle tritt die von einer unabhängigen Person ausgesuchte Musterware (Jaeger 1969, S. 193 - 196), ein Verfahren, das sich heute vollständig durchgesetzt hat.

Es wird deutlich, daß der Großhandel erst dann an Bedeutung gewinnt, wenn große Mengen für den Absatz in ferne Marktregionen umgeschlagen werden können. Solange der Obsthandel regional orientiert ist, haben es zentrale, großdimensionierte Lager-, Aufbereitungs- und Vermarktungseinrichtungen schwer. Es wird aber alles getan, diese Formen durchzusetzen. Mit verbalen Argumenten und harten Fakten wird dies vorange-trieben, insbesondere unter Ausschaltung kleinerer Konkurrenz.

Allmählich steigen die Absatzradien für Äpfel deutlich. Die Direktvermarktung auf städtischen Großmärkten und Wochenmärkten geht immer weiter zurück, dafür nimmt die indirekte Vermarktung über Erzeugerorganisationen und Großhändler, wo weder der direk-te Kontakt zwischen Erzeugern und Händlern noch der Kontakt mit dem Apfel mehr not-wendig ist, zu. Im Gegensatz zu Italien oder Frankreich, deren Obstbau auf den Export-markt ausgerichtet ist, versorgt der deutsche Marktobstbau dennoch hauptsächlich den Inlandsmarkt. Pickenpack[162] zeigt auf, wie sich die Absatzmengen und -radien des erzeug-ten Obstes aus dem Alten Land, das große Produktionsvorteile aufgrund der Marktnähe zu Hamburg hat, im Zeitverlauf verändern. Bis heute sind steigende Produktionsmengen und Absatzradien festzustellen, wie Abbildung 7 zeigt.

Der angebliche Zwang zu Wachstum und Zusammenschlüssen bei der Vermarktung wird mit der Sicherung oder Erhöhung des Marktanteils und der Wettbewerbsfähigkeit im größeren Markt der EWG begründet: "Beschränkt sich beispielsweise ein Unternehmen in seinem Volumen auf seinen traditionellen Marktraum, so verzichtet es im Gegensatz zu expandierenden Mitbewerbern auf mögliches Wachstum sowie auf eine gleichgewichtige Angebotselastizität und räumt damit den konkurrierenden Anbietern Wettbewerbsvorteile ein." (Pickenpack 1974, S. 88). Auf der Grundlage des Wettbewerbsgedankens soll sowohl von den Erzeugern als auch von den Vermarktern nach Möglichkeiten gesucht werden,

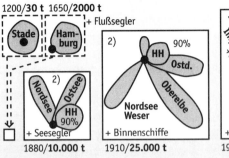

1200/**30 t** 1650/**2000 t**

+ Flußsegler

Stade

Hamburg

2)

Nordsee

Ostsee

HH
90%

+ Seesegler

1880/**10.000 t**

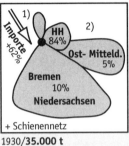

2)

90%

HH

Ostd.

Oberelbe

Nordsee
Weser

+ Binnenschiffe

1910/**25.000 t**

1)

Importe
+62%

HH
84%

2)

Ost- Mitteld.
5%

Bremen
10%

Niedersachsen

+ Schienennetz

1930/**35.000 t**

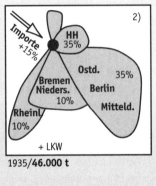

2)

Importe
+15%

HH
35%

Ostd.
35%

Bremen
Nieders.
10%

Berlin

Mitteld.

Rheinl.
10%

+ LKW

1935/**46.000 t**

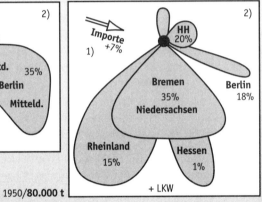

2)

Importe
+7%

1)

HH
20%

Bremen
35%

Niedersachsen

Berlin
18%

Rheinland
15%

Hessen
1%

+ LKW

1950/**80.000 t**

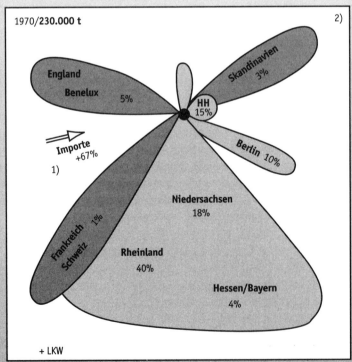

1970/**230.000 t**

2)

England

Benelux
5%

Skandinavien
3%

HH
15%

Importe
+67%

1)

Berlin 10%

Niedersachsen
18%

Frankreich
Schweiz
1%

Rheinland
40%

Hessen/Bayern
4%

+ LKW

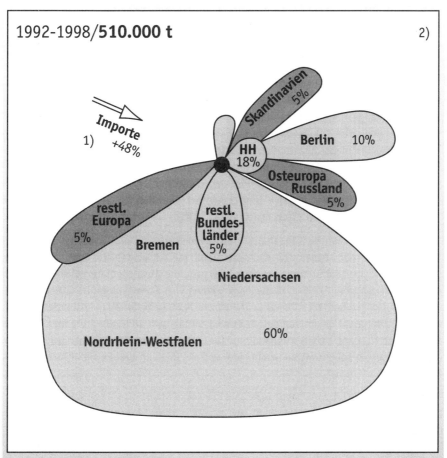

1992-1998/**510.000 t**　　2)

1) Der Anteil der Importe bezieht sich auf die gesamte Inlandsverwendung über den Markt bei Obst und Gemüse

2) Die Flächen der Rechtecke entsprechen den Mengen der niederelbischen Markterzeugnisse

Abbildung 7: Räumliche Marktanpassung der niederelbischen Obstwirtschaft unter dem Einfluß von Handelspolitik, Produktionsmenge und Transporttechnik (aus Pickenpack 1974; OVA 1999; eigene Darstellung)

sich anzupassen, d.h. mit marktfernen Anbaugebieten in anderen Ländern auf dem internationalen Markt zu konkurrieren.

Diese Anpassung erfolgt ab den 70er Jahren sowohl durch den Ausbau und die Konzentration von Absatzorganisationen als auch durch eine zeitliche und geographische Ausdehnung des Marktes. Die zeitliche Ausdehnung erfolgt über den Einsatz moderner Lagertechniken. Waren früher Frischluftlager üblich, überwiegen ab den 70er Jahren Maschinen-Kühllager. Gleichzeitig werden kostenintensive Speziallager (CA-Lager) massiv propagiert und vom Staat subventioniert, um rund um das Jahr Äpfel anbieten zu können

(Pickenpack 1974, S. 70). Die geographische Ausdehnung des Marktes wird durch steigende Produktionsmengen sowie bessere Transportinfrastrukturen und -mittel möglich und zeigt sich an den steigenden Obstmengen, die in weiter entfernt liegende Absatzmärkte geliefert werden.

In den 60er Jahren ist es noch üblich, Obst mit der Bahn zu transportieren. So werden z.B. in den pfälzischen Obstbaugebieten von Anfang Juni bis Mitte September täglich zwei Obstzüge eingesetzt, die mit einer "verhältnismäßig kurzen Beförderungsdauer" die Städte Hannover (in 11 Stunden), Hamburg (in 15 Stunden), München (in 14 Stunden) und Berlin (in 35 Stunden) beliefern (Stork 1964, S. 65 - 67). Ab den 70er Jahren setzt sich endgültig der Transport mit LKW durch. Waren es früher kleine Fahrzeuge, die Bahnstationen anlieferten oder den regionalen Markt direkt versorgten, sind es im Laufe der Zeit immer größere Transportmittel, die große Mengen in weit entfernte Marktgebiete transportieren (Pickenpack 1974, S. 79).

Auch wenn für manche Länder der internationale Handel mit Obst eine starke Bedeutung erlangt hat, liegen für deutsche Äpfel die Absatzgebiete hauptsächlich im Inland. Handel über die Grenzen hinaus gibt es, wie die Absatzgebiete für das Alte Land zeigen, praktisch kaum. Fast 90 % der Äpfel werden über Erzeugerorganisationen wie z.B. die "Elbe-Obst" vermarktet. Die gesamte Menge wird über Großhandelsbetriebe abgesetzt. 20 % der Äpfel gehen von den Großhandelsbetrieben an Großmärkte und damit zu selbständigen Lebensmitteleinzelhändlern. Die verbleibenden 80 % gehen zu 60 % an den organisierten Lebensmitteleinzelhandel und zu 20 % an den Fachgroßhandel (Moje 1997, S. 53).

Dieses Bild entspricht in etwa auch dem der gesamtdeutschen Absatzkanäle für Obst: Die Direktvermarktung (ab Hof, auf dem Wochenmarkt, über Straßenstände oder an Großabnehmer) ist heute relativ selten. Es überwiegt die indirekte Vermarktung über Erzeugerorganisationen[163] oder an Groß- bzw. Einzelhandelsunternehmen. Quantitativ ist die Bedeutung der einzelnen Absatzkanäle jedoch kaum zu erfassen, da auf den verschiedenen Handelsstufen Daten über Warenströme fehlen (Neumann 1997, S. 99). Wie schon in den 60er Jahren werden auch heute noch Zusammenschlüsse und damit die Zentralisierung von Vermarktungseinrichtungen für Obst von der EU gefördert. Ziel dieser Subvention ist es " ... den Konzentrationsprozessen im Lebensmittelhandel durch eine Zusammenfassung des zersplitterten Angebots zu begegnen. Auf diese Weise und durch eine Verbesserung der Markttransparenz soll die Marktposition der Erzeuger begünstigt werden." (Neumann 1997, S. 102).

Allerdings wird heute auch festgestellt, daß Größe nicht allein ausschlaggebend für die Wettbewerbsfähigkeit des Obstgroßhandels ist. Der organisierte Lebensmittelhandel kritisiert z.B. die Erzeugerorganisationen, weil sie sogenannte "kundenorientierte Funktionen" nicht ausreichend erfüllen. Der Lebensmitteleinzelhandel hat heute ganz bestimmte Ansprüche, wie z.B. an die Qualität und Sortierung der Ware, die Größe der Partien, an das Sortiment oder die Kontinuität des Angebotes, denen die meisten Erzeugerorganisationen angeblich nicht nachkämen. Die niederländischen Anbieter dagegen bieten offenbar all diese Serviceleistungen (Neumann 1997, S. 104), die auf der Erzeugung einer einheitlichen, immer verfügbaren Ware basiert. Deshalb sind die Unternehmen des Lebensmitteleinzelhandels dazu übergegangen, immer mehr Äpfel direkt im Ausland zu bestellen und damit den heimischen Großhandel zu übergehen.

War es bis in die 70er Jahre hinein in Westdeutschland der Großhandel, der bestimmte, welche Obstsorten in welchen Qualitäten auf den Markt kamen, ist es heute der Einzelhandel. Dieser hat sich allerdings seit den 50er Jahren stark verändert. Heute ist es schwierig, die Grenze zwischen Groß- und Einzelhandel zu ziehen, da die im Einzelhandel stattfindenden Konzentrationsentwicklungen mit einer Übernahme von Großhandelsfunktionen einhergeht (Neumann 1997, S. 52).

Im folgenden Kapitel soll auf die Entwicklung des Einzelhandels, sofern sie den Obsthandel betrifft, eingegangen werden. Ohne das Entstehen der Konsummentalität ab den 50er Jahren, was erhebliche Einstellungs- und Wahrnehmungsveränderungen in der Gesellschaft mit sich bringt, ist jedoch nicht zu verstehen, warum heute ein ganz bestimmtes Standardangebot von Äpfeln selbstverständlich ist.

II.5.2.4
Einzelhandel und Konsumgesellschaft

In den 50er und 60er Jahren kommt es in Westdeutschland zu einem ungeahnten Aufstieg einer Konsummentalität[164]. Der Ausbau der Konsummöglichkeiten gehört dabei zum politischen Programm. So lobt der deutsche Wirtschaftsminister Ludwig Ehrhard 1951 in einer Rede im Bundestag die Wirtschaftspolitik der Bundesregierung, die es ermöglicht habe, dem deutschen Volk wieder Lebensmöglichkeiten zu schaffen, bei denen " ... die wesentlichen demokratischen Grundrechte - die freie Berufswahl und die freie Konsumwahl - sich durchzusetzen vermögen." (Deutscher Bundestag 1951, S. 4800). Dinge, die Geld kosten sind mehr wert als solche, die nichts kosten, wird zur neuen Grundeinstellung der Gesellschaft (Strasser 1982, S. 262). Mit dieser Entwicklung geht eine starke Entwertung der Selbstversorgung und -verarbeitung, so auch von Obst, einher[165]: Was auf der eigenen Wiese wächst, ist gratis, geschenkt und erfordert nur Zeit für die Pflege, die Ernte und vielleicht für die Verarbeitung. Obst kann man ja inzwischen auch in den Selbstbedienungsläden kaufen[166]. Außerdem gibt es hunderte von anderen Produkten, unter denen frei gewählt werden kann (Wildt 1994, S. 190).

Im Zuge des für weite Bevölkerungskreise gestiegenen Realeinkommens kann man es sich nun "leisten", Gemüse und Obst zu jeder Jahreszeit zu kaufen. Es ist nicht mehr notwendig, den Speisezettel vom Angebot der Saison bestimmen zu lassen. Ende der 50er Jahre, zu einem Zeitpunkt, an dem die Ernährung allgemein den Stand von vor dem Zweiten Weltkrieg erreicht hat, wird Obst in einem viel breiteren, zunehmend importierten Sortiment verzehrt (Sywottek 1990, S. 97 - 98). Der pro-Kopf-Verbrauch steigt von 59,4 kg im Wirtschaftsjahr 1952/53 auf 71,4 kg im Schnitt der Jahre 1957/61. Diese Veränderung ist auch auf die Zunahme der Einfuhren von Obst, das in Selbstbedienungsläden angeboten wird, zurückzuführen.

In erster Linie ist das in den Selbstbedienungsläden angebotene Obst für Kunden bestimmt, die keinen eigenen Garten haben oder keine Zeit sich darum zu kümmern[167].

Zuerst ist dies - besonders in den ländlichen Gegenden - eine Minderheit, doch es setzt sich zunehmend die Einstellung durch, daß das, was im Laden gekauft wird, kostbarer sei als das, was man selbst besitzt. Es ist auch ein Unterschied, ob man als "König Kunde" im Laden sein Obst erwirbt oder es selbst, in alten Kleidern, verschwitzt und zerzaust vom Baum holt. Dabei gibt es keine großen Qualitätsunterschiede bei den Äpfeln, der Unterschied besteht allein darin, ob man Geld hat, sie zu kaufen (Bücking 1993, S. 96).

In den 60er Jahren soll sich der Obstmarkt von einem Erzeugermarkt zu einem Verbrauchermarkt entwickelt haben, in dem der Verbraucher (meist repräsentiert vom einschlägigen Handel) weitgehend die Marktsituation bestimmt. Darauf sollen sich die Erzeuger einstellen: "Zweifellos ist der Erzeuger heute mit größerer Sicherheit als früher in der Lage, auf das Marktgeschehen zu reagieren, weil er mit dem Ausbau des Marktinformationswesens auch viel besser über die jeweilige Marktlage informiert wird. Trotzdem aber besteht der Wunsch nach einer engen Zusammenarbeit und gegenseitiger Abstimmung von Erzeugern und Abnehmern, zumal auch der Lebensmittelhandel einem grundlegenden Wandel unterworfen ist. Dieser Wandel führt zu einer sehr stürmischen Ausbreitung der Selbstbedienungsläden. Diese führen aber einheitliche Partien in ihrem Sortiment. Außerdem wirkt sich die Konzentration der Bezugswege des Einzelhandels immer mehr aus. Zu den Einkaufsgenossenschaften sind die freiwilligen Ketten getreten. So liegen heute bereits über 90 v.H. des Umsatzes des Lebensmitteleinzelhandels in den Händen von Läden, die einer dieser Institutionen angehören. Der deutsche Obstbau hat sich also auf die Erstellung großer einheitlicher Partien einzustellen, wenn er seine heutigen Marktanteile halten will. Es wird daher die vorausplanende Abstimmung von Menge und Qualität zwischen den verschiedenen Absatzstufen an Bedeutung gewinnen." (Hilkenbäumer 1964, S. 314).

Die Situation im Obsteinzelhandel verändert sich in den 60er Jahren. Der Trend geht vom Straßen- und Markthandel sowie von Obstfachgeschäften zu Selbstbedienungsläden und Einzelhandelsketten. Eine Untersuchung über Obsteinzelhandelsgeschäfte hält z.B. für West-Berlin folgende Entwicklungen fest: Im Obstfachhandel sinkt die Anzahl der Geschäfte (Ladengeschäfte, Wochenmarkt- und Markthallenstände), die Anzahl der Lebensmittelgeschäfte mit Obstverkauf (Einzelhandelsgeschäfte, Kaufhaus-Lebensmittelabteilungen, Zweigstellen von Filialunternehmen) steigt hingegen. In Berlin, wo der Obstfachhandel traditionell stark vertreten ist, liegt die Anzahl der Obstfachhandelsgeschäfte jedoch 1968 noch höher als die Anzahl der Lebensmittelhandelsgeschäfte mit Obstverkauf[168]. Dramatischer ist der Rückgang des Straßenhandels mit Obst, der als ehemaliges Charakteristikum von Berlin bezeichnet werden kann: Mitte 1968 gibt es noch 67 Straßenhändler, die Obst verkaufen, 1925 sollen es 20 000 gewesen sein und 1958 500 (Der Erwerbsobstbau 1970, Nr. 1, S. 1).

Da Berlin eine Sonderstellung bezüglich der Lebensmittelversorgung in den 50er und 60er Jahren einnimmt, können die Entwicklungen dort nicht als charakteristisch für die Entwicklung des Lebensmitteleinzelhandels in Westdeutschland bezeichnet werden. So haben z.B. der Straßenhandel und die Obstfachhandelsgeschäfte eine weit weniger starke Stellung. Den größten Zuwachs an Geschäften haben allgemein die Filialunternehmen, die aufgrund ihrer Organisationsform einen immer stärkeren Einfluß auf den Obstanbau und -großhandel gewinnen (Der Erwerbsobstbau 1970, Nr. 1, S. 1 - 2)

Filialunternehmen machen Ende der 60er Jahre z.T. mehr als 25% ihres Gesamtumsatzes aus dem Verkauf von Obst und Gemüse. Die Umsätze liegen weit über dem Umsatz zahlreicher Fachgeschäfte (Der Erwerbsobstbau 1970, Nr. 1, S. 4). Dies wird auch als Grund für den Rückgang des Obstfachhandels gesehen, dessen Umsätze nicht in gleichem Maße steigen, wie die Kosten: "Es ist anzunehmen, daß sich diese Entwicklung fortsetzt, und zwar um so mehr, je stärker sich auf Erzeugerseite jede Form der Standardisierung - von der Sortenwahl bis zur Verpackung durchsetzt." (Der Erwerbsobstbau 1970, Nr. 1, S. 4)[169]. Die Filialunternehmen des organisierten Einzelhandels erzielen im Gegensatz zu den Fachgeschäften ihre Umsatzsteigerungen einerseits durch eine Zentralisierung der Beschaffungsstrukturen, wodurch sie von der "Modernisierung" des Großhandels profitieren können, und andererseits durch eine Sortimentsausweitung[170]. Im Zuge dieser Politik können frisches Obst und Gemüse erst in einem größeren Umfang Fuß in den Selbstbedienungsläden fassen.

Betriebsformen im Einzelhandel

Der Einzelhandel überbrückt durch seine Tätigkeit die räumliche, zeitliche, sachliche und persönliche Distanz zwischen den Herstellern bzw. Großhändlern und den Endverbrauchern. Es gibt verschiedene Betriebsformen, die nach bestimmten Merkmalen unterschieden werden (z.B. Preisstruktur, Sortiment, Betriebsträger, Standort, Organisationsform oder Betriebsgröße). Relevante Betriebsformen sind Fachgeschäfte, Spezialgeschäfte, Gemischtwarenhandlungen, ambulante Handlungen, Warenhäuser, Kaufhäuser sowie Versandhandelsunternehmungen (Barth 1993, S. 86 ff). Zusätzlich wird dabei auch nach dem Filial- oder Discounterprinzip unterschieden (Barth 1993, S. 94). Aus Kostengründen hat sich inzwischen bei den herkömmlichen Einzelhandelsunternehmungen das Filial- oder Discounterprinzip durchgesetzt.

Ein Filialbetrieb ist ein räumlich getrennter Zweigbetrieb eines Unternehmens (Filialist), der rechtlich und wirtschaftlich von einer Zentrale abhängig ist. Kennzeichnend für Filialbetriebe sind ein kostengünstiger Einkauf, ein zentrales Warenlager, eine zentrale Betriebsabrechnung und -kontrolle, sowie eine zentrale Unternehmenspolitik, die z.B. eine gemeinsame Preispolitik, Werbung und Ladengestaltung betrifft. Zu Filialbetrieben zählen u.a. große Warenhausunternehmen, Verbrauchermärkte und Ladenketten.

Ein Discounter ist ein Einzelhandelsgeschäft, in dem ein begrenztes, auf einen raschen Umschlag ausgerichtetes Sortiment dauerhaft zu niedrig kalkulierten Preisen angeboten wird. Auf Dienstleistungen, wie z.B. Bedienung, Beratung oder eine anspruchsvolle Ausstattung wird verzichtet. Um die Betriebskosten niedrig zu halten, werden u.a. größere Warenmengen unter der Ausschaltung des Großhandels beschafft, auf niedrige Lagerhaltung geachtet, kosten- und verkehrsgünstige Standorte bevorzugt und wenig Personal beschäftigt.

Geschäfte des Naturkosthandels sind heute in steigendem Maße Filialbetriebe, die von mehr oder weniger großen Dachorganisationen abhängig sind. Somit orientiert sich der Naturkosthandel, wie der konventionelle Handel, von der Struktur her am mehr-

stufigen Markt. Beim mehrstufigen Markt sind, wie auch bei herkömmlichen Super-
märkten, Zwischenhändler und verarbeitende Betriebe beteiligt. Naturkostläden,
Reformhäuser sowie auch inzwischen herkömmliche Supermärkte, die Naturkostwaren
verkaufen, sind dem mehrstufigen Markt zuzuordnen (Bosse, Forquignon 1991, S.
160-161). In der Bundesrepublik gibt es inzwischen ca. 1.600 Naturkostgeschäfte,
ca. 35 große und etliche kleinere Großhändler sowie ca. 250 Hersteller, die Produkte
aus dem ökologischen Landbau verarbeiten (Bundesverband Naturkost Naturwaren-
Einzelhandel).

Beim einstufigen Markt dagegen handelt es sich um Direktvermarktungsformen, die
inzwischen als Sonderform des Handels bezeichnet werden. Als Direktvermarktung wer-
den Absatzformen bezeichnet, bei denen Rohprodukte oder veredelte Güter ohne
Zwischenhandel vom Erzeuger zum Verbraucher (Endverbraucher als auch Großver-
braucher) gelangen (Hensche u.a. 1993, S. 30). Statt auf die Rolle des reinen
Rohstofflieferanten beschränkt zu sein, betreibt der Landwirt bei der Direktver-
marktung Produktion, Veredelung und Verkauf weitgehend in Eigenregie (Regenermel
1989, S. 64). Es gibt verschiedene Formen der Direktvermarktung: Ab-Hof-Verkauf,
Verkauf ab Feld bzw. Plantage, Verkauf auf dem Wochen- oder Bauernmarkt,
Bauernläden in der Stadt, Verkaufsstände, Fahrverkäufe sowie verschiedene
Spezialformen (Hensche 1993, S. 32 ff).

Bis 1970 ist der organisierte Lebensmitteleinzelhandel mit ca. 80 % Einzelhandels-
marktanteil zum wichtigsten Partner beim gesamten Marktvolumen an Obst und Gemüse
aufgerückt (Pickenpack 1974, S. 24). Aufgrund der Sortimentsausweitung werden von
den Einzelhandelsunternehmen eigene Großhandelsabteilungen für Obst und Gemüse
gegründet (sogenannte Frischedienste), die entsprechende Dienstleistungen wie z.B.
Sortieren und Verpacken anbieten sowie die Waren selbständig ausliefern. Den Einzelhandelsgeschäften wird somit der Weg zum Großmarkt erspart (Pickenpack 1974, S. 49).
In den 70er Jahren erreichen z.B. mehr als die Hälfte aller Obstlieferungen aus dem Alten
Land die Großmärkte nicht mehr, sondern sie fließen direkt zu regionalen Großhandelsbetrieben des Lebensmitteleinzelhandels (Pickenpack 1974, S. 184).

Im Rahmen dieser Konzentration des Einkaufs für den Einzelhandel werden an das
Obst veränderte Anforderungen gestellt, die sich, wie schon im vorigen Kapitel beschrieben, ebenso in den vorgelagerten Handelsstufen niederschlagen. Die neuen Anforderungen der Einkaufskonzentrationen des Lebensmittelhandels betreffen u.a. die Lieferung
großer Partien einer Sorte und eventuell einer Größe, eine kurzfristige Lieferung (d.h.
bereits innerhalb von 24 Stunden), eine selbstbedienungsgerechte Vorverpackung und
die Beteiligung an Werbekosten und -aktivitäten (Pickenpack 1974, S. 52). Die Homo-
genität der Ware und des Warenflusses wird notwendig, da für den Einzelhandel eine hohe
ökonomische Effizienz erreicht werden soll. Vorbilder für die weitere Entwicklung des
deutschen Einzelhandels sind die Unternehmen im benachbarten Ausland, denn mit
ihnen besteht im Rahmen der EWG eine direkte Konkurrenz[171].

In Westdeutschland setzt Mitte/Ende der 60er Jahre die Konzentrationsentwicklung
auf der Einzelhandelsstufe ein, die bis heute noch nicht abgeschlossen ist, da sie auf

internationaler Ebene weitergeführt wird[172]. Seit den 80er Jahren haben sich die Umsätze je Unternehmen auf Kosten kleiner Betriebe fast verdoppelt (Neumann 1997, S. 52). Die Konzentration erfolgt im wesentlichen durch die Erhöhung der Anzahl von Filialen (internes Wachstum), Akquisitionen, Fusionen und Joint-ventures (externes Wachstum). Gleichzeitig zeigt sich eine Tendenz zur Diversifikation, d.h. im Zuge der Konzentrationsbestrebungen werden andere Branchen integriert. Dies geschieht inzwischen auf internationaler Ebene, so daß von einer Internationalisierung des Einzelhandels gesprochen werden kann. Die Notwendigkeit für Konzentration und Diversifikation wird mit Kostenvorteilen und einer optimalen Marktanteils- und Marktbesetzungspolitik zur Erhöhung der Konkurrenzfähigkeit auf dem Europäischen Binnenmarkt begründet (Tietz 1992, S. 193)[173].

Inzwischen ist es üblich, daß der organisierte Lebensmittelhandel die Funktionen des Sammelns und Verteilens der Ware an Filialunternehmen oder andere Einzelhandelsgeschäfte durch die Bildung oder Übernahme von regionalen oder zentralen Großhandelseinrichtungen selbst übernimmt (Neumann 1997, S. 101). Damit wird der Organisationsgrad des Handels, der - wie schon gezeigt werden konnte - einen entscheidenen Einfluß auf die Sortenvielfalt und auf die Erscheinungsform des Apfels hat, in zunehmenden Maße vom Einzelhandel selbst bestimmt. Mit der Politik der vertikalen Integration schaltet der Einzelhandel den Großhandel aus und kann direkt dort die Ware bestellen, wo sie seinen Qualitätsansprüchen genügt. Dies geschieht zunehmend international, denn in vielen anderen Ländern sollen die Vermarktungsstrukturen angeblich einzelhandelsgerechter funktionieren als in Deutschland[174].

Kennzeichnend für die Internationalisierung des Einzelhandels ist sowohl der Aufbau internationaler Tochtergesellschaften als auch internationaler Beschaffungsstrukturen. Aufgrund außenhandelstheoretischer Untersuchungen ergibt sich, daß von internationalen Beschaffungsaktivitäten des Einzelhandels Produzenten aus Ländern profitieren, "die in der Lage sind, die güterspezifischen Anforderungen an Transportzeit und Transporttechnik zu erfüllen und eventuell anfallende Transaktionskosten durch eine effiziente Produktionstechnologien und/oder niedrige Kosten für die erforderlichen Produktionsfaktoren auszugleichen." (Lingenfelder 1996, S. 79).

Mit anderen Worten: Gewinner der internationalen Beschaffungspolitik des Einzelhandels sind diejenigen Betriebe, deren Vermarktung und Erzeugung auf homogener Ware und Masse basiert. Sind deren Transaktionskosten hoch (liegen die Betriebe z.B. in Neuseeland), so wird zusätzlich versucht, durch die Weiterentwicklung industrieller Produktionsmethoden diesen Nachteil abzufangen, womit die Spirale der Standardisierung weiter angekurbelt wird. In diesem Zusammenhang wird deutlich, daß im Rahmen der Internationalisierung des Einzelhandels die Qualitätsansprüche an Äpfel noch einmal eine andere Dimension bekommen. Nun können vom Einzelhandel weltweite Vergleiche bezüglich qualitativer und preislicher Angebote vorgenommen werden, mit denen die deutschen Erzeuger konkurrieren müssen. Da immer weniger Entscheidungsträger im Handel für den Einkauf zuständig sind, haben die Erzeuger immer weniger Wahlmöglichkeiten, an wen sie ihr Obst verkaufen, d.h. sie müssen sich den Vorstellungen der Einzelhandelsketten unterordnen.

Dies trifft ebenso die Verbraucher: Circa drei Viertel der Einkaufsmengen von Frisch-obst und Gemüse wurde 1992 im organisierten Lebensmitteleinzelhandel gekauft (Neumann 1997, S. 49). Die Tendenz ist steigend, d.h. immer mehr Menschen werden mit dem reproduzierbaren immer in gleicher Form zur Verfügung stehenden Standardapfel konfrontiert. Welche Apfelsorten in den Geschäften erscheinen und welchen Qualitäts-ansprüchen sie genügen, wird heute überwiegend von wenigen Einzelhandelsketten bestimmt[175]. Es ist der Lebensmitteleinzelhandel, der im Rahmen des internationalen Wettbewerbs weltweite Beziehungen aufgebaut hat und durch sein Warenangebot Druck auf Vermarktungsorganisationen und Erzeuger ausübt. Dieses Warenangebot muß aus Kostendegressionsgründen hoch standardisiert und jederzeit verfügbar sein[176]. Dies bedeutet, daß die Erzeuger - sofern sie ihr Obst über die heute übliche Vermarktungs-schiene absetzen wollen - ganz bestimmte Anforderungen erfüllen müssen. Nur noch wenige Sorten und nur solche, die international festgelegten Qualitätsansprüchen genü-gen, können angebaut werden. Darauf, wie sich das Sortenspektrum im Anbau reduziert hat, wird im folgenden Kapitel eingegangen.

II.5.2.5
Reduzierung des Sortenbestandes

Die Voraussetzungen für einen leistungsfähigen deutschen Obstbau werden Mitte der 50er Jahre folgendermaßen formuliert: Der Anbau weniger, aber hochwertiger Sorten, ein strenges Sortieren des Erntegutes, die industrielle Verarbeitung minderer Qualitäten, Entwicklung geeigneter Verpackungsmethoden und -behälter, die Förderung der Ausbildung der Obstbauer und die Anlage großer, rationell betriebener Intensivanlagen (Friedrich 1956, S. 18). Diese Vorstellungen, die teilweise mit massiver finanzieller Unterstützung im Laufe der Zeit umgesetzt werden, führen dazu, daß bestimmte Apfelsorten bald gar nicht mehr auftauchen.

Die Sortierung des Obstes richtet sich ab der Mitte der 50er Jahre nach der Verord-nung über gesetzliche Handelsklassen für frisches Obst und Gemüse vom 3. Juli 1955, Bestimmungen, die sich im Vergleich zu den 40er Jahren kaum geändert haben. Der wich-tigste Unterschied besteht darin, daß bestimmte Sorten nur noch für ganz bestimmte Güteklassen zugelassen werden. Für die Güteklasse I A wird z.B. explizit darauf hinge-wiesen, daß hierfür nur Sorten der Sondergruppe 'Cox' und der Preisgruppen I, II und III in Betracht kommen (Friedrich 1956, S. 497). Die Größengruppen werden im Vergleich zu den 40er Jahren "vereinfacht", indem Mindestquerdurchmesser eingeführt werden[177]. Auch für die Güteklasse A, für die es bisher keine Größengruppen gab, werden entspre-chende Größen festgelegt[178], die Bestimmungen für die Güteklassen B und C ändern sich hingegen nicht. Damit sind die Sortierungsvorschriften sowohl "vereinfacht" (Güte-gruppe I A) als auch vertieft worden (Gütegruppe A), grundsätzlich hat sich im Vergleich zu den 40er Jahren jedoch nichts Entscheidendes verändert.

In der Plantagenobstanlage Meckenheim bei Bonn entspricht in den 50er Jahren der Sortenspiegel "wie in keinem anderen Gebiet den Anforderungen des heutigen Marktes." (de Haas 1957, S. 39). Ca. 40% der angebauten Sorten sind 'Cox Orangen Renetten'. Auch für andere Anbaugebiete, z.B. am Bodensee, wird diese Sorte empfohlen (de Haas 1957, S. 36). Im Alten Land, das für seine wirtschaftlich erfolgreichen Lokalsorten bekannt ist, steht 1951 der 'Cox Orange' noch mit 10,6 % nach dem 'Horneburger' (der heute eine Rarität ist) mit 15,1 % im Anbau an zweiter Stelle (de Haas 1957, S. 41). 1954 steht der 'Cox Orange' mit 14, 1% schon an erster Stelle, es folgt der 'Altländer Pfannkuchenapfel' mit 10,2 %, der 'Horneburger Pfannkuchen' kommt erst nach dem 'Boskoop' mit 9,6 % an vierter Stelle (Der Erwerbsobstbau 1960, Nr. 2, S. 35). Auch wenn in den verschiedenen Gebieten Westdeutschlands der Anbau regionaler Apfelsorten noch üblich ist[179], zeichnet sich schon zu diesem Zeitpunkt ab, daß in der Folgezeit nur noch ganz bestimmte Apfelsorten zum Anbau gelangen. So ist schon Ende der 50er Jahre z.B. die 'Cox Orangenrenette' mit 50% in allen Neuanlagen vertreten (Der Erwerbsobstbau 1959, Nr. 7, S. 142).

Zurückzuführen ist die zunehmende Einengung des Sortenspiegels im Anbau überwiegend auf die Interessen des Handels, die sich in den 1955 eingeführten, verbindlichen Handelsklassen niederschlagen. Sie orientieren sich an den Sortierungsbestimmungen der Exportländer auf internationaler Ebene, denn es werden im Rahmen dieser Handelsklassenverordnung auch internationale Vereinbarungen über einheitliche allgemeingültige Güteklassen angestrebt. Das ganze Regelwerk wird dabei angeblich zum Vorteil der Verbraucher sowie der Erzeuger erfunden: "Die Sortierung nach Handelsklassen soll dem Verbraucher eine Gewähr für gute Qualitäten und eine Trennung der verschiedenen Güteklassen geben. Dem Erzeuger soll dadurch ein Schutz gegen Unterbewertung seines Angebots gewährt werden." (de Haas 1957, S. 396).

Die wichtigsten Bestimmungen der Handelsklassenverordnung betreffen die Eigenschaften des Obstes und deren Sortierung. Desweiteren werden die Begriffe baumreif oder pflückreif[180], versandreif[181] und versandfähig[182] sowie Querdurchmesser geklärt (de Haas 1957, S. 397). Für die Handelsklasse Auslese gilt ein einwandfreies Aussehen[183] und der Mindestquerdurchmesser von 60 mm für klein- und mittelfrüchtige Apfelsorten, für großfrüchtige 70 mm. Bei den klein- und mittelfrüchtigen Sorten sind 14 Apfelsorten zugelassen[184], bei den großfrüchtigen 9[185] (de Haas 1957, S. 397 - 398). In der Handelsklasse A ("Standardware, die für den gehobenen Bedarf verlangt wird") sind alle Sorten mit Ausnahme bittersüßer Äpfel und Birnen sowie Mostäpfel und Birnen zugelassen. Es gelten mit kleinen Ausnahmen die gleichen Anforderungen, die für die Handelsklasse Auslese gestellt werden[186], der Mindestquerdurchmesser für Äpfel ist 55 mm. Die Handelsklasse B wird als Haushalts- und Konsumware bezeichnet, Fehler sind zugelassen[187] und der Mindestquerdurchmesser beträgt 50 mm. Die Handelsklasse BF ist Fallobst mit einem Mindestquerdurchmesser von 50 mm, die Handelsklasse C Mostobst mit einem Mindestquerdurchmesser von 40 mm[188].

Neben der Handelsklassenverordnung, die nur noch Äpfel mit ganz bestimmten Eigenschaften für den Handel zuläßt, engt sich die Sortenvielfalt im Anbau ebenso aufgrund der erzielbaren Preise ein. So liegt in den rheinischen Erzeugergebieten der 'Cox Orange' in den 50er Jahren im Durchschnittspreis eindeutig vor allen anderen Sorten, wobei allerdings in dieser Zeit mit den Sorten 'Goldparmäne', 'Laxtons Superb', 'Berlepsch', 'James Grieve' und 'Weißer Klarapfel' auch noch sehr gute Preise erzielt werden können. Für die Sorten 'Jonathan' und 'Boskoop' werden nur mittlere Preise bezahlt. Andere Edelsorten, wie z.B. 'Zuccalmaglio', 'Oldenburg', 'Ontario' sowie 'Gelber Edelapfel' und alle Wirtschaftssorten können dagegen nur zu relativ niedrigen Preisen versteigert werden (Der Erwerbsobstbau 1959, Nr. 2, S. 41).

Mit der Berechnung von voraussichtlichen Preisentwicklungstendenzen (Trendberechnungen) und Untersuchungen der Preise in einzelnen Handelsklassen wird herausselektiert, welche Sorten die größten Chancen am Markt haben. Bei den Sorten 'Goldparmäne', 'Weißer Klarapfel', 'Cox Orange', 'Berlepsch' und 'James Grieve' werden steigende Preistendenzen ermittelt, was sie lukrativ für den Anbau machen. Für die gleichen Sorten - so ergeben Untersuchungen in den einzelnen Handelsklassen - können in der Handelsklasse A bessere Preise als in den Handelsklassen B und C erzielt werden. Deshalb wird die Erzeugung von Früchten dieser Handelsklasse empfohlen. In den Handelsklassen B und C nähern sich die Preise immer mehr an, d.h. die Spanne von guter Edelsorte zu Wirtschaftssorte wird immer enger (Der Erwerbsobstbau 1959, Nr. 2, S. 41). Es zeichnet sich ab, daß die Apfelsorten der Handelsklasse B aufgrund der Preisbildung für den Markt weniger wichtig werden. Tendenziell gehören sie nun zum Wirtschaftsobst und werden als potentielles Tafelobst verdrängt.

In den 50er Jahren werden die Preise für Obst wöchentlich festgelegt, wodurch die Anlieferungszeiten der Sorten ebenfalls für die Preisbildung ausschlaggebend sind[189]. Lageräpfel wie z.B. der 'Cox Orange' erreichen nach Weihnachten einen Preisanstieg bis zu 30%. Bei den Lagersorten 'Zuccalmaglio' und 'Ontario', die zu den Edelsorten (Handelsklasse B) gehören, sind die Preisanstiege so gering, daß sich eine Lagerung nicht mehr lohnt. Für den Anbau wird ein Sortenspiegel empfohlen, der zwei frühreifende, zwei mittelreifende und fünf spätreifende Apfelsorten unter Berücksichtigung der Arbeitswirtschaft empfiehlt (Der Erwerbsobstbau 1960, Nr. 2, S. 35). Preisunterschiede werden ebenso bei der Größensortierung beobachtet: Bei den Edelsorten wird in allen Handelsklassen ein Preisanstieg von kleiner zu großer Kalibrierung festgestellt. Größere Früchte von geringwertigeren Handelsklassen werden besser bezahlt als kleine Früchte der nächst höheren (Der Erwerbsobstbau 1959, Nr. 2, S. 41). Hier wird deutlich, daß aufgrund der Preisbildungsmechanismen sowohl bestimmte Sorten sowie kleine Früchte vom Markt verschwinden[190].

Die Gleichförmigkeit des Obstes ist für den internationalen Handel schon lange eine entscheidende Grundvoraussetzung, denn sonst könnte er in diesem großen Maßstab gar nicht funktionieren: "Immer deutlicher zeigt sich, daß auch bei starkem Angebot vorbildlich aufbereitetes Obst im Gegensatz zu wenig oder nicht sortierten Früchten wesentlich leichter abzusetzen ist. Nur streng nach Qualitäts- und Größennormen sortierte und einheitlich verpackte Ware kann zu den für den heutigen Markt so wichtigen Großposten zusammengestellt und ohne persönliche Aufsicht gehandelt werden." (Hilkenbäumer 1964, S. 263). Dafür werden 1962 "Gemeinsame Qualitätsnormen der EWG für Gemüse, Obst und Südfrüchte" (Verordnung Nr. 23)[191] erarbeitet, die 1966 mit der VO 158/66/EWG für alle Mitgliedsstaaten der Gemeinschaft rechtsverbindlich werden. Die Einführung dieser Qualitätsnormen gibt der sich ausbreitenden Praxis im Handel, standardisierte Ware in großen Mengen und ohne Inaugenscheinnahme jedes einzelnen Postens zu handeln, eine zusätzliche Dynamik.

Die EWG-Normen unterscheiden grundsätzlich zwischen den drei Güteklassen Extra, I und II. Früchte der Klasse Extra müssen eine hervorragende Qualität haben und dürfen keine Mängel aufweisen. Sie sind sortentypisch in Form, Größe, Färbung und haben stets einen Stiel, der unverletzt ist. Obst der Klasse I stellt eine gute Qualität dar. Sie zeigt noch typische Merkmale der jeweiligen Sorte, darf aber leichte Fehler in Form, Entwicklung und Färbung haben. Hier kann der Fruchtstiel bei Kernobst leicht beschädigt sein. Die maximale Flächenausdehnung von Schalenfehlern ist festgelegt. In die Klasse II gehören Früchte marktfähiger Qualität, die nicht in die Klassen Extra und I gehören. Fehler in Form, Entwicklung und Färbung sind zulässig, vorausgesetzt, daß die Früchte die charakteristischen Sortenmerkmale behalten haben. Der Fruchtstiel darf dann fehlen, wenn die Schale unverletzt ist. Das Fruchtfleisch muß frei sein von größeren Mängeln. Vernarbte Schalenfehler sind in bestimmten - größeren als in Klasse I - Ausmaßen zugelassen (Hilkenbäumer 1964, S. 266). Die EWG-Normen legen auch weiterhin Mindestgrößen und Größenabstufungen für Äpfel fest. Da größere Früchte höhere Klassen auszeichnen, werden für sie grundsätzlich größere Mindestquerdurchmesser festgelegt als für jeweils geringere Klassen: Der Mindestquerdurchmesser für großfrüchtige Äpfel der Klasse Extra liegt bei 65 mm, für andere bei 60 mm. In der Klasse I liegen große Früchte bei 60 mm, andere bei 55 mm, bei Klasse II bei 55 mm bzw. 50 mm (Hilkenbäumer 1964, S. 266).

Obsterzeugnisse dürfen zwischen den Mitgliedsstaaten der EWG nur dann in den Verkehr gebracht werden, wenn sie den gemeinsamen Qualitätsnormen entsprechen. Jedes Mitgliedsland kann bestimmte Sorten festlegen, auf welche die Qualitätsnormen angewendet werden sollen. Es ist auch möglich, die EWG-Normen für den Warenverkehr innerhalb der Bundesrepublik an Stelle der im Inlandsverkehr gültigen deutschen Verordnung (von 1955) anzuwenden, was zum größten Teil auch geschieht.

Bei den Sortenempfehlungen für den Anbau in Deutschland rücken nicht nur Apfelsorten in den Vordergrund, die den Qualitätsnormen der EWG entsprechen, sondern aufgrund arbeitswirtschaftlicher Aspekte auch die Fruchteigenschaften der Äpfel, wie die Reifezeit sowie Pflück-, Druck- und Versandfestigkeit, denn diese entscheiden über die Verwendungs- und Absatzmöglichkeiten der Früchte. Mit der richtigen Wahl der Sorten im Anbau können Verluste und Preisminderungen vermieden werden (Hilkenbäumer 1964, S. 76). Zusätzlich gewinnen Sorten an Bedeutung, die früh mit dem Ertrag einsetzen sowie gleichmäßig und reich tragen. Sie werden als wertvoller für den Intensivanbau als spät und periodisch einsetzende Edelsorten bezeichnet. "Trotzdem kann aber der Obstbau auf bestimmte periodische Träger mit sonst wertvollen Eigenschaften bei dem heutigen Leistungsstand der Sorten noch nicht verzichten." (Hilkenbäumer 1964, S. 76).

Offensichtlich sind in den 60er Jahren die Kenntnisse im deutschen Obstbau noch nicht so weit, als daß nur einige wenige Sorten die vom Handel gewünschten Eigenschaften erfüllen könnten. Deshalb werden in der 1960 erstellten Bundessortenliste insgesamt noch 16 Sorten empfohlen (Liebster 1984, S. 158)[192]. Gleichzeitig wird aber herausgestellt, daß die Anzahl dieser Sorten für einen neuzeitlichen Erwerbsobstbau noch zu groß seien: "Nur der Anbau von wenigen Hauptsorten erlaubt einen einheitlichen Handel und eine möglichst genaue Ermittlung ihrer Eigenschaften in Bezug auf ihre Ansprüche an Standort, Pflege und Lagerung." (Hilkenbäumer 1964, S. 71). Der Apfel soll ein Industrieprodukt werden, das reproduzierbar und zu jeder Zeit an jedem Ort verfügbar ist.

Mit "modernen" Lagermethoden soll es möglich werden, den Markt bis zur neuen Ernte zu versorgen. Voraussetzung für die Erzeugung lagerfähiger Früchte ist aber nicht nur die technische Entwicklung von Lagermethoden, sondern auch die Eignung der Sorten für solch eine Behandlung. Da die Ansprüche verschiedener Apfelsorten an die Lagerung vielfältig sind[193], eignen sich nur wenige für eine künstliche Verzögerung des Reifeprozesses. Damit gewinnt die Auswahl lagerfähiger, der Technik angepaßter Sorten im Anbau zunehmend an Bedeutung (Hilkenbäumer 1964, S. 242). Wegen des großen (Zeit-)Aufwandes gibt es in den 60er Jahren nicht für alle Sorten gleichermaßen Untersuchungen über deren Lagerverhalten, weshalb sich in der Folgezeit ganz bestimmte Sorten im Anbau herauskristallisieren, vor allem solche, mit denen schon im Ausland entsprechende Erfahrungen gemacht werden konnten (z.B. mit der Sorte 'Golden Delicious') (Hilkenbäumer 1964, S. 246).

Eine gute Beurteilung der Lagerfähigkeit bekommen der 'Berlepsch' ("sehr günstig, unempfindlich"), 'Glockenapfel' ("geeignet, unempfindlich"), 'Golden Delicious' ("allgemein geeignet, unempfindlich") und der 'Ingrid Marie' ("relativ unempfindlich"). Andere Apfelsorten, wie z.B. die 'Goldparmäne', 'Jonathan', 'Ontario' und 'Zabergäu' werden im Lagerverhalten als unterschiedlich und empfindlich beurteilt, da während der Lagerung bisher noch unkalkulierbare Veränderungen stattfinden[194]. Damit die gesetzten Qualitätsstandards eingehalten werden können, müssen Prototypen gefunden werden, deren Eigenschaften über einen längeren Zeitraum reproduzierbar sind. Das Verhalten des Obstes bei der Lagerung muß auch deshalb planbar und steuerbar werden, da sich ab den 60er Jahren der Obsthandel stark ausweitet und zunehmend ohne persönliche Inaugenscheinnahme abspielt.

Für den Handel rückt nun die Gruppierung der Apfelsorten nach ihren Eigenschaften und Verwendungsmöglichkeiten in den Vordergrund. Bei den Verwendungsmöglichkeiten wird zwischen Tafel-, Wirtschafts- und Mostobst unterschieden. Das Tafelobst wird von Hand gepflückt und nach den "inneren" Gesichtspunkten Baumreife (oder Pflückreife), Mundreife (Genuß- oder Vollreife) und Lagerfähigkeit unterschieden. Die Beurteilung nach äußeren Gesichtspunkten wird mit Hilfe einer Qualitäts- und Größensortierung vorgenommen (Dassler 1969, S. 137). Ab dem 1. Januar 1967 gelten für Westdeutschland die EWG-Qualitätsnormen[195]. Sie beziehen sich nur auf Frischmarktware (Dassler 1969, S. 138) und im Gegensatz zur deutschen Handelsklassenverordnung von 1955 gibt es keine Standardisierungsvorschriften mehr für Mostobst. Vorschriften über Färbung und Berostung sind in Vorbereitung (Dassler 1969, S. 141).

Die EWG-Qualitätsnormen für Äpfel, die ab nun immer auch für Westdeutschland gelten, werden noch mehrmals (1972 und 1989) präzisiert und ausgeweitet. Die gemeinsamen Qualitätsnormen gelten dabei weiterhin als "eine Art Verbraucherschutz", denn mit ihnen können Erzeugnisse von angeblich minderer Qualität vom Markt innerhalb der EG ferngehalten werden. Damit die qualitativen und preislichen Unterschiede im Obstangebot nicht zu groß werden und kein Land in der Gemeinschaft durch den Beitritt eines neuen Landes wirtschaftlich benachteiligt wird, sind diese Angleichungen meist mit weiteren Subventionen verbunden[196]. So werden z.B. die Qualitätsnormen 1989 aufgrund der Süderweiterung der EWG verändert und ergänzt, weil sich mit dieser räumlichen Ausdehnung des Absatzmarktes veränderte Anforderungen der Verbraucher- und Großhandelsmärkte ergeben: "Damit diesen neuen Anforderungen Rechnung getragen wird, müssen die Qualitätsnormen geändert werden." (Verordnung EWG Nr. 920/89, S. 2). Eine detaillierte Festlegung von Normen wird für den Handel deshalb so wichtig, weil immer größere Mengen über größere Entfernungen gehandelt werden und eine persönliche Inaugenscheinnahme der Ware inzwischen gar nicht mehr vorkommt.

Die 1989 erlassenen Vorschriften bleiben bezüglich der Mindesteigenschaften sowie der Klassen- und Größeneinteilung für Tafeläpfel im wesentlichen die gleichen. Darüber hinaus werden die Güte- und Größentoleranzen[197] sowie Bestimmungen über die Aufmachung[198] und Kennzeichnung[199] präzisiert. Desweiteren wird detailliert auf Kriterien eingegangen, die den Anteil der Färbung[200] und Berostung[201] von Äpfeln festlegt. Insgesamt definiert dieses Regelwerk bis in das letzte Detail, wie Äpfel, die in den Handel kommen, aussehen müssen bzw. dürfen. Dabei geht es nicht mehr nur um die Unterscheidung der Eigenschaften verschiedener Apfelsorten, sondern auch um die Definition von Eigenschaften innerhalb einer Sorte. Dies bedeutet, daß kein Apfel der in den Handel gelangen soll, einfach mehr so wachsen darf wie er will, sondern er muß, bis hin zur Ausfärbung und Berostung, in großen Mengen reproduzierbar sein. Über seinen Wert oder Unwert wird nur anhand von äußeren Merkmalen, wie z.B. der Größe oder Makellosigkeit, entschieden.

"Globalisierung" und internationale Standards

Um den globalen Handel mit Agrarprodukten zu fördern, ist geplant, das Lebensmittelrecht international immer mehr zu harmonisieren. Dieses Vorhaben ist im Rahmen der GATT-Verhandlungen (General Agreement on Tariffs and Trade) über eine neue Welthandelsordnung (Uruguay-Runde) festgeschrieben worden. Ausführendes Organ für lebensmittelrechtliche Bestimmungen ist in diesem Zusammenhang die Codex Alimentarius Kommission, eine Einrichtung der UNO unter der Aufsicht der Welternährungsorganisation FAO und der Weltgesundheitsorganisation WHO. Diese Kommission entwickelt internationale Qualitäts- und Sicherheitsnormen (Standards) für Lebensmittel, um die Gesundheit der Verbraucherinnen und Verbraucher zu schützen sowie gleichzeitig den internationalen Handel zu fördern (epd 1993, S. 7).

Die Standards werden so festgelegt, daß sich die über 130 Mitgliedsstaaten damit weitgehend identifizieren können. Es handelt sich also um eine Angleichung nationaler Unterschiede auf internationaler Ebene, bei denen regionale und lokale Besonderheiten nur selten und mit einem hohen Verwaltungsaufwand berücksichtigt werden können. Staaten, die höhere Standards haben oder einführen wollen, können von der Kommission dazu aufgefordert werden, sie durch "wissenschaftliche Beweise" zu rechtfertigen. Da höhere Standards aber i.d.R. wirtschaftliche Nachteile mit sich bringen (z.B. Handelshemmnisse), verzichten einzelne Staaten von vorn herein auf höhere Standards, als sie die Kommission festlegt. Für die einzelnen Staaten besteht überhaupt kein Anreiz mehr, eigene Qualitäten und Unterschiede herauszustellen, da dies einen wirtschaftlichen Nachteil bedeuten würde. Nicht mehr konkrete geographische Unterschiede, sondern Wohlstand und steigender Lebensstandard für die Bevölkerung werden in den Vordergrund gerückt, mit der Folge einer starken Vereinheitlichung der Produkte.

Für die Realisierung immer größerer Märkte sind nationale und internationale Verordnungen über Qualitätsnormen das ausführende Instrument, dessen Wirkung bis in den Anbau hineinreicht. Schon nach der ersten EWG-Verordnung wird deutlich, daß die festgelegten Qualitätsnormen einen erheblichen Einfluß auf den Sortenspiegel im Anbau haben. Im Alten Land wird die Sortenbereinigung beispielhaft vorangetrieben: "Dieses 600 Jahre alte Anbaugebiet gibt ein gutes Beispiel für die fortschreitende Sortenbereinigung; während vor 30 Jahren hier noch gegen 400 Sorten gehandelt wurden, erstrebt man jetzt eine Beschränkung auf nur noch fünf Tafelsorten, in erster Linie auf 'Cox Orange' und 'Ingrid Marie', daneben auf 'Roter James Grieve', 'Roter Boskoop' und 'Roter Finkenwerder'. Einstweilen verfügt aber der Altländer Obstbau noch über einen beträchtlichen Anfall von 'Horneburger Pfannkuchen', 'Altländer Pfannkuchen', 'Weißer Winterglockenapfel'." (Dassler 1969, S. 141-142). Auch im Bodenseegebiet, dem zweiten günstigen Anbaugebiet in Westdeutschland, erfolgt eine Sortenbereinigung: "Der Neuaufbau beschränkt sich auf folgende Tafelsorten. In erster Linie 'Goldparmäne', 'Cox Orange' und 'Golden Delicious', in zweiter Linie auf 'Kläräpfel', 'Roter James Grieve', 'Gravensteiner', 'Boskoop', 'Jonathan' und 'Glockenapfel'." (Dassler 1969, S. 142). Etliche Sorten werden durch den 'Golden Delicious' verdrängt[202]. Das dritte große Anbaugebiet ist das Rheinland ('Klarapfel', 'Cox Orange', 'Berlepsch', 'Champagner Reinette', 'Goldparmäne', 'James Grieve', 'Ontario', 'Boskoop', 'Zuccalmaglio Reinette'), danach folgen weitaus kleinere Gebiet in der Pfalz ('Lodi', 'Oldenburg', 'Golden Delicious', 'James Grieve') und in Süd-Oldenburg ('Cox Orange').

Ende der 60er Jahre werden vom Bundessortenamt immer noch die 16 Apfelsorten der Bundessortenliste von 1960 empfohlen, alles Sorten, die inzwischen im Erwerbsobstbau anzutreffen sind. Es wird allerdings herausgestellt, daß von diesen Sorten nur 6 eine allgemeine Marktbedeutung haben[203]. Dies ist der Grund, warum nach 1960 keine weitere Bundessortenliste herausgegeben wird. Es scheint nicht mehr notwendig zu sein, da nun angeblich der "Markt" die Regulation übernimmt: Die Verschiebungen des Sortenspiegels im Anbau werden auf die Anpassung an den internationalen Markt zurückgeführt. Da angeblich die Verbraucher der altbekannten Sorten überdrüssig sind und das Auslandsangebot höher wertschätzen, steigt die Nachfrage nach Importobst bis Ende der 60er Jahre kontinuierlich. Außerdem können vom ausländischen Obsthandel ausreichende Quantitäten und günstige Preise angeboten werden (Pickenpack 1974, S. 40). So gewinnt z.B. die Sorte 'Golden Delicious' (die in Frankreich und Italien angebaut wird) auf Kosten des 'James Grieve' (der lange Zeit eine wichtige Sorte im Anbau des Alten Landes war) enorm an Bedeutung. Im deutschen Obstbau versucht man auf diesen Zug aufzuspringen, indem die am meisten nachgefragten Sorten - auch wenn sie nicht unbedingt für das vorhandene Klima geeignet sind - in den Anbau kommen. Außerdem versucht man mit eigenen, standortspezifisch geeigneten Züchtungen auf dem Weltmarkt zu konkurrieren[204].

In Anbaugebieten, die als positive Beispiele herausgestellt werden, ist das Apfelsortiment in den 70er Jahren bereits auf höchstens 6 Sorten eingeengt. Die Anbauform, die durch schlanke Spindeln, Engpflanzungen und intensive Obstarten gekennzeichnet ist, hat diese wesentliche Änderung im Sortiment zur Folge (Erwerbsobstbau 1975, Nr. 11, S. 176). Aufgrund veränderter betriebs- und arbeitswirtschaftlicher Verhältnisse ist M IX[205] in modernen Anlagen die bevorzugte Unterlage. Für die Rentabilität einer Obstanlage stehen hohe Anfangs- und Dauererträge im Vordergrund, auch dies trägt zu einem stark eingeschränkten Sortiment bei (Erwerbsobstbau 1975, Nr. 11, S. 174-175). In vorbildlich geltenden Anlagen wie solchen in den Niederlanden, werden ausschließlich triploide Sorten angebaut[206]. Diese Sorten werden ganz bewußt aufgenommen, um " ... einen hohen Anteil der vom Handel am besten bezahlten Fruchtgröße 75 bis 85 mm zu erzielen." (Erwerbsobstbau 1976, Nr. 8, S. 117).

Nicht nur kleine Äpfel, sondern auch Frühsorten verlieren aus markttechnischen Gründen immer mehr an Bedeutung. "Der 'Klarapfel' hat als frühe Sorte kaum noch Bedeutung, da Größe, Geschmack, Ertrag und Baumfestigkeit nicht mehr den heutigen Anforderungen entsprechen." (Erwerbsobstbau 1980, Nr. 11, S. 263). Dafür wird der 'James Grieve' bevorzugt, dessen Vermarktung allerdings auch immer problematischer wird, da diese grünfrüchtige Sorte mit dem 'Granny Smith' und dem 'Golden Delicious' konkurriert. Der 'Golden Delicious' hat darüber hinaus einen höheren Bekanntheitsgrad beim Handel und den Verbrauchern und es ist im Gegensatz zu 'James Grieve', der sehr empfindlich und dessen optimaler Reifezustand relativ kurz ist, ein "problemloses Handling" im Handel möglich. Außerdem muß 'James Grieve' mit den sehr früh auf dem deutschen Markt erscheinenden italienischen und französischen 'Golden Delicious' konkurrieren, d.h. er muß vor dem Importtermin vermarktet werden. Deshalb wird folgende Empfehlung ausgesprochen: "Anbau von 'James Grieve' nur in Frühgebieten, wo er rechtzeitig (um Mitte August) in guter Qualität dem Markt angedient werden kann. Einer mittel- bis großfrüchtigen Sorte mit roter Färbung werden als Frühsorte gute Marktchancen eingeräumt." (Erwerbsobstbau 1980, Nr. 11, S. 263).

Um die Absatzmenge von deutschen Äpfeln im Rahmen des internationalen Wettbewerbs zu erhalten oder gar zu steigern, wird versucht, das Angebot durch Züchtung neuer Sorten ständig zu verbessern: "Obwohl man annehmen könnte, die zur Zeit in Europa angebauten Sorten reichten aus, muß doch das Angebot ständig verbessert werden, damit der Verbrauch weiter gesteigert wird und die Anbauer die Möglichkeit haben, mit neuen Sorten und noch besseren Qualitäten höheren Standard zu geringeren Kosten zu produzieren." (Erwerbsobstbau 1985, Nr. 5, S. 124). Das Hauptziel der Züchtung besteht darin, Sämlinge zu selektieren, die hohe Erträge bringen und den Ansprüchen des Handels genügen: "Zur Zeit konzentriert man sich auf drei Kategorien von Tafeläpfeln: rote, grüne und 'Cox'-Typen, mit denen der Markt von Ende August bis Juni des nächsten Jahres beliefert werden kann." (Erwerbsobstbau 1985, Nr. 5, S. 125). Die wesentlichen Auslesekriterien für eine neue Apfelsorte sind höhere Erträge, größere durchschnittliche Fruchtgrößen und bessere Fruchtqualitäten. Außerdem spielen zunehmend technologische Eigenschaften, wie z.B. die Eignung für maschinelle Ernte oder ein geringer Schnittaufwand beim Baum eine Rolle (Petzold 1990, S. 19).

Zum Thema Apfelzüchtung

Eine systematische Züchtung gibt es beim Apfel erst um die Wende vom 19. zum 20. Jahrhundert. Bis dahin suchte man nur ganz allgemein nach besseren Sorten, wobei der Geschmack bei der Auswahl im Vordergrund stand (Liebster 1984, S. 176). Da es viel Zeit und Geld kostet, eine neue Sorte zu züchten und zu prüfen, werden insbesondere in den 20er Jahren in Deutschland staatlich finanzierte Institute gegründet, bei denen die Obstzüchtung im Forschungsprogramm verankert ist (z.B. wird 1922 die "Höhere Staatslehranstalt für Gartenbau" in Pillnitz gegründet und 1929 das Institut für Züchtungsforschung in Müncheberg).

Im Mittelpunkt der Forschung steht schon von Anfang an die Einkreuzung von Krankheitsresistenzen, wie z.B. Resistenzen gegen Schorf. Im Rahmen der Ausweitung des Intensivobstbaus (insbesondere ab den 50er Jahren), wird die Züchtung von krankheits- und schädlingsresistenten Apfelsorten immer wichtiger, denn im Erwerbsobstbau werden immer weniger Sorten und diese zunehmend in Monokulturen angebaut. Die Risiken gegenüber kompletten Ernteausfällen aufgrund von Krankheiten oder Schädlingen sind damit stark gestiegen. Dem Obstbau soll mit Hilfe resistenter Sorten Bestandssicherheit, Ertragssicherheit und ein angemessener Marktwert garantiert werden (Liebster 1984, S. 176).

Bekannte deutsche Neuzüchtungen bei Tafeläpfeln gibt es in Westdeutschland hauptsächlich in den 60er Jahren. Am Max-Planck-Institut für Züchtungsforschung in Köln werden z.B. die Sorten 'Astillisch', 'Kalco', 'Morgenrot', 'Orangenburg' und 'Tumanga' gezüchtet. In der Obstbauversuchsanstalt des Alten Landes in Jork kommen 1969 die Sorten 'Jamba' und 'Gloster 69' heraus (Liebster 1984, S. 176). Der 'Gloster 69', eine Kreuzung zwischen 'Glockenapfel' und 'Red Delicious', wird bis heute erfolgreich im Alten Land angebaut, sein Marktwert ist in jüngster Zeit allerdings stark gesunken.

Heute steht die Züchtung von mehrfachresistenten Sorten im Vordergrund, d.h. Sorten, die gegenüber biotischen (pilzlichen, bakteriellen und tierischen) sowie abiotischen Schaderregern (Kälte, Trockenheit, Hitze) sowie anderen Streßfaktoren widerstandsfähig sind. Solche sogenannte Re-Sorten (resistente Sorten) und Pi-Sorten (Sorten aus Pillnitz) kommen alle aus der Züchtungsforschung der ehemaligen DDR. Alle Kreuzungen für die nach 1991 herausgegebenen Sorten wurden am Institut für Obstforschung Dresden-Pillnitz in den Jahren 1960 - 1980 durchgeführt (Sächsische Landesanstalt für Landwirtschaft 1998, S. 6). Ab 1993 wurden folgende mehrfachresistente Sorten herausgegeben: Reanda (1993), Relinda (1993), Rene (1993), Pikkolo (1993), Releika (1995), Renora (1996), Resi (1996), Pia (1996), Pirol (1996), Pingo (1996) und Piflora (1996). Auf dem Frischmarkt konnten sich noch keine der mehrfachresistenten Sorten durchsetzen, dafür gibt es aber "bemerkenswerte Ansätze" zur Schaffung von Mostobstanlagen, in denen ausschließlich schorf- und mehltauresistente Sorten verwendet werden (Friedrich, Rode 1996, S. 15). Da die neuen resistenten Sorten wegen dem relativ hohen Gerbsäureanteil geschmacklich nicht besonders gut sind, werden ihnen auch keine großen Chancen eingeräumt. Die deutschen Obsterzeuger sind deshalb heute auf der Suche nach einer geeigneten Apfelsorte, die in Nordeuropa angebaut und auf dem Weltmarkt konkurrieren kann.

Gegen Ende der 80er Jahre besteht das Apfelangebot in Deutschland hauptsächlich aus den Sorten 'Golden Delicious' (der aufgrund der günstigeren Preise überwiegend aus Italien importiert wird), 'Cox' und 'Boskoop'. Zu "Marktrennern" haben sich die Sorten 'Elstar' und 'Jonagold' entwickelt (Obst und Garten 1988, S. 29). Der Sortenspiegel im Anbau der Europäischen Gemeinschaft beschränkt sich hauptsächlich auf die Sorten 'Golden Delicious' und 'Red Delicious' sowie auf die Sorten 'Morgenduft', 'Cox', 'Boskoop', 'Granny Smith', 'Jonagold', 'Gloster', 'Elstar' und 'Idared' (Wegner 1989, S. 22). Bemerkenswert bei diesen 10 "marktgängigen" Sorten ist, daß die Hälfte davon aus der Sorte 'Delicious', bzw. Züchtungen daraus besteht[207]. D.h. mit anderen Worten: Durch die beschriebenen ökonomischen Prozesse hat sich neben der Sortenreduzierung und Standardisierung auch die genetische Bandbreite von Äpfeln verengt[208]. Diese Entwicklung wird weiter vorangetrieben: Auch in den 90er Jahren verliert der 'Golden Delicious' seine Wichtigkeit, die er in der Züchtung hat, nicht. Die große Bedeutung dieses 1870 entdeckten Zufallssämlings ergibt sich daraus, daß er von seinen Eigenschaften her für eine industrielle Produktion am ehesten in Frage kommt und für einen großmaßstäblichen Handel gut geeignet ist, da er den internationalen Qualitätsstandards entspricht.

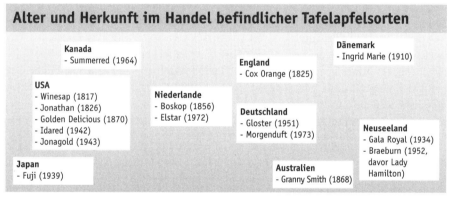

Abbildung 8: Alter und Herkunft im Handel befindlicher Tafelapfelsorten (aus Morgan, Richards 1993, S. 180 - 272, eigene Darstellung)

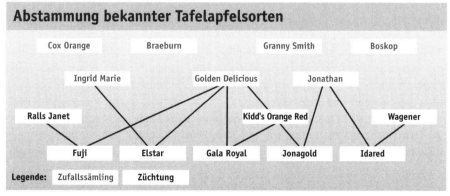

Abbildung 9: Abstammung bekannter Tafelapfelsorten (aus Morgan, Richards 1993, S. 180 - 727, eigene Darstellung)

Die Sortenstruktur im deutschen Tafelapfelanbau zeigt, daß auch in den 90er Jahren die Sortenreduzierung weiter voranschreitet. So bestehen 1992 etwa 50% des Anbaus aus vier Sorten, die etwa alle gleich wichtig sind ('Gloster', 'Jonagold', 'Golden Delicious', 'Boskoop'). 1994 haben nur noch drei Sorten eine größere Bedeutung ('Jonagold', 'Gloster' und 'Elstar'). 1996 machen zwar immer noch vier Sorten über die Hälfte des deutschen Tafelapfelanbaus aus, davon haben allerdings nur 'Jonagold' und 'Elstar' mit 22,6 % bzw. 16,1 % eine größere Bedeutung (Neumann 1997, S. 84). Diese Sorten-reduzierung spiegelt sich auch in den Empfehlungen für die deutschen Anbaugebiete wider. So werden z.B. im Alten Land 1994 die sechs Hauptsorten 'Cox Orange', 'Holsteiner Cox', 'Elstar', 'Boskoop', 'Jonagold' und 'Gloster' empfohlen (OVR 1994, S. 154 - 156). Fünf Jahre später soll nur noch bei vier Sorten die Anbaufläche ausgebaut werden: Beim 'Holsteiner Cox', 'Elstar', 'Jonagold' und bei der neu gezüchteten Sorte 'Fiesta'[209] (OVR 1999, S. 184 - 186). Dabei sollen ausschließlich rote Mutanten dieser Sorten verwendet werden.

Zwar wird schon in den 80er Jahren die dramatische Sortenreduzierung bei Äpfeln von den Medien als Problem an die Öffentlichkeit gebracht, einen Einfluß auf die weitere Reduzierung der Angebotsvielfalt hat dieser Protest jedoch nicht. So beklagt der SPIEGEL 1985, daß in den 50er Jahren im Erwerbsobstbau und Handel überregional noch über 50 Sorten im Angebot waren, inzwischen aber nur noch sechs. Fast 60% der inländischen Apfelernte besteht Mitte der 80er Jahre aus den vier Sorten 'Golden Delicious', 'Cox Orange', 'Boskoop', und 'Gloster', so wird berichtet. Da für die Marktfähigkeit einer Sorte neben hoher Ertragsleistung und langer Lagerfähigkeit eine einheitliche Größe und gleichbleibende Qualität entscheidend sind, sei die 'Goldparmäne' schon zur Rarität geworden, weil die Früchte häufig unterschiedlich groß ausfallen und die Äpfel im Anbau anfällig für Krankheiten sind (Der Spiegel, Nr. 41, 1985, S. 119).

Dieser öffentliche Protest gegen die Sortenreduzierung mündet in den 80er Jahren in einer verstärkten Förderung des Streuobstanbaus[210], wobei nicht nur der Erhalt selten gewordener Apfel- und anderer Obstsorten im Vordergrund steht, sondern der Artenschutz und der Erhalt kleinstrukturierter und extensiv genutzter Landschaft (Rösler 1996, S. 8). Die in diesem Zusammenhang entstandenen Streuobstinitiativen haben allerdings - wie sich heute zeigt - nur bedingt Erfolg, denn es fehlt oftmals eine entsprechende Nutzung und der Gebrauch dieser Obstanlagen[211]. Außerdem dürfen die dort vorkommenden Apfelsorten nur eingeschränkt verkauft werden. Es fehlen ihnen die Eigenschaften, die die zentralen Vermarktungsexperten heute fordern. Auch in der Weiterverarbeitung findet Streuobst nur in begrenztem Maße Verwendung, da es von Fruchtsaftgetränkeherstellern in größeren Mengen und viel preiswerter aus dem Ausland bezogen werden kann. Eine Direktvermarktung als Tafelobst ist schwierig, denn die Verbraucher sind angeblich nicht interessiert an den vielfältigen Apfelsorten, die der Streuobstanbau zur Verfügung stel-len kann[212]. Offensichtlich entspricht das Aussehen dieser Äpfel nicht mehr dem Bild das die Menschen vom Apfel haben. Wie sich diese Vorstellung, die sich die Menschen vom Apfel machen im Laufe der Zeit verändert, soll im nächsten Kapitel beschrieben werden.

II.5.3

ZUSAMMENFASSUNG

Nach dem Zweiten Weltkrieg wird Deutschland nach marktwirtschaftlichen und liberalen Kriterien, orientiert an Wirtschaftsmodellen vor allem aus den USA und Großbritannien, wieder aufgebaut. Dabei verpflichtet der Marshall-Plan zu einer engen wirtschaftlichen Zusammenarbeit mit anderen europäischen Ländern und dem Abbau von Handelshemmnissen. Die Industrialisierung, die sich in der Folgezeit rasch durchsetzt, findet eine sehr hohe Zustimmung in der Bevölkerung. Dazu tragen verschiedene Faktoren bei: Die Orientierung an den Siegern des Zweiten Weltkrieges, erste Erfolge beim Wirtschaftswachstum, die zeigen, daß man "wieder jemand ist" und eine auch auf modernen Medien beruhende, allgemeine Fortschrittsideologie.

Die Prinzipien der Industrialisierung werden auch auf die Landwirtschaft und den Obstbau übertragen, wobei die strukturellen Grundlagen für einen marktwirtschaftlich orientierten Obstbau schon in den 30er und 40er Jahren angelegt wurden. Sie bilden eine hervorragende Ausgangsbasis für die Verwirklichung des angestrebten "Fortschritts" - auch beim Apfel.

Zwar wird nun schon seit etwa 100 Jahren versucht, den Anbau stärker an industriellen Produktionsweisen zu orientieren und einen "modernen" Apfel zu schaffen, aber erst in den 50er und 60er Jahren des 20. Jahrhunderts gibt es einen Umbruch in der Kultur und Wertschätzung des Apfels. Dieser Wendepunkt bekommt dem bisher vorhandenen Apfel und den damit verbundenen, sich lange Zeit bewährten Gebrauchs- und Nutzungsformen schlecht. Insbesondere in Haus- und Kleingärten gibt es den Apfel zwar noch häufig in der Form, wie er einmal war, die Beschäftigung mit ihm gilt jedoch nun als rückständig, hausbacken und unmodern. Ein Apfel ist kein Produkt für die aufkommende Konjunktur, wie z.B. der Marktrenner Coca-Cola, sondern vielmehr ein Auslaufmodell. Nun steht er tatsächlich vor einer totalen Veränderung, denn er paßt, so wie er ist, einfach nicht in die Zeit: Der Apfel kommt weder aus einer modernen Fabrik (wie z.B. ein Auto), noch ist er als Bestandteil einer Rock'n Roll Party denkbar.

Die veränderte Raumnutzung und -wahrnehmung durch funktionalistisch ausgerichtete Planung trägt dazu bei, daß ein verändertes Verhältnis der Menschen zum Apfel entsteht. Obstbäume bekommen ihren "Raum" zugewiesen: Sie gehören nicht mehr zum städtischen Leben, mit dem sie einmal fest verbunden waren und selbst wenn sie noch vorhanden sind, werden sie kaum wahrgenommen. Der gleichzeitige massive Ausbau von Verkehrsinfrastruktur führt dazu, daß Raum durchlässiger wird und damit sowohl für die Erwerbswirtschaft als auch in der Wahrnehmung der Menschen eine immer geringere Rolle spielt. Obstbäume verschwinden aus den Städten fast ganz, auch auf dem Land verlieren Nutzgärten für die Eigenversorgung an Bedeutung.

In den 50er und 60er Jahren werden durch die Kombination von kulturellem Wandel, staatlich geförderten neuen Formen des Anbaus und völlig veränderten Formen der Vermarktung von Äpfeln in nur ca. 20 Jahren die entscheidenden Veränderungen geschaffen: Bisherige Gebrauchskulturen wurden an den Rand gedrängt, sogar fast zum Verschwinden gebracht. Am Ende des Prozesses steht ein "moderner", in die Industriekultur passender Apfel. Erste Voraussetzung dafür ist, daß sich jetzt tatsächlich die Produktionsweise radikal ändert.

Aufgrund der zunehmenden wirtschaftlichen Verflechtungen mit anderen Ländern rücken im Obstbau ab den 50er Jahren marktwirtschaftliche Gesichtspunkte in den Vordergrund. Damit deutsche Obsterzeuger gegenüber Erzeugern anderer Länder nicht zu stark benachteiligt werden, wird der deutsche Obstbau vom Staat subventioniert, womit eine spätere EWG-Praxis vorweggenommen wird. Gefördert werden dabei Großbetriebe, denen man zutraut, einen industriemäßigen Anbau und eine großmaßstäbliche Produktion für den wachsenden Markt zu realisieren. In diesem Zusammenhang wird der Niederstammanbau in geschlossenen Anlagen propagiert (Plantagenobstbau). Die angeblich unrationell wirtschaftenden Selbstversorger oder Kleinbetriebe sollen verschwinden.

Um den Produktionswettbewerb weiter voranzutreiben, werden internationale Vergleiche vorgenommen, bei denen der deutsche Erwerbsobstbau immer ungünstig abschneidet. Dieser braucht, wenn er subventionierter Großbetrieb ist, die Konkurrenz aber nicht zu fürchten, da im Rahmen der gemeinsamen Marktorganisation für Obst und Gemüse sowie der Liberalisierung des Obst- und Gemüsehandels in der Europäischen Wirtschaftsgemeinschaft (später Europäische Union) der Markt stark reguliert wird. Anstatt Staatseingriffe möglichst zu reduzieren (was der offiziell verfolgten liberal ausgerichteten Wirtschaftsweise entspräche), wird genau das Gegenteil gemacht: Eine steigende Anzahl von staatlichen Institutionen übernimmt die Kontrolle des Marktes. Vergleichbar mit der Landwirtschaft wird auch im Obstbau sowohl in den Warenfluß vom Produzenten zum Verbraucher als auch in die Preisbildung steuernd eingegriffen (z.B. durch die Subventionierung zentraler Vermarktungseinrichtungen oder mit Vernichtungsprämien bei Überproduktionen). Vorteile von diesen institutionalisierten Regelungen haben allein Großbetriebe, die diese Maßnahmen gezielt zur Produktionssteigerung nutzen.

Neben den Einflüssen, die auf den Obstbau auf internationaler Ebene ausgeübt werden, wird eine betriebswirtschaftliche Intensivierung noch durch weitere "moderne" Planungskonzepte wie z.B. die Flurbereinigung gefördert. Obwohl bis in die 60er Jahre das Marktgeschehen von Kleinanlieferern bestimmt wird und der Nebenerwerb durch Obstbau ganze Lebens- und Sozialstrukturen stützt (z.B. die Aufbesserung der Rente oder einer schlecht bezahlten Erwerbsarbeit in der Industrie durch den Verkauf von selbsterzeugtem Obst), soll sich dies alles ändern. Staatliche Politik, Regeln, Vorschriften und nicht zuletzt finanzielle Subventionen reduzieren den kleinteiligen Anbau und bringen auch die damit verbundenen Gebrauchskulturen kleinteiliger Verwendung und Verarbeitung fast zum Verschwinden. Außer den Betroffenen interessiert das jedoch niemand: Gefördert wird ein regional konzentrierter Intensivobstbau, der sich auf wenige "marktgängige" Sorten spezialisieren soll.

Der vom Staat forcierte Plantagenobstbau bricht radikal mit der Vergangenheit: Er basiert auf Prinzipien, die noch in den 60er Jahren praktisch nur in der industriellen Produktion galten. Für dessen Realisierung müssen deshalb erhebliche Subventionen für die Züchtung entsprechender Apfelsorten, das Pflanzmaterial, Gerätschaften und den Lagerhausbau geleistet werden. Daneben werden umfangreiche Beratungs- und Schulungstätigkeiten für die "obstbaulich ahnungslosen Bauern" angeleiert. Auf den Obstbau wird die Logik der betriebswirtschaftlichen Denkweise aus der industriellen Massenproduktion übertragen. Das Ergebnis ist, daß in größeren Betriebseinheiten mit "fortschrittlicher" Erzeugungstechnik die Produktionskosten fallen, der Erzeugungsaufwand wird vom Bereich des Arbeitsaufwands in den Bereich des Kapitalaufwands verlagert. Erst damit lohnen sich Spezialisierung, Technikeinsatz und immer größere Betriebe.

Heute ist es geschafft: Die meisten Äpfel, die verzehrt werden, kommen aus industrieller Massenproduktion. Eine Kehrseite vom Wachstum der Erträge und Betriebsgrößen ist allerdings eine steigende Abhängigkeit von der Technik und dem Pflanzenschutz. Die Bemühungen dafür scheinen sich aber gelohnt zu haben, denn es ist - so ist in aktueller Obstbauliteratur zu lesen, "ein wertvoller Beitrag zum Wachstum des gesamtgesellschaftlichen Wohlstands geleistet worden". Das Überleben einzelner Betriebe hängt dabei allerdings vom Anschluß an großmaßstäblich orientierten Erzeuger- oder Handelsorganisationen ab, denn sie können nicht mehr allein mit marktfernen Gebieten konkurrieren.

Der Wandel zum "modernen" Apfel hätte ohne einen gleichzeitigen radikalen Wandel der Vermarktungsformen kaum Erfolg haben können. Noch in den 50er Jahren sind zahlreiche kleinteilige Handelsformen vorhanden, die Kleinproduzenten Absatzchancen bieten. Ab den 60er Jahren werden dann (heute inzwischen als selbstverständlich geltende) zentrale Vermarktungsformen massiv vorangetrieben. Die Entwicklung verläuft anfangs allerdings keineswegs wie erwartet, denn es fehlt - so wird gesagt - die "richtige" Einstellung der Obstbauern. In Wirklichkeit haben die Obstbaubetriebe deshalb kein Interesse an zentralen Vermarktungsformen, da damit Kosten entstehen, die vorher nicht vorhanden waren, denn die Lagerung, Aufbereitung und Vermarktung des Obstes war immer selbstverständlicher Bestandteil eines Betriebes und wurde von Familienangehörigen (kostenlos) geleistet.

Um eine Zentralisierung dennoch zu forcieren, wird geschickt versucht, den Mengendurchsatz bestimmter Obstsorten zu steigern. Dies wird auf Produktionsseite erreicht, indem nur noch einige wenige "marktgängige" Sorten für den Anbau empfohlen und entsprechende materielle Voraussetzungen für zentrale Dienstleistungen in Form einer Großkiste für die Ernte und den Transport geschaffen werden. Den Großhändlern wird parallel dazu empfohlen, sich aus Kostengründen auf den Handel mit wenigen Obstsorten zu spezialisieren und zusammenzuarbeiten. Diese Zusammenschlüsse werden staatlich subventioniert. Der Großhandel gewinnt aber erst in der Zeit eine größere marktwirtschaftliche Bedeutung, als große, einheitliche Mengen ohne Inaugenscheinnahme der einzelnen Produkte umgeschlagen werden können. Solange der Obsthandel an kleinen Mengen und vielfältigen unregelmäßig erscheinenden Produkten orientiert ist, haben es großmaßstäbliche Lager-, Aufbereitungs- und Vermarktungseinrichtungen schwer. Mit verbalen Argumenten und harten Fakten wird aber alles getan, diese Formen umzusetzen.

Der angebliche Zwang zu Wachstum und Zusammenschlüssen bei der Vermarktung wird mit der Erhöhung des Marktanteils und der Erhaltung der Wettbewerbsfähigkeit im größeren Markt der Europäischen Wirtschaftsgemeinschaft begründet. Im Laufe der Zeit steigen zwar die Absatzradien für Äpfel deutlich, dennoch versorgt der deutsche Marktobstbau bis heute hauptsächlich den Inlandsmarkt. Ab den 70er Jahren setzt sich der Transport mit dem LKW durch. Im Laufe der Zeit werden immer größere Transportmittel eingesetzt, die die großmaßstäbliche Ausrichtung des Handels bewältigen können.

All die Bemühungen, die bisher vorhandenen Formen des Handels zu verändern, hatten ebenfalls Erfolg: Die Direktvermarktung von Äpfeln (ab Hof, auf dem Wochenmarkt, über Straßenstände oder zu Großabnehmern) ist heute selten geworden. Der größte Anteil wird indirekt vermarktet, wobei die quantitative Bedeutung einzelner Absatzkanäle kaum noch zu erfassen ist, da Daten über Warenströme fast ganz fehlen. Immer noch werden zentrale Vermarktungseinrichtungen für Obst (von der Europäischen Union) finanziell gefördert. Damit soll auf die Konzentrationsprozesse im Einzelhandel reagiert und die Marktposition der Erzeuger begünstigt werden. Allerdings gehen die Unternehmen des Lebensmitteleinzelhandels immer mehr dazu über, direkt Äpfel im Ausland zu bestellen, weil angeblich die Qualität und Sortierung der Ware besser ist. Heute bestimmt der Einzelhandel, welche Qualitäten auf den Markt kommen.

In den 70er Jahren, als die industrielle Produktion von Äpfeln selbstverständlich wird und großmaßstäbliche Vermarktungsformen ein kostengünstiges Angebot erlauben, nimmt die Anzahl der Selbstbedienungsläden und Einzelhandelsketten, die Obst verkaufen, enorm zu. Da hier im Gegensatz zu Fachgeschäften Umsatzsteigerungen durch eine Zentralisierung der Beschaffungsstrukturen und durch eine Sortimentsausweitung erzielt werden können, wird der organisierte Lebensmitteleinzelhandel im Laufe der Zeit zu einem der wichtigsten Partner beim gesamten Marktvolumen von Obst und Gemüse.

Die Konzentrationsentwicklung im Lebensmitteleinzelhandel ist bis heute noch nicht abgeschlossen. Die Notwendigkeit dafür wird mit Kosten- und Erlösvorteilen und mit einer optimalen Marktanteils- und Marktbesetzungspolitik zur Erhöhung der Konkurrenzfähigkeit auf dem Europäischen Binnenmarkt begründet. Da der organisierte Einzelhandel inzwischen die Funktionen des Sammeln und Verteilens der Ware an ihre Filialunternehmen mit eigenen Großhandelseinrichtungen selbst übernimmt, hat er einen entscheidenden Einfluß auf die Sortenvielfalt und Erscheinungsform des Apfels gewonnen. Es profitieren Produzenten, die in der Lage sind, güterspezifische Anforderungen an Transportzeit und Transporttechnik zu erfüllen und Transaktionskosten durch effiziente Produktionstechnologien auszugleichen. Mit anderen Worten: Die Gewinner der internationalen Beschaffungspolitik des Einzelhandels sind wieder diejenigen Betriebe, deren Erzeugung und Vermarktung auf Masse und auf homogener Ware basiert, die also nach industriellem Vorbild arbeiten.

Die ersten 20 - 30 Jahre nach dem Zweiten Weltkrieg haben also eine in der Geschichte des Apfels einmalige Veränderung der Anbauformen und des Handels gebracht, wobei sich gleichzeitig die mit dem Apfel verbundenen Gebrauchskulturen radikal verändern. Diese Entwicklung geht am Produkt selbst - dem Apfel - ebenfalls nicht spurlos vorüber. Der Apfel mußte sich den modernen Absatzformen anpassen, also erst einmal "geschäftsfähig" werden. Zwar war der Apfel bereits in den frühen 50er Jahren in verarbeiteter und unverarbeiteter Form in den Geschäften zu finden, in dieser Zeit ist er aber noch nicht so beschaffen, wie andere industriell hergestellte Waren (z.B. ein Waschmittel, das es ständig und in gleicher Form und Menge zu kaufen gibt). Erst Ende der 60er Jahre verändert sich die Situation, die verglichen mit den 50er Jahren unglaublich ist: Ein "neues" Produkt ist da, das in den Regalen der Einzelhandelsgeschäfte fast überall gleich gut aussieht. Wie kommt es dazu?

Ab Mitte der 50er Jahre richtet sich die Sortierung des Obstes nach gesetzlichen Handelsklassen. Grundlage dafür sind Güteklassen und Größengruppen, die im wesentlichen schon in den 40er Jahren festgelegt wurden. Die verbindlich geltenden Handelsklassen orientieren sich darüber hinaus an den Sortierungsbestimmungen der Exportländer, denn es wird geplant, internationale Vereinbarungen über Qualitätsstandards von Obst zu vereinbaren. Die einheitlichen Standards sollen dabei angeblich für die Verbraucher und Erzeuger von Vorteil sein. Die in der Folgezeit erscheinenden europäischen Qualitätsrichtlinien werden aber immer nur dann verändert, wenn der europäische Wirtschaftsraum erweitert wird. Sie definieren inzwischen bis in das letzte Detail, wie Äpfel, die in den Handel kommen, aussehen dürfen. Er muß, bis hin zur Ausfärbung, in großen Mengen reproduzierbar sein. Über seinen Wert oder Unwert wird nur anhand von äußeren Merkmalen, wie z.B. der Größe oder Farbgebung, entschieden.

Es zeigt sich, daß auch bei Äpfeln nationale und internationale Vereinbarungen über Qualitätsstandards das ausführende Instrument für die Realisierung immer größerer Märkte sind. Die Folge davon ist eine zunehmende Reduzierung der Sorten und Einflußnahme auf deren Erscheinungsform. In beispielhaften Anbaugebieten ist der Sortenspiegel in den 70er Jahren bereits auf höchstens 6 Sorten eingeengt. Gegen Ende der 80er Jahre besteht das Apfelangebot in Deutschland hauptsächlich aus den Sorten 'Golden Delicious' (der überwiegend aus Italien importiert wird), 'Cox Orange' und 'Boskoop'. Der Sortenspiegel im Anbau der Europäischen Gemeinschaft beschränkt sich auf 10 Sorten, von denen die Hälfte aus der Sorte "Delicious" bzw. Züchtungen davon besteht. Durch die beschriebenen ökonomischen Prozesse haben sich damit nicht nur die Apfelsorten reduziert und standardisiert, sondern auch die "genetische" Bandbreite hat sich stark verengt. Auch in den 90er Jahren verlieren der 'Golden Delicious' und seine Ableger ihre Bedeutung nicht, da sie aufgrund ihrer Eigenschaften für eine industrielle Produktion und großmaßstäbliche Vermarktung am ehesten in Frage kommen.

III.

WIE DER INDUSTRIEAPFEL AUSSIEHT –
EINE KRITISCHE BILANZ

Es ist unvermeidlich, an diesem Punkt der Frage nachzugehen, wie sich im Rahmen des internationalen Wettbewerbs und Handels sowie der zunehmenden Reglementierung durch die nationale und internationale Administration die Wahrnehmung der Menschen gegenüber einem Alltagsprodukt, wie dem Apfel, verändert. Es geht um das "Bild", das sich die Menschen von einem Apfel machen, wie es entstanden ist und in welcher Wechselwirkung es zum äußeren Erscheinungsbild eines Produktes steht, das seine direkte Beziehung zwischen Anbau und Nutzung, die einst Voraussetzung der Entwicklung von Gebrauchskulturen war, nach und nach verloren hat. Ehe die Frage einer möglichen Wiedergewinnung von Vielfalt diskutiert wird, gehen die folgenden Ausführungen zunächst darauf ein, wie sich der Apfel aufgrund (angeblich) veränderter Qualitätsansprüche und der Werbung als "Bild im Kopf" der Menschen verändert und damit auch eine andere Beziehung zu ihm entsteht.

Der Apfel ist, wie in den vorangegangenen Kapiteln gezeigt werden konnte, für industrielle Produktionsformen und einen großmaßstäblichen Handel aufgrund seiner Eigenschaften ursprünglich nicht gut geeignet. Er mußte erst entsprechend verändert werden, damit er zum Welthandelsartikel werden konnte. Dabei leistete er, genauso wie die fachkundigen Frauen und Männer, die ihn kultivierten, lange Widerstand. Erst ab dem Zeitraum, wo verschiedene Entwicklungen aufeinandertreffen, verändert er sich ebenfalls: Erst als in der Gesellschaft eine wahre Begeisterung für eine neue Industriekultur herrscht, als geschickte Propaganda und Subventionierung Betriebsgrößen und Anbauformen schaffen, die eine Sortenvielfalt und deren entsprechenden Anbau gar nicht mehr zulassen und wo auch Handel und Wirtschaft ihm das Bild eines Produktes überstülpen, daß den neuen, gleichen, glatten, immer und überall verfügbaren Industrieprodukten der Wohlstandsgesellschaft entspricht, reduziert sich der Sortenbestand und verwandeln sich die Eigenschaften des Apfels. Jedenfalls gilt das für den Apfel, der heutzutage normalerweise gekauft und gegessen wird.

III.

1. DAS BILD VOM APFEL

Das Bild, das sich die Menschen von einem Apfel machen, hat eine eigene Geschichte. Es ist anfangs ein recht umfassendes Bild, das Optik, Geruch, Geschmack und Gebrauchsformen sowie Kenntnisse über den Anbau beinhaltet. Das "Bild im Kopf" hat sich im Laufe der Zeit stark verändert und hat sich inzwischen auf das rein optische Bild von einem Apfel reduziert.

Eine Konzentration auf das Äußere oder die Vorstellung, daß ein Apfel möglichst groß, glatt und makellos sein soll ist noch nicht sehr alt. Sie beginnt Ende des 19. Jahrhunderts und schlägt sich in der Obstbauliteratur in Auseinandersetzungen über das Aussehen des Apfels, z.B. über dessen Größe und Farbe nieder. Diese Aspekte bekommen immer in solchen historischen Phasen einen großen Stellenwert, in denen ein Markt geschaffen, d.h. aufgrund veränderter Rahmenbedingungen in Politik und Planung die Nachfrage nach Obst erhöht werden soll. Die Qualitätsansprüche, die die Menschen an den Apfel haben, dürfen somit nie isoliert und ausschließlich von den Verbrauchern ausgehend gesehen werden.

Auf die Frage: "Welche 5 Apfelsorten halten Sie für die am besten schmeckenden?" wird 1898 in der Zeitschrift "Der praktische Ratgeber im Obst- und Gartenbau" geantwortet: "Die Frage kann natürlich nur subjektiv beantwortet werden. Von Äpfeln nenne ich: 'Weißer Winter Calvill', 'Gelber Richard', 'Gravensteiner', 'Ananas-Reinette'. Soweit ging es ganz gut - aber der fünfte: 'Cox Orangen-Reinette', 'Goldparmäne', 'Goldreinette von Blenheim', 'Ribston', alle melden sich nun auf einmal, ich nenne keinen bestimmten mehr." (Der praktische Ratgeber im Obst- und Gartenbau November 1898, S. 447). Bei der Frage nach dem Geschmack sind die Einschätzungen demnach Ende des 19. Jahrhunderts noch sehr vielfältig. Geschmacklich gibt es viele unterschiedlich aussehende Sorten, die alle hoch geschätzt werden. Eindeutige Qualitätsmaßstäbe sind nicht möglich.

Neben geschmacklichen Qualitäten spielen Ende des 19. Jahrhunderts erstmals auch äußere Qualitätsmerkmale des Apfels eine Rolle. Es wird behauptet, daß großfrüchtiges Obst am liebsten gekauft werden würde: "Der 'Alexander' trägt Früchte mit lockerem, mürben Fleisch. Im Geschmack ist er nicht besonders, aber es ist ein schöngefärbter, großer Apfel. Die schöne Farbe, die Größe machen es, daß er so gern gekauft wird. Ich kann ein ganzes Dutzend Apfelsorten aufzählen, die viel edler und besser sind, aber sich nicht annähernd so gut verkaufen lassen, weil sie unansehnlicher und kleiner sind. Der Wert des Alexanders sollte besonders jenen Obstzüchtern vor Augen geführt werden, welche ihre Äpfel in der nahen Stadt oder an Privatleute absetzen wollen und die Früchte nie groß genug bringen können. - Als Versandfrucht möchte ich diese Sorte wegen ihrer Empfindlichkeit weniger empfehlen. Garteninspektor Siler in Tamsel war, wenn ich mich nicht irre, der erste, der öffentlich und in einer Versammlung des deutschen

Pomologenvereins die Forderung aussprach, man möge nur großfrüchtige Sorten empfehlen. Ich habe kürzlich auf den Obstausstellungen von Harburg (Hannover) und
Züllichau (Mark Brandenburg) die Frage im Kreise von Fachgenossen mehrfach angeregt
und fand fast allseits lebhafte Zustimmung: Keine kleinfrüchtigen Sorten mehr für den
Verkauf. Die Großen sind in der Ernte ergiebiger (sie "scheffeln" besser) und bringen bessere Preise. Selbst der edelste Apfel und die köstlichste Birne, wird schlecht bezahlt,
wenn sie klein und nicht ansehnlich ist. Der gewöhnliche Käufer urteilt fast nur nach dem
Äußeren." (Der praktische Ratgeber im Obst- und Gartenbau Oktober 1898, S. 389).

Schon Anfang des 20. Jahrhunderts wird in der Obstbauliteratur deutlich, daß das
Aussehen als Wert eine wachsende Bedeutung bekommt, der Geschmack dagegen an
Wichtigkeit verliert: "Wir haben seit kurzem in der Auswahl unserer Obstsorten eine
bemerkenswerte Richtung eingeschlagen. Während wir in früherer Zeit einen besonders
hohen Wert auf den Geschmack der Sorten legten, hat diese Wertbestimmung nachgelas-
sen und diejenigen Apfelsorten sind in die erste Linie gerückt, welche sich durch große
Fruchtbarkeit und schönes Äußere auszeichnen." (Betten 1906, S. 80).

Es ist angeblich nur noch Experten bekannt, daß auch kleine Äpfel gut schmecken,
die Kunden auf dem Markt sollen dagegen ausschließlich auf das Äußere fixiert sein: "Wer
einmal sein Obst selbst direkt auf den Markt gebracht hat, der weiß, daß das sortenun-
kundige Publikum die Güte der Früchte nach der Größe und dem Aussehen beurtheilt,
nicht nach der Güte des Geschmacks. Kleine Apfelsorten, wie vielleicht der Deutsche
Goldpepping, die Englische Spitalreinette und die Jägersreinette sind ihrer geringen
Größe - sie haben oft kaum den Umfang einer Pferdenuß - oft ganz und gar unverkäuflich, und trotzdem gibt es für den Kenner kaum etwas Feineres, als gerade diese, und für
den Haushalt des Städters Haltbareres, als sie. Aber die Erfahrung lehrt, daß die
Marktkäufer achtlos an diesen Aschenputtelchen vorübergehen und daß ihr Blick auf den
mächtig großen, prachtvoll goldgelben, purpurgeflammten Kaiser-Alexander-Äpfeln haf-
ten bleibt, die trotz des hohen Preises gekauft werden. .... Bedeutende Größe der Frucht
und schöne einfach goldgelbe Färbung eventuell mit leuchtender Röte, sind
Eigenschaften, welche die Verkaufsfrucht in den Augen des unerfahrenen Marktpublikums
ein Wertzeugnis ausstellen und die ihn viel wichtiger sind als Dauerhaftigkeit auf Lager
und Transport oder Geschmacksgüte." (Settegast 1909, S. 760).

Im Rahmen der sich ausbreitenden industriellen Produktion, die als hochmodern gilt,
wird der Blick nun von allen Seiten auf das Äußere gerichtet[213]. Durch den Einsatz von
technischen Mitteln können Waren reproduziert werden (Serienproduktion eines Proto-
types), womit der Anspruch auf ständige Wiederholbarkeit vermittelt wird[214]. Dies wird
auch auf den Apfel übertragen, der aber ursprünglich je nach Sorte und auch innerhalb
einer gleichen Sorte der Größe, Farbe und dem Geschmack nach variiert. Unter modernen
Gesichtspunkten muß der Apfel groß (so wie die um die Jahrhundertwende modern werdenden Hochhäuser) und schön (glatt und glänzend, wie Autos) sein, damit er an Wert
gewinnt.

"Kleines Obst ist unverkäuflich! - Fleckiges Obst ist unverkäuflich! Ungleiche, mangelhaft sortierte Früchte haben wenig Wert! Unbekannte, unansehnliche Sorten sind
ebenfalls minderwertig! ... Große Früchte werden überall mehr verlangt und besser

bezahlt als mittlere ... Der Käufer beurteilt das Obst, das er kauft, mit dem Auge, nicht mit dem Gaumen. Die wohlschmeckenste, aber unansehnliche, etwas schwarzfleckige Frucht wird nie so gut bezahlt wie eine Frucht minderer Güte, die sich dem Auge verlockend und in tadelloser Schönheit und Reinheit darbietet." (Böttner 1919, S. 517 - 518). Bis in die Haushalte dringt die Vorstellung über den makellosen und schön aussehenden Apfel, indem in Kochbüchern Anweisungen über eine entsprechende Behandlung und Präsentation gegeben werden: "Zum Rohgenuß sollen Äpfel und Birnen nur auf den Tisch kommen, nachdem sie mit einem sauberen Leintuch gut abgerieben sind." (Urban 1920, S. 266).

Auch in den 40er Jahren, als es darum geht, einen Großwirtschaftsraum einzurichten, spielen Aussehen und Größe der angebotenen Früchte eine wichtige Rolle: "Das Obst muß gut verkäuflich sein, also einen hohen Handelswert besitzen. Auf dem Markt macht man häufig die Beobachtung, daß Früchte mit einem ansprechenden Äußeren schneller Käufer finden als weniger ansehnliche. Mittelgroße und große Früchte werden bevorzugt. In kinderreichen Familien sind die kleineren Früchte begehrt." (Winkelmann 1944, S. 47).

Schon 1911 und 1925 wird in amerikanischen Forschungsanstalten versucht, die Qualität von Äpfeln objektiv zu beurteilen, indem man "guten" Geschmack über die Bestimmung des spezifischen Zucker-Säure-Verhältnisses bei verschiedenen Apfelsorten zu definieren versucht. Dabei stellt sich heraus, daß keine eindeutigen Zusammenhänge bestehen, "guter" Geschmack kann nicht gemessen werden[215]. Ein geschmacklich minderwertiger Apfel ('Rome Beauty') hat z.B. ein ähnliches Zucker-Säure-Verhältnis wie hochwertige Sorten ('Mcintosh', 'Jonathan', 'Northern Spy'). "Im allgemeinen darf man jedoch feststellen, daß mit steigendem Zuckergehalt und - bis zu einem gewissen Grad - auch mit steigendem Säuregehalt die Qualität zunimmt. Der Geschmack erscheint uns kräftiger, voller. Säurearme Sorten schmecken oft süßlich fad, zuckerarme säuerlich fad. Im übrigen kommt es darauf an, welche Zuckerarten vorherrschen, da sie nicht alle dieselbe Süßkraft aufweisen. Viel hängt vom Gerbstoffgehalt ab. [....] Von sehr großer Bedeutung sind die besonderen Aromastoffe. Sie treten beim Apfel und bei der Birne in äußerst mannigfaltiger Ausbildung auf und verleihen den Sorten mehr als alle anderen den Geschmack beeinflussenden Komponenten den besonderen Charakter. Schließlich trägt auch die Beschaffenheit des Fruchtfleisches zu unserem Werturteil wesentlich bei. Es spielt dabei nicht bloß der Saftgehalt, sondern auch die Textur eine Rolle. [....] Eine einzige der erwähnten Komponenten kann eine Sorte geringwertig erscheinen lassen. [....] Aber keine ist fähig, allein einer Sorte eine hohe Qualität zu verleihen. [....] Die Güte einer Sorte ist deshalb immer durch das harmonische Zusammenspiel der erwähnten Faktoren bedingt." (Kobel 1954, S. 234).

In den 50er Jahren wird nicht mehr nur das äußere Erscheinungsbild des Apfels thematisiert, sondern nun spielt angeblich auch seine ständige Verfügbarkeit als Qualitätsmerkmal eine zunehmende Rolle bei den der Verbrauchern. Der Zusammenhang zwischen diesen veränderten Ansichten und den gerade entstehenden internationalen Märkten für Obst ist hier eindeutig: "Der Verbraucher verlangt Obst aller Art zu jeder Jahreszeit. Dem kommt auch die neuere Entwicklung südlicher Anbaugebiete wie in Südafrika, Südamerika, Australien entgegen." (de Haas 1957, S. 12). Und: "Der moderne Mensch hat den Wunsch, während des ganzen Jahres Früchte aller Art und aus aller Welt zu genießen. Er will womöglich zu Weihnachten Erdbeeren haben." (de Haas 1957, S. 17).

Die Qualitätsansprüche, die den Verbrauchern (vom Handel) zugeschrieben werden, verändern sich ab den 50er Jahren enorm[216]. Dabei steht nun nicht mehr das Produkt selbst im Vordergrund (der schönste und größte Apfel), sondern auch die ständige Verfügbarkeit und das wachsende Angebot vorher gar nicht oder nur zeitweise vorhandener Früchte gewinnt an Wichtigkeit[217]. Diese Ansprüche werden gleichzeitig mit den angeblichen Vorteilen einer freien Marktwirtschaft in Verbindung gebracht: "Solange kein Zwang auf uns liegt, uns in irgendeiner Weise einzuschränken, werden wir selten darauf verzichten wollen, von dem vielgestaltigen Angebot an Früchten Gebrauch zu machen. Es würde uns auch als Erzeuger wenig nützen, wenn wir zum Schutze der eigenen Ernten in unseren Obstbauernfamilien strikt jeden Genuß von eingeführtem Obst ablehnten und wenn wir sogar zu Käuferstreiks etwa gegen Südfrüchte aufriefen. Denn in den Jahren in denen wir eine Fehlernte haben, sind wir auf die Einfuhr angewiesen und in Jahren, in denen Exportländer eine Fehlernte haben, können wir mit unserem Obst, wenn wir unsere Erzeugung entsprechend gehoben haben, auf dem Weltmarkt einspringen. Im Rahmen einer freien europäischen Wirtschaft werden wir auf die Dauer nicht nur im Export eine Chance haben, sondern ohne ihn nicht mehr auskommen." (de Haas 1957, S. 17).

Als weiterer Aspekt, der ab den 50er Jahren zu einem veränderten Bild des Apfels in der Gesellschaft beiträgt, ist der gesundheitliche Wert zu nennen: "Unsere heutige Lebensweise verlangt einen Ausgleich zu der meist fett- und fleisch-, d.h. eiweißhaltigen Ernährung auf der einen und zu unserer durch die Entwicklung der Technik immer mehr sich verringernden körperlichen Bewegung auf der anderen Seite. Dadurch gewinnt Obst für die Ernährung sowohl gesunder sowie kranker Menschen eine wachsende Bedeutung." (de Haas 1957, S. 13 - 14). Die Nachfrage nach Obst soll - wie ein paar Jahrzehnte zuvor und im letzten Jahrhundert schon einmal - über gesundheitliche Argumente angekurbelt werden. Allerdings gelingt dies bei Äpfeln nur sehr eingeschränkt, vielmehr werden nun vermehrt Südfrüchte gekauft (Stork 1964, S. 176).

Im Zusammenhang mit der Hervorhebung gesundheitlicher Aspekte von Äpfeln wird es nun üblich, deren stoffliche Zusammensetzung, wie den Vitamin-, Mineralien-, Kalorien- und Wassergehalt zu untersuchen und darzustellen. Von da an richten sich die Qualitätskriterien nicht mehr nur auf das Äußere, sondern auch auf die unsichtbaren inneren Bestandteile[218]. Der Apfel wird damit als Träger von Substanzen wahrgenommen, die der Gesundheit förderlich sind, wenn man sie in genügender Menge zu sich nimmt[219].

Die veränderten Ansprüche an Äpfel haben auch Folgen für den Anbau: "Da die Wünsche von Handel und Verbraucher im Zuge der Konkurrenz stark berücksichtigt werden müssen, ist man leider gezwungen, Sorten zu bevorzugen, die im Anbau häufig Schwierigkeiten machen. Die Herausstellung solcher pflegebedürftiger Varietäten im Erwerbsobstbau ist heute aber auch infolge der besseren Erkenntnisse und Pflegemöglichkeiten eher gegeben als in vergangener Zeit. Trotzdem bedeutet die Bevorzugung solcher Sorten ohne Zweifel ein erhöhtes Risiko, das den Obstanbau in keiner Weise leichter gestaltet." (Hilkenbäumer 1964, S. 71). Diese negativen Folgen verursachen in der Zukunft nur deshalb relativ wenig Probleme, da im Pflanzenschutz und der Lagerung eine an die Sorten angepaßte Technik entwickelt wird.

Neben den Qualitätsansprüchen, die Makellosigkeit, Größe, ständige Verfügbarkeit und Gesundheit betreffen, gewinnen die äußere Aufmachung und Farbe der Äpfel an Bedeutung, obwohl den Experten bewußt ist, daß dies mit Qualität wenig zu tun hat: "An Verpackung, Aufmachung und einwandfreie Sortierung werden berechtigte Ansprüche gestellt, die der Erzeugermarkt nach besten Kräften zu befriedigen sucht. Die steigende Bevorzugung leuchtend farbiger Früchte folgt dieser Richtung, obwohl sie nicht selten im Widerspruch zur tatsächlichen Qualität steht." (Stork 1964, S. 161).

So schimpft der Obstbauexperte Dassler über die Nachfrage der Konsumenten nach grünen Äpfeln, die die Erzeuger dazu bringt, z.B. grüne 'Golden Delicious' anzubieten. Grün gepflückte 'Golden Delicious' seien geschmacklich nicht gut und "sind daher geeignet, den guten Ruf dieser Sorte zu untergraben." (Dassler 1969, S. 149). "Offenbar ist es zu dieser irrtümlichen Meinung durch die Erfahrungen mit dem 'Granny Smith' aus Australien, Argentinien oder Südafrika gekommen, der sich trotz seiner grünen Schalenfarbe ebenfalls zu einem Marktfavoriten herausgebildet hat. Man übersah aber dabei, daß der 'Granny Smith' dem Konsumenten grasgrün offeriert werden muß, weil sonst, sobald er aufhellt, sein Fruchtfleisch strohig und sein Geschmack fade wird. Die stärker zu beobachtende Umstrukturierung grüner Apfelsorten auf rote Mutanten ist hinreichend Beweis, daß sich die Verbrauchererwartung keineswegs auf grüne Sorten verlagert hat. So sind für 'Granny Smith' und 'Golden Delicious' verschiedene Maßstäbe anzulegen. Vom Goldenen erwartet der kritische Verbraucher eben nach wie vor zwei wertbestimmende Eigenschaften nebeneinander, den gewohnt vorzüglichen Geschmack und die gelbe Schalenfarbe." (Dassler 1969, S. 150).

Die Diskussion, welchen Einfluß die Farbe von Äpfeln auf die Nachfrage hat, setzt sich auch in den weiteren Jahren fort. Während der Bundesgartenschau in Mannheim 1975 wird z.B. eine Testreihe fortgesetzt, die das Ziel hat, "repräsentative" Erkenntnisse über den Marktwert von Äpfeln zu gewinnen. Zu diesem Zweck wird gefragt, wie die Verbraucher die Sorte 'Mutsu' im Vergleich zu den farblich ähnlichen Sorten 'Golden Delicious' und 'Granny Smith' einstufen[220]. "Aus dem Ergebnis sollten dann Entscheidungshilfen dahingehend abzuleiten sein, welche der beiden aus dem CA-Lager kommenden Sorten, nämlich 'Golden Delicious' oder 'Mutsu', am ehesten in der Lage ist, mit den frischgrünen Herkünften der Sorte 'Granny Smith' aus der Südhemisphäre im Frühsommer (Mai/Juni) am deutschen Apfelmarkt zu konkurrieren." (Erwerbsobstbau 1976, Nr. 2, S. 20). Die Testpersonen werden gebeten, auf einem Fragebogen festzuhalten, welche Sorten von ihnen hinsichtlich der Merkmale "Äußeres Aussehen" (Größe, Form, Farbe), "Beschaffenheit des Fruchtfleisches" (Saftigkeit, Festigkeit) und "Geschmack" (Aroma, Zucker-Säure-Verhältnis) bevorzugt werden. Dabei schneidet der 'Golden Delicious' im Vergleich zu 'Mutsu' und 'Granny Smith' am ungünstigsten ab (20,4 % im Vergleich zu 39,6 bzw. 40,0 %). Zurückgeführt wird dieses schlechte Ergebnis auf das Vorherrschen gelber Farbtöne beim 'Golden Delicious' (Erwerbsobstbau 1976, Nr. 2, S. 22). Der 'Mutsu' mit einer gelbgrünen Grundfarbe hält hinsichtlich aller Merkmale die Waage mit dem 'Granny Smith'. Festgestellt wird aber auch, daß jüngere Testpersonen den 'Granny Smith' bevorzugen, was auf dessen Grundfarbe zurückgeführt wird, die einen "frischen Eindruck" erweckt.

Um die formulierten Ansprüche der Verbraucher zu befriedigen und damit die Nachfrage nach Obst zu erhalten[221], bemüht man sich in den 80er Jahren darum, ein klar definiertes Erscheinungsbild des Apfels zu erzeugen: "Zahlreiche Qualitätskomponenten sind notwendig - nicht zuletzt das attraktive Erscheinungsbild, weil es zumindest am Anfang ausschlaggebend dafür ist, ob eine bestimmte Sorte gekauft wird oder nicht. Um attraktiv zu sein, muß die Frucht eine makellose Schale und eine gute Farbe haben. Sie muß vollständig oder wenigstens zu 75 % rot sein, bei einem Apfel des 'Cox'-Typs muß mindestens die Hälfte der Frucht rotgestreift oder rötlich getönt sein." (Erwerbsobstbau 1985, Nr. 5, S. 125).

Aufgrund der weiter sinkenden Nachfrage nach Äpfeln ab Anfang der 90er Jahre wird ein enormer Aufwand betrieben herauszufinden, wie ein Apfel für den Verbraucher beschaffen sein soll. Bei Umfragen kommt immer wieder heraus, daß die äußere Beschaffenheit des Apfels an der ersten Stelle rangiert. Die Reihenfolge der Nennungen sieht in der Regel folgendermaßen aus: 1. Aussehen, 2. Geschmack, 3. Gesundheit, 4. Preis (vgl. Informationsblätter der Fachberatungsstelle für Obst- und Gartenbau Leonberg 1995; Neumann 1997, S. 46). Die Herkunft spielt dagegen nur selten eine Rolle. Eine 1995 durchgeführte Verbraucherbefragung kommt zu dem Ergebnis, daß es für 84 % der Befragen wichtig, bzw. zum Teil wichtig ist, das Herkunftsland beim Einkauf klar zu erkennen. Die regionalen Herkünfte innerhalb Deutschlands sind dagegen 72 % der Befragten nicht wichtig (Neumann 1997, S. 47).

Den größten Einfluß auf die Sortenvielfalt und die Erscheinungsform des Apfel haben die Verbraucher - so wird in den 90er Jahren argumentiert: Weil der Verbraucher während einiger Jahrzehnte hauptsächlich grüne Äpfel gekauft habe (z.B. unreife 'Golden Delicious' aus Frankreich) oder rote Sorten ohne besonderen Geschmack (z.B. Morgenduft aus Italien) könnten einige Apfelsorten in Deutschland gar nicht mehr angebaut werden. Die Erzeuger sehen sich dabei als Opfer: "Wir Produzenten mußten uns natürlich diesen Trends anpassen." (Materialsammlung zur Ausstellung "Historische Apfel- und Birnensorten im Alten Land" 1994, o.S.). Weil sie farblos sind, die falsche Farbe haben oder gestreift sind, seien wertvolle Sorten im Anbau verschwunden. Auch Sorten, deren ausgereifte Früchte nur klein bleiben, hätten aufgrund der fehlenden Nachfrage wenig Chancen am Markt.

Eine aktuelle Sortenbewertung von 1940 üblich angebauten Sorten

Adersleber Calvill:	*In Form und Größe nicht mehr entsprechend.*
Altländer Jakobsapfel:	*In Geschmack und Größe nicht mehr entsprechend.*
Altländer Pfannkuchen:	*In der Form nicht mehr entsprechend und zu streifig in der Rotfärbung.*
Altländer Rosenapfel:	*Zu klein.*
Baumanns Renette:	*Zu platt.*
Doppelter Prinzenapfel:	*Groß und unregelmäßig in der Form. Für einheitliche Sortierung ungeeignet.*
Eckhoffs Grüner:	*In Form und Farbe schon lange nicht mehr entsprechend.*
Fettapfel:	*Der Name sagt es schon. In der Schale fettig, wird er heute sofort abgelehnt. In der Farbe weiß-blaß ohne jedes rot. In der Form zu spitz.*
Finkenwärder Winterrambur:	*In der Gruppe der Rambure der am wenigsten schmackhafte.*
Goldparmäne:	*Zu klein, aber hervorragend im Geschmack.*
Graue Renette:	*Geschmacklich wie alle rauhschaligen Sorten sehr gut. Ist aber so berostet, daß die Sorte bei längerer Lagerung völlig zusammenschrumpft. Würde heute vom Verbraucher, der die Zusammenhänge zwischen Berostung und Geschmack nicht kennt, überhaupt nicht beachtet. Wurde früher, besonders von alten Leuten, als Delikatesse bewertet.*
Grüner Calviner:	*In Form und Farbe völlig uninteressant.*
Holländer Prinzenapfel:	*Geschmack würzig und aromatisch. Zu klein, in der Form zu unregelmäßig.*
Horneburger Pfannkuchenapfel:	*Eine nach 1945 in Stade ins Leben gerufene Apfelmusfabrik wollte ihn allgemein als Rohstoffquelle nutzen. Wegen seiner unregelmäßigen Form paßte er nicht in die Schälmaschinen, die zu viel Fleisch wegnahmen. Die Fabrik mußte schließen.*
Klunsterapfel:	*Viel zu klein, unansehnlich und in der Form zu kantig.*
Krautsander Boikenapfel:	*Großfrüchtiger, regelmäßig tragender Massenapfel mit Streifung und auch dadurch heute uninteressant.*

Nathusius' Taubenapfel:	*Zu klein, zu spitz, zu dickschalig und zu bitter im Geschmack.*
Olters Grüner:	*Unregelmäßig in der Form. Ohne jede Rotfärbung und ohne Lentizellen. Dadurch ohne Interesse.*
Otterndorfer Prinz:	*Zu klein und in der Form ungeeignet.*
Rheders Boikenapfel:	*In der Form zu kantig.*
Ruhm von Kirchwärder:	*Ist unregelmäßig in der Form, zum Teil gestreift und dadurch uninteressant für den Erwerbsanbau.*
Schmalprinz:	*Sehr regelmäßig mit hohem Ertrag, gleichmäßig groß-früchtig aber so deutlich rot gestreift, daß er sich nicht durchsetzen konnte. Auch die geschmacklichen Qualitäten reichen nicht aus.*
Weißer Wintercalvill:	*In der Form wegen seiner Kantigkeit und Eckigkeit für den Handel unbrauchbar.*
Wohlschmeckender aus Vierlanden:	*Mittelgroßer, leider gestreifter, aber freundlich aus-sehender und wohlschmeckender Apfel. Trat plötzlich im Alten Land auf, nahm wegen seines Geschmackes im Anbau schnell zu, verschwand dann aber bald wegen seiner geringen Größe.*

Quelle: Materialsammlung zur Ausstellung "Historische Apfel- und Birnensorten im Alten Land" 1994, o.S.

Der Geschmack des Verbrauchers soll sich allerdings wieder hin zum Anspruchs-volleren entwickelt haben[222]: "Wurden vor 10 - 20 Jahren große, rote Früchte bevorzugt, auch wenn sie wenig Inhaltsstoffe aufwiesen, so zeigt der große Erfolg von Sorten mit sehr gutem Geschmack wie 'Jonagold', 'Jonagored', 'Elstar', oder 'Holsteiner Cox', daß zumindest die nordeuropäischen Verbraucher solche Äpfel bevorzugen. Und die Obstwirt-schaft hat reagiert. Innerhalb von 10 Jahren ist die Produktion von 'Jonagold'/'Jona-gored' im Alten Land von 0 auf 1.400 ha (16% der Fläche) und die von 'Elstar' von 0 auf 1.200 ha (13% der Fläche) gesteigert worden[223]. Dies zeigt, daß die Obstwirtschaft nicht, wie oft behauptet wird, den Verbraucher mit großen, roten und inhaltsleeren Früchten zu täuschen versucht, sondern im Gegenteil darauf angewiesen ist, Trends im Käuferverhal-ten schnell zu erfassen und darauf einzugehen." (Materialsammlung zur Ausstellung "Historische Apfel- und Birnensorten im Alten Land" 1994, o.S.). Daß es im Grunde darum geht, die Vorgaben des Handels zu erfüllen und genau solche Sorten anzubauen, die sich für den industriellen Anbau eignen, kommt in diesen aktuellen Äußerungen nur indirekt zum Vorschein.

Durch die Veränderung des Bildes, das die Menschen vom Apfel im Kopf haben, ver-lieren Äpfel im Laufe der Zeit ihren ursprünglichen Charakter. Ihre ehemals vielfältigen

Qualitätsmerkmale, die jeweils von verschiedenartigen Gebrauchszwecken abhingen, beschränken sich inzwischen auf einige wenige und klar definierbare. Neben der Tatsache, daß bestimmte Sorten ganz zum Verschwinden gebracht werden, verändern sich auch die Eigenschaften innerhalb einer bewährten Sorte. Der 'Golden Delicious' muß z.B. süßer und grüner werden, der 'Boskoop' statt säuerlich braun-gelb, süßer und rot. Die Kombination der gewünschten Eigenschaften, die seitens der Verbraucher, des Handels und des Anbaus an den Apfel gestellt werden, lassen ihn charakterlos werden: Seine ursprüngliche Farbgebung und Größe sowie seine vielfältigen Geschmacksnuancen sind beim Angebot der Äpfel, die wir heute in den Supermärkten kaufen können, in der Regel verloren gegangen. Der optische Eindruck, von EU-Verordnungen nach prozentualen Deckfarbanteilen reguliert, beherrscht alles. Es geht nur noch darum, das Farbspektrum rot, grün und gelb abzudecken sowie die Geschmacksrichtungen säuerlich und süß. Letztendlich handelt sich der Verbraucher mit seinen "anspruchsvollen Wünschen" einen Apfel ohne Eigenschaften ein.

Gleichwohl gilt der heute üblicherweise angebotene Apfel in seiner Erscheinungsform als etwas Typisches, Natürliches. Das gesamte Kontrollsystem im Anbau und im Handel, das den Apfel in eine ganz bestimmte Form preßt, scheint im Bewußtsein der Menschen gar nicht vorhanden zu sein. Dabei haben wir in Wirklichkeit heute keinen natürlichen Apfel mehr, sondern viel eher einen "natural identical apple". Der Apfel ist heute kein Produkt der Natur mehr, sondern kommt aus einer industriellen Massenproduktion, die ein immer wieder gleiches Erscheinungsbild reproduziert (Farbtafel IV).

Ohne Werbung aber wäre dieses Bild vom Apfel nicht entstanden und könnte auch so nicht ohne weiteres fortbestehen. In einer Umfrage wird z.B. deutlich, daß hinter den angeblichen Verbraucherpräferenzen, nach denen sich das vorhandene reproduzierbare Angebot herauskristallisiert hat, wenig steckt: Nur 23% der Befragten wünschen ein "schönes" Aussehen (ohne Macken und Druckstellen). Auch die Größe der Äpfel stellt im Bewußtsein der Verbraucher kein wichtiges Merkmal beim Einkauf dar (Rösler 1996, S. 165 u. 166).

III.

2. WIE DIE WERBUNG DAS BILD VOM APFEL VERÄNDERT

Parallel zu den in verschiedenen Zusammenhängen formulierten angeblichen oder tatsächlichen Qualitätsansprüchen der Verbraucher, die das äußere Erscheinungsbild des Apfels beeinflussen, beginnt in den 50er Jahren die Werbung für Obst, die im Laufe der Zeit fast ausschließlich nur noch mit optischen Mitteln arbeitet. Zwar wird schon seit Ende des letzten Jahrhunderts Reklame für Lebensmittel gemacht, für frisches Obst oder Obstprodukte ist dies jedoch nur beschränkt der Fall[224]. Schließlich kann sich in der Regel jeder selbst mit Obst und Obsterzeugnissen versorgen. Deshalb muß in den 50er Jahren noch auf die Notwendigkeit von Werbung für Äpfel hingewiesen werden, wobei noch recht unbedarft argumentiert wird: "Im Rahmen der freien Marktwirtschaft muß man für seine Erzeugnisse werben. Der Verbraucher muß auf besondere Qualitäten, Sorten, Reifezeiten u.ä. hingewiesen werden. Werbung soll aufklären; sie muß auf Wahrheit beruhen und darf Konkurrenzerzeugnisse nicht herabsetzen." (de Haas 1957, S. 434).

Als nächstliegende Möglichkeit, für Obst zu werben, schlägt der Autor eine Kennzeichnung der Ware vor, wobei er eine regionale gebietsbezogene Kennzeichnung als günstiger im Vergleich zu einem Einheitszeichen ansieht. Darüber hinaus werden Plakate, Zeitungsannoncen und Werbebroschüren erwähnt. Mit bestimmten Zeichen, Farben und Stichworten, die über mehrere Jahre hin eingesetzt werden, soll der Verbraucher sich die Werbebotschaft einprägen, damit über einen längeren Zeitraum eine Identifikation mit dem beworbenen Produkt stattfinden kann. Auch die Werbung über den Film, die zwar als besonders teuer, aber auch als besonders wirkungsvoll bezeichnet wird, wird in Erwägung gezogen. Werbemaßnahmen über Rundfunk und Fernsehen werden dagegen abgelehnt. Eine weitaus wichtigere Bedeutung wird der Werbung über direkte Lieferbeziehungen an Krankenhäuser, Hotels oder Speisewagen zugeschrieben (de Haas 1957, S. 435). Bekannte Werbesprüche in den 50er Jahren sind: "Einen Apfel am Tage für Deine Gesundheit" - "Jetzt schmeckt Boskoop gut" - "Flüssiges Obst - gesund". Da Werbemaßnahmen kostspielig sind und damit von einzelnen Erzeugern gar nicht bezahlt werden können, soll sie von Verbänden oder Genossenschaften getragen bzw. durch Werbezentralen übernommen werden.

Eine Kennzeichnung von Äpfeln gibt es in Deutschland aus verschiedenen Erzeugergebieten seit den 50er Jahren: So stellt z.B. der Bund niederelbischer Obstbauern schon 1956 ein Gütezeichen, den sogenannten "Wellenapfel", zur Verfügung. 1962 folgt der Arbeitskreis Bodensee mit dem "Sonnenapfel" (Dassler 1969, S. 143). In der Folgezeit verändert sich die Aufmachung dieser gebietsspezifischen Markenzeichen noch mehrmals. Für das Bodenseeobst wird z.B. in den 80er Jahren ein stilisierter Apfel als Symbol geschaffen (Frick 1985, S. 32). Das Thema Gesundheit spielt als Identifikationsmittel fast immer eine Rolle. So wirbt seit 1993 die Erzeugerorganisation "Elbe-Obst" mit einer

Möwe und mit einem bunten Apfel, der den "umweltschonenden" integrierten Anbau und damit einen kontrollierten gesunden Apfel symbolisieren soll. Auch die Centrale Marketing Gesellschaft der Deutschen Agrarwirtschaft (CMA) hat ein spezielles Gütezeichen "aus kontrolliertem integrierten Anbau" für deutsches Obst eingeführt, das bei der Einhaltung bestimmter Richtlinien benutzt werden darf (Friedrich, Rode 1996, S. 12 - 13).

Werbung für Obst durch Bilder und Filme bekommt im Laufe der 60er und 70er Jahre einen immer höheren Stellenwert. Sie wird dementsprechend ausgebaut und über alle verfügbaren, insbesondere über modern geltende Medien, wie dem Fernsehen, verbreitet. Bei dieser Art von Werbung werden nicht mehr allein bestimmte Eigenschaften des Apfels beworben, sondern nun rückt seine Aufmachung in den Vordergrund. Da im wesentlichen optische Informationen verbreitet werden, hinter denen die akustische Information durch Werbesprüche zurücktritt, muß der Apfel vor allem schön aussehen[225]. Geschmack läßt sich nicht elektronisch übertragen. Auch im organisierten Einzelhandel kann ein Apfel nicht mehr probiert werden wie noch auf dem Markt.

Da immer mehr Obst über den organisierten Einzelhandel verkauft wird und es mit anderen "modernen" industriell hergestellten Lebensmitteln konkurrieren muß, findet auch bei Äpfeln die optische Werbung mittels der Verpackung immer mehr Verbreitung[226]: "Der Obstbau kann auf die Dauer nur erfolgreich sein, wenn in nicht unerheblichem Maße Werbung getrieben wird. Hier gilt es, alle Möglichkeiten in Schrift, Funk und Fernsehen auszunutzen. ... . Der Verpackung des Obstes heißt es die nötige Sorgfalt zu widmen. Dies gilt insbesondere für Kleinpackungen, die in den Supermärkten und Selbstbedienungsläden die Ware ansprechend dem Käufer darbieten sollen, um ihn so zum Kauf zu veranlassen." (Hilkenbäumer 1964, S. 317).

Ab den 60er Jahren sind die Mangelerfahrungen vorbei, der Verbraucher gilt in seinen Grundbedürfnissen als gesättigt. Werbung dient nun dazu den Absatz zu steigern, indem man den Apfel, der im Laden gekauft werden kann, positiv hervorhebt. Er setzt sich von den eigenen Äpfeln aus dem Garten durch Makellosigkeit und bestimmte Attribute, die als modern gelten, ab. Hierbei orientiert man sich an reproduzierbaren Industriewaren und versucht auch dem Apfel ein "Image"[227] zu geben, das sich um die Begriffe "Gesundheit" und "Natur" rankt. Es fehlt dem Apfel aber immer noch der Markenname im Vergleich zur Industrieware.

Während es in den 70er Jahren bei anderen Produkten schon lange üblich ist, mit einem verkaufsorientierten Marketing in Form von Markenartikeln den Absatz zu erhöhen, wird bei verderblichen Früchten immer noch produktorientiert geworben. Daß verkaufsorientiertes Marketing auch bei Obst funktioniert, wird allerdings durch das erstmals 1963 in den USA und 1967 in der Bundesrepublik angewendete "Chiquita-Marketing" bewiesen (Pickenpack 1974, S. III). Der Erfolg dieser neuen Werbestrategie stellt sich aber nur ein, wenn entsprechend groß angelegte Vermarktungsstrukturen und eindeutige Identifikatoren vorhanden sind. Erst durch die Möglichkeit große Mengen gleicher Produkte zusammenzufassen, wie es vom Groß- und Einzelhandel ab den 80er Jahren massiv im Rahmen des internationalen Wettbewerbs vorangetrieben wird, kann das neue Konzept des verkaufsorientierten Marketings von Marken auch bei Obst funktionieren. Allerdings ist insbesondere bei Äpfeln das Problem, daß die im Vergleich zu Bananen relativ vielen im Handel angebotenen unterschiedlichen Sorten nicht unter einem Markennamen subsumiert werden können. Aus Werbegründen ist es für die Erzeuger deshalb wünschenswert, die Anzahl der Sortenvielfalt auf ein Minimum zu bringen (Morgan, Richards 1993, S. 131). Trotzdem ist es bis heute nicht gelungen, bei Äpfeln Markennamen wirklich bekannt zu machen.

Um die Werbemaßnahmen effektiver zu gestalten, schließen sich die Großhandelsbetriebe der Einzelhändler zusammen. So bilden z.B. die Unternehmen der EDEKA-Gruppe sogenannte Werbekreise, die Obst zu gleichen Preisen als Angebot in Tageszeitungen schalten. 1971 werden von der EDEKA-Handelsgruppe zwei nationale Werbekampagnen für deutsche Äpfel, 1972 drei durchgeführt (Pickenpack 1974, S. 66 - 67). Je nach Bedeutung des Handelsartikels tritt daraufhin eine gebündelte Nachfrage ein, denen Lieferanten mit zentralisierten Organisationseinheiten viel eher nachkommen können, als dezentrale. Damit fördert auch die sich ausbreitende Werbung die Verbreitung zentraler Strukturen im Handel.

Ab den 70er Jahren wird durch Werbestrategien vor allem im Fernsehen das ästhetische Empfinden der Verbraucher dergestalt beeinflußt, daß man beispielsweise Äpfel fast nur noch als glatt glänzendes, hygienisch sauberes Produkt für eßbar halten kann (Wolf 1989, S. 40). Nicht umsonst hat der 'Granny Smith' einen solch großen Erfolg in einer Zeit, in der sich der Blick auf das Äußere gerade ausbildet. Die in dieser Zeit verfolgten Werbestrategien tragen dazu bei, das Bild, das die Menschen von einem Apfel haben, zu verändern.

Diese veränderte Wahrnehmung des Apfels ergibt sich überraschenderweise weniger über die direkte Werbung für den Apfel sondern vielmehr über Werbemaßnahmen für andere Produkte, die den Apfel stellvertretend für eine bestimmte Bedeutung benutzen. Der grüne makellose Apfel in der Zahnpasta-Werbung steht z.B. für Langlebigkeit und Gesundheit, eine schon uralte Bedeutung, die mit dem Apfel in Verbindung gebracht wird. Diese Werbung macht den Apfel sogar zum Gesundheitstest-Kriterium, zur "Referenz" für gute Zähne. Auch bei Zott Sahnejoghurt-Werbung taucht im Hintergrund ein grüner Apfel auf, um die Gesundheitswirkung dieses Produktes zu unterstreichen. An diese Werbung erinnern sich deutlich mehr Menschen, als an reine Apfelwerbung. Die Meister-Propper-Werbung setzt dagegen grüne Äpfel ein, um Frische und guten Geruch zu vermitteln. Apfelsorten, die diesem durch die Werbung vermittelten Äußeren nicht entsprechen, drohen durch das Kriterienraster der Verbraucher zu fallen. Immer mehr macht das Bild vom Apfel den Apfel aus (Farbtafel V).

Für Tafeläpfel eine Identifikation mit einem Markenprodukt, vergleichbar mit der Marke Coca-Cola, herzustellen, ist der Werbung - auch wenn es etliche Versuche dazu gibt - bis heute nicht gelungen[228]. Die Werbestrategien für Äpfel basieren immer noch vorwiegend auf traditionellen Mustern[229]. Lediglich bei Apfelsaft, wie z.B. die Marke Lindavia in den 70er Jahren oder Becker's Bester in den 90ern, haben Markennamen Erfolg. Für Becker's Bester wird aktuell mit folgendem Werbespruch im Radio geworben: "Vor 50 Jahren hatte Berta Becker die Idee, ihre köstlichen Äpfel zu feinem Apfelsaft zu verarbeiten. Und weil es die besten waren, nannte sie ihn Becker's Bester." Der Apfel wird hier mit Ursprünglichkeit und der guten alten Zeit in Verbindung gebracht, in der die Welt noch in Ordnung war. Dabei geht es in Wahrheit gar nicht mehr "... um das Süppchen der Großmutter, sondern um Millionen von Litern, die das Traumbild 'nach Großmutters Art' als Markenattribut erhalten." (Tränkle 1992, S. 398). Tatsächlich tauchen in der Werbung nie Bilder aus der wirklichen Apfelproduktion in großen Intensivanlagen auf, sondern der Apfel ist isoliert abgebildet, er kommt sozusagen aus dem "Nichts"[230].

Versuche aus Äpfeln Markenprodukte zu machen gibt es durchaus. Sie beschränken sich in der Regel jedoch auf Einzelfälle und gebiets- sowie qualitätsbezogene Identifikationen: Im niedersächsischen Jork versucht sich ein Obsterzeuger erfolgreich mit seinen Äpfeln von den üblichen Einheitssorten zu unterscheiden, indem er Logos auf die Äpfel bringt. Mit einer Schablone, die im Frühsommer auf den noch grünen Äpfeln befestigt wird, entstehen Herzen, Smilies oder Firmensignets, die inzwischen weltweit gefragt sein sollen (die tageszeitung, 22.09.1998). Ein qualitätsbezogenes Werbekonzept verfolgt dagegen der Bio-Obsthof Augustin aus dem Alten Land: Hier soll beispielsweise der "Augustin-Elstar" für ökologische Qualitäten stehen, die einem einfachen "Elstar" fehlen.

Der 1998 gegründete "Förderverein Integriertes Obst", ein Zusammenschluß von Erzeugern, Fruchthandelsverbänden und dem Obstbauversuchsring aus dem Alten Land, hat hingegen ein ganzes Marketingkonzept für Altländer Äpfel in Auftrag gegeben. Umweltschonend, frisch, sexy und knackig, diese Attribute sollen diesem Konzept nach mit einem Altländer Apfel verbunden werden. Als Bildmaterial dient eine hübsche Blondine, die ein T-Shirt mit dem Altländer Gebietszeichen und der Aufschrift: "Ich bin knackfrisch" trägt (Stader Tageblatt vom 26.07.1999).

Neben dem Protest der Frauenbeauftragten der Gemeinden aus dem Alten Land, die diese Werbung als frauenfeindlich, abgegriffen und primitiv bezeichnen, stellt sich in der Tat die Frage, wer mit einer solchen Werbung heutzutage noch hinter dem Ofen hervorgelockt werden kann. So spinnt ein Leser des Artikels weiter aus: "Die hübsche Blondine zum Beispiel, die Fleisch gewordene Knackigkeit. Warum muß die denn überhaupt noch ein T-Shirt tragen, man könnte sie sich doch vielleicht noch anzüglicher auf einer gut gestylten Altländer Turbo-Spritze rumräkeln lassen. Oder wenn man sie auf einer der üblichen Kupfer-Spritzungen mitnehmen würde, dann wäre sie nachher so schön grün wie die kleine Meerjungfrau an der Kopenhagener Hafeneinfahrt. Das würde sicher die skandinavischen Apfelkonsumenten besonders ansprechen und den Export Altländer Äpfel dorthin erheblich fördern können." (Stader Tageblatt 02.08.1999). Hier ist sehr ideenreich der Widerspruch zwischen dem Werbespruch und der tatsächlichen Produktion thematisiert und damit die Lüge der Werbeidee entlarvt.

Auch die Erzeugergemeinschaft Elbe-Obst, die etwa 50 % des erzeugten Obstes aus dem Alten Land vermarktet, ist von diesem Werbekonzept, das für alle erzeugten Äpfel aus dem Alten Land gelten soll, nicht besonders überzeugt. Bevor unter einem einzigen Signet für Äpfel aus dem Alten Land geworben wird, müßten sich ihrer Meinung nach erst die Strukturen bei Erzeugern und Vermarktern ändern. Bis dahin könne das bereits existierende Logo der Elbe-Obst eingesetzt werden, um sich vom Einheitsangebot abzusetzen: "Die Verbraucher müssen unser Obst im Laden erkennen, sonst sind sie austauschbar und es geht nur noch um den Preis." Um sich dauerhafte Marktanteile zu sichern, sei es am einfachsten, eine neu entwickelte Apfelsorte aufzukaufen oder entwickeln zu lassen, um sie dann exklusiv nur über die Elbe-Obst mit besseren Gewinnmargen zu vermarkten (Stader Tageblatt vom 04.08.1999)[231]. Eine beeindruckende Vision: Wie ein Automodell wird, je nach Mode, von der Elbe-Obst ein "Apfelmodell" vermarktet.

In der Tat ist ein "markenspezifisches Design" des Apfels bisher kaum möglich: Der Aufkleber nach "Chiquita-Vorbild", ein bestimmtes Logo auf der Verpackung und die noch recht hilflosen Versuche, mit einer Schablone ein Firmensignet auf die Schale zu bringen, zeigen bisher eher die Grenzen der Bemühungen aus einem Apfel ein Markenprodukt zu machen. Freilich lassen sich schon einige "Designtrends" erkennen: Waren in den 70er Jahren noch grüne Äpfel "modern", wird heute der rote oder der farbige Apfel als "ein Trend" betrachtet (Daßler, Heitmann 1991, S. 148). So könnte die Zukunft der Werbung darin liegen, durch Design einen Eindruck einer Vielfalt zu verschaffen, die es in Wirklichkeit nicht mehr gibt. Die Werbung schafft damit ein "Bild" vom Apfel, das "manipuliert" ist[232]. Dabei ist es nicht einmal die Apfelwerbung selbst, sondern die Verwendung des im Bewußtsein vieler Menschen noch vorhandenen Bildes eines Naturproduktes, das Wirkung erzielt. Immer wird durch die Bildersprache ein schöner und glatter Apfel gezeigt, der dann auch erzeugt werden muß, weil ihn die Verbraucher angeblich nachfragen. Das Produkt selbst und sein Gebrauch sind von diesem "Bild im Kopf" fast völlig isoliert (Farbtafel VI).

III.

3. ZUSAMMENFASSUNG

Insbesondere seit den 50er Jahren ist neben den völlig veränderten Produktions- und Vermarktungsformen und damit ebenfalls veränderten Apfel gleichzeitig etwas entstanden, das als neues "Image" vom Apfel bezeichnet werden kann. Gerade weil der Apfel in der Nachkriegszeit völlig unmodern erschien, konnte ihm eine neue Identität gegeben werden, die mit seinem ursprünglichen Charakter kaum mehr etwas gemein hat und die von seinem Gebrauch fast völlig unabhängig ist. Das anfangs umfassende Bild vom Apfel, das Optik, Geruch, Geschmack und Gebrauchsformen sowie Kenntnisse über den Anbau beinhaltet, reduziert sich auf ein rein optisches Bild.

War bis zum 20. Jahrhundert das Bild des Apfels durch einen umfassenden Gebrauch bestimmt, beginnt ab dem 20. Jahrhundert eine Konzentration auf das äußere Erscheinungsbild. Gefragte Qualitätsmerkmale sind meßbare Werte, wie die Größe und Farbe. Außerdem spielen abstrakte Maße, wie z.B. das "optimale" Zucker-Säure-Verhältnis oder ein hoher Vitamingehalt eine zunehmende Rolle. Alle Ausführungen über Qualitäten, die von Erzeugerorganisationen, vom Handel oder der EU ab dieser Zeit erwähnt werden, haben eines gemeinsam: Der Geschmack kommt in ihnen nicht vor. Deshalb ist er als Bestandteil der Vorstellung vom Apfel inzwischen fast verschwunden. Die ehemals vielfältigen, durch verschiedene Gebrauchsformen bestimmten Qualitätsmerkmale haben sich stark reduziert und spielen deshalb bei der Wahrnehmung des Apfels keine Rolle mehr.

Da in der Werbung im wesentlichen optische Informationen verbreitet werden, muß der Apfel auch hier vor allem schön aussehen. Nicht mehr allein bestimmte Eigenschaften des Apfels werden beworben, sondern es rückt seine gesamte Aufmachung in den Vordergrund. Überraschenderweise ergibt sich die veränderte Vorstellung von einem Apfel weniger über die direkte Werbung, sondern vielmehr über Werbemaßnahmen für andere Produkte, die den Apfel stellvertretend für eine bestimmte Bedeutung benutzen (z.B. Zahnpasta-Werbung oder Putzmittel-Werbung). Apfelsorten, die diesem, durch die Werbung vermittelten, Äußeren nicht entsprechen, drohen durch das Kriterienraster unkritischer Verbraucher zu fallen. Das ästhetische Empfinden der Verbraucher wird dergestalt beeinflußt, daß man nur noch die Äpfel für eßbar und gesund hält, die makellos sind.

Heute ist es soweit, daß dem Apfel ehemals vorhandene Eigenschaften von der Werbung angedichtet werden: Der "natural identical apple" wird künstlich erzeugt, indem er in eine naturwüchsige Landschaft versetzt oder mit Großmutters Backkünsten in Verbindung gebracht wird. Immer mehr macht das künstlich erzeugte Bild vom Apfel den Apfel aus. Tatsächlich tauchen in der Werbung nie Bilder aus der wirklichen Apfelproduktion in großen Intensivanlagen auf, sondern der Apfel ist isoliert abgebildet und kommt sozusagen aus dem "Nichts".

IV.
MÖGLICHKEITEN DER WIEDERGEWINNUNG
VON VIELFALT

Die Analyse des Weges zum Standardapfel hat gezeigt, daß der Apfel gegenüber Veränderungen lange Widerstand leistet. Wenn bei der Produktion anderer Waren der "Fortschritt" in Form veränderter Produktionsmethoden schon greift, hinkt der Apfel weit hinterher. Da es nicht ohne weiteres gelingt, ihn allein mit "moderner" Technik zu manipulieren, bleibt er die längste Zeit sozusagen ein "widerspenstiger konservativer Typ". Erst in jüngster Zeit ist es - zumindest teilweise - gelungen, ihn in reproduzierbarer Form und großen Mengen herzustellen. Gleichzeitig wird dabei aber deutlich, daß ein Apfel nur mit einem enormen technischen und organisatorischen Aufwand für einen Anbau in Monokulturen und als globaler Handelsartikel geeignet ist.

Vor dem Hintergrund der heute handlungsleitenden Einstellungen und Sichtweisen sowie technischen Manipulationsmöglichkeiten drohen dem "widerspenstigen konservativen" Apfel allerdings zum ersten Mal selbst Risiken: Je mehr sich das realitätsfremde Bild, das viele Menschen vom Apfel haben, ausbreitet, desto eher könnte es gelingen, seine Erscheinungsform noch stärker zu vereinheitlichen und damit gleichzeitig die derzeit vorhandene Qualität und Sortenvielfalt noch weitaus dramatischer zu reduzieren, als es bisher geschehen ist.

Die These von der Vereinheitlichung eines Lebensmittels als Ausgangspunkt der historischen Betrachtung der Entwicklung zum Standardapfel erweist sich zwar als richtig, kann aber ohne die jeweils dahinterliegenden epochespezifischen Einstellungen und Sichtweisen in der Gesellschaft nur eingeschränkt verstanden werden. Nicht nur industrielle und großmaßstäbliche Produktions-, Verteilungs- und Versorgungsformen des Handels sowie ein verändertes Verbrauchsverhalten in den privaten Haushalten sind ausschlaggebend für die Reduzierung der Sortenvielfalt. Vielmehr wird der Apfel vom Bild, das sich die Menschen auf der Grundlage der jeweils herrschenden Einstellungen und Sichtweisen von ihm machen, beeinflußt.

Gleichzeitig steht dieser spezifische "Blick" auf den Apfel in einem sehr komplexen Verhältnis zur Wirklichkeit. Solange noch ein direkter Bezug über verschiedene Gebrauchsformen existiert, beeinflussen sich Vorstellung und Realität offenbar produktiv. Mit zunehmender Distanz und Vermittlung wird das "Bild" vom Apfel dagegen beziehungslos und beliebig. Dabei wird deutlich, daß Einstellungen und Sichtweisen zunehmend durch sogenannte Fachleute, staatliche Ausbildungsstellen und schließlich auch durch Regeln, Vorschriften und Leitbilder durchgesetzt werden. Die Bauern, insbesondere die Bauersfrauen, die von einer Reduzierung der Vielfalt angeblich profitieren sollen, leisten in diesem Zusammenhang oftmals ausdrücklichen Widerstand gegen diese Bevormundung.

Die historische Betrachtung des Apfels macht auch deutlich, daß sowohl im Obstanbau und -handel als auch bei dessen Gebrauch im Laufe der Zeit konkrete räumliche und zeitliche Bezüge (wie z.B. der Bezug zu dem Ort, an dem der Apfelbaum steht oder die jahreszeitliche Veränderung eines Apfels) immer mehr verloren gehen:

Der Apfel kommt ursprünglich vom Land in die Stadt, wo er schon im 16. Jahrhundert zur städtischen Kultur im Rahmen einer ausgeprägten Gartenkultur avanciert. Sowohl auf dem Land als auch in den Städten versorgt man sich in der Regel selbst mit Äpfeln, denn die Verhältnisse lassen einen Transport, der über die fußläufige Erreichbarkeit einer Stadt hinaus geht, nicht zu. Die Entstehung der Apfelvielfalt hat neben den Klöstern, die sich oftmals auf dem Land befinden, in den Städten ihr Zentrum, denn hier wird eine gezielte Auslese und Vermehrung betrieben. Hier werden auch zu aller erst Vorstellungen über die Rolle des Apfels als Nahrungsmittel und darüber, was ein "guter" Apfel ist, entwickelt. Die stark bürgerlich geprägte Apfelkultur bleibt im wesentlichen eine städtische Kultur bis in das 19. Jahrhundert. Dies belegt auch die Zunahme der Schriften, die sich wissenschaftlich mit der Obstkultur befassen und die zum überwiegenden Teil von Gelehrten und Professoren, also dem städtischen Bürgertum verfasst werden. Ab Mitte des 19. Jahrhunderts wird die Apfelkultur, insbesondere auch wegen einer neuen Praxis im Städtebau, aus den Städten zunehmend verdrängt. Gleichzeitig spielt die Selbstversorgung in den Städten eine immer geringere Rolle, da die Industrialisierung der Landwirtschaft und die räumliche Ausweitung des Handels mit Lebensmitteln immer weiter vorangetrieben wird.

Im Rahmen dieser Entwicklungen verringert sich ebenfalls der Bezug vieler Menschen zum Apfel selbst, was sich in abstrakten Beschreibungsmerkmalen und extensiven Regelungswerken über den Apfel äußert. Es entsteht eine abstrakte Sichtweise, die in der Planung und staatlichen bzw. privatwirtschaftlichen Stellen immer mehr Platz greift und den Apfel letztlich zu einem Standardapfel macht.

Bei Überlegungen zu einer "Wiedergewinnung von Vielfalt" ist es deshalb in erster Linie notwendig, zu hinterfragen, wie wir den Apfel heute begreifen und welche selbstverständlich gewordenen Einstellungen und Sichtweisen den Hintergrund dafür bilden (Farbtafel VII). Auf dieser Grundlage ergibt sich ein anderes Verhältnis zu Veränderungsmöglichkeiten. Wenn bisherige Vorstellungen davon ausgingen, durch eine entsprechende Planung von z.B. ökologischen Produktionsformen, direkt organisierter Handelsstrukturen und nachhaltigerem Verbraucherverhalten die Apfelvielfalt wieder zu erhöhen, sind solche Maßnahmen nun sehr viel kritischer zu sehen.

IV.

1. WIRD DER APFEL ZUM PSEUDOOBJEKT?

Spätestens seit Ende der Jahrhundertwende gelingt es, durch gezielte Beeinflussung auch den Apfel selbst entscheidend zu verändern. Dabei hat sich insbesondere in den letzten Jahrzehnten eine starke Reduktion der Sorten- und Erscheinungsvielfalt ergeben. Zwar ist heute noch eine große Vielfalt an Apfelsorten vorhanden, davon wird aber nur ein Bruchteil wirklich genutzt. Die meisten Sorten sind kaum noch zu finden, in der Regel sind die Bäume dieser Sorten überaltert. Der größte Teil noch vorhandener Apfelsorten verschwindet damit aus dem Blickfeld der Menschen und damit auch das Wissen darüber, wie verschiedene Sorten aussehen, wie sie schmecken, wann sie genußreif sind, wie man sie lagert und insbesondere, wie man sie verwenden kann. Ganze (in Jahrhunderten entstandene) Gebrauchskulturen sind in Vergessenheit geraten, damit zusammenhängende Sozialstrukturen (wie z.B. der Nebenerwerb) verschwunden. Eine von Experten geformte Ware hat kulturell geformte Gebrauchswerte verdrängt. Dieser Prozeß gewinnt an Dynamik durch die Produktion eines ganz bestimmten Bildes vom Apfel, das sich ausschließlich auf äußere Merkmale bezieht und mit der Wirklichkeit kaum mehr etwas zu tun hat.

Die Entstehung dieses Bildes läßt sich an den in einschlägigen Schriften über Obst gewählten Qualitätsmerkmalen für Äpfel, die sich in verschiedenen historischen Phasen entsprechend verändern, beobachten: Dabei fällt auf, daß sich die Kriterien im Laufe der Zeit von einem vielfältigen gleichwertigen Nebeneinander zu abstrakten, meßbaren Vergleichsgrößen verschieben (vgl. Abbildung 10). Mit dem Beginn der Festlegung von definierten Qualitätsstandards fängt die eigentliche "Produktion" des Standardapfels erst richtig an, denn es wird versucht, etwas an sich nicht Vergleichbares vergleichbar zu machen. Bei diesem Prozeß verschwinden im Laufe der Zeit alle nicht eindeutig meßbaren Charaktereigenschaften des Apfels, erst auf dem Papier und nach und nach auch in den Köpfen der Menschen.

Bis zum Anfang des 20. Jahrhunderts werden in den meisten obstbaulichen Schriften die vielfältigen Eigenschaften des Apfels ausschließlich beschrieben. Es wird versucht, eine möglichst umfangreiche Erfassung seiner sortentypisch spezifischen Merkmale vorzunehmen (vgl. Kapitel II.2.3 und VI.1). Die Äpfel werden in pomologische Systeme eingeteilt, in denen sich jeweils Apfelsorten mit ähnlichem Erscheinungsbild, wie z.B. der Größe und Form, der Reifezeit oder der Beschaffenheit des Fleisches und Kernhauses, wiederfinden. In den Anleitungen zum Obstbau wird darüber hinaus jeweils auf geeignete Standorte, unterschiedliche Pflück-, Reife- und Genußzeiten, Baumformen sowie Verwendungsmöglichkeiten eingegangen. Die Beschreibungen orientieren sich also immer auch an den verschiedenen Gebrauchswerten des Apfels, die sowohl in städtischen als auch in ländlichen Haushalten ihre Gültigkeit hatten. Jede Apfelsorte wird gleichwertig behandelt, unabhängig davon, wo sie vorkommt, wie ihr äußeres Erscheinungsbild ist und zu welchem Zweck sie verwendet werden kann. Dabei findet sich für jeden Ort und Zweck eine Apfelsorte!

Spätestens seit den 40er Jahren dieses Jahrhunderts findet dann in den Schriften, die sich mit Obst befassen, ein inhaltlicher Kurswechsel statt: Nun werden meßbare Vergleichsgrößen in Form von Güteklassen und Größengruppen für Äpfel eingeführt. Interessanterweise fällt die Entstehung dieser abstrakten Sichtweise auf den Apfel in die selbe historische Phase, wie die politische Idee, einen "Großwirtschaftsraum" zu bilden[233]. Im Laufe der Verwirklichung des europäischen Wirtschaftsraums nach dem Zweiten Weltkrieg (Europäische Wirtschaftsgemeinschaft (EWG) und später Europäische Union (EU)), setzt sich diese quantitative, von der Wirtschaftswissenschaft geprägte Sichtweise immer mehr durch[234]. Verständlicherweise spielen dabei die Ansprüche, die der Groß-, bzw. später Einzelhandel an den Apfel stellt, die größte Rolle[235].

Die Beschreibungen von qualitativen Eigenschaften und Gebrauchswerten verschwinden in der Folgezeit als Unterscheidungsmerkmale, da sie objektiv nicht meßbar und damit vergleichbar sind. Von nun an geht es nicht mehr um die Beschreibung qualitativer orts- und zeitbezogener Merkmale, sondern es werden abstrakte, ortsunabhängige überall gültige Unterscheidungskriterien eingeführt. In diesem Zusammenhang werden einzelne Apfelsorten in den Vordergrund gerückt, die den neuen (meßbaren) Qualitätskriterien ganz besonders entsprechen. Für eine bestimmte Apfelsorte muß von nun an ein optimaler Standort gesucht werden. An Orte, wo diese Sorte nicht wächst, wird sie aus Obstbaugebieten mit entsprechenden Böden hergeholt. In einer günstigen Lage wird der Boden zum Produktionsfaktor gemacht, der Handel übernimmt die notwendig gewordene Raumüberwindung.

Heute ist es selbstverständlich, meßbare und hauptsächlich auf äußere Merkmale bezogene Unterscheidungsmerkmale für Äpfel, wie z.B. bestimmte Größen oder Farben, anzulegen. Der Apfel besteht nur noch aus Oberfläche, er ist eine Hülle, die Zucker und Säure, Vitamine, Kalium, Calcium, Magnesium, Phosphor und Eisen umschließt und dazu da ist, den Bedarf an solchen Substanzen zu decken.

Die abstrakte Wahrnehmung vom Apfel äußert sich in zwei unterschiedlichen Richtungen:

Der "mikroskopische Blick", der punktuell in die Tiefe geht, isoliert und auflöst und damit den Gesamtzusammenhang verliert. Er suggeriert eine Wirklichkeit, die weder fühlbar noch sehbar ist. Barbara Duden bezeichnet diesen Blick als "misplaced concreteness" oder als Konkretion am falschen Ort, am ver-rückten Ort (Duden 1994, S. 31). Der "Satellitenblick" ist hingegen generalistisch und global, auf das Äußere gerichtet. Er spiegelt Kontrolle und Herrschaft wider: Wir haben alles in der Hand. "... In seiner kreisrunden Beschränkung gibt der blaue Planet eine sichtbare Metapher für ein Denken im System, im Regelkreis. Denn obwohl nichts recht zu sehen ist, ist doch alles erfaßt. Denn oben und unten, rechts und links, hüben und drüben, diesseits und jenseits, heiß und kalt, schwarz und weiß, trocken und naß – alles ist ins sichtbare Bild gepackt, ist gleichwertig und vor allem gleich gegenwärtig. Wie im Kasten alles gleich angeähnlelt wird: seien es Nasenspitzen, Betonbauten, Regenfälle – so homogenisiert der Satellitenblick alle, aber auch alle Qualitäten, Eigenschaften." (Duden 1994/95, S. 59).

Veränderung der Unterscheidungsmerkmale für verschiedene Apfelsorten

	frei definierte Merkmale [1]	qualitative, systematische Beschreibung des Apfels [2]	qualitative Beschreibungen über Anbau und Verwendung [3]	abstrakte Unterscheidungsgrößen [4]	
Tabernaemontanus	■				1664
Zedlers Universallexikon	■				1732
Handbuch der Landwirthschaft		■			1796
Ersch; Gruber		■			1820
Rubens		■	■		1862
Engelbrecht		■			1889
Noack		■			1895
Lucas		■			1902
Settegast		■			1909
Groß; Kümmerlen		■			1922
Trenkle			■	■	1942/43
Hildebrandt			■	■	1943
Poenicke			■		1948
Deutsche Handelsklassen VO			■		1955
Dassler			■	■	1969
EWG-Verordnung				■	1972
EWG-Verordnung				■	1989
Petzold				■	1990

[1] z.B. "wilde" und "zahme" Äpfel   [2] z.B. die Systematisierung nach Familien, Ordnungen oder Klassen
[3] z.B. die Beschreibung des Pflanzenortes (Lage, Klima, Boden), Baum- und Wuchsformen, Gebrauchszwecke sowie Reife- und Genußzeiten   [4] z.B. Güteeigenschaften, Größen, Marktwert, Farbe, technische Eignung

Abbildung 10: Veränderung der Unterscheidungsmerkmale für verschiedene Apfelsorten (eigene Darstellung)

Sowohl der "mikroskopische Blick" als auch der "Satellitenblick" haben die gleiche Folge, denn beide führen dazu, daß die Wahrnehmung standardisiert und damit Vielfalt im Sinne der Wahrnehmung vielfältiger Erscheinungsformen und Qualitätseigenschaften reduziert wird.

Im Zuge dieser Veränderung der Wahrnehmung geht das Wesentliche des Apfels verloren. Es erfolgt ein enormer Qualitätsverlust am Apfel selbst, denn erst jetzt verliert er seine Identität, d.h. seine orts- und zeitabhängig typischen, auf Zufälligkeiten beruhenden Charaktereigenschaften und Unterscheidungsmerkmale. Die verbliebenen Apfelsorten gleichen sich immer mehr an, Unterschiede müssen nunmehr künstlich erzeugt werden: "Sie [die Dinge] verlieren an 'Substanz'. Diese wird ersetzt durch äußere Aufmachung. Nicht die tatsächliche Qualität, z.B. der Geschmack einer Sache, zählt mehr, sondern das, was man die Illusion einer Sache nennen muß. Die Dinge sprechen nicht mehr für sich selber." (Schivelbusch 1992, S. 198). Von nun an wird nicht mehr ein Apfel, sondern es werden Bilder über ihn verkauft.

Damit das klar definierte Erscheinungsbild des Apfels immer wieder reproduziert werden kann, müssen alle möglichen Zufälligkeiten im Anbau und beim Apfel selbst ausgeschaltet werden[236]. Der Erwerbsobstbau mit intensiven Monokulturen und ein Handel mit Äpfeln über große Entfernungen funktioniert nur dann, wenn es gelingt, alles rationell durchzuplanen und damit steuerbar und kontrollierbar[237] zu machen - am besten bis auf den Tisch der Verbraucherinnen und Verbraucher.

Dafür reproduziert der "moderne" Erwerbsobstbau heute nurmehr einen ortsunabhängigen unsterblichen naturidentischen Apfel, der mit einer lebendigen Vielfalt nichts mehr gemein hat. Vergleichbar mit industriell verarbeiteten Lebens- und Genußmitteln, deren Grundbestandteile im wesentlichen die gleichen sind und deren Unterschiede durch Werbung künstlich erzeugt werden, unterscheidet sich der Apfel im Supermarkt heute nur noch durch seine Farbe und durch die ihm künstlich aufgesetzten Attribute. Der Apfel wird zum Pseudoobjekt (Farbtafel VIII).

IV.

2. DER APFEL ALS ABBILD HERRSCHENDER EINSTELLUNGEN UND SICHTWEISEN

Durch den Blick in die Geschichte des Apfels wird deutlich, daß sich der Apfel selbst die längste Zeit gar nicht so sehr verändert hat. Erst in den letzten 50 Jahren vollziehen sich entscheidende Entwicklungen in der Gesellschaft, die den Standardapfel und seine artifiziellen Ableger, wie das "Applestrudel"-Eis von Mövenpick, Granini-Apfelbonbons oder Dr. Oetkers "Bratapfel-Kuchen nach Großmutters Back-Idee" hervorbringen. Vielmehr als der Apfel selbst, haben sich in der Vergangenheit die jeweiligen gesellschaftlichen Einstellungen und damit der Umgang mit dem Apfel verändert: Es gibt Phasen in der Geschichte, in der ganz andere Forderungen an den Apfel gestellt werden, wodurch entsprechend andere "Gebrauchskulturen" und Bilder über den Apfel entstehen. Der selbe Apfel wird, abhängig von den kulturellen, gesellschaftlichen und ökonomischen Bedingungen, im Laufe der Zeit verschieden genutzt und wahrgenommen und damit zu einem völlig anderen Objekt gemacht. Dabei ergeben sich, wie auch bei anderen Dingen, ganz unterschiedliche "Moden" und Trends[238].

Gleichzeitig - so zeigt wieder der Blick in die Geschichte - ist allerdings das spezifische Zusammenspiel bestimmter technischer, ökonomischer und politischer Entwicklungen von ausschlaggebender Bedeutung: Nie ist es nur eine Entwicklung allein, die verantwortlich für eine Veränderung gemacht werden kann. Erst wenn bestimmte gesellschaftliche Veränderungen zusammenkommen, verändert sich auch der Umgang mit dem Apfel[239]. Vor diesem Hintergrund haben der überall und zu jeder Zeit kurzfristig verfügbare Apfel und seine artifiziellen Ableger ebenso eine Berechtigung, wie die orts- und zeitgebundene Sortenvielfalt und die unterschiedlichen Verwendungszwecke des Apfels im 19. Jahrhundert. Denn auch der Standardapfel ist das Ergebnis einer bestimmten "Kultur" des Umgangs mit dem Apfel, die jeweils abhängig vom gesellschaftlichen Hintergrund entsteht.

Eine weitere wichtige Erkenntnis besteht darin, daß die heutigen industriellen Anbau- und Handelsformen abhängig von Experten sowie einer hochkomplizierten Technik und Organisation sind. Diese fremdbestimmten und an abstrakten Standards orientierten Umgangsformen haben Folgen sowohl wieder für den Anbau selbst als auch für die Kultur des Umgangs mit dem Apfel. Durch das spezialisierte Wissen von wenigen Experten entstehen Abhängigkeiten. Die Menschen sind darauf angewiesen, abstrakten Expertensystemen in Form moderner Institutionen zu vertrauen (Giddens 1999, S. 107 - 113) und geben damit ihre eigenen Fähigkeiten aus der Hand. Dadurch scheint ein eigenständiger Umgang mit dem Apfel heute kaum mehr möglich zu sein. "Sonst könnte ja jeder Äpfel anbauen" erklärt ein moderner Obstproduzent die möglichen Folgen regionaler und dezentraler Rückkehr zum eigenständigen Anbau.

Wie auch in anderen Bereichen, z.B. der Bildung, der Medizin und des Verkehrs[240], offenbart sich Herrschaft als ganz zentraler Punkt der "modernen" Apfelproduktion: Die Herrschaft der Spezialisten in der Produktion, die Herrschaft der Handelsketten über den Geschmack der Verbraucherinnen und Verbraucher und letztlich auch die mediengestützte Herrschaft über das Bild, was ein Apfel sei. Die heutige Standardware ist also nicht nur gleichförmig und tot, sondern sie basiert auch auf Machtgefügen, die auf Entmündigung und Gehorsam zielen[241].

Die industrielle Form der Verteilung des Standardapfels erfolgt von zentral organisierten Handelsunternehmen. Auch in diesem Fall kommen Spezialisten zum Einsatz, die allerdings als ausgebildete Logistiker oder Betriebswirtschaftler von einem Apfel in der Regel gar nichts mehr verstehen, denn sie sind nur noch dafür zuständig, daß der Apfel "just-in-time und kostengünstig" zu den Verbraucherinnen und Verbrauchern transportiert wird. In diesem Zusammenhang gibt es viel zu tun: Um einen Apfel vom Baum in die Obstschale einer Küche zu bringen, wird inzwischen ein enormer organisatorischer Aufwand betrieben[242]. Mittlerweile muß geplant werden, was vorher nie eine Rolle spielte, es muß etwas kontrolliert werden, was es vorher gar nicht gab. Was früher direkt gemacht wurde und an einem Ort vereint war, geschieht heute nur noch indirekt und unter Umständen über die ganze Welt verteilt. Dabei erscheint der damit verbundene Aufwand inzwischen vielmehr als Selbsterhaltungstrieb denn tatsächliche Notwendigkeit[243].

Durch diese Form der Produktion und des Handels haben immer weniger Menschen konkret mit dem Apfel zu tun: Es gibt nun ganz bestimmte "Produktionsräume" für ihn, zeitliche Einflußgrößen werden durch "hochmoderne" Lager- und Transporttechnik weitgehend ausgeschaltet. Die angebotenen "Dienstleistungen" machen es von nun ab nicht mehr notwendig, sich mit so etwas, wie einem Apfel überhaupt zu beschäftigen. Anthony Giddens nennt diesen Prozess raum-zeitliche Abstandsvergrößerung, in der er auch die Triebkraft der Moderne sieht (Giddens 1999, S. 72).

Ein von Raum und Zeit abhängiger umfassender Gebrauch des Apfels macht vor dem aktuellen gesellschaftlichen Hintergrund gar keinen Sinn mehr, denn auch die Beziehung der Menschen zu Raum und Zeit hat sich ganz entscheidend verändert. So sind nach Giddens soziale Beziehungen inzwischen kaum noch an ortsgebundene Interaktionszusammenhänge gebunden (Giddens 1999, S. 33). Durch die beschleunigte Raumüberwindung verschwindet sozusagen der Raum und damit konkrete Bezüge der Menschen zu Orten: "Durch die modernen Verkehrsmittel und Übertragungsmedien zunehmend auf nichts reduziert, verliert unsere geophysikalische Umwelt auf beunruhigende Weise ihre räumliche Tiefe, so daß die Beziehung des Menschen zur Umwelt um eine wesentliche Dimension beschnitten wird." (Virilio 1993, S. 60).

Neben der abstrakten Sichtweise auf den Apfel, wie sie im vorigen Kapitel beschrieben wurde, findet eine räumliche und zeitliche Abstraktion in der Nutzung und im Gebrauch - oder eine umfassende Eliminierung von Zufälligkeiten - statt. Der gesamte Prozess von der Entstehung über die Nutzung bis zum Gebrauch des Apfels wird auf dieser Grundlage vorhersehbar und kontrollierbar gemacht. Nicht nur beim Apfel selbst werden alle möglichen Zufälligkeiten ausgeschaltet, sondern auch im gesamten Warenfluß[244].

Aufgrund industrieller Produktionformen und einem zentral organisierten Handel ist eine Gebrauchskultur des Apfels aus der Wahrnehmung vieler Menschen verschwunden. Durch das Fehlen einer direkten Nutzung und eines direkten Gebrauchs mit ihm "ver-rückt" der Apfel in der Wahrnehmung. Nur noch der Standardapfel scheint zu existieren, womit das Bild von einem makellosen und unsterblichen Apfel, der aus dem "Nichts" kommt und jeder Zeit sofort zur Verfügung steht, immer mehr zur Selbstverständlichkeit wird. Der "ver-rückte" Blick kann nur deshalb so gut Fuß fassen, weil die Anknüpfungspunkte für eine Gebrauchskultur mit dem Apfel verschwinden und damit der Apfel immer weniger mit den konkreten Erfahrungswelten der Menschen zu tun hat. Der Apfel gelangt auf komplizierten Umwegen zu den Verbraucherinnen und Verbrauchern. Wo der Apfelbaum steht, wie er aussieht, wie der Apfel sich entwickelt hat und wann man ihn gebrauchen kann, ist den meisten Menschen inzwischen weitgehend unbekannt. In dem Maße, wie die Menschen immer weniger konkret mit dem Apfel in Kontakt kommen, kann aber auch erst das abstrakte, von der Realität entrückte Bild des Apfels richtig greifen.

Die Blickrichtung in der Gesellschaft hat sich von einer orts- und zeitbezogenen konkreten Gesamtheit zu abstrakten unzusammenhängenden Einzelschaubildern und Spezialgebieten entwickelt. Das Wichtigste bei einem Apfel ist heute dessen Reproduzierbarkeit nach einem Prototyp und grenzenlose Verfügbarkeit zu jeder Zeit. Was in der Automobilindustrie schon lange Wirklichkeit ist, soll nun mit (post-) industriellen Produktions- und Organisationsformen für den Apfel realisiert werden[245]. Die Notwendigkeit eines großangelegten internationalen Handels ist in der Wissenschaft, Wirtschaft und Politik dabei schon längst zu einem festen Teil des Weltbildes geworden, wobei sogar der inzwischen stark verbreitete Umweltschutzgedanke Pate steht. Dagegen erscheint Widerspruch undenkbar. So argumentiert die World Trade Organisation (WTO): "Jedes WTO-Mitglied will Handel, weil dieser zu höheren Lebensstandard führt und damit zu einer saubereren Umwelt." (taz v. 16.10.1999, S. 4).

Obwohl inzwischen viele Fachleute die zunehmende Ausweitung des globalen Handels kritisieren[246] und die immer wiederkehrenden Lebensmittelskandale, wie z.B. bei Fleisch oder Olivenöl, konkret zeigen, daß großräumig angelegte Wirtschaftsbeziehungen unüberschaubar werden und von der dafür notwendigen "kostengünstigen" (Massen-)Produktion sogar Gesundheitsgefährdungen ausgehen können, haben diese Tatsachen offensichtlich keine Auswirkung auf das "fortschrittliche" Denken in unserer Gesellschaft. Solche Erkenntnisse scheinen nicht zu bewirken, daß sich an der laufenden Entwicklung ernsthaft etwas ändert. Aus einem geschlossenen Denksystem der "modernen" Industriegesellschaft heraus werden solche Ansätze lediglich als künstliche Beschränkungen wahrgenommen, die der Logik des allgemeinen Meinungssystems widersprechen. Einem Umbruch stehen also auch im Denken erhebliche Widerstände entgegen.

Warum sich neue Denkweisen in der Gesellschaft schwer durchsetzen, beschreibt Ludwik Fleck in seinem Buch "Entstehung und Entwicklung einer wissenschaftlichen Tatsache" exemplarisch am Beispiel der Syphillis. Diese Krankheit wurde noch lange Zeit als "Lustseuche" betrachtet, obwohl die wissenschaftlichen Erkenntnisse, daß die Krankheit durch bakterielle Krankheitserreger ausgelöst wird, schon lange bekannt waren.

Entstehung und Entwicklung einer wissenschaftlichen Tatsache

Die Grundlage für gesellschaftliche Veränderungen bilden bestimmte gesellschaftliche Einstellungen, die sich sowohl in Wissenschaft, Wirtschaft und Politik niederschlagen: Einstellungen und Sichtweisen oder Denkstile, wie Ludwik Fleck sie in seinem Buch "Entstehung und Entwicklung einer wissenschaftlichen Tatsache" nennt, bilden sich jedoch nur durch die Entwicklung bestimmter Erkenntnisse und die Anwendung bestimmter in dieser Zeit zur Verfügung stehenden Möglichkeiten (vgl. Fleck 1994). Dabei unterscheidet Fleck den Vorgang der Blickbildung in die Blickprägung durch das wissenschaftliche Denkkollektiv einerseits und die Eingliederung des wissenschaftlichen Blickes in den epochespezifischen Denkstil.

Eine Veränderung der jeweiligen gesellschaftlichen Einstellungen kann nur dann stattfinden, wenn sich bestimmte Verhältnisse, die es entweder notwendig machen oder die es sinnvoll erscheinen lassen, verändern. Fleck schreibt hierzu folgendes: "Ist ein ausgebautes, geschlossenes Meinungssystem, das aus vielen Einzelheiten und Beziehungen besteht, einmal geformt, so beharrt es beständig gegenüber allem Widersprechenden. Ein gutes Beispiel solcher Tendenz liefert die Geschichte der Lustseuche katexochen in seiner langandauernden Beharrung gegen alles neue Begreifen. Nicht um bloße Trägheit handelt es sich oder Vorsicht vor Neuerungen, sondern um eine aktive Vorgehensweise, die in einige Grade zerfällt:

1. Ein Widerspruch gegen das System erscheint undenkbar.

2. Was in das System nicht hineinpaßt, bleibt ungesehen, oder

3. es wird verschwiegen, auch wenn es bekannt ist oder

4. es wird mittels großer Kraftanstrengung dem Systeme nicht widersprechend erklärt.

5. Man sieht, beschreibt und bildet sogar Sachverhalte ab, die den herrschenden Anschauungen entsprechen, d.h., die sozusagen ihre Realisierung sind - trotz aller Rechte widersprechender Anschauungen." (Fleck 1994, S. 40).

IV.

3. KANN DURCH PLANUNG EINE NEUE APFELVIELFALT ENTSTEHEN?

Die "Mode" des Standardapfels und seiner artifiziellen Geschmacksrichtungen ist historisch gesehen auch nur das Ergebnis bestimmter kultureller, gesellschaftlicher und ökonomischer Bedingungen der "Moderne". Moden hat es schließlich immer gegeben[247]. Gefährlich an der gegenwärtigen Entwicklung jedoch ist, daß sich nicht nur beim Apfel selbst zukünftige Möglichkeiten enorm eingeengt haben, sondern durch das verlorengehende Wissen auch die Anknüpfungspunkte für eine neue "Gebrauchskultur" des Apfels abhanden kommen. Aufgrund extensiver Regelungen ist es heute kaum mehr möglich, eigenständige "Kulturen" der Nutzung und des Gebrauchs mit dem Apfel zu pflegen. Vielfalt kann aber nur dann entstehen, wenn auch von Institutionen und Experten unabhängige Produktions- und Lebensformen realisiert werden können[248].

Erst durch Planung ist der Apfel zur Ware geworden, d.h. zum reproduzierbaren und überall zu jeder Zeit verfügbaren Standardapfel, der zu nichts mehr zu gebrauchen ist. Durch Regelungen, Richtlinien und Verordnungen wird er zu einem endgültig "optimalen" Apfel ohne Alternative gemacht. Durch das weitgehende Ausschalten der von Raum und Zeit abhängigen Zufälligkeiten im Anbau und im Handel hat der Apfel mit dem Alltag oder mit Erfahrungswissen nichts mehr zu tun. Er wird zu einem überraschungsfreien, unsterblichen und geschichtenlosen Apfel. Da dessen Erscheinungs- und Gebrauchsform von Experten definitiv vorprogrammiert wird, gibt es nichts mehr über ihn zu erzählen, was wirklich mit ihm zu tun hat. Die Moderne entwirft - vor allem durch die Werbung - im wesentlichen mit Hilfe von Symbolen eine Apfelkunstwelt, die viel mit einem angeblich modernen Lebensstil, nämlich von der Zahnpasta bis zur Unterhose[249], zu tun hat, aber nichts mit dem tatsächlichen Gebrauch des Apfels.

Schon weil Regulierung einen großen Teil des Standardapfels ausmacht, ist nicht davon auszugehen, daß weitere Regeln wieder zu einer Vielfalt führen. Mit Regeln - so wird im folgenden an weiteren Argumenten gezeigt - kann keine neue Apfelkultur entstehen.

Der Blick in die Geschichte des Apfels zeigt, daß der Apfel seine Ausdifferenzierung und damit seine Gebrauchswerte verliert, sobald er zur Ware wird. Als der Apfel zum käuflichen Objekt, also zum Tauschwert wird, gehen auch die konkreten Bezüge, die die Menschen zum Apfel haben, verloren. Deshalb muß es im Rahmen einer Wiedergewinnung von Vielfalt vor allem um das Wiedergewinnen der Beziehung zu den mit dem Apfel verbundenen räumlich und zeitlich verschiedenen Formen der Nutzung und des Gebrauchs gehen.

Ohne Geschichten über verschiedene Nutzungs- und Gebrauchsformen und die damit verbundene Wissensübermittlung können aber gar keine Anknüpfungspunkte für eine neue Gebrauchskultur des Apfels entstehen. Mit dem daher notwendigen Blick zurück, der auch in dieser Arbeit erfolgte, soll dabei allerdings nicht die Vergangenheit romantisch verklärt werden, denn vergangene Kulturformen können ebenso wenig zurückgeholt werden, wie alte, schon ausgestorbene Apfelsorten, ihre Nutzung und ihr Gebrauch. Vielmehr geht es darum, inzwischen selbstverständliche Einstellungen und Sichtweisen in Frage zu stellen und damit Anknüpfungspunkte für eine Gebrauchskultur des Apfels zu entdecken Mit dem Blick zurück bekommt der Apfel wieder eine Geschichte und damit eine Zukunft.

Allerdings hat sich inzwischen der Begriff und die Bedeutung von Geschichte und Vergangenheit – wie auch andere gesellschaftliche Sichtweisen und Einstellungen – grundlegend gewandelt. Nach dem Grimm'schen Wörterbuch sind Geschichten immer Begebenheiten und Ereignisse, die zufällig geschehen. Anfang des 15. Jahrhunderts bedeutet Geschicht: "eventus, zufällig ding, ein geschicht, ein ding von geschicht." (Deutsches Wörterbuch 1984, S. 3858). Zu Goethes und Schillers Zeiten bezieht sich der Begriff Geschichte auf "(denkwürdige) ereignisse, die sich auf einen gegenstand, ort, land, volk oder eine person beziehen und dadurch zu einen einheit werden." (Deutsches Wörterbuch 1984, S. 3863).

In einer Fortschrittskultur, wie sie gegenwärtig vorherrscht, gelten Geschichten, da sie immer an Wissen aus der Vergangenheit oder an eine unmittelbare Erfahrung anknüpfen, nichts mehr (Berger 1992, S. 280 - 284). Diese Kultur speist sich vielmehr aus Zukunftsvorstellungen und versucht Altes zu überwinden, wobei Geschichten an Bedeutung verlieren[250]. Die Gesellschaft tritt "... anscheinend geschlossen die Flucht aus ihrer historischen Vermitteltheit, aus der eigenen Geschichte, vor allem auch aus der Wahrnehmungsgeschichte ins Unriechbare, Unfühlbare, Unhörbare und letzten Endes auch Unsehbare ... ins Nichts an ..." (Kurnitzky 1994, S. 181).

Handlungen werden erst dadurch zu Geschichten, wenn ihnen etwas dazwischenkommt, passiert, wiederfährt (Marquard 1986, S. 129). Geschichten können also genauso wenig durch geplante, allgemeingültige Regeln entstehen, wie eine neue Apfelvielfalt, denn der Apfel selbst und der Umgang mit ihm ist von räumlich und zeitlich unterschiedlichen Grundvoraussetzungen, Zufälligkeiten[251] und Überraschungen abhängig. Der "moderne" Standardapfel ist aber genau das Gegenteil von Zufälligkeiten und Überraschungen, wodurch sich auch keine differenzierten Gebrauchswerte als Grundlage von Vielfalt herausbilden können[252].

Vielfalt ist also, da sie immer auf Zufälligkeiten beruht, nicht planbar. Außerdem müßten mit dem Apfel ja auch das gesellschaftliche Umfeld für eine umfassende Gebrauchskultur entstehen, denn - so zeigt der Blick zurück in die Geschichte - ohne die Veränderung dieses Hintergrundes wird sich an der Erscheinungsform des Apfels nichts Grundlegendes verändern. Das heißt, für die Wiedergewinnung von Vielfalt im Sinne von Mannigfaltigkeit, müßte nicht nur ein anderes Bild des Apfels, bzw. ein anderer Vordergrund "entworfen" werden, sondern auch der zu ihm passende Hintergrund, der einen neuen Gebrauch erst ermöglicht. Ein solch umfassender gesellschaftlicher Hintergrund ist, wie Lucius Burckhardt ausführt, ohne Frage nicht planbar, abgesehen davon, daß so etwas aufgrund unvermeidlicher Folgewirkungen auch nicht wünschenswert sein kann![253]

"Die Überlegung liegt nahe, daß der Mensch durch Planung an einigen der 99 Stabilisatoren so drehen kann, daß sie wieder zur Stabilität hinführen. Und genau das kann er nicht: Denn der Mensch ist nicht allwissend, das heißt, er kann wohl ein Modell der Wirklichkeit bauen, die Komplexität der Wirklichkeit selbst aber übersieht er nicht. Deshalb können die Nebenwirkungen, die das vereinfachte Modell notwendig verschweigt, zu Hauptwirkungen werden, die den Gang der Dinge wiederum zum Bösen beeinflussen." (Burckhardt 1985, S. 234).

Planung ist lange ein Instrument gewesen, Altes hinter sich zu lassen oder dem "Fortschritt" zu dienen: Seit Anfang des 19. Jahrhunderts werden Lebens- und Wirtschaftsformen von großen staatlich oder privatwirtschaftlich orientierten Organisationen mit wissenschaftlicher Hilfe geplant. Mit Planung soll die Ökonomie und Gesellschaft nach Kriterien der modernen Industriegesellschaft (Rationalität, Effizienz und Moral) neugestaltet werden (Escobar 1993, S. 279). Dabei zeigt sich, daß Planung immer Normierung und Standardisierung der Wirklichkeit bedeutet, die Folge davon ist die Auslöschung von Vielfalt und Andersartigkeit (Escobar 1993, S. 277). Damit steht Planung und Steuerung, insbesondere im Sinne einer umfangreichen gesellschaftlichen Neugestaltung, dem Ziel einer Wiedergewinnung von Apfelvielfalt diametral entgegen.

IV.

4. ANKNÜPFUNGSPUNKTE FÜR EINE NEUE GEBRAUCHSKULTUR MIT DEM APFEL

Es ist deutlich geworden, daß Vielfalt einen (geschichtlich vermittelten) Hintergrund braucht, der Zugänge für eine neue Gebrauchskultur ermöglicht. Sowohl ein neues Bild über den Apfel als auch ein neuer Gebrauch des Apfels hängen von den gesellschaftlichen Einstellungen und Sichtweisen ab, die sich im Apfel widerspiegeln. Eine Wiedergewinnung von Vielfalt ohne eine entsprechende kulturelle Veränderung und Nutzung wäre wenig erfolgreich, bzw. führt zu einer Scheinvielfalt. Statt aber ein neues Bild des Apfels zu konstruieren, neue Bedürfnisse zu erzeugen und weitere Regeln für einen entsprechenden Gebrauch zu entwerfen, geht es vielmehr darum, Regelungen abzubauen, damit sich individuelle Handlungsspielräume für die Nutzung der vielfältigen Gebrauchswerte des Apfels eröffnen. Darüber hinaus ist es notwendig, konkrete Bezüge zum Apfel wiederherzustellen, damit sich um den Apfel eine Gebrauchskultur entwickeln kann.

Die folgende Tabelle verdeutlicht in zusammenfassender Weise die wesentlichen Unterschiede zwischen einem Standardapfel, wie er heute vorwiegend anzutreffen ist und einem auf Zufälligkeiten beruhenden vielfältigen Apfel, um den es bei der Suche nach Anknüpfungspunkten für die Wiedergewinnung von Vielfalt geht.

Standardapfel	vielfältiger Apfel
- *seine Produktion und sein Konsum erfordet jede Menge Regulierung*	- *ist schwer in Regeln zu fassen*
- *ist ohne Eigenschaften*	- *weist vielfältige Eigenschaften (im Sinne von Mannigfaltigkeit) auf*
- *er dient einer stark eingeschränkten Nutzung*	- *dient vielfältigen Nutzungs- und Gebrauchszwecken*
- *ist räumlich-zeitlich ungebunden*	- *ist räumlich-zeitlich gebunden*
- *er ermöglicht nur eine eingeschränkte Wahrnehmung (er ist vorzugsweise eine rein optische Erscheinung)*	- *ermöglicht vielfältige Formen der Wahrnehmung*

Eine Kultur der Vielfalt im Sinne von Mannigfaltigkeit kann nur von Orten ausgehen, denn nur dort können die Menschen die Gegenwart mit ihrer Geschichte verknüpfen (Sachs 1993, S. 446). Eine neue Kultur kann aber nicht allein durch abstrakte Vorstellungen, wie z.B. eine "Inwertsetzung des Raums" durch die "Imagination" von

Orten entstehen[254]. Vielmehr ist die Kenntnis eines Ortes und der Umgang mit ihm - oder mit anderen Worten seine Anverwandlung - die Voraussetzung etwas aus oder an ihm zu machen, denn wir können uns nur das vorstellen, was wir auch kennen.

Auf der Grundlage dieser Überlegungen bieten sich für die Wiedergewinnung von Vielfalt zwei Anknüpfungspunkte an, die es sowohl erlauben, Geschichten über den Apfel zu erzählen, Zufälligkeiten und Überraschungen zuzulassen, als auch direkte räumliche und zeitliche Bezüge wiederherzustellen, die eine wesentliche Grundlage für die Heraus- bildung einer Gebrauchskultur mit dem Apfel sind. Sie lassen große individuelle Handlungsspielräume zu und sind prädestiniert dafür, den Apfel wieder interessant zu machen. Eine Planung bzw. gesellschaftliche Steuerung für die Wiedergewinnung von Vielfalt wird damit praktisch überflüssig.

Eß- und Kochkultur

Der erste Anknüpfungspunkt fällt in den Bereich des Essens, frei nach dem Motto: Liebe geht durch den Magen! Denn über eine neue Eß- und Kochkultur können sowohl sinnliche Erfahrungen mit dem Apfel erweitert und damit ein differenzierterer Geschmack entwickelt, als auch spezifische Gebrauchswerte vermittelt werden.

So ist z.B. aus den Ernährungswissenschaften bekannt, daß die Gastronomie Konsum- präferenzen beeinflussen kann und damit auch die Verarbeitung oder Zubereitung von Lebensmitteln, die im größeren Stil in der Bevölkerung vorher nicht verwendet wurden (Mennell 1988, S. 339 - 369). Die Gastronomie schafft also einen Ansatzpunkt, ortstypi- sche Apfelsorten wieder interessant zu machen. So bietet beispielsweise ein Stuttgarter Spitzenrestaurant in den Monaten Januar bis März als Nachtisch Apfelkuchen aus Gewürzluiken an. Dieser, für diese Gegend typische Winterapfel ist schon fast zur Rarität geworden, bekommt aber durch diese Spezialität wieder einen Bekanntheitsgrad, der es lohnend macht, die Apfelsorte lokal wieder zu verbreiten.

Der Apfelexperte Eckart Brandt ist davon überzeugt, daß es bei einer Wiedergewin- nung von Vielfalt um eine "Restauration á la carte" und nicht von der "Stange" gehen muß. Wenn über den Apfel erst einmal wieder gesprochen wird und damit seine vielfäl- tigen Eigenschaften wieder an Wert gewinnen, kann er zur Besonderheit werden und damit zur "Mode"[255]. Über die Entwicklung eines "genüßlichen Verbrauchs" (Kohr 1995, S. 213), d.h. über die Zubereitung ortstypischer und jahreszeitlich unterschiedlicher Gerichte mit Äpfeln, können die vielfältigen Eigenschaften des Apfels wieder zur Geltung kommen und an Wert gewinnen. Auf dieser Grundlage kann der Apfel auch wieder diffe- renzierter wahrgenommen werden, wodurch ein anderes "Bild" von ihm entsteht.

Ob ein neuer Gebrauch des Apfels allein von der Gastronomie kultiviert wird oder dar- aufhin über einzelne Haushalte Verbreitung findet, macht keinen wesentlichen Unter- schied. In erster Linie geht es bei einer neuen Eß- und Kochkultur mit Äpfeln um die Wiederentdeckung und Entwicklung der Genußfähigkeit und des Geschmacks, denn erst dann wird es auch notwendig, daß für die Zubereitung einzelner Gerichte eine ganz bestimmte Apfelsorte gebraucht wird[256].

Städtische und ländliche Gartenkultur

Der zweite Anknüpfungspunkt für die Wiedergewinnung von Vielfalt schließt sich an eine neue Eß- und Kochkultur mit dem Apfel an, denn es stellt sich die Frage, wer die Apfelsorten für diese neu entstehende Kultur überhaupt kultivieren soll. Wer erst einmal auf den Geschmack gekommen ist, möchte ihn ja gerne weiterpflegen. Da sich gezeigt hat, daß ein vielfältiger Apfel nicht dafür geeignet ist, in großem Stil angebaut und als Massenware angeboten zu werden, ist die Lösung einfach: Wenn dieses begehrliche Objekt nicht zu kaufen ist, dann muß es eben selbst erzeugt oder beschafft werden, d.h. man stellt sich seinen eigenen Apfelbaum in den Garten oder kennt Menschen, die den Apfel zum Tausch anbieten können. Dabei geht es nicht hauptsächlich darum, den Tauschwert des Apfels in geldwerte Leistungen umzuwandeln. Viel wichtiger dabei ist der Tausch von Gebrauchswerten, denn der Apfel als Ware muß wieder zum gebrauchsfähigen Apfel werden.

Daran schließt sich die Frage an: Wo sollen die Apfelbäume stehen? Im Prinzip können überall Gärten angelegt und Apfelbäume gepflanzt werden. Dies zeigt schon allein die Tatsache, daß die Apfelkultur vom 16. bis in das 19. Jahrhundert hinein im wesentlichen eine städtische und bürgerliche Kultur war. Auch wenn Klöster eine bedeutende Rolle gespielt haben, wurde hauptsächlich in den Städten die Apfelkultur vorangetrieben und hauptsächlich von dort aus auf dem Land verbreitet. Auf dem Land wird der Apfelanbau allerdings schon immer weniger aus Liebhaberei betrieben, sondern ist vielmehr ein selbstverständlicher Bestandteil der Hauswirtschaften als eigenständige Ökonomien, die sich an den vorhandenen räumlichen und zeitlichen Grundvoraussetzungen orientieren.

Vor diesem Hintergrund ist es vorstellbar, daß eine neue Apfelkultur primär eine städtische Kultur sein könnte. Erstaunlicherweise finden sich heute noch in den (Innen-) Städten oftmals besondere und schon fast vergessene Apfelsorten, deren Bäume in alten Hinterhöfen und versteckten Hausgärten stehen[257]. Auf dieser Grundlage wird es möglich, eine eigenständige Apfelkultur, mit für den jeweiligen Ort typischen Apfelsorten auszubauen. Gerade weil der Unterschied zwischen Stadt und Land immer mehr verschwindet[258], finden sich dort sowohl für das Pflanzen von Obstbäumen als auch für weitere mit dem Apfel zusammenhängende Betätigungsfelder ausreichende Grundlagen (man denke nur an die großen Gärten in Einfamilienhausgebieten)[259].

Erst wenn der Apfel wieder sichtbar und erlebbar wird, indem er gesammelt, kultiviert und über ihn geschrieben wird, kann er auch zur "Mode" werden. Dabei kann es aber nicht nur um den Anbau und die Verarbeitung von Äpfeln gehen. Andere Gebrauchszwecke, die sich z.B. auf das sinnliche Vergnügen beziehen (Kultivierung von Apfelbäumen, die eine besonders schöne Apfelblüte oder geruchsintensive Früchte hervorbringen), die sich aus religiösen Bedeutungszuschreibungen (Apfelbäume als Friedhofsbäume, um die Vergänglichkeit zu symbolisieren) oder aufgrund von Anforderungen aus anderen Berufszweigen ergeben (Apfelbäume, deren Früchte im Winter als Wildfutter dienen), sind weitere Felder auf denen eine Gebrauchskultur aufbauen kann.

Ausweitung individueller Handlungsspielräume

Es zeigt sich, daß konkrete Bezüge und der Gebrauch des Apfels für die Wiedergewinnung von Vielfalt eine Schlüsselrolle spielen. Dies kann sowohl über eine neue Eß-
und Kochkultur mit dem Apfel als auch über eine neue städtische und ländliche Gartenkultur erreicht werden. Wie die einzelnen Schritte im Rahmen dieser beiden Anknüpfungspunkte im Detail aussehen, soll dabei offengelassen werden, denn sie liegen in der
Hand eines jeden einzelnen und können weder unabhängig von den örtlichen Gegebenheiten noch im Rahmen einer abstrakten gesellschaftlichen Steuerung gedacht werden.

Im Rahmen der vorangegangen Überlegungen ist deutlich geworden, daß die Ausweitung von individuellen Handlungsspielräumen viel wichtiger ist, als eine umfassende
Planung oder abstrakte Vorstellungen über Äpfel oder Orte. Allerdings ist eine Folge unserer geplanten Fortschrittskultur, daß die Menschen inzwischen dazu neigen, " ... Dinge
vorgesetzt zu bekommen, statt sie zu *tun*. Sie haben gelernt, das, was sie kaufen können,
höher zu schätzen als das, was sie selber schaffen können. Sie wollen belehrt, bewegt,
behandelt oder geführt werden, statt zu lernen, zu gesunden und ihren eigenen Weg zu
finden. Unpersönliche Institutionen übernehmen persönliche Funktionen." (Illich 1995,
S. 153). Somit steht in der modernen Gesellschaft nicht mehr das eigene Handeln im
Vordergrund. Vielmehr ersetzen Industrieprodukte persönliche Aktivitäten. Individuelle
Handlungsspielräume werden aufgrund zunehmender, insbesondere institutioneller,
Abhängigkeiten immer mehr eingeengt (Illich 1995, S. 156). Veränderungen, die zu einer
größeren Apfelvielfalt beitragen können, erscheinen deshalb von dieser Seite her un-
wahrscheinlich.

Unter dieser Voraussetzung rückt das Erzählen von Geschichten, die andere Wirklich-
keiten und Umgangsformen mit dem Apfel beschreiben, als sie uns heute vertraut sind,
in den Vordergrund. "Wichtiger ist, daß Menschen sich durch Gegenbilder verführen lassen,
anders über sich und ihre gewohnte ... Umwelt zu denken und dann ausgewählte Stücke
in geeigneten Lagen zu übernehmen. Wenn wir nicht zuerst unsere Vorstellungen be-
freien, werden wir im Reformismus stecken bleiben." (von Hentig 1982, S. 41).

Um Anknüpfungspunkte für eine neue Gebrauchskultur des Apfels zu finden, können
– bildlich gesprochen – die verschiedenen Hintergründe, die den Apfel in unterschiedlichen Zeiten geprägt haben, wieder hervorgeholt werden, was ohne Frage immer nur aus-
schnittsweise gelingen kann. Vergleichbar mit einem Palimpsest[260] oder alten restaurier-
ten Wandmalereien in Kirchen, bei denen unterschiedliche Bilder und Farbschichten aus
verschiedenen Zeiten freigelegt worden sind, können in den verschiedenen (Ge-)Schich-
ten Anknüpfungspunkte für einen neuen Hintergrund und damit auch neuen Vordergrund
(oder Apfel) gefunden werden. So eröffnet z.B. schon der breit angelegte Hintergrund
dieser Arbeit genug Möglichkeiten - sowohl für Experten als auch für Laien - Anknüpfungspunkte zu entdecken, die nicht zu der heute noch das Bild bestimmenden Fortschrittskultur passen. Schließlich kann sich dieses andere Gemälde aus vielen Facetten
vergangener und neuer Gebrauchskulturen zusammensetzen, so daß sich auch viele Menschen darin wiederfinden können.

V.

LITERATUR

Altvater, E.; Mahnkopf, B.: Grenzen der Globalisierung. Ökonomie, Ökologie und Politik in der Weltgesellschaft. Münster, 3. Auflage 1997.

Ariès, Ph.: Geschichte der Kindheit. München 5. Auflage 1982.

Barth, K.: Betriebswirtschaftslehre des Handels. Wiesbaden 1993.

BASF (Hg.): Arbeitstagebuch für den Erwerbsobstbau 1985. Ludwigshafen 1985.

Benevolo, L.: Die Geschichte der Stadt. 6. Auflage, Frankfurt am Main 1991.

Berger, J.: SauErde. Geschichten vom Lande. München 1992.

Berger, P.L.; Kellner, H.: Für eine neue Soziologie. Ein Essay über Methode und Profession. Frankfurt am Main 1984.

Berliner Institut für Lehrerfort- und -weiterbildung und Schulentwicklung (Hg.): Themenbereich: Les pommes - Projekt Äpfel. Vorfachlicher Unterricht ... . Berlin 1996.

Betten, R.: Neue richtige Pflanzweise der Obstbäume und ihre richtige Düngung von der Pflanzung bis zum Alter sowie die neue Richtung in der Auswahl der Obstsorten. Erfurt 1906.

Bibel: Genesis 2,9 - 3,6

Bidlingmaier, M.: Die Bäuerin in zwei Gemeinden Württembergs. Dissertation Tübingen 1918 (Zitiert aus dem Nachdruck Jürgen Schweier Verlag 1990).

Böge, S.: Güterverkehr und Konsum: Teilprojekt 14, Projektbereich E. Forschungsverbund "Ökologisch verträgliche Mobilität" (Hg.) im BMBF-Förderschwerpunkt "Ökologische Forschung in Stadtregionen und Industrielandschaften (Stadtökologie)". Forschungsberichte Bd. 14. Wuppertal 1998.

Böse, H.: Die Aneignung von Freiräumen. Frankfurt 1981.

Böttner, J.: Praktisches Lehrbuch des Obstbaues. Frankfurt/Oder 1919.

Bollerey, F.; Fehl, G.; Hartmann, K. (Hg.): Im Grünen wohnen - im Blauen Planen. Ein Lesebuch zur Gartenstadt. Hamburg 1990.

Bosse, R.; Forquignon, M.: Produktion und Vermarktung von "Bio-Produkten". In: Fischer, W. (Hg.): Aspekte der Entwicklungen im Einzelhandel und in der Nahrungsmittelindustrie. Beiträge zur Arbeits- und Konsumforschung Heft 7. Bremen 1991, S. 145 - 162.

Brandt, E.: Hof Königsmoor II. Großenwörden 1995.

Brockhaus Enzyklopädie: Bd. 16 NOS-PER, S. 452 - 453. Mannheim 19. Auflage 1991.

Bruchhausen, A.: Anweisung zur Verbesserung des Ackerbaus und der Landwirtschaft des Münsterlandes. Auf gnädigen Befehl Seiner kurfürstlichen Durchlaucht Maximilian Franz als Fürstbischof zu Münster für die Landschulen und den Landmanne des Hochstiftes Münster verfertigt. Münster 1790 (Zitiert aus dem Faksimiledruck Heimatverein Vreden 1982).

Bücking, E.: Der Apfel fällt zu weit vom Stamm - Das Streuobst als Symbol einer neuen Kultur. In: Rösler, M.; Kraus, J.: Vielfalt in aller Munde. Perspektiven für Bewirtschaftung und Vermarktung im bundesweiten Streuobstbau. Tagungsdokumentation 5/93. Evangelische Akademie Bad Boll 1993.

BUND; Misereor (Hg.): Zukunftsfähiges Deutschland. Ein Beitrag zu einer global nachhaltigen Entwicklung. Studie des Wuppertal Instituts für Klima, Umwelt, Energie. Basel, Boston, Berlin 1996.

Bundesministerium für Ernährung, Landwirtschaft und Forsten (Hg.): Statistisches Jahrbuch über Ernährung, Landwirtschaft und Forsten der Bundesrepublik Deutschland 1975. Hamburg und Berlin 1975.

Bundesministerium für Ernährung, Landwirtschaft und Forsten (Hg.): Statistisches Jahrbuch über Ernährung, Landwirtschaft und Forsten der Bundesrepublik Deutschland 1984. Münster Hiltrup 1984.

Bundesverband Naturkost Naturwaren-Einzelhandel: Pressemitteilungen.

Burckhardt, L.: Die Kinder fressen ihre Revolution. Wohnen - Planen - Bauen - Grünen. Köln 1985.

Busch, W.: Geschichte des Gartenbaus - Ein einleitender Überblick. In: Franz, G. (Hg.): Geschichte des deutschen Gartenbaus. Stuttgart 1984, S. 19 - 38.

Cameron, R.: Geschichte der Weltwirtschaft. Band 1: Vom Paläolithikum bis zur Industrialisierung. Stuttgart 1991.

Cameron, R.: Geschichte der Weltwirtschaft. Band 2: Von der Industrialisierung bis zur Gegenwart. Stuttgart 1992.

Charta der Europäischen Städte und Gemeinden auf dem Weg zur Zukunftsbeständigkeit (Charta von Aarlborg): Die Kampagne europäischer zukunftsbeständiger Städte und Gemeinden. Brüssel 1994.

Cone, R.A.; Martin, E.: Corporeal Flows. The Immune System, Global Economies of Food and Implications for Health. In: The Ecologist, Vol. 27, No. 3, May/June 1997.

Corni, G; Gies, H.: Brot, Butter, Kanonen. Die Ernährungswirtschaft in Deutschland unter der Diktatur Hitlers. Berlin 1997.

Damaschke, A.: Die Bodenreform. Grundsätzliches und Geschichtliches zur Erkenntnis und Überwindung der sozialen Not. Jena 1922.

Dassler, E.: Warenkunde für den Fruchthandel. Südfrüchte, Obst und Gemüse nach Herkünften und Sorten. Berlin und Hamburg 1969.

Daßler, E.; Heitmann G.: Obst und Gemüse. Eine Warenkunde. München, 1991.

Davidis, H.: Praktisches Kochbuch für die gewöhnliche und feinere Küche. Unter besonderer Berücksichtigung der Anfängerinnen und angehenden Hausfrauen. Neu bearbeitet und herausgegeben von Luise Holle. 45. und erweiterte Auflage, Bielefeld, Leipzig 1910.

de Haas, P.: Marktobstbau. Bonn, München, Wien 1957.

Der Erwerbsobstbau. Berichte aus Wissenschaft und Praxis. Berlin und Hamburg verschiedene Jahrgänge.

Der praktische Ratgeber im Obst- und Gartenbau. Illustrierte Wochenschrift für Gärtner, Gartenliebhaber und Landwirte. Frankfurt a.d. Oder 1898.

Deutscher Bundestag: Verhandlungen des deutschen Bundestages, 1. Wahlperiode, Bd. 6, 126. Sitzung am 14.03.1951, S. 4800.

Deutscher Obstbau. 56. Jahrgang. Frankfurt/Oder 1941.

Deutscher Obstbau. 58. Jahrgang. Frankfurt/Oder 1943.

Deutsches Wörterbuch. Von Jacob und Wilhelm Grimm. Band 1: A - Biermolke. Nachdr. d. Erstausg. 1854. München 1991.

Deutsches Wörterbuch. Von Jacob und Wilhelm Grimm. Band 5: Gefoppe - Getreibs. Nachdr. d. Erstausg. 1854. München 1984.

Dickler, E.: Vergleichsbetriebe für den integrierten Pflanzenschutz im Obstbau. Mitteilungen aus der Biologischen Bundesanstalt für Land- und Forstwirtschaft Berlin-Dahlem, Heft 252. Berlin 1989.

Duden, B.: Einführung in die Geschichte des Blicks. Vorlesungsnotizen Hannover 1994/95.

Duden, B.: Der Frauenleib als öffentlicher Ort. Vom Mißbrauch des Begriffs Leben. München 1994.

Eichhorn, R.: Straßenbau und Straßen-Obstkultur. Regensburg 1947.

Engels, F.: Die Lage der arbeitenden Klasse in England. Leipzig 1845. In: Institut für Marxismus-Leninismus beim ZK der SED: Karl Marx/Friedrich Engels, Band 2. Berlin 1974.

epd Entwicklungspolitik: Internationale Harmonisierung lebensmittelrechtlicher Normen. Eine Studie über die Codex Alimentarius Kommission. Materialien II/93. Frankfurt/M. 1993.

Ersch, J.S.; Gruber, J.G.: Allgemeine Encyclopädie der Wissenschaften und Künste in alphabetischer Folge. Anaxagoras bis Appel. Leipzig 1820.

Erwerbsobstbau. Berichte aus Wissenschaft und Praxis. Berlin und Hamburg verschiedene Jahrgänge.

Escobar, A.: Planung. In: Sachs, W.: Wie im Westen so auf Erden. Reinbek bei Hamburg 1993, S. 274 - 297.

Fachkommission für Obstsortenprüfung: Sortenbewertung Tafeläpfel. Wädenswil 1990.

Fischer-Rizzi, S.: Blätter von Bäumen. Legenden, Mythen, Heilanwendung und Betrachtung von einheimischen Bäumen. München 1993.

Fleck, L.: Entstehung und Entwicklung einer wissenschaftlichen Tatsache. Einführung in die Lehre vom Denkstil und Denkkollektiv. Frankfurt am Main, 3. Auflage 1994 (textidentisch mit der Erstveröffentlichung 1935).

Frick, F.: Obstbau im Wandel der Zeit. 5000 vor Christi bis zur Gegenwart, dargestellt an der Region Bodensee. Stuttgart 1985.

Friedrich, G.: Der Obstbau. Radebeul 1956.

Friedrich, G.: Der Obstbau. 7. verbesserte Auflage, Radebeul 1977.

Friedrich, G.; Rode, H. (Hg.): Pflanzenschutz im integrierten Obstbau. Stuttgart 1996.

Füllemann V.; Füllemann, M.: Faites vos pomme! Eine Art Kulturgeschichte des Apfels. Bern 1997.

Gaucher, N.: Handbuch der Obstkultur. Aus der Praxis für die Praxis bearbeitet. Berlin 1889.

Gaucher, N.: Praktischer Obstbau. Berlin 1891.

Giddens, A.: Konsequenzen der Moderne. 3. Auflage, Frankfurt a. M. 1999.

Giedion, S.: Die Herrschaft der Mechanisierung. Ein Beitrag zur anonymen Geschichte. 2. Auflage, Hamburg 1994 (das Original erschien 1948).

Goodland, R.; Daly, H.; El Serafy, S.; von Droste, B. (Hg.): Nach dem Brundtland-Bericht: Umweltverträgliche wirtschaftliche Entwicklung. Bonn, Deutsche UNESCO-Kommission 1992.

Gronemeyer M.: Die Macht der Bedürfnisse. Reflexionen über ein Phantom. Reinbek bei Hamburg 1988.

Gronemeyer, M.: Das Leben als letzte Gelegenheit. Sicherheitsbedürfnisse und Zeitknappheit. Darmstadt 1996.

Gross, P.: Der Obst- und Gemüsemarkt. Band I: Das deutsche Marktangebot. Hamburg/Berlin 1940.

Groß, J.; Kümmerlen, E.: Der Obstbau. Berlin 1922.

Gruen-Müller, S.: Der Gehorsam und seine Auswirkungen auf den einzelnen und die Gesellschaft. Diplomarbeit Studienrichtung Diagnostik und Beratung am Seminar für Angewandte Psychologie Zürich. Zürich, November 1997.

Guterson, D.: The Kingdom of Apples. Picking the fruit of immortality in Washington's laden of orchards. Harper's Magazine, Oktober 1999.

Handwörterbuch des deutschen Aberglaubens. Hg. von Hanns Bächtold-Stäubli. Bd. 1. Aal - Butzemann. - Unveränd. photomechan. Nachdr. d. Ausg. Berlin u. Leipzig 1927. - 1987.

Harvey, D.: Zeit und Raum im Projekt der Aufklärung. In: Österreichische Zeitschrift für Geschichtswissenschaften 6, 1995, S. 345 - 365.

Hebel, J.P.: Alemannische Gedichte. Hg.: Zentner, W. Stuttgart 1995.

Hegemeister, W.: Über die Entstehung unserer heutigen Obstwiesen. In: Unser Wald 3/1985, 37. Jg., S. 90 - 91.

Heinritz, G.: Zentralität und zentrale Orte. Stuttgart 1979.

Heller, R.: Obst in der Altmark. Entstehung, Verbreitung und Verdrängung von Lokalsorten. Haldensleben-Hundisburg 1995.

Hensche, H.-U.; Hauser, A.; Reininger, M.; Wildraut, C.: Verbraucherpräferenzen für Nahrungsmittel aus der näheren Umgebung - eine Chance für marktorientierte Landwirte. Empirische Ergebnisse aus Nordrhein-Westfalen. Kiel 1993.

Herath, A.; Kouril, S.: Bürger, Bauer, - Emanzipation? Beginn einer Disziplin im aufgeklärten 18. Jahrhundert in der Schweiz. Arbeitsbericht des Fachbereichs Stadtplanung und Landschaftsplanung, Heft 85. Kassel 1989.

Herborn, W.: "Straßen wie diese". Zum Alltagsleben einer Kölner Straße im 16. Jahrhundert. In: Dietmar, C.D. u.a. (Hg.): Geschichte in Köln. Studentische Zeitschrift am historischen Seminar 15. Köln 1984, S. 6 -36.

Herder Lexikon Symbole. Freiburg 1978.

Herkunftswörterbuch der deutschen Sprache. Mannheim, Wien Zürich, Dudenverlag, 1989.

Herrmann, K.: Obst, Obstdauerwaren und Obsterzeugnisse. Berlin und Hamburg 1966.

Hildebrandt, B.: Volksobstbau. Handbuch des Obstbaus für Siedler und Gartenfreunde, Kleingärtner und Obstliebhaber. Frankfurt/Oder 1943.

Hilkenbäumer, F.: Obstbau. Grundlagen, Anbau und Betrieb. Berlin und Hamburg 1964.

Hillmann, G.: Die Geschichte der Markenartikelverpackung. Verpackungsdesign im Licht historischer Kultur- und Umweltforschung, dargestellt am Beispiel der TET-Packung und der Unternehmensgeschichte der H. Bahlsen Keksfabrik KG Hannover im Zeitraum von 1889 - 1919. Dissertation an der Gesamthochschule Kassel im März 1996.

Hines, C.; Lang, T.: The New Protectionism. Protecting the Future Against Free Trade. New York 1993.

Hirsch, J.; Roth, R.: Das neue Gesicht des Kapitalismus. Vom Fordismus zum Postfordismus. Hamburg 1986.

Hiß, Chr.; Pörksen G.; Pörksen, U.: Produktionsformen sind Lebensformen. Plädoyer für einen modernen Landbau. In: Scheidewege. Jahresschrift für skeptisches Denken (Begründet von Friedrich Georg Jünger und Max Himmelheber). Sonderdruck Jahrgang 27, 1997/98.

Historisches Wörterbuch der Philosophie L - M. Wissenschaftliche Buchgesellschaft Darmstadt 1980.

Holzapfel, H.; Traube, U.; Ullrich, O.: Autoverkehr 2000. Wege zu einem ökologisch und sozial verträglichen Straßenverkehr. Karlsruhe 2. Auflage 1988.

Holzapfel, H.: Autonomie statt Auto. Zum Verhältnis von Lebensstil, Umwelt und Ökonomie am Beispiel des Verkehrs. Bonn 1997.

Illich, I.: Vom Recht auf Gemeinheit. Reinbek bei Hamburg 1982.

Illich, I.: H_2O und die Wasser des Vergessens. Reinbek bei Hamburg 1987.

Illich, I.: Die Nemesis der Medizin. Die Kritik der Medikalisierung des Lebens. 4., überarbeitete und ergänzte Auflage, München 1995.

Institut für sozialökologische Forschung (Hg.): Milieudefensie (Friends of the Earth Netherlands): Sustainable Netherlands. Aktionsplan für eine nachhaltige Entwicklung der Niederlande. Frankfurt/M. 1994.

Ipsen, D.: Stadt und Land - Metamorphosen einer Beziehung. In: Häußermann, H.; Ipsen, D.; Krämer-Badoni, Th.; Läpple, D.; Rodenstein, M.; Siebel, W. (Hg.): Stadt und Raum. Soziologische Analysen. Pfaffenweiler 1992, S. 117 - 156.

Irsigler, F.: Ein großbürgerlicher Haushalt am Ende des 14. Jahrhunderts. In: Ennen, E.; Wiegelmann, G. (Hg.): Festschrift Matthias Zender. Bonn 1972, S. 635 - 668.

Jaeger, G.: Die Vermarktung von Obst und Gemüse an nordrheinischen Erzeugerversteigerungen und Möglichkeiten der Verbesserung. Wissenschaftliche Berichte der Landwirtschaftlichen Fakultät der Universität Bonn, Heft 17. Münster-Hiltrup 1969.

Kaspar, F.: Bau- und Raumstrukturen städtischer Bauten als sozialgeschichtliche Quelle, dargestellt an bürgerlichen Bauten des 14. bis 18. Jahrhunderts aus Nordwestdeutschland. In: Schuler, P.-J. (Hg.): Die Familie als sozialer und historischer Verband. Untersuchungen zum Spätmittelalter und zur frühen Neuzeit. Sigmaringen 1987, S. 165 - 186.

Kemmer, E.: Betriebswirtschaftliche und physiologische Betrachtungen über die Mischkultur im deutschen Obstbau. Institut für Obstbau, Merkblatt Nr. 9. Berlin 1941.

Kemmer, E.: Zum Begriff "Bodenständigkeit" im Obstbau. In: Deutscher Obstbau. Oktober 1942, S. 173 - 175.

Kobel, F.: Lehrbuch des Obstbaus auf physiologischer Grundlage. Berlin, Göttingen, Heidelberg 1954.

Kohr, L.: "Small is beautiful". Ausgewählte Schriften aus dem Gesamtwerk. Wien 1995.

Koning, N.: The failure of Agrarian Capitalism. Agrarian politics in the United Kingdom, Germany, the Netherlands and the United States, 1846 - 1919. Doktorarbeit an der Landbau-Universität Wageningen (NL) 1994.

Kraft, G.: Der Reformobstbau. Hergatz bei Lindau 1910.

Kroeschell, K.: Garten und Gärtner im mittelalterlichen Recht. In: Franz, G. (Hg.): Geschichte des deutschen Gartenbaus. Stuttgart 1984, S. 99 - 111.

Kropotkin, P.: Landwirtschaft, Industrie und Handwerk. Berlin 1921 (zitiert aus dem Nachdruck Kramer Verlag Berlin 1976).

Kuchenbuch, L.; Kleine, U. (Hg.): Raum und Geschichte. Fernuniversität - Gesamthochschule Hagen, Fachbereich Erziehungs-, Sozial- und Geisteswissenschaften. Hagen 1998.

Kurnitzky, H.: Der heilige Markt. Kulturhistorische Anmerkungen. Frankfurt am Main 1994.

Kurz, D.: Eigenliebe tut gut. In Sommer, Th.: Zeit der Ökonomen. Eine kritische Bilanz volkswirtschaftlichen Denkens. Hamburg 1993, S. 11 - 13.

Kutsch, Th.: Ernährungssoziologie. In: Kutsch, Thomas (Hg.): Ernährungsforschung - Interdisziplinär. Darmstadt, Wiss. Buchgesellschaft 1993.

Läpple, D.: Raum und Gesellschaft im isolierten Staat. In Brake, K.: Johann Heinrich von Thünen und die Entwicklung der Raumstruktur-Theorie: Beiträge aus Anlaß der 200. Wiederkehr seines Geburtstages. Oldenburg 1986, S. 19 - 51.

Läpple, D.: Essay über den Raum. In: Häußermann, H.; Ipsen, D.; Krämer-Badoni, Th.; Läpple, D.; Rodenstein, M.; Siebel, W. (Hg.): Stadt und Raum. Soziologische Analysen. Pfaffenweiler 1992, S. 157 - 207.

Latouche, S.: Lebensstandard. In: Sachs, W.: Wie im Westen so auf Erden. Ein polemisches Handbuch zur Entwicklungspolitik. Reinbek bei Hamburg 1993, S. 195 - 217.

Laudert, D.: Mythos Baum. Was Bäume uns Menschen bedeuten. München, Wien, Zürich 1998.

Liebster, G.: Der deutsche Obstbau seit dem 18. Jahrhundert. In: Franz, G. (Hg.): Geschichte des deutschen Gartenbaus. Stuttgart 1984, S. 143 - 205.

Linder, S.: Das Linder-Axiom oder warum wir keine Zeit mehr haben. Gütersloh - Wien 1971.

Lingenfelder, M.: Die Internationalisierung im europäischen Einzelhandel. Ursachen, Formen und Wirkungen im Lichte einer theoretischen Analyse und empirischen Bestandsaufnahme. Schriften zum Marketing Bd. 42. Berlin 1996.

Lukatis, C.; Ottomeyer, H.: Herkules: Tugendbild und Herrscherideal. Eurasburg 1997.

Lurker, M.: Die Botschaft der Symbole. In Mythen, Kulturen und Religionen. München 1990, S. 156.

Mak, G.: Wie Gott verschwand aus Jorwerd. Der Untergang des Dorfes in Europa. Berlin 1999.

Marquard, O.: Apologie des Zufälligen. Stuttgart 1986.

Martin, H.P.; Schumann , H.: Die Globalisierungsfalle. Der Angriff auf Demokratie und Wohlstand. 11. Auflage 1997, Reinbek bei Hamburg.

Materialsammlung zur Ausstellung "Historische Apfel- und Birnensorten im Alten Land". Stade 1994.

Meadows, D.: Die Grenzen des Wachstums (Limits to Growth). Stuttgart 1971.

Meier-Ploeger, A.: Alles zu jeder Zeit an jedem Ort. Standardisierung und zeitliche Kontrolle als Ziele der Lebensmittelverarbeitung. In Schneider, M.; Geißler, K.A.; Held, M.: Zeit-Fraß. Zur Ökologie der Zeit in Landwirtschaft und Ernährung. Politische Ökologie, Sonderheft 8. München 1995, S. 87 - 91.

Mennell, S.: Die Kultivierung des Appetits. Geschichte des Essens vom Mittelalter bis heute. Frankfurt a.M. 1988.

Mitchell, W.J.T.: The Last Dinosaur Book. Chicago 1998.

Mitschurin, I.W.: Ausgewählte Schriften. 7. Beiheft zur "Sowjetwissenschaft". Gesellschaft für deutsch-sowjetische Freundschaft. Verlag Kultur und Fortschritt. Berlin 1951.

Moje, S.: Der Transaktionskostenansatz als Grundlage der Gestaltung der Absatzwege von Kernobst - dargestellt am Beispiel der Niederelbe. Hannover 1997.

Morgan, J.; Richards, A.: The Book of Apples. London 1993.

Müller, M; Hennicke, P.: Wohlstand durch vermeiden. Mit der Ökologie aus der Krise. Darmstadt 1994.

Mumford, L.: Die Stadt. Geschichte und Ausblick. Band 1. 3. Auflage, München 1984.

Neumann, R.: Möglichkeiten und Grenzen der Erzeugung und Vermarktung von Obst und Gemüse in den neuen Bundesländern. Schriftenreihe des Bundesministeriums für Ernährung, Landwirtschaft und Forsten, Reihe A: Angewandte Wissenschaft, Heft 462. Bonn 1997.

Noack, R.: Obstbau. Darmstadt 1895.

Obst und Garten. Hamburg 3. Jahrgang 1/1988.

Olshausen, E.; Dinzelbacher, P.; Strohmeier, G.: Raum (Antike-Mittelalter-Neuzeit). In: Dinzelbacher, P. (Hg.): Europäische Mentalitätsgeschichte. Hauptthemen in Einzeldarstellungen. Stuttgart 1993, S. 592 - 634.

OVR 1994: Führer durch das Obstjahr 1994, unter besonderer Berücksichtigung des Integrierten Anbaus. Mitteilungen des Obstbauversuchsringes des Alten Landes, 61. Ausgabe. Jork 1994.

OVR 1999: Führer durch das Obstjahr 1999, unter besonderer Berücksichtigung des Kontrollierten Integrierten Anbaus. Mitteilungen des Obstbauversuchsringes des Alten Landes, 66. Ausgabe. Jork 1999.

Pachner, H.: Räumliche Strukturen der Vermarktung landwirtschaftlicher Erzeugnisse in Württemberg. Stuttgart 1992.

Pauerei, Ph.; Castex, J.; Depaule, J.-Ch.: Vom Block zur Zeile. Wandlungen der Stadtstruktur. Bauwelt Fundamente 66. Braunschweig 1985.

Pestel, E.: Jenseits der Grenzen des Wachstums. Bericht an den Club of Rome. Stuttgart 1988.

Petroski, H.: Messer, Gabel, Reißverschluß. Die Evolution der Gebrauchsgegenstände. Basel, Boston, Berlin 1994.

Petzold, H.: Apfelsorten. 2. Auflage, Melsungen, Berlin, Basel, Wien 1982.

Petzold, H.: Apfelsorten. 4. Auflage, Radebeul 1990.

Petzold, V.; Kunz, G.: Problem Fortschritt. Auswege aus der kaputten Umwelt. Köln 1974.

Pfeiffer, F.; Kurek, J.: Anleitung zum praktischen Obstbau. Bautzen 1922.

Phillipps, H.; Kuntz, G.: Unser heimischer Obstbau. Hg. im Selbstverlag. Oberbetschdorf, Imbsheim 1936.

Pickenpack, C.-J.: Zur Marktanpassung marktnaher Obstwirtschaften. Forschungs- berichte zur Ökonomie im Gartenbau 15. Hannover und Weihenstephan 1974.

Poenicke, W.: Kleines Handbuch des Obstbaues. Hannover 1948.

Pörksen, U.: Biodiversity oder Die Vielfalt der Sprachen. In Mayer, J.: Eine Welt - Eine Natur? Der Zugriff auf die biologische Vielfalt und die Schwierigkeiten, global gerecht mit ihrer Nutzung umzugehen. Loccumer Protokolle 66/94. Loccum 1995, S. 97 - 104.

Pörksen, U.: Weltmarkt der Bilder. Eine Philosophie der Visiotype. Stuttgart 1997.

Pomologische Zeitschrift: Organ des hannoverschen Pomologen-Vereins. Herausgegeben von dem Vorstande, redigiert durch das Secretariat. Dritter Jahrgang - Erstes Heft. Hannover 1868.

Regenermel, G.; Schmid, M.: Die Direktvermarktung - eine Definition. In: Asamer, M. u.a.: Neuland - Die Wiederentdeckung bäuerlicher Direktvermarktung. Wien 1989, S. 64 - 76.

Richter, R.: Der neue Obstbau. Einfaches, streng naturgemäßes Verfahren. Stapelburg/Harz 1910.

Robert, J.: Water is a commons. Habitat International Coalition. Mexico City 1994.

Rösler, M.: Erhaltung und Förderung von Streuobstwiesen. Analyse und Konzept. Modellstudie dargestellt am Beispiel der Gemeinde Boll. Gemeinde Boll 1996.

Rubens, F.: Der Obst- und Gartenbau. Zwei stets fließende Quellen des Nutzens, des Vergnügens und der Erholung für den Bürger und Landmann. Wesel 1862.

Rüegg, K.; Feißt, W.O.: Vom Apfel bis zur Zwiebel. Was die Großmutter noch wußte. CH-Cham/Zug 1995.

Sachs, W.: Die Liebe zum Automobil. Ein Rückblick in die Geschichte unserer Wünsche. Hamburg 1984.

Sachs, W.: Die eine Welt. In: Sachs, W.: Wie im Westen so auf Erden. Reinbek bei Hamburg 1993, S. 429 - 450.

Sachs, W.: Globale Umweltpolitik im Schatten des Entwicklungsdenkens. In: Sachs, W. (Hg.): Der Planet als Patient. Über die Widersprüche globaler Umweltpolitik. Berlin 1994.

Sächsische Landesanstalt für Landwirtschaft (Hg.): Pillnitzer Obstsorten. Radeburg 1998.

Sänger, J.: Vom Nutzen des Obstbaus. In: Lesebuch für Fortbildungsschulen. Bearbeitet unter Leitung des Großh. bad. Oberschulrats und in den Fortbildungsschulen Badens amtlich eingeführt. Lahr 1901, S. 101 - 108.

Schaal, G.: Obstsorten Band I. Äpfel und Birnen. Nachdruck Manuscriptum. Recklinghausen 1996.

Schiller, J. C.: Die Baumzucht im Großen aus Zwanzigjährigen Erfahrungen im Kleinen in Rücksicht auf ihre Behandlung, Kosten, Nutzen und Ertrag beurtheilt. Berlin 1795 (zitiert aus dem Nachdruck Eugen Ulmer, Stuttgart 1993).

Schivelbusch, W.: Lichtblicke. Zur Geschichte der künstlichen Helligkeit im 19. Jahrhundert. Frankfurt am Main 1986.

Schivelbusch, W.: Das Paradies, der Geschmack und die Vernunft. Eine Geschichte der Genußmittel. Frankfurt/M. 1992.

Schivelbusch, W.: Geschichte der Eisenbahnreise. Zur Industrialisierung von Raum und Zeit im 19. Jahrhundert. Frankfurt am Main 1993.

Schmidt-Bleek, F.: Wieviel Umwelt braucht der Mensch? MIPS - Das Maß für ökologisches Wirtschaften. Berlin, Basel, Boston 1994.

Schomerus, J.: Die biologisch-dynamische Wirtschaftsweise im Obst- und Gartenbau. Düsseldorf 1932.

Schramm, P.C.: Sphären, Globus, Reichsapfel. Basel 1958.

Schröder-Lembke, G.: Der Gartenbau in der Hausväterzeit. In: Franz, G. (Hg.): Geschichte des deutschen Gartenbaus. Stuttgart 1984, S. 112 - 142.

Schumacher, E.F.: Small is beautiful. Die Rückkehr zum menschlichen Maß. 2. Auflage, Heidelberg 1995.

Scitovsky, T: Psychologie des Wohlstands. Frankfurt a. M. 1977.

Settegast, H.: Illustriertes Handbuch des Gartenbaus. Ein Hand-, Lehr- und Nachschlagebuch aus der Praxis für die Praxis. Leipzig 1909.

Shiva, V.: Ressourcen. In: Sachs, W.: Wie im Westen so auf Erden. Reinbek bei Hamburg 1993, S. 322 - 344.

Sonntagszeitung für Deutschlands Frauen, Heft 35, Jahrgang 1904/1905.

Spiegel, Nr. 41, 39. Jahrgang, 7. Oktober 1985, S. 119 - 120.

Steiner, P.: Äpfel aus dem Paradies und anderen Gärten. Der Apfel in Kulturgeschichte und Kunst. In: Äpfel und Birnen gesehen und gemalt von Korbinian Aigner. Droemersche Verlagsanstalt Th. Knaur Nachf. München 1994.

Steiner, R.: Geisteswissenschaftliche Grundlagen zum Gedeihen der Landwirtschaft. Landwirtschaftlicher Kurs. Dornach 1996.

Stern, R.A.M.; Mellins, Th.; Fishman, D.: New York 1960 - Architecture and Urbanism between the Second World War and the Bicentennial. New York 1995.

Stoffert, F.: Deutscher Buschobstbau. Wiesbaden 1921.

Stork, D.: Der Obstbau im Einzugsgebiet der Obst- und Gemüsegroßmärkte Weisenheim a.Sd. und Freinsheim. Inaugural Dissertation. Mannheim 1994.

Strasser, S.: Never done. A History of American Housework. New York 1982.

Süßmost-Rezepte: Süßmostherstellung und Süßmostrezepte für den Haushalt. (Mit Zustimmung des Deutschen Frauenwerkes, Abteilung Volkswirtschaft - Hauswirtschaft). Berlin-Dahlem 1937.

Sywottek, A.: Konsum, Mobilität, Freizeit. Tendenzen gesellschaftlichen Wandels. In: Broszat, M. (Hg.): Zäsuren nach 1945. Essays zur Periodisierung deutscher Nachkriegsgeschichte. München 1990.

Tabernaemontanus, J. Th.: Neu vollkommen Kräuter-Buch. Offenbach am Main 1731.

Täufel et.al: Lebensmittel-Lexikon A-K. Hamburg 1993.

taz: WTO: Handel schadet Umwelt kaum. taz Nr. 5966 vom 16.10.1999, S. 4.

Thaer, A.D.: Grundsätze der rationellen Landwirthschaft, 4 Bde. Berlin 1809-12.

Tietz, B.: Einzelhandelsperspektiven für die Bundesrepublik Deutschland bis zum Jahre 2010. Dynamik im Handel Bd. 1. Frankfurt/M. 1992.

Tränkle, M.: Fliegender Wechsel zwischen Fast-Food und Feinkost. Zur Entritualisierung des Essens. In: Oikos. Von der Feuerstelle zur Mikrowelle. Haushalt und Wohnen im Wandel. Gießen 1992.

Trenkle, R.: Das ABC des praktischen Obstbaues. Leitfaden für Obst- und Gartenbauschulen, Landwirtschaftsschulen, Obstbaukurse und zum Selbstunterricht für Bauern, Landwirte, Siedler, Gärtner und Gartenliebhaber. Wiesbaden 1942.

Trenkle, R.: Neuzeitliche Obstkultur. Obstbaulehrbuch 1. Teil. Wiesbaden 1943.

Tschudi, Fr. v.: Albrecht Thaer. In: Lesebuch für Fortbildungsschulen. Bearbeitet unter Leitung des Großh. bad. Oberschulrats und in den Fortbildungsschulen Badens amtlich eingeführt. Lahr 1901, S. 62 - 63.

Ullrich, O.: Weltniveau. In der Sackgasse des Industriesystems. Berlin 1980.

Ulrich, K.: Leitfaden für den Unterricht im Obstbau. Bearbeitet für landwirtschaftliche Schulen, Baumwärterkurse, Lehrerseminare und für den Selbstunterricht. Bautzen 1911.

Universallexikon der Kochkunst. 1. Band A -K. Reprint der Originalausgabe von 1890. Reprint-Verlag-Leipzig.

Urban, E.: Ich kann kochen. Ein Ratgeber für jede Küche. Berlin 1920.

Uther, H.-J. (Hg.): Brüder Grimm: Kinder- und Hausmärchen. Gesamtausgabe mit allen Zeichnungen von Otto Ubbelohde, Bd. I und II. München 1997.

Verdier, Y.: Drei Frauen. Das Leben auf dem Dorf. Stuttgart 1982.

Verordnung EWG Nr. 920/89 der Kommission vom 10. April 1989 zur Festsetzung der Qualitätsnormen für Möhren, Zitrusfrüchte sowie Tafeläpfel und -birnen, Änderung der Verordnung Nr. 58.

Virilio, P.: Revolutionen der Geschwindigkeit. Berlin 1993.

Vogellehner, D.: Garten und Pflanzen im Mittelalter. In: Franz, G. (Hg.): Geschichte des deutschen Gartenbaus. Stuttgart 1984, S. 69 - 98.

Vollmer, G.: Lebensmittelführer Obst, Gemüse, Getreide, Brot, Wasser, Getränke. Stuttgart - New York 1990.

von Hentig, H.: Vorwort zur deutschen Ausgabe: Ariès, Ph.: Geschichte der Kindheit. München 5. Auflage 1982.

Wegner, J.: Internationale Märkte für Obst - Analyse von Angebot, Nachfrage, internationalem Handel und Preisen am Beispiel ausgewählter Obstarten. Frankfurt a.M. 1989.

Weimer, W.: Deutsche Wirtschaftsgeschichte. Von der Währungsreform bis zum Euro. Hamburg 1998.

Weizsäcker, E. U.: Erdpolitik - Ökologische Realpolitik an der Schwelle zum Jahrhundert der Umwelt. Darmstadt 1989.

Weizsäcker, E. U.; Lovins, A.B.; Lovins, H.L.: Faktor 4: Doppelter Wohlstand - halbierter Naturverbrauch. Der neue Bericht an den Club of Rome. München 1995.

Weller, F. et al.: Untersuchungen über die Möglichkeiten zur Erhaltung des landschaftsprägenden Streuobstbaus in Baden - Württemberg. Ministerium für Ernährung, Landwirtschaft, Umwelt und Forsten BW (Hg.). Stuttgart 1986.

Wendorff, R.: Zeit und Kultur. Geschichte des Zeitbewußtseins in Europa. 3. Auflage, Opladen 1985.

Wesselhöft, J.: Katechismus der Obstverwertung. Leipzig 1897.

Wildt, M.: Am Beginn der "Konsumgesellschaft": Mangelerfahrung, Lebenshaltung, Wohlstandshoffnung in Westdeutschland in den fünfziger Jahren. Hamburg 1994.

Winkelmann, H.: Anleitung zum Obstbau. Zum Gebrauch an Obst- und Gartenbauschulen, an landwirtschaftlichen und ähnlichen Lehranstalten sowie zum Selbstunterricht. Stuttgart 1944.

Wischermann, C.: Der kulturgeschichtliche Ort der Werbung. In: Borscheid, B.; Wischermann, C. (Hg.): Bilderwelt des Alltags. Werbung in der Konsumgesellschaft des 19. und 20. Jahrhunderts. Stuttgart 1995, S. 8 - 19.

Wolf, J.: Streuobstbau im Mittelgebirge am Beispiel der Gemeinde Biebergmünd im Spessart. In: Natur und Museum, 119 (2). Frankfurt a. M. 1989, S. 33-48.

Zedlers großes Universallexikon aller Wissenschaften und Künste, welche bishero durch menschlichen Verstand und Wiß erfunden worden: Anderer Band An - Az. Halle und Leipzig 1732.

Zedlers großes Universallexikon aller Wissenschaften und Künste, welche bishero durch menschlichen Verstand und Wiß erfunden worden: Ein und Dreyßigster Band Rei - Ri. Leipzig und Halle 1742.

Zimmermann, E.J.: Hanau - Stadt und Land. Hanau 1919.

ZMP 1992: ZMP-Bilanz Obst 1992. Deutschland - EG - Weltmarkt. ZMP Zentrale Markt- und Preisberichtsstelle für Erzeugnisse der Land-, Forst- und Ernährungswirtschaft. Bonn 1993.

ZMP 1998: ZMP-Bilanz Obst 1998. Deutschland - EU - Weltmarkt. ZMP Zentrale Markt- und Preisberichtsstelle für Erzeugnisse der Land-, Forst- und Ernährungswirtschaft, Bonn 1998.

VI.
ABBILDUNGSNACHWEISE

Abbildung 1: "Herkules Farnese von hinten", Hendrik Goldzins, Kupferstich um 1592 (Staatliche Museen Kassel, Graphiksammlung)

Abbildung 2: Blick in den Gaucherschen Formobstgarten auf der Pariser Weltausstellung 1900 (aus Liebster 1984, S. 154)

Abbildung 3: Anlandung von Äpfeln in Kähnen, Berlin Mitte des 19. Jahrhunderts (aus Morgan, Richards 1993, S. 104)

Abbildung 4: "Kind und Baum wachsen miteinander und gehören einander. So wächst neue Liebe zum Baum im werdenden Volk." (aus Hildebrandt 1943, Umschlagseite)

Abbildung 5: Werbung für Spritzmittel 1988 (aus Zeitschrift 'Obst und Garten' 1/88)

Abbildung 6: Obsternte in Großkisten (aus Frick 1985, S. 27)

Abbildung 7: Räumliche Marktanpassung der niederelbischen Obstwirtschaft - unter dem Einfluß von Handelspolitik, Produktionsmenge und Transporttechnik (aus Pickenpack 1974, OVA 1999, eigene Darstellung)

Abbildung 8: Alter und Herkunft im Handel befindlicher Tafelapfelsorten (aus Morgan, Richards 1993, S. 180 - 272, eigene Darstellung)

Abbildung 9: Abstammung bekannter Tafelapfelsorten (aus Morgan, Richards 1993, S. 180 – 727, eigene Darstellung)

Abbildung 10: Veränderung der Unterscheidungsmerkmale für verschiedene Apfelsorten (eigene Darstellung)

Farbtafel I: Freske in der gotischen Kapelle der Schattenburg, Feldkirch, Österreich (Informationsprospekt)

Farbtafel II: Reichsapfel um 1200, Köln (?), (aus Füllemann, Füllemann 1997, S. 173)

Farbtafel III: OBI-Werbung (aus einem Werbeprospekt von OBI)

Farbtafel IV: "Be different", Marc Bornschein o.J. (Postkarte)

Farbtafel V: "Ewa's Dessous Tips" (aus tops tips Anzeigen 1998, S. 8)

Farbtafel VI: "Iss mich täglich!" (Deutsche Obst-Werbung GmbH)

Farbtafel VII: "Ceci n'est pas une pomme", René Magritte 1964 (Postkarte)

Farbtafel VIII: "Reiben & Riechen" (Postkarte, Zwickauer Pressedienst)

VII.

ANHANG

1. TYPISCHES BEISPIEL FÜR DIE EINTEILUNG VON APFELSORTEN IN EIN SYSTEM

1. Klasse. Calvillen

Zum größten Teile mittelgroße Früchte von hochgebauter, nach dem Kelch fast immer abnehmender Form, mit mehreren über die Wölbung der Frucht hinlaufenden rippenartigen Erhabenheiten. Schale: fein, zart, nie rauh und berostet, bei der Reife fast immer fettig werdend, am Baum beduftet. Fleisch: weich, locker, aromatisch, meistens erdbeer- oder himbeerartig schmeckend, hier und da unter der Schale gerötet. Kernhaus: fast durchgängig offen, Fächer zerrissen.

2. Klasse. Schlotteräpfel

Mittelgroße, große und sehr große Früchte, von teils länglich kegelförmigem, teils walzenförmigem Bau, häufig durch einzelne breite Hervorragungen sehr unregelmäßig; die Wölbung der Frucht niemals völlig eben. Schale: glatt, meistens glänzend, nur selten fettig werdend, von derber Beschaffenheit. Fleisch: körnig, locker, etwas grob, selten gewürzhaft, meistens vorherrschend säuerlich oder süßlich. Kernhaus: groß, unregelmäßig, offen.

3. Klasse. Gulderlinge

Kleine und mittelgroße Früchte, um den Kelch mehr oder weniger gerippt, oft mit einem durch Fleischperlen eingeschnürten Kelch versehen, teils von plattrunder, nach dem Kelch etwas zugespitzter Form, teils länglich-kegelförmig oder walzenförmig gebaut. Schale: glatt, häufig etwas rostspurig, meistens gelblich-grün. Fleisch: fein, fast reinettenartig, ziemlich fest, süßwein-säuerlich oder vorherrschend süß und gewürzhaft. Kernhaus: immer offen, mit zerrissenen Fächern.

4. Klasse. Rosenäpfel

Mittelgroße und große Früchte, um den Kelch und zum Teile über die Wölbung sanfte Erhabenheiten zeigend, von größtenteils regelmäßigen Bau, häufig hochgebaut-kugelförmig. Schale glatt und fein, beduftet, abgerieben glänzend und beim Reiben gewürzhaft riechend, selten rostspurig. Fleisch: weich, locker, zum Teil schwammig, dem Druck leicht nachgebend, häufig unter der Schale gerötet, von feinem gewürzhaftem, fenchelartigem oder rosenähnlichem Geschmack. Kernhaus: in der Regel geschlossen, oft hohlachsig.

5. Klasse. Taubenäpfel

Kleine und mittelgroße, nicht oder nicht regelmäßig gerippte Früchte von länglichkegelförmigem Bau. Schale: glatt, glänzend, fein, leicht beduftet, selten Rostspuren zeigend. Fleisch: feinkörnig, markig, saftig und gewürzhaft. Kernhaus: bald vierteilig, bald fünfteilig; teils offen, teils geschlossen.

6. Klasse. Pfundäpfel oder Ramboure

Große und sehr große Früchte, von ziemlich unregelmäßigem Bau, teils plattrund, teils hochgebaut, die eine Hälfte der Frucht in der Regel kleiner als die andere; mit einzelnen breiten, flachen, über die Frucht hinlaufenden Erhabenheiten. Schale: glatt und glänzend, derb, oft zähe; Rostspuren selten. Fleisch: grobkörnig, locker, mit vorherrschender Säure und wenig gewürzhaft. Kernhaus: groß und offen.

7. Klasse. Rambour-Reinetten

Mittelgroße, große und recht große Früchte von mehr oder weniger calvillenartigen oder unregelmäßigem Bau, mit breiten, zum Teil starken Erhabenheiten um die Kelchwölbung oder auch über die ganze Frucht. Schale: ziemlich derb, selten ganz glatt, meistens rostspurig, grundfarben oder nur unbeständig auf der Sonnenseite gerötet, nie gestreift. Fleisch: abknackend, teils fein-, teils grobkörnig, von erhabenem, süßweinsauerem Geschmack. Kernhaus: meistens weitkammerig, teils offen, teils geschlossen.

8. Klasse. Einfarbige Reinetten

Kleine und mittelgroße Früchte von regelmäßiger, walzenförmiger, runder oder plattrunder Form, ohne auffallende Erhabenheiten. Schale: teils glatt und glänzend, teils, namentlich auf der Kelchwölbung, rostspurig, ohne Röte oder mit nur wenig oder nicht konstantem Rot auf der Sonnenseite. Fleisch: fest oder markig, feinkörnig, von süßweinsäuerlichem, zum Teil sehr vorzüglichem Geschmack. Kernhaus: gewöhnlich regelmäßig und geschlossen.

9. Klasse. Borsdorfer Reinetten

Kleine, höchstens mittelgroße, sehr regelmäßige Früchte von runder oder plattrunder Form. Schale: glatt, glänzend, mit einzelnen Warzen und Rostanflügen, grundfarbig, deckfarbig und auch gestreift. Fleisch: fest, sehr feinkörnig, von erhabenem, eigentümlich süßem und süßweinigem Geschmack. Kernhaus: meistens regelmäßig und geschlossen.

10. Klasse. Rote Reinetten

Mittelgroße und große, doch aus einzelne kleine Früchte von verschiedenem Bau, teils kugelig und plattrund, teils hochgebaut mit meistens ebener, nur selten durch flache Erhabenheiten unebener Kelchwölbung. Schale: glänzend, meistens glatt, nur selten rostspurig, deckfarbig oder gestreift, auf grünlich-gelber, hellgelber, aber nie vollkommen goldgelber Grundfarbe; die Röte gewöhnlich rein und ohne Rost. Fleisch: fein, abknackend; zum Teil markig und sehr gewürzhaft, von süßweinsäuerlichem Geschmack, hier und da unter der Schale gerötet. Kernhaus: teils offen, teils geschlossen.

11. Klasse. Graue Reinetten (Lederäpfel)

Mittelgroße und große, selten kleine Früchte von kugelförmiger und plattrunder, selten länglicher Form und meistens völlig regelmäßigem Bau. Schale: durch Anflüge, Figuren und Überzüge von Rost rauh, meistens grundfarbig, seltener gefärbt; die Farbe grau, grünlich-gelb bis mattgelb; die Röte durch Rostspuren unrein. Fleisch: teils fein, markig, süßweinsäuerlich und recht gewürzhaft. Kernhaus: regelmäßig und geschlossen, selten offen.

12. Klasse. Goldreinetten

Mittelgroße und große, nur selten kleine, plattrunde, kugelige und hochgebaute Früchte, mit teils regelmäßiger, teils unebener Kelchwölbung; nicht selten ziehen sich breite, flache Erhabenheiten über die Frucht hin. Schale: ziemlich glatt, selten ganz glatt, bald mehr, bald minder rostspurig, besonders auf der Sonnenseite , wodurch die Röte oft unrein wird; die Grundfarbe hochgelb und goldgelb, die Deckfarbe teils getuscht teils gestreift. Fleisch: sehr fein, saftvoll, markig, häufig gelblich, sehr gewürzhaft und größtenteils von erhabenem, weinigem Zuckergeschmack. Kernhaus: teils offen, teils geschlossen.

13. Klasse. Streiflinge

Kleine, mittelgroße, große, selten sehr große Früchte von sehr verschiedenem Bau, vorherrschend rundlich, hochgewölbt, kegelförmig und gerippt. Schale: glatt, glänzend, teils fein-, teils derbhäutig; häufig beduftet, gestreift und getuscht-gestreift, selten rostspurig. Fleisch: teils fest und körnig, teils auch schwammig, öfters rötlich unter der Schale, gewöhnlich weinsäuerlich, seltener süßsauer und süß; wahres Gewürz fehlt. Kernhaus: regelmäßig und geschlossen.

14. Klasse. Spitzäpfel

Meistens mittelgroße und nur selten sehr große Früchte, von hochgebauter, länglich- oder abgestutzt-kegelförmiger, öfters unregelmäßiger Gestalt. Schale: glatt, glänzend, fein, ohne Duft, grund- und deckfarbig, nie gestreift. Fleisch: locker und mürb, süßlich und weinsäuerlich, selten rein sauer. Kernhaus: regelmäßig, meistens geschlossen, zum Teil hohlachsig.

15. Klasse. Plattäpfel

Kleine, mittelgroße und große Früchte von plattrunder oder flachkugeliger Form, gewöhnlich breiter als hoch. Schale: glatt, glänzend, grund- und deckfarbig, nie gestreift, häufig beduftet, aber nie fettig werdend. Fleisch: weiß und grünlich-weiß, meistens fett und abknackend, selten mürb und markig, rein süß bis rein sauer, nie eigentlich gewürzhaft. Kernhaus: meistens regelmäßig und geschlossen.

Aus: Noack 1895, S. 144 - 148

VII

2. INTERVIEWS

OBSTBAU UND VERMARKTUNG IN BADEN-WÜRTTEMBERG

(Interview Nr. 1 mit einem Fachberater für Obst- und Gartenbau, Landratsamt Böblingen am 21. November 1996)

Der Obstbau verliert in Baden-Württemberg stark an Bedeutung, weil es inzwischen woanders bessere Verdienstmöglichkeiten gibt (Daimler statt Nebenerwerb Obstbau). Außerdem ist der Erwerbsobstbau wegen der Ausdehnung der Ballungsräume und Industrie zurückgegangen. Aber da seit etwa 5 Jahren die Wirtschaftsentwicklung negativ ist, wird wieder zunehmend Obstbau als Nebenerwerb mit Direktvermarktung betrieben.

Die Gärtner haben ihr Obst immer selbst verkauft. Die Landwirte dagegen nie, sie verkauften ihr Obst über Genossenschaften. Diese Vermarktungsmodell lief anfangs ziemlich gut, nun hat es an Bedeutung verloren, weil die Kunden unzufrieden sind. Sie haben kein Bezug mehr zum Produkt.

Auch die Erzeuger sind mit den Genossenschaften und dem Großhandel zunehmend unzufrieden, da die Auszahlungspreise sinken. Die Erzeuger machen sich zunehmend selbständig (eigenes CA-Lager und Vermarktung), um selbständiger arbeiten zu können.

Wichtige Anbaugebiete in Deutschland sind: Das Alte Land, der Bodensee, das Neckartal, die Pfalz und das Gebiet um Bonn-Meckenheim. In Ostdeutschland wird es voraussichtlich die Traditionsanbaugebiete nicht mehr geben (Dresden, Berlin-Dahlem, Potsdamer Raum).

1962 gab es in Baden-Württemberg den Generalobstbauplan: Von 130 000 ha Obstanbaufläche sollten 60 000 ha für die landwirtschaftliche Nutzung gerodet werden. Der Rest der Flächen sollte intensiviert werden. Bis 1975 gab es in diesem Zusammenhang Umwidmungs- und Rodungsprämien, dann ist die Idee zusammengebrochen. Jetzt pendelt sich die Größe der Anbauflächen entsprechend der Nachfrage ein.

In Baden-Württemberg wird der Obstbau meist als Nebenerwerb und mit Selbstvermarktung betrieben. Dabei werden Äpfel angebaut, die in der Preisskala oben stehen. Seit 6 - 8 Jahren steht der "Elstar" an erster Stelle.

Der Verbraucher nimmt nur bestimmte Sorten an. Die Technik wird entsprechend angepaßt: Je nach dem, was der Apfel verlangt, wird entwickelt. Auch Bioobst wird gespritzt ("Humanspritzmittel"). Deshalb sollten in diesem Bereich nicht so anspruchsvolle Sorten angebaut werden (z.B. Sorten aus Osteuropa), damit nicht mehr gespritzt werden muß.

Das angebotene Sortiment in den Supermärkten wird aus Werbegründen und wirtschaftlichen Gründen eine bestimmte Anzahl nicht überschreiten (ca. 10 Sorten). Dafür gibt es im Kleinen auf dem regionalen Markt über Direktvermarkter mehr Vielfalt.

Die Sorte "Braeburn" ist von Australien nach Europa gekommen. Seine Angebotszeit ist März, April, Mai. Er ist eine harte Konkurrenz zu europäischen Winteräpfeln. Der "Braeburn" ist so erfolgreich, da die Westeuropäer auf den Werbefeldzug von Neuseeland und Australien aufgesprungen sind.

Die Nachfrage verändert sich sprunghaft, deshalb weiß niemand genau, welche Sorten zukünftig veredelt und angebaut werden sollen. Ein Baum trägt etwa 15 Jahre, dann werden i.d.R. andere Sorten eingesetzt. Die Baumschulen sind europaweit verbunden. Wo die Bäume für den Anbau genau herkommen, ist nicht mehr bekannt.

BÄUERLICHER OBSTBAU IM KAISERSTUHL

(Interview Nr. 2 mit einem Landwirt aus Eichstetten am Kaiserstuhl 04. Oktober 1997)

Der Gesprächspartner (geb. 17.06.1923) war in den 40er Jahren in England in der Gefangenschaft und widmete sich in dieser Zeit der organischen Chemie. In England lernte er sehr viel über Äpfel, deshalb war er gegenüber den Obstbauberatungen immer kritisch eingestellt.

Sein Vater hatte in den 40er Jahren eine Anlage mit 30 Hochstämmen gepflanzt. ("Hochstämme muß man erben"). Um 1910 machte der Vater einen Obstbaukurs. In dieser Zeit wurde gegen das Schneiden der Bäume geredet, da sonst die Fruchtbarkeit verloren geht.

1933/34 wurden die deutschen Grenzen für Lebensmittel zu gemacht. Deshalb wurde praktisch alles gegessen, was da war. Der Kreis hatte einen Obstbauminspektor und einen Baumwart, der die Edelreißer zum Pfropfen gebracht hat. Der Baumwart in dieser Zeit hatte offensichtlich keine Ahnung, denn er verwechselte häufiger die Edelreißer, so daß am Ende viele Obstbauern im Kreis eine völlig andere, als die empfohlene, Apfelsorte hatten. Die Preise waren festgelegt, deshalb gab es keine Probleme mit dem Absatz.

Äpfel und die Kenntnisse darüber kamen aus England. In Frankreich beschäftigte man sich eher mit Birnen.

Nach dem 2. Weltkrieg kam es wegen der Marktwirtschaft erst richtig zu Sortenvereinheitlichungen. Die Obstbauberatung gestaltete sich folgendermaßen: Die Bäume sollten so weit ausgelichtet werden, " ... daß die Mütze durchgeworfen werden konnte ...". Kunstdünger sollte "... schaufelweise ausgebracht ..." werden (dabei macht doch Stickstoff die Äpfel qualitativ minderwertiger).

Früher gab es viele Lokalsorten, die es heute entweder gar nicht mehr oder kaum noch gibt (Purpurroter Zwiebelapfel (Champagnerrenette), Bohnapfel, Goldparmäne, Boskoop, Gravensteiner, Brettacher). Die Sorten hatten ganz unterschiedliche Eigenschaften: Der Taffet blüht z.B. im Juni erst und erfriert deshalb praktisch nie. Es gab auch verschiedene Sorten Boskoop: Einen braungrauen süßeren und einen grüngrauen saureren; schade, daß er zum Kuchenapfel degradiert wurde. Es gab auch Sorten, die sich nicht "lohnten", weil sie zu sauer und zu klein waren.

Die letzten Lageräpfel sind: Bohnapfel, Champagnerrenette, Brettacher und Ontario.

Schorfempfindlichkeit liegt am Jahrgang (d.h. das Wetter und jahreszeitliche Einflüsse sind ausschlaggebend). Es gibt zwar weniger schorfempfindliche Sorten, letztendlich spielen aber äußere Einflüsse, die regional völlig unterschiedlich sein können eine größere Rolle. Diese Unterschiede im Jahrgang merkt heute niemand mehr, da der Augenmerk auf die verschiedenen Sorten gerichtet ist. 1965 war z.B. ein schlechtes Apfeljahr (nur Regen). Deshalb starker Schorfbefall, der Schorf hat sogar die Blätter "gefressen". Die Bäume brauchten jedoch nur ein Jahr Erholung, 1967 gab es wieder eine "Bombenernte".

Der Gesprächspartner hat die Erfahrung gemacht, daß die Bäume am besten tragen, wenn sie ab und zu verjüngt, aber nicht ausgeschnitten werden: Bei einem Brettacher Halbstamm ließ er die Zweige, die bis zu 2 m im Jahr lang wurden, einfach wachsen. Er machte praktisch gar nichts und innerhalb kurzer Zeit hatte er einen fruchtbaren Baum.

Der Gesprächspartner hat 6-8 eigene Sorten aus Sämlingen gezogen (schmecken gut, süß, spritzig mit harter Schale).

Es gibt eine Tendenz von sauer zu süß und von klein zu groß.

Zur Verarbeitung: Vor dem 2. Weltkrieg wurde nur Most gepreßt, nach dem 2. Weltkrieg erst Apfelsaft. Früher gab es mehrere Saftereien (Jacobi und zwei im Kaiserstuhl). Sie trennten das Obst nicht, so daß man nicht den Saft von seinen eigenen Äpfeln bekam (50er Jahre). Deshalb wurde im eigenen landwirtschaftlichen Betrieb 25 Jahre lang selbst gepreßt. Heute ist die Trennung des Obstes wieder modern geworden.

Zur Eßkultur: Birnen wurden früher nur braun gegessen (wenn sie von innen her braun waren), da die Leute schlechte oder keine Zähne mehr hatten (alles mußte möglichst weich sein). Heute ist das Essen brauner, weicher Birnen undenkbar. Ähnliche Tendenzen mit runzligem Obst: Früher galten die Runzeln als Qualitätsmerkmal, da die Äpfel dann süß waren (eßreif). Heute sind die Äpfel vom Baum weg süß (pflückreif). Runzeln sind deshalb kein Qualitätsmerkmal mehr.

OBSTBAU UND VERMARKTUNG IM ALTEN LAND

(Interview Nr. 3 mit einem Mitarbeiter der Obstbauversuchsanstalt Jork (OVA)/Altes Land 06. Oktober 1997)

Der Lebensmitteleinzelhandel verlangt standardisierte Maße (Qualität und Quantität). Die angebotene Sortenvielfalt hat mit den Lebensmitteleinzelhandelsstrukturen (LEH) zu tun, aus dem Alten Land sind dort auch nur 1-2 Sorten im Angebot.

Es gibt inzwischen zwei LEH-Riesen, die 80% des Obst- und Gemüseumschlags beherrschen. Es gibt immer weniger Einkäufer, die gleichzeitig immer weniger Ahnung haben, weil sie mit der Materie nichts mehr zu tun haben. Obst hat einen schnellen Umschlag mit wenigen Gewinnspannen.

Heute gibt es zwei relevante Anbaugebiete, das Alte Land (10.000 ha, 85% Tafeläpfel) und das Bodenseegebiet. Die Pfalz und das Rheinland sind eher regional orientiert (Direktvermarktung). Im Osten hat der Obstbau eine rapide Talfahrt gemacht und es gibt immer noch keine bedeutenden Anbaugebiete, lediglich die Mecklenburger und sächsische Ernte hat eine gewisse Bedeutung. Das vormalige Sortiment der DDR war auf die Wirtschaftsproduktion (Verarbeitung) ausgerichtet, erst 1990/91 haben die Anbauer auf die Nachfrage umgeschaltet.

Im Alten Land gibt es seit 1989 den integrierten Anbau, es werden ca. 200.000 t Äpfel im Jahr produziert. Es gibt keine Probleme mit dem Absatz, denn Äpfel aus integriertem Anbau sind "en vogue".

Im Alten Land gibt es 50-60 Obstgroßhändler, davon bewegen 2-3 Händler 80% des Obstes.

Die Preise für 1 kg Äpfel sind im LEH entweder 2,99 DM oder 3,99 DM. Der Erzeuger bekommt etwa ein Drittel des LEH-Preises. Deswegen gibt es z.Zt. eine starke Entwicklung in Richtung Direktvermarktung (30% der Erzeuger vermarkten direkt, 20% der Erntemengen werden direkt vermarktet). Bei Beeren- und Steinobst bis zu 100% Direktvermarktung.

Früher war der Vermarktungsschwerpunkt des Alten Landes in Hamburg (Transport auf der Elbe). Mit steigenden Produktionsmengen wurde das Absatzgebiet zu klein, inzwischen wird auch in Richtung Süden und Südwesten (Bremen, Hannover, Kassel) vermarktet.

Die fehlende Nachvollziehbarkeit im LEH ist gewollt, es geht um den schnellen Umsatz. Es ist egal, woher die Produkte kommen.

Fruchtgrößen: Wegen unterschiedlichem Klima gibt es nicht jedes Jahr die gleichen Fruchtgrößen. Letztes Jahr waren die Äpfel aus dem Alten Land zu klein, dieses Jahr sind sie zu groß.

Es gibt 15-18 Sorten für die Direktvermarktung, Frühsorten sind im LEH nicht absatzfähig, da sie aus Frankreich und Italien schon viel früher da sind.

Jedes Unternehmen kümmert sich heute um seinen eigenen Absatz. Nur die Landwirtschaft und der Obstbau sind die einzigen Bereiche, in denen die Produkte nicht selbst vermarktet werden. Deshalb die großen Unterschiede zwischen Erzeuger- und Verbraucherpreis und die genannten Absatzprobleme. Die Aktivitäten des Obstbauringes gehen in Richtung Direktvermarktung.

Die Strukturen im LEH sind die ausschlaggebenden Gründe für die Standardisierung.

Der Markt hat die Vorgaben für große Äpfel gemacht, die Niederlande hat das überzogen und aus kleinfruchtigen Sorten großfruchtige Sorten gemacht. Dabei haben große Früchte einen anderen Zellaufbau und werden deshalb schnell mürbe. Große Früchte sind marktfähiger. Südliche Anbauregionen haben keine Probleme mit großen Früchten (mehr Sonnenscheintage).

Der Gesprächspartner bestätigt, daß die Früchte tendenziell größer und süßer geworden sind: Früher aufgrund der Hochstammkulturen (starker Unterbau) kleine Früchte (der Wuchs geht in den Stamm und nicht in die Früchte); niedriger Wuchs (schwacher Unterbau) - große Früchte.

Früher waren aufgrund fehlender Lagermöglichkeiten bestimmte Sorten nicht vorhanden (auf CA-Lagerung bezogen).

Alte Sorten sind all diese, die schon vor 1900 in den Handel gekommen sind.

Für die indirekte Vermarktung werden im Alten Land hauptsächlich Jonagold (22%), Elstar (20%), Boskoop (14-15%), Gloster (10-12%), Cox Orange (10%) und Holsteiner Cox (10%) angebaut. Der Holsteiner Cox ist eine triploide Sorte, der Baum ist ertragreicher und die Früchte sind größer. Norddeutsche Spezialsorte.

Die Entwicklung im LEH hat Auswirkungen auf den Anbau. Die Einkäufer haben keine Ahnung von Obst und wollen deshalb standardisiertes Angebot.

Seiner Meinung nach gab es Apfelsaft schon immer. Wird inzwischen hauptsächlich aus Konzentrat gemacht, einheimische Äpfel kommen nur als Verschnitt dazu. Das Alte Land ist ein spätes Anbaugebiet (Grenzgebiet), die Früchte haben aber deswegen ein ausgewogenes Zucker-Säure Verhältnis. Verarbeiter brauchen wegen der Säure das Produkt. Trend zu sortenreinen Apfelsäften.

Die Anzahl der Verarbeiter hat stark abgenommen. Im Alten Land gibt es noch 2 Moster (evt. 3), das andere Obst wird über den Fruchtgroßhandel nach außerhalb zum Verarbeiten transportiert.

Äpfel aus dem Alten Land werden in skandinavische Länder, England und Rußland exportiert (10-15% der Erträge). Das Korsett für die Vermarktung wird immer enger aufgrund der LEH Entwicklung. Deswegen bauen sich die Erzeuger eine andere Vermarktungsschiene auf.

DER GROSS- UND EINZELHANDEL

(Interview Nr. 4 mit dem Geschäftsführer des Naturkostkontors in Bremen am 23.02.98)

Früher haben Großhändler den Einzelhandel direkt beliefert, heute machen es die LEH-Ketten zunehmen selbst. Z.B. werden bei REWE die Einlistungen zentral vorgenommen (Hungen). Erzeuger bzw. Erzeugergemeinschaften geben Gebote für Erfassungsstellen ab. Mengen sind ausschlaggebend, je größer, desto besser. Deswegen können kleine Erzeuger i.d.R. nicht mithalten.

Großhandel hat sich darauf verlegt immer weniger Einzelhändler bzw. Wochenmärkte zu beliefern.

Aufgabenteilung bzw. Spezialisierung beim Großhandel: z.B. nur Kartoffeln + Zwiebeln oder spanische Zitrusfrüchte (Einlagerung, Verpackung, Bepreisung usw.).

Häfen machen Kontrakte mit bestimmten Lieferländern, z.B. Bremerhaven ist hauptsächlicher Einfuhrhafen für Südafrika (100.000t - 200.000t p.a.). Liefermengen und Produkte sind saisonsabhängig (Februar Tomaten, Herbst Südfrüchte).

Distributionsgebiete Häfen:

- *Marseille: Mittelmehrumschlag*

- *Bordeaux: Südfrankreich*

- *Hamburg/Bremen: Skandinavien, Osteuropa, BRD-Nord*

- *Antwerpen/Zeebrügge: BRD, Benelux*

- *Rotterdam: BRD, Skandinavien z.T., Benelux*

Mengen sind im Handel unrelevant, nur monetäre Größen, denn sonst müssen 2 Zahlen verwaltet werden (irgendwann wurde auf ausschließlich monetäre Größen umgestellt). Naturkostkontor rechnet mit beiden Zahlen, da mit den Bauern direkt kommuniziert werden muß.

In Südafrika wird z.B. das Obst erfaßt, dann zum Hafen oder Flughafen, auf Paletten abgestellt. Innerhalb von 24 Std. mit LKW zum Großhandel. In der Halle großes Wirrwarr, Qualitätskontrolleure nehmen von jeder Palette Proben (Palette mit Barcode). Palette ist in der Versteigerung schon von Agenten gekauft, bestimmte Qualitäten sind ausschlaggebend (Größe, Temperatur, Farbe, Fauligkeit), Erzeuger sind egal. Agenten steigern, bekommen Zuschlag, geben Anweisungen an Speditionen, wo Produkte hin sollen.

Wenn nicht gesteigert wird, dann:

Schiff kommt rein, braucht ihr z.B. Tomaten (4-5 Tage vorher), Großhändler sagen Bescheid, Paletten gehen dann direkt vom Schiff durch Kontrollen, dann mit LKW zu Zentrallager des LEH, von Zentrallagern zu verschiedenen Städten.

Im Naturkostbereich relativ feste Preise mit denen Vorlieferanten und Großhändler arbeiten können.

Konventionelle Kommissionsware: LKW werden losgeschickt, Agenten handeln über rollende Ware, Abrechnung ist häufig erst nach Verkaufserfolg.

Unterschiede	konventionell	Naturkost
	Gnadenlosigkeit	*Geschäftspartner*
	Abzock	*dafür oft auch Abschreibungen (schlechte Ware)*
	keine Toleranz	*Toleranzgröße höher*

Kommunikationswege sind im Naturkosthandel meist länger, da die Mengen i.d.R. kleiner, d.h. Vielzahl von Lieferanten (Bauern aus Umgebung, 10 - 15 Adressen in ganz Europa). Z.T. Spezialisten, die sich auf bestimmte Länder spezialisiert haben, bei Neuseeland wird Naturkostware mit über das konventionelle Fruit Board gehandelt. Längere Kommunikationswege schlagen auf den Preis, nicht auf die Qualität.

Der konventionelle LEH bestimmt das Produktangebot: Einlister, Einkäufer von Zentrallagern, die besondere Konditionen mit Händlern abgeschlossen haben. Geht nicht fair zu: u.U. zusätzliche Einlistungsgebühren, Regalgebühren, Werbekosten u.a. für neue Verkäufer. Damit ergibt sich für die etablierten Verkäufer quasi das Recht immer zu liefern. Bei fallender Qualität gehen die Waren allerdings ohne Abstriche zurück.

Unabhängiger LEH: Direktverkauf vom Großhandel, 3 Kisten davon und davon.

Naturkostkontor liefert 6-8 Sorten Äpfel, die meisten Kunden kaufen 1 oder 2 Sorten, d.h. Einzelhändler bestimmen, was der Kunde kauft.

Verläßlichkeiten zwischen Erzeuger und Händler ist am wichtigsten. Für Naturkostbereich Weiterentwicklung der Kommunikation und Kurzstreckenlogistik.

BÄUERLICHER OBSTBAU IN BADEN-WÜRTTEMBERG

(Interview Nr. 5 mit einem Landwirt aus Weil der Stadt-Merklingen am 23.07.1998)

Der Gesprächspartner, 1926 geboren, Landwirt und Baumwart, machte auf Wunsch seiner Mutter 1946 in Hohenheim eine 12-wöchige Ausbildung zum Baumwart (Lehrbuch von Lucas-Winkelmann; die darin enthaltenen Vorschläge findet er nicht alle gut). 1953 hat er folgende Sorten, alle auf Hochstamm, angepflanzt:

- 3 Brettacher

- 1 Franz Renette

- 1 Zabergäu Renette

- 1 Schweizer Winterglockenapfel

- 1 Jacob Fischer (Schöner von Oberland)

- 1 Roter Boskoop (gehen nicht gut wegen Hochstamm, normaler Boskoop besser)

- 1 Ontario

- 1 Schöner von Nordhausen

- 1 Welschisner (Mode vor 50 Jahren)

- 1 Bohnapfel (Mode vor 50 Jahren)

- verschiedene Birnen (Oberösterreichische Weinbirne, Creme von Paris, Flaschenbirne, Grüne Jagdbirne).

Angebaut hat er Obst für den Eigenbedarf und deshalb darauf geachtet, daß er Sorten nimmt, die nicht alle auf einmal reifen. Die Bäume hat er beim Gärtner Heinz (alteingesessener Gärtner), der damals noch eine Baumschule hatte, gekauft. Einige hat er mit der Zeit umveredelt. Er schneidet seine Bäume nach dem württembergischen Schnitt (Baum hat einen mittleren Leittrieb, Zweige gehen im rechten Winkel ab, d.h. der Baum hat einen Gipfel). Unter den Bäumen wird gemäht, keine extra Düngung für die Bäume, der Mist und die Gülle für das Gras reicht auch den Bäumen. Die Ernte wird für den Eigenverbrauch (Essen und Mosten) sowie für Bekannte verwendet. Zum Mosten nur Äpfel nehmen, die genußreif sind. Gelagert werden sie bis zum ersten Frost in der Scheuer, dann in einem Zimmer. Der Keller ist zu warm, außerdem wurden dort früher Kartoffeln und Most gelagert, die den Äpfeln schaden würden.

Der Gesprächspartner hält sich an seine eigenen Erfahrungen. Kreisbaumwarte haben immer wieder Vorträge gehalten, von denen er allerdings wenig gehalten hat. Ein Obstbauberater hat 1-2 Tageskurse gehalten, für die, die Interesse hatten. Er hat sich aber nichts mehr erzählen lassen "was sich emol reigfressa hot, goht nemme raus". Jedes Jahr wurden neue Vorschläge für den Baumschnitt gemacht, nach 10 Jahren war man wieder da, wo man vorher war. Es gibt ein paar Buschobstanlagen in der Gegend, er weiß aber nicht welche Sorten drauf sind und was da genau gemacht wird.

Die Äpfel im Supermarkt sehen schön aus, da kann aber nicht alles in Ordnung sein. Ab den 60er Jahren etwa gab es Äpfel in den Läden zu kaufen. Bis dahin hat sich jeder aus seinem eigenen Garten versorgt. Die Familie des Gesprächspartners kauft Jonagold, wenn ihre eigenen Äpfel zu Ende sind. Jonagold schmecken gut, kommen aber nicht an alte Sorten ran. Alte Sorten sind saurer, das vertragen nicht alle Leute.

Für etwa 50 Leute schneidet er die Bäume. Hochstämme sind nicht gefährlich, es kommt auf die Leiter drauf an und wie man sie in den Baum stellt (nach innen lehnen, dann fällt sie richtig).

BIOERWERBSOBSTBAU IM ALTEN LAND

(Interview Nr. 6 mit einem Bioobstbauern aus dem Alten Land am 28.06.99)

Das Alte Land ist Schwemmlandboden, nährstoff- und humusreich. Es wurde 1500 durch die Holländer urbar gemacht. Zuerst wurde dort Ackerbau und Viehzucht betrieben, wodurch die Bauern zu großem Wohlstand kamen. Mit der Möglichkeit Kunstdünger einzusetzen und aufgrund der schwierigen Bodenbearbeitung ging der Ackerbau zurück.

Daraufhin wurde immer mehr Obst (anfangs hauptsächlich Steinobst) angebaut, das auf dem Wasserweg nach Hamburg gebracht wurde. Wegen der Marktnähe zu Hamburg und günstigen Transportmöglichkeiten wurde der Obstbau ausgeweitet. Ab Ende des 19. Jahrhunderts überwiegt der Apfelanbau, der 1960 seine größte Ausdehnung hatte. Dann kam die EG-Konkurrenz.

Die Eigenarten der Altländer Struktur (Grabensysteme und schwere Böden) brachte Nachteile mit sich. Die Gräben wurden nach und nach einplaniert und durch Drainagen ersetzt. Die großkronigen Bäume durch kleinkronige. Durch das Zuschütten der Wassergräben wurde das Kleinklima allerdings negativ beeinflußt, denn das Wasser nimmt Wärme tagsüber auf und gibt sie nachts wieder ab, wodurch ein gleichmäßiges Klima entsteht und im Frühjahr Blütenfröste verhindert. Um der Gefahr der Blütenfröste entgegenzuwirken, wurden ab den 60er Jahren bis ca. 1985 im großen Stil Frostschutzberegnungsanlagen installiert.

Der Obsthof des Gesprächspartners ist seit 1712 in Familienbesitz. 18 ha groß, alles Eigentum und eine Parzelle. Der jetzige Besitzer übernahm 1982 den Obsthof von seinem Vater. Er trieb die Spezialisierung weiter, schloß die Einplanierung der Gräben und das Pflanzen kleiner Bäume ab. Sein Vater machte noch Pferdezucht, hielt 4-5 Rinder und Kühe (Ammenkuhhaltung), hatte Erdbeerkulturen, Kirschen, Himbeeren, Birnen und Äpfel. Nach 2 Jahren schaffte der Gesprächspartner die Pferde und Rinder/Kühe ab, dann nach und nach sämtliches Weichobst. Heute hat er einen Spezialbetrieb, der nur noch Äpfel anbaut.

Wir genießen alle Europa und nutzen es. Die Konsequenz daraus ist, daß das Alte Land ein großes spezialisiertes Wirtschaftsgebiet ist. Beerenobst geht z.B. viel besser in der Braunschweiger Gegend, Steinobst in Rheinland-Pfalz. Beerenobst und Steinobst gehört einfach nicht in das Alte Land. Eine vielfältige Nutzung lohnt sich nicht, da die europäische Konkurrenz bei vielen Obstarten früher ist.

Der Anbau von Kernobst lohnt deshalb, weil das Alte Land ein sehr gutes Klima hat. Das Zucker-Säure-Verhältnis bildet sich bei Äpfeln optimal aus, d.h. sie haben einen guten Geschmack. Für den Apfelanbau bietet das Alte Land gute Voraussetzungen, deshalb hat sich der Gesprächspartner entschieden, sich auf Äpfel zu spezialisieren.

1989 ist er auf die integrierte Produktion umgestiegen. Dies hat er etwa nur 1 Jahr betrieben, dann starb sein Bruder, der ebenso Obstbauer war an Leukämie. Daraufhin baute der Gesprächspartner ab 1990 ökologisch an (Naturland). Er bekam von Naturland ein Angebot bestimmte Sorten nach bestimmten Richtlinien anzubauen. Die ersten Jahre waren sehr schwer, dennoch ist es besser gemeinsam mit der Natur zu arbeiten und nicht gegen sie. Die Früchte sind kleiner, die Schale oft schadhaft und rauh, sie entsprechen nicht der Handelsklasse I.

Das angebaute Sortenspektrum entspricht dem konventionellen: 40% Elstar, 40% Jonagored, 3% Cox Orange, 6% Holsteiner Cox, 8% Roter Boskoop, der Rest Gloster. Alte Lokalsorten sind bei den Genossenschaften nicht mehr gefragt. Das Apfelsortiment im Abau kommt wegen dem Markt zustande. Da der Gesprächspartner ein konventionelles Sortiment anbaut, hat er auch Erfolg bei den ökologischen Verbrauchern. Er macht immer, was der Markt will. Die Sorte Elstar will der Verbraucher, weil sie so gut schmeckt. Der Elstar hat sich wegen des guten Geschmacks durchgesetzt, im Anbau eignet er sich eigentlich nicht.

Um gegen Schädlinge und Krankheiten resistente Apfelsorten zu züchten, werden alte Sorten einkreuzt. Allerdings kreuzt sich immer die die alten Sorten resistent machende Gerbsäure mit ein, nicht nur im Apfel, sondern im ganzen Baum. Deshalb schmecken resistente Sorten i.d.R. nicht. Die Kunden nehmen solche Sorten wegen dem hohen Gerbsäureanteil nicht. (Re-Sorten = resistente Sorten, Pi-Sorten = Sorten, die in Pillnitz gezüchtet wurden).

Der Gesprächspartner hat nur eine stille Mitgliedschaft in einer Genossenschaft, da diese ökologisch erzeugtes Obst nicht verkauft. Anfangs wurde das Obst konventionell verkauft, dann gründete er mit Verwandten, die ebenso Obstbau betreiben, eine eigene Handelsorganisation und machte für seine eigenen Äpfel Werbung, veranstaltet Seminare usw. Damit entstand im Laufe der Jahre eine Absatzform, die völlig unabhängig vom konventionellen Handel ist.

Wöchentlich wird den Naturkostläden ein Angebot abgegeben, woraufhin von den Läden geordert wird. Die Äpfel werden von einer fremden Spedition in die Läden gebracht. Von Flensburg bis zum Main geht das Absatzgebiet, 60% geht ins Ruhrgebiet, 30% nach Berlin, im norddeutschen Raum liefert er hauptsächlich an die Unistädte. Der Gesprächspartner ist als selbst als Naturkostgroßhändler tätig. Der Einzelhandel bekundet zunehmendes Interesse an ökologisch angebauten Äpfeln. Dies geht aber nicht, da das 3- oder 4-fache der bisher produzierten Menge benötigt werden würde.

Sein Betrieb besteht aus einem Anbaubetrieb plus der Bioobst KG. Sein Schwager und zwei Berufskollegen stellten auf ökologischen Anbau um und produzieren für den Betrieb des Gesprächspartners. Es gibt 28 Betriebe, die ökologisch wirtschaften, sie können aber nicht die Mengen erzeugen, die der LEH benötigen würde. Von diesen 28 Betrieben sind 5 aktiv und arbeiten beim Absatz zusammen. Alles was zuviel an Bioobst erzeugt wird, geht an den konventionellen Einzelhandelsketten. Zu den Naturkostläden, die er beliefert, hat der Gesprächspartner ein partnerschaftliches Verhältnis. Da er die Läden auch immer wieder besucht, weiß er genau, wo seine Äpfel landen.

Die Kunden von ökologisch erzeugten Obst sind: 1. Biofreaks und 2. Kunden, die aus gesundheitlichen Gründen kaufen (junge Mütter z.B.). Bei den letztgenannten gibt es kein Interesse an der Produktionsweise.

Das größte Problem für den deutschen Obstbau sieht der Gesprächspartner in der Globalisierung. Die Konkurrenz ist günstiger, so daß der deutsche Obstbau Nachteile hat. Außerdem ist der konventionelle Obstbau an seine Grenzen gelangt, es gibt nichts mehr, was man besser machen kann.

Sowohl der konventionelle als auch der integrierte Obstbau haben großes Interesse an der Gentechnik (Resistenzen einbauen). Allerdings werden die eingebauten Resistenzen von der Natur nach einer gewissen Zeit umgangen. Der Nutzen der Gentechnik ist damit sehr kurz (Beispiele dafür gibt es auch bei Weizen und Mais). Vielmehr sollten die ursprünglichen Sorten erhalten werden.

Der Gesprächspartner plant nicht, seinen Betrieb weiter auszudehnen, auch wenn der Bioobstbau stark ausbaufähig ist. Der Mensch ist das Maß, auf seinen 18 ha kann noch jeder Baum einzeln behandelt werden. Dies schlägt sich auch in der Produktqualität nieder. Die Äpfel sind personifiziert, sie werden nicht als Elstar, sondern als Augustin-Elstar bezeichnet. Die gläserne Fabrik ist für den Gesprächspartner das Vorbild für seine Produktion. Deshalb hat er auch Kontakt zu jedem einzelnen Händler. Dieses Konzept bedeutet, daß das Wachstum des Betriebes beschränkt bleiben wird. Es geht um Lebensqualität, nicht um Masse.

Die Lagerung der Bioäpfel erfolgt auf seinem eigenen Obsthof. 100% ULO-Lager (computergesteuerte ultraniedrige sauerstoffhaltige Atmosphäre), das Neuste an Lagerung, was es gibt. Biobetriebe müssen hochmoderne Lager haben, da Schnellverkäufe nicht möglich sind. Mit einem ULO-Lager entfallen auch die früher notwendigen

Lagerspritzmittel. Im Alten Land gibt es noch viele Obstbauern, die nicht genug Lagerfläche haben oder nicht einmal ein CA-Lager.

Um auf dem neusten Stand zu sein, informiert sich der Gesprächspartner im Internet.

NEBENERWERBSOBSTBAU IM ALTEN LAND I

(Interview Nr. 7 mit einem Berufsschullehrer und Nebenerwerbsobstbauer aus dem Alten Land am 28.06.99)

In den letzten 40 Jahren ist der Obstbau stark expandiert. Es war eine goldene Zeit für die Obstbauern. In den 20er und 30er Jahren ging es dem Obstbau ganz schlecht (Schädlinge, Krankheiten). Mit dem Einsatz von Spritzmitteln wurde der Obstbau wieder hochgepuscht. In den 50er Jahren waren Äpfel wie Gold, mit Äpfeln konnte viel Geld gemacht werden, da sie sehr teuer waren. Die Bauern konnten gut davon leben.

In den 50er Jahren hatte sein Vater 42 Apfelsorten im Anbau. Er dehnte seine Anbaufläche auf 18 ha aus, hatte aber immer einen Gemischtbetrieb (Kühe). 1965 kam dann die Handelsliberalisierung. Aus EWG-Sicht wurden die falschen Apfelsorten angebaut, außerdem wollten die Verbraucher Golden Delicious. Bis 1965 gab es keine Golden Delicious im Alten Land. Bis 1975 hatte der Altländer Obstbau große Schwierigkeiten, da die Sortenumstellung zu langsam vor sich ging. Ab 1975 wurde der Gloster '69 (Züchtung der OVA in Jork) angebaut, was einen gewissen Aufschwung mit sich brachte. Ab 1981 wurden dann neue Sorten, wie z.B. der Jonagold angebaut. Ab 83/84 Elstar.

Bis 1992 konnte man wieder relativ viel Geld mit Äpfeln verdienen. Seit 1995 wieder Schwierigkeiten, da der Gloster und teilweise der Jonagold praktisch auf Null runtergegangen ist. Es wird nur noch eine wertvolle Sorte im Alten Land angebaut, nämlich der Elstar.

Heute befindet sich der Obstbau in einer gefährlichen Umbruchphase. Seit 1975 werden in Jork keine neuen Apfelsorten mehr gezüchtet. Die Züchtung findet heute hauptsächlich in Pillnitz statt, wo hauptsächlich schorfresistente Sorten gezüchtet werden. Eigentlich müßten neue Sorten für Nordeuropa her. Da es sie nicht gibt, hoffen die Altländer irgendwo auf der Welt geeignete Sorten für ihren Anbau zu finden. Dies ist aber unwahrscheinlich, denn die Privatwirtschaft hält auch in diesem Bereich Einzug: Eine Sorte wird unter Patentschutz gestellt, nur wenigen wird das Patent zur Verfügung gestellt (gibt es hauptsächlich in Südeuropa). Die gute wirtschaftliche Phase klingt ab.

Die Obstbauern haben ihre Äpfel schon immer auf Wochenmärkten verkauft, um sich abzusichern. Dies ist auch heute noch ein sicheres Standbein. Die Obstbauern überlegen sich allerdings keine weiteren Möglichkeiten eines sicheren Absatzes. Es müssen Konzepte her, um den Obstbau zu forcieren (Zusammenschluß). Die Stärke des Alten Landes liegt in der Marktnähe zu Hamburg.

Handelsstrukturen, wie sie in Holland zu finden sind, fehlen im Alten Land. Es wird sehr viel mit lokalen Sachen gemacht, das Alte Land produziert nicht für den Weltmarkt.

Kleine Obstbauern (Familienbetriebe) mit eigenen Sortiermaschinen und Lagern überleben meist besser. "Heritage-Effekt": Die Leute stehen auf lokal, es kommt auf den Kontakt und die persönliche Beziehung an. Der Markenname Elbe-Obst erzeugt Vertrauen. Damit kann man etwas machen (Procter & Gamble hätten schon lange etwas daraus gemacht). Die Überlebenschancen des Obstbaus im Alten Land sind nicht schlecht, da die Faktoren Marktnähe und der "Heritage-Effekt" ausschlaggebend sind.

Im Alten Land gibt es 25 Großhändler die für sich arbeiten aber in einer Genossenschaft zusammengeschlossen sind. Die 2. große Handelsschiene ist die Elbe-Obst, die 45% des gesamten Umsatzes macht. In der Elbe-Obst sind ca. 400 Obstbauern zusammengeschlossen. Diese Erzeuger liefern ihr Obst an die Elbe-Obst Händler oder an die Sortier- und Lagerstationen der Elbe-Obst. Diese Situation zeigt, daß sich im Alten Land keine vernünftigen Vermarktungsstrukturen entwickeln konnten, d.h. keine Vermarktungsstrukturen, wie sie politisch gewollt waren. Diese Situation ist heute von Vorteil, denn wie in Holland zu sehen ist, stirbt der Obstbau trotz oder wegen der zentralen Strukturen. Die Holländer haben zwar Märkte erschlossen, bekommen aber kein Geld mehr für ihr Obst. Kleinere Strukturen sind besser, da große Strukturen gar nicht bezahlt werden können.

In den 60ern propagierte die OVA die Sorte Ingrid Marie, sie wurde daraufhin auch im größeren Stil angebaut. Der Gloster wurde ebenso von der OVA gepuscht, hauptsächlich über Beratungstätigkeiten. Bei der Sorte Jonagold war es genau andersherum: Sie kam nicht über die OVA in den Anbau, sondern über die Obstbauern selbst. Die OVA sagte nein zu dieser Sorte, die Bauern bauten sie trotzdem an, da sie bei den Verbrauchern gut ankam. Der Anbau der Sorte Elstar vollzog sich genauso, nur daß die OVA schneller reagierte. Wenn eine Sorte gut ist, läuft sie von alleine. Der Vorteil beim Elstar war, daß die Holländer schon Werbung für sie gemacht hatten.

Im Alten Land gibt es keine Marketingorganisation, weil die Erzeugerstruktur zu zersplittert ist. Außerdem sind die Leute viel zu individualistisch. Unter Marketingaspekten sind zentralere Strukturen zwar wünschenswert, aber zu teuer. Zur Zeit ist der Obstpreis unten. Z.B. können 50.000 t der Sorte Jonagold von irgendwoher auf der Welt sofort geliefert werden. Das Alte Land kann da nicht mithalten, es muß deshalb etwas produziert werden, was Geld kostet.

Zu Rodungsmaßnahmen: Die EWG subventionierten ständig Rodungsmaßnahmen. Dafür mußte eine Fläche angemeldet werden, die bestimmten Förderkriterien entsprach. Nachdem gerodet wurde, kam das Geld. In den folgenden 5 Jahren durfte kein Obstbau auf einer solchen Fläche mehr betrieben werden. Neben den Rodungsmaßnahmen wurde jedoch gleichzeitig intensiviert, so daß diese Maßnahme kein Ergebnis brachte. Das selbe passiert heute mit den Flächenstillegungen, das bringt auch nichts. Die Rodungsmaßnahmen waren Beiwerk und nur Geldverschwendung. Alle Subventionen sind sowieso Blödsinn.

Ab 1930 gab es den chemischen Pflanzenschutz (in den 20ern gab es ganz viel Schädlinge). Per Polizeiverordnung wurde festgelegt, daß die Anlagen gespritzt wurden. Bis 1970 hat man sich wenig Gedanken um den Naturschutz gemacht. Auch als dann der Gedanke aufkam wurde wenig verändert, was eine große Belastung der Fauna nach sich zog. inzwischen hat die Regierung aufgrund der öffentlichen Meinung die Pflanzen-schutzgesetze stark verschärft. Auf die ökonomische Bedeutung des Obstbaus wurde nicht geschaut. Dennoch haben die Gesetze dazu geführt, daß weniger Spritzmittel ein-gesetzt wurden. Ab 1989 gibt es den integrierten Obstbau. Die offizielle Beratung hat damit das Thema Naturschutz aufgegriffen. Auch die Obstbauern selbst denken inzwischen anders. Die Gesetzgebung kann allerdings gar nicht umgesetzt werden, da sie viel zu überzogen ist. Die Gesetze machen einen unheimlichen Druck, es werden sogar weiche Mittel verboten, obwohl alles gar nicht so schlimm ist. Die Gesetze sind viel zu scharf, sie können von niemanden eingehalten werden, die Obstbauern bewegen sich alle in der Illegalität.

Die Profi-Obstbauern schalten auf bio um, weil dahinter massive ökonomische Inter-essen stehen. Alles womit man Geld verdienen kann ist gut. Seit ca. 5 Jahren gibt es sie Bioschiene. Dies ist ein Umbruch für den Obstbau. Der Biomarkt ist ein Primeurmarkt (Verbraucher mit großer Kaufkraft). Nun geht die Angst um, daß alle auf bio machen. Die konventionellen Obstbauern sind langsam auf dem Weg zum Bioobstbau, obwohl sie heute schon sehr wenig Umweltschäden mit ihrem Anbau verursachen. Die Bevölkerung schätzt das Risiko völlig falsch ein. Wenn die Gesetzgebung wirklich ernst genommen werden würde, dann müßten alle Obstbauern kollektiv aufgeben.

Mit Gentechnik wird sehr defensiv umgegangen (sogar in den USA). Im Alten Land wird keine Gentechnik eingesetzt. Die Verbraucher sind das Problem. An sich wäre die Gentechnik aber gut, da dann schorfresistente Apfelsorten entwickelt werden könnten. Leider kann man aber das Risiko von Gentechnik noch nicht einschätzen.

Zukünftig müssen die Obstbauern über Qualität kommen und nicht über die Menge. Die Obstbaubetriebe sind zu Industriebetrieben geworden, sie müssen aber auf Qualität setzen. Je kleiner der Markt ist, desto größer die Vielfalt, je größer der Markt desto ein-heitlichere Sorten und größere Mengen notwendig.

VOLLERWERBSOBSTBAU IM ALTEN LAND

(Interview Nr. 8 mit einem Vollerwerbsobstbauer (integrierter Obstbau) aus dem Alten Land am 29.06.99)

Durch die Medien und die Verbraucher ist der Standardapfel zustandegekommen. Die Städter haben inzwischen kein Verhältnis mehr zu Obst. Sie wissen nicht wann es reif ist oder wie es wächst. Heute bestimmt praktisch der Groß- und Einzelhandel, wo es lang geht. Lange Zeit hat das der Markt bestimmt. Die Direktvermarktung nimmt zwar zu, ist aber eine Nische.

Der Gesprächspartner führt den Obsthof seit 1983 selbständig (30 ha). Er hat ihn von seinem Schwiegervater übernommen, der ihn lange Jahre über einen Verwalter führen ließ.

Im Anbau befinden sich die Sorten Jonagored, Rubinstar, Elstar, Cox Orange, Holsteiner Cox, Roter Boskoop, Gloster, Golden Delicious, Gravensteiner, Jamba, Gala, Braeburn, Glockenapfel. Er baut diese Sorten wegen den Marktverhältnissen an, anbauwürdig sind alle. Für die Auswahl der Sorten spielen auch die Erntetermine eine Rolle: Sie reifen einer nach dem anderen. Dies ist aus betriebswirtschaftlichen Gründen günstig. Die Ernte läuft 6 Wochen, in denen die Pflücker von Anfang bis Ende ausgelastet werden können.

Der Gesprächspartner hat ein eigenes Lager (ULO), die Aufbereitung und Sortierung macht er selbst. Über die Elbe-Obst wird das Obst vermarktet. Darüber hinaus besitzt er Anteile an einem Elbe-Obst-Gemeinschaftslager in Freiburg. Die Elbe-Obst hat eine eigene Spedition, die das Obst gegen einen Frachtpreis abholt. I.d.R. müssen die Obstbauern jedoch selbst an die Elbe-Obst liefern, bei dem Betrieb des Gesprächspartners wird es nur deshalb geholt, weil sie so weit weg von der Zentrale sind. Manche Einzelhändler holen das Obst auch direkt vom Hof. Das geht aber nur, wenn die Zufahrt ausreichend ausgebaut ist.

Im Obstbau gibt es praktisch keine Subventionen, die Preise regeln sich über den Markt. In den letzten Jahren war die Produktionsmenge immer gerade richtig: Nicht zu viel, nicht zu wenig. Ohne die EG-Normen ("die etwas übertrieben sind") wäre alles chaotisch.

Produzenten in anderen EU-Ländern haben viel laxerer Bestimmungen beim Pflanzenschutz. In Deutschland sind bestimmte Mittel verboten. Als Genossenschaft kann man sie nicht kaufen, da keine deutsche Beschreibung beiliegt. Als Privatverbraucher hingegen kann man diese Mittel kaufen und dann auch einsetzen. Eine gemeinsame EU-Regelung steht nur auf dem Papier, die Praxis ist ganz anders. Die EU macht nur alles komplizierter.

Wir leben in einem Industriestaat und haben alle Vorteile davon. Deshalb müssen wir auch im Obstbau dazu beitragen, daß alle davon profitieren können. Viele Äpfel der Elbe-Obst gehen nach Osteuropa, das Problem ist nur, daß da nicht genug Geld ist.

Zu den Veränderungen der letzten 30 Jahre: Heute herrschen im Anbau M9 Unterlagen vor, da auf ihnen eine bessere Qualität und größere Früchte erzeugt werden können. Die Betriebe sind i.d.R. sehr groß, total spezialisiert und intensiviert. Ohne Frostschutzberegnung geht gar nichts mehr. Der Betrieb des Befragten muß auch weiter wachsen, technische Neuerungen helfen da weiter. Man muß eine Linie weiterentwickeln und darf keine Experimente machen. Früher gab es keinen reinen Obstbau, sondern nur Gemischtbetriebe, die daneben Viehhaltung oder Getreidewirtschaft betrieben. Gemischtbetriebe gibt es seit 20 Jahren nicht mehr.

Der Befragte bringt seinen Obstbaubetrieb über ausführliche Beratungen und Informationen (Faxabrufsystem) der OVA und OVR, über Obstbauseminare und über eigenes ausprobieren auf den modernsten Stand. Mit einer entsprechenden Kontrolle geht alles, dabei wird i.d.R. nur gemacht, was gemacht werden muß. Es wird praktisch immer der Beratungsring in Anspruch genommen, die wissen wo es lang geht und bestimmen den Anbau. Es gibt regelmäßige Treffen mit den Beratern auf dem Betrieb. Es wird ein guter Dialog gepflegt. Jedes Gebiet im Alten Land hat einen eigenen Berater (Anbau- und

Lagerberatung), der etwa 3.000 - 4.000 ha betreut. Je mehr man die Beratung nutzt, desto besser läuft der Betrieb.

Zu den Rodungsmaßnahmen: Es gibt EU-weit immer wieder Rodungsprämien. Über die Landwirtschaftskammer wird ein Antrag gestellt. Es gibt genaue Kriterien, wann die Prämien gezahlt werden. Für kleinere Betriebe, die aufhören wollen lohnt sich das. Man muß aber schnell sein. Der Gesprächspartner und seine Frau haben schon einmal ihrem Nachbar geholfen eine solche Rodungsprämie zu kassieren.

Das größte Problem für den deutschen Obstbau ist die EU-weit zu große Produktionsmenge. 7,4 Mio Tonnen sind EU-weit real zu vermarkten. Eine größere Menge ist zu viel, dann sinken die Preise zu stark. Nur wenn der Osten als neues Absatzgebiet dazu kommt gibt es dieses Mengenproblem nicht mehr.

Ein weiteres Problem sind die FFH-Programme (Flora-Fauna-Habitate). Dabei geht es um die Umsetzung einer natürlichen Bewirtschaftung und um Naturschutzgebiete. Dies soll alles ohne Ausgleichszahlungen gemacht werden. Die Industrie kann machen was sie will. In den letzten 30 Jahren ist total geschlafen worden. Die Industrie macht Unsinn und verschmutzt die Umwelt. In der Gesetzgebung vergißt man, daß man auf dem Land immer darauf angewiesen ist, mit der Natur zu arbeiten. Auf dem Obsthof des befragten Betriebes gibt es z.B. so viele Vögel wie nie zuvor. Der Dialog wird zeigen, daß sich der integrierte und der ökologische Obstbau annähern.

Das größte Problem ist die Industrialisierung des Obstbaus. Alles muß billig, billig sein, was nur mit großen Mengen und einer billigen Produktion erreicht werden kann. Mit den verschärften Gesetzen für Arbeitskräfte ist alles viel schwieriger geworden. Der Obstbau ist auf Saisonarbeitsleute angewiesen. Mit Saisonarbeit kann man aber keine Arbeitsplätze schaffen, da es keine festen Arbeitsplätze sind. Die Möglichkeit billige ausländische Arbeitskräfte einzusetzen gibt es nur noch eingeschränkt. Auf dem Obsthof des Gesprächspartners besteht der größte Anteil des Erntepersonals aus Frauen aus dem Ort (diese Möglichkeit war auch ein Grund, den Obsthof zu übernehmen). Wenn diese einmal ausfallen, wissen sie nicht, wie es weitergehen sollen. Arbeitslose Einheimische haben an solchen Jobs kein Interesse und sind i.d.R. auch gar nicht dazu geeignet. Im Obstbau ist alles so ziemlich im Ungleichgewicht.

NEBENERWERBSOBSTBAU IM ALTEN LAND II

(Interview Nr. 9 mit einem Nebenerwerbsobstbauer aus dem Alten Land am 29.06.99)

Der eigene Obsthof war traditionell ein gemischter Betrieb. Bis zum Zweiten Weltkrieg spielt der Obstbau nur eine untergeordnete Rolle. Von 45 ha wurden 5 ha Obst angebaut. Nach dem Krieg wurde die Obstbaufläche ausgedehnt, da es mit den Obstpreisen bergauf ging. Importe gab es damals noch nicht. In den 60er Jahren mußten sich dann die landwirtschaftlichen Betriebe entscheiden, welchen Betriebszweig sie ausbauen wollten, das alles kapitalintensiver wurde. Der Vater des Gesprächspartners hatte dennoch immer etwas Vieh (ohne Milchquote) und etwas Getreide. Diese Betriebszweige gingen jedoch immer mehr gegen Null.

Der Gesprächspartner selbst hat sofort nach der Übernahme des Hofes 1988 die Viehhaltung aufgegeben und sich auf den Obstbau spezialisiert. Die damit zusammenhängenden Aufgaben hat er zum größten Teil in Lohnarbeit machen lassen. 1991/92 gab es starken Frost und sein Betrieb hatte einen Totalausfall. Daraufhin hatte es kein Zweck mehr weiter zu machen. Die Investitionen wären zu groß gewesen. Auf seinem Hof ist es nicht möglich, eine Frostschutzberegnungsanlage zu installieren. Ein Vollerwerbsbetrieb kann jedoch nicht ohne Beregnungsanlage gemacht werden. Außerdem sind mindestens 20 ha notwendig, damit sich ein Vollerwerb (ohne Direktvermarktung) lohnt. Nun geht er einer außerbetrieblichen Tätigkeit nach. Seinen eigenen Betrieb hat er auf 6 ha reduziert (die Entwicklung ging also von 5 ha vor dem Zweiten Weltkrieg auf 14 ha und dann auf 6 ha).

Der Gesprächspartner vermarktet die Äpfel aus seinem eigenen Betrieb über die Elbe-Obst. Er hat Anteile an einem Genossenschaftslager in Freiburg, dort wird die Sortierung, Lagerung und Vermarktung vorgenommen. Es gibt heute keine Alternative mehr einen anderen Vermarktungsweg zu gehen. Es kostet viel zu viel Zeit das Obst selbst aufzubereiten. Die Elbe-Obst nimmt alle Mengen an.

Der Obstbaubetrieb, bei dem der Gesprächspartner jetzt erwerbsmäßig arbeitet, ist ein Sonderfall: Es ist ein Obstbaubetrieb und gleichzeitig ein Handelsbetrieb. Ca. 20 % der Betriebe im Alten Land sind keinen Erzeugergenossenschaften angeschlossen. Die LKW von Händlern sind i.d.R. zu groß, um auf die einzelnen Höfe zu fahren.

Der Gesprächspartner baut in seinem eigenen Betrieb Elstar (25%), Jonagold + Mutanten (15%), Gloster (20%) und Rest: Cox Orange, Holsteiner Cox, Ingrid Marie, Boskoop an. Als Befruchter hat er Golden Delicious. Mittelfristig plant er nur noch drei Sorten anzubauen (Elstar, Jonagold und Holsteiner Cox).

Der Gloster ist sehr ertragreich. Dies ist aber sein einziger Vorteil. Die Sorten Elstar und Jonagold wollen die Händler, die zwei Sorten haben sich geschmacklich etabliert, man bekommt sie inzwischen überall. Außerdem baut der Gesprächspartner diese Sorten an, weil eine bestimmte Größe verlangt wird, ob es der Handel oder der Verbraucher ist, der diese Größen verlangt, weiß man allerdings nicht. Der Golden Delicious eignet sich für den Anbau im Alten Land nicht, da die Mengenerträge nicht erreicht werden und der Apfel meist berostet ist. Inzwischen gibt es zwar Mutanten vom Golden Delicious, die hier gehen, der Anbau ist allgemein jedoch rückläufig. Insgesamt braucht man 35 - 40 t pro ha Ertrag, um über die Runden zu kommen. Bei Cox Orange ist dies nicht möglich, beim Elstar gerade so eben (allerdings ist er alternierend und braucht deshalb einen höheren Arbeitsaufwand). Beim Gloster und Boskoop können diese Erträge gut erreicht werden, bei diesen Sorten ist jedoch der Preis im Keller.

Zu den Rodungsprämien: 1970/71 gab es Rodungsprämien, die sein Vater für eine Fläche in Anspruch genommen hat. Auf dieser Fläche durfte dann 10 Jahre lang kein Apfelbaum mehr gepflanzt werden. 1990/91 gab es noch einmal Rodungsprämien, die der Gesprächspartner aber nicht in Anspruch genommen hat, da er seinen Obstbau ausdehnen wollte (Acker in Obstbaufläche verwandeln).

Die Konzentration auf der Abnehmerseite ist das größte Problem. Diese wenigen Nachfrage haben eine unheimliche Macht. In der ganzen EU wird praktisch das gleiche

Sortiment angebaut, dadurch wird ein Gebiet gegen das andere ausgespielt. Die südlicheren Gebiete haben Vorteile, weil sie eben früher dran sind. Danach können die gleichen Sorten nur noch billiger angeboten werden. Diese Situation führt zu Überproduktionen, wobei aber nur ca. 8 Mio. Tonnen in der EU abgesetzt werden können. Absatzgenossenschaften sind heute unbedingt notwendig. Auch Werbung, für die es aber praktisch kein Geld gibt.

Wer ein eigenes Lager hat, muß auch über eine eigene Sortiereinrichtung verfügen. Der Gesprächspartner hat schon immer alles über die Elbe-Obst gemacht. Die Ware bringt er selbst hin. In Freiburg gibt es ein ULO-Lager. Solche Lager müssen schnell gefüllt werden, die Phase Ernte - Lagerung muß möglichst kurz gehalten werden. Große Mengen einer Sorte sind für solche Lager günstiger.

Der Pflanzenschutz ist in den letzten 20 Jahren mengenmäßig praktisch gleich geblieben. Es wird sehr viel gespritzt (der Betrieb, für den er arbeitet hat schon 14 Mal gespritzt dieses Jahr). Das Hauptproblem im Alten Land ist der Schorfpilz. Der Verbraucher will einen makellosen Apfel, diesen zu produzieren ist die Aufgabe des Pflanzenschutzes: "Wenn der Pflanzenschutz nicht notwendig wäre, dann könnte ja jeder Äpfel anbauen." Das würde die Preise dann noch mehr drücken. Inzwischen sind viel weichere Mittel im Einsatz, die keine Nützlinge mehr angreifen.

Gentechnik wird im Obstbau nicht eingesetzt. Hormone (die im Apfel und im Baum selbst vorkommen) sorgen dafür, daß ein bestimmter Prozentsatz an Blüten abgeht. Die Sorten reagieren aber unterschiedlich auf eine Hormonbehandlung, der Golden Delicious reagiert z.B. gar nicht darauf. Da muß dann noch ein anderes Präparat dazu, Stoffe, die in der Pflanze selbst vorkommen, nur nicht in genügender Menge. Wenn zu viele Früchte ausgebildet werden, wird der Trieb geschwächt. Zu wenig Früchte erzeugen zuviel Triebigkeit. Dieses Wechselspiel muß mit entsprechenden Mitteln im Gleichgewicht gehalten werden.

DER POMOLOGE

(Interview Nr. 10 mit einem Händler und Pomologen aus dem Alten Land am 29.06.99)

Den ersten Biolandbetrieb im Alten Land gab es in der 2. Hälfte der 70er Jahre. 1983 gab es erst drei hauptberufliche Bioobstbauern, heute sind es etwa 25. Zwischen 1980 und 1990 gab es eine Stagnation. Erst ab 1990 kamen die meisten dazu, da es einen Druck von oben gab. Die Hamburger wollten Bioobst, deshalb gab es auch von den Hamburger Behörden Umstellungsprämien. Hamburg hat inzwischen einige Bio-Vorzeige-Objekte (z.B. seine landwirtschaftlichen Güter, die nach Bioland- und Demeter-Richtlinien wirtschaften).

Die Biolandbetriebe betreiben einen hochmodernen Obstbau. Da die gleichen Sorten, wie im konventionellen Obstbau angebaut werden, müssen die Bäume bis zu 20 Mal mehr gespritzt werden, als im integrierten Anbau, in dem synthetische Mittel eingesetzt werden. Eingesetzt werden im Bioobstbau Bio-Fungizide (Schwefel), durch die viele Nützlinge verschwinden. Im integrierten Obstbau wird das Gift viel gezielter eingesetzt. Der Gesprächspartner selbst spritzt seine Bäume nicht. Er unterwirft sie einem Härtetest. Wenn manche Sorten diesen Test nicht überstehen, dann eigenen sie sich nicht für den Anbau im Alten Land. Seine Erfahrung ist, daß die Bäume ohne Spritzung nur einen Mostobstanteil von 5-10 % haben.

Die moderne ULA-Lagerung erzeugt tote aromalose Hüllen. Da jeder Apfel seine eigenen Ansprüche hat, würde eine größere Vielfalt im Anbau auch viel mehr unterschiedliche Lagernotwendigkeiten nach sich ziehen. Dies rechnet sich natürlich nicht. Eine ökologische Lagertechnik muß auf die Eigenarten der verschiedenen Apfelsorten eingehen. Da die Öko-Obstbauern alle konventionell gelernt haben und konventionelle Sorten angebaut haben, kommen sie aus der Spezialisierung nicht raus.

Es gibt ein Zusammenhang zwischen Rauhschaligkeit und intensivem Aroma. Da kein Mensch angeblich rauhschalige Äpfel will, geht auch das Aroma nach und nach verloren. Am Ende weiß niemand mehr, wie ein Originalapfel eigentlich schmeckt.

Der Gesprächspartner hat 1982 mit Obst angefangen. Er kommt ursprünglich aus der Imkerei und war deshalb gegen den konventionellen Obstbau, der ihm die Bienen totgespritzt hat. Die meisten Ökobetriebe haben heute nicht einmal mehr Bienen, obwohl ohne Bienen der Obstbau gar nicht funktionieren kann. Spezialisierung ist der größte Fehler. Es kann keine ökologischen Monokulturen geben. Der Fortschritt wird immer nur vorne gesehen, der Anbau von alten Sorten bedeutet bei den meisten Menschen Rückschritt. Dabei ist viel zu viel über Bord geschmissen worden. Wir müssen erst zwei Schritte zurück und dann in eine andere Richtung wieder nach vorn. Was heute gemacht wird, geht alles in Sackgassen.

Gemischtbetriebe machen für den ökologischen Obstbau viel mehr Sinn, denn für Monokulturen ist der Apfel nicht geeignet. Er selbst kann mit dem Obstbau selbst nicht genug Geld verdienen. Für Gemischtwirtschaften gibt es nicht die richtigen Rahmenbedingungen. Z.B. dürfen nur virusgeprüfte Reiser und Bäume in den Anbau. Da alte Sorten i.d.R. nicht virusgeprüft sind, dürfen sie nicht angebaut werden.

VIII.

ANMERKUNGEN

[1] Diese und weitere im Text vorhandene, ähnlich abstrakte Begriffe beinhalten häufig Implikationen und Hintergründe, die nicht immer vollständig aufgeführt werden können. Zur Problematik der Begriffe "Ressourcen" und "Bedürfnisse" vgl. ausführlich Shiva 1993, S. 322 - 344 bzw. Gronemeyer 1988.

[2] Vgl. die Ausführungen im folgenden Kapitel I.1

[3] Wolfgang Sachs nennt diese besonders herausgehobene Beobachterposition "Astronautenperspektive" (Sachs 1994, S. 37).

[4] Vgl. hierzu insbesondere die Literatur zum Thema Technikfolgenabschätzung, Ökobilanzen und Produktlinienanalysen

[5] Am Beispiel der Bevölkerungsentwicklung beschreibt Uwe Pörksen diesen Zusammenhang ausführlich (Pörksen 1997, S. 47 - 50).

[6] D.h. ein Mitglied des Bedeutungssystems zu werden

[7] "Nie stimmen sie [die Darstellungen in wissenschaftlichen Büchern, Anm. d. Verf.] mit den tatsächlichen Beobachtungsmöglichkeiten überein, immer sind die - im jeweiligen Denkstil - "unwichtigen" Einzelheiten weggelassen, die "wichtigen" betont herauspräpariert. Sie suggerieren objektive Zusammenhänge, die doch nie mehr als denkstilmäßige Zusammenstellungen sein können." (Fleck 1994, S. XXXVIII).

[8] "Die Geschichte ist wie ein Zauberspiegel: Wer in ihn hineinblickt, sieht sein eigenes Bild in Gestalt von Entwicklungen und Geschehnissen. Die Geschichte steht nie still, sie ist ewig in Bewegung, wie die sie beobachtende Generation. Nie ist sie in ihrer Ganzheit zu fassen, sondern enthüllt sich nur in Bruchstücken, entsprechend dem jeweiligen Standpunkt des Beobachters." (Giedion 1994, S. 19).

[9] Solche Tatbestände treten bei fast allen so vorgehenden Büchern auf, die für dieses Buch Vorbild waren (z.B. Giedion 1994, Mitchell 1998, Sachs 1984, Schivelbusch 1993, Strasser 1982, Verdier 1982).

[10] Der genaue Zeitraum des Mittelalters ist umstritten, insbesondere die Abgrenzungen frühes Mittelalter, Hochmittelalter und spätes Mittelalter. Im folgenden ist mit Mittelalter der Zeitraum zwischen dem 12. und 16. Jahrhundert gemeint.

[11] Frauenapfel ist zur Zeit Goethes eine gängige Umschreibung für die weibliche Brust. Frauenbrüste sollen am besten "apfelförmig, und so weiß wie neugefallener Schnee" sein, berichtet ein Leibdiener der Schönheit im 17. Jahrhundert (Laudert 1998, S. 52).

[12] In: Deutscher Obstbau, Dezember 1943. Frankfurt/Oder, 58. Jahrgang, S. 211.

[13] 'Macintosh' ist eine kanadische Apfelsorte. Ein roter Klarapfel, flachrund, sehr saftig,

mürbe und aromatisch, Reifezeit Ende August. Zufallssämling, der 1811 in Ontario, Kanada, von J. McIntosh entdeckt wurde. Seit etwa 1900 ist diese Sorte als wichtigste in Kanada und im Norden der USA verbreitet (Fachkommission für Obstsortenprüfung 1990).

14 Der Entdecker der Apfelsorte war ein Schotte. Wie überall bekannt ist, gelten Schotten als geizig, sie legen großen Wert auf gute Qualität, für die sie allerdings nicht viel Geld ausgeben wollen.

15 Virgil oder Vergil, römischer Dichter (70 - 19 v. Chr.).

16 Aus: Deutscher Obstbau, Februar 1941, S. 12.

17 In diesem Zusammenhang ist wichtig zu erwähnen, daß es in dieser Zeit ein Klimaoptimum gegeben haben soll, das um etwa +2°C die heutige mittlere Jahrestemperatur überschritten hat. Die oberrheinische Tiefebene entsprach demnach dem Klima der Poebene, die Jahresdurchschnittstemperatur von Bremen hätte der von Freiburg entsprochen (Busch 1994, S. 22).

18 Das "Capitulare de Villis" beinhaltet u.a. ausführliche Vorschriften über den Wirtschaftsbetrieb und die Gerichtsbarkeit.

19 Diese Baumgärten sind auffällig häufig als Gerichtsstätten belegt.

20 Es war üblich, daß die Stadtbürger den umliegenden Bauern auf dem Land für ihren Ackerbau Dung lieferten. Dung war im Mittelalter auf dem Land noch ein äußerst knappes und kostbares Gut. In den Städten fiel dagegen durch die ausgeprägte Viehhaltung ein Überschuß an (Mak 1999, S. 65).

21 Die "Hausväterzeit" meint die Zeit vom 16. bis zur Mitte des 18. Jahrhunderts, als die Ökonomie als eine große Haushaltung angesehen wurde (Oicos als großes Haus). Der Oicos wurde vom Hausvater regiert, das Wirtschaftsziel war die Familie (inklusive Gesinde und abhängige Bauern) weitgehend selbst zu versorgen (Schröder-Lembke 1984, S. 112).

22 Die Temperaturen sollen in dieser Zeit im Durchschnitt niedriger geworden sein.

23 Die Sortennamen im einzelnen sind folgende: I. 'St. Johannsäpffel', II. 'Magdalenenäpffel', III. 'Roht St. Johannsäpffel', IV. 'Kohläpffel', V. 'Lang Kohläpffel', VI. 'Sommeräpffel', VII. 'Breitling' (Mala orbiculata), VIII. 'Süßapffel', IX. 'Süß Kohläpffel', X. 'Weinäpffel', XI. 'Säuerling', XII. 'Blutäpffel', XIII. 'Breitling' (Platomela), XIV. 'Platarchapia', XV. 'Honigling', XVI. 'Münchäpffel', XVII. 'Schaafmäuler', XVIII. 'Mecherling', XIX. 'Roth Sommersbickling', XX. 'Störmling', XXI. 'Holzstörmling', XXII. 'Weiß groß Holzäpffel', XXIII. 'Klein Holzäpffel'.

24 Vgl. z.B. Wendorff, der im 19. Jahrhundert bezüglich der Zeitkultur zwei Tendenzen unterscheidet: Neben einer zunehmenden Verwissenschaftlichung (Wendorff 1985, S. 376 ff.) gibt es eine romantische Grundstimmung, die eine eindrucksvolle Konjunktur hat.

25 In einem Verzeichnis der Obstbaumschule werden 90 Apfel-, 102 Birnen-, 15 Pflaumen-

und Mirabellensorten, 11 Kirsch-, 3 Aprikosen- und einige Pfirsichsorten genannt. In seinem Buch beschreibt Schiller 118 Apfelsorten.

26   Der erste pomologische Verein wurde 1794 in Hildesheim gegründet. Weitere folgen 1803 in Altenburg, 1805 in Guben usw. (Trenkle 1943, S. 12).

27   Das erste Pomologische Institut wurde von Eduard Lucas 1860 in Reutlingen gegründet (Trenkle 1943, S. 12).

28   Die Gründung der Gartenbauschule Hohenheim erfolgte 1843. 1867 wurde die Obst- und Weinbauschule Weinsberg, 1869 die Lehranstalt für Obst- und Gartenbau in Proskau und 1872 die Versuchs- und Forschungsanstalt für Wein- und Gartenbau in Geisenheim gegründet (Winkelmann 1944, S. 13).

29   Baumwarte kümmerten sich um die Bepflanzung und Pflege von Obstbäumen an Straßenrändern sowie die Ernte gemeindeeigener Obstbäume und berieten die Bevölkerung in Sachen Obstbau (Heller 1995, S. 31).

30   Die erste größere Obstbauausstellung wurde 1853 in Naumburg gezeigt (Trenkle 1943, S. 12).

31   Und das nicht nur in Deutschland oder Europa: In Wilmington, USA, wurde dem dort gezüchteten Baldwina-Apfel ein Denkmal gesetzt! (Sonntagszeitung für Deutschlands Frauen 1904/1905).

32   Von mehrere Autoren wird das spätere sogenannte Sortenwirrwarr ("unter dem der deutsche Obstbau bis weit in das 20. Jahrhundert hinein zu leiden hat") auf das 19. Jahrhundert zurückgeführt (z.B. Trenkle 1943, S. 12; Liebster 1984, S. 146).

33   1. Klasse: 'Calvillen', 2. Klasse: 'Schlotteräpfel', 3. Klasse: 'Gulderlinge', 4. Klasse: 'Rosenäpfel', 5. Klasse: 'Taubenäpfel', 6. Klasse: 'Pfundäpfel' oder 'Ramboure', 7. Klasse: 'Rambour-Reinetten', 8. Klasse: 'Einfarbige Reinetten', 9. Klasse: 'Borsdorfer Reinetten', 10. Klasse: 'Rote Reinetten', 11. Klasse: 'Graue Reinetten' ('Lederäpfel'), 12. Klasse: 'Goldreinetten', 13. Klasse: 'Streiflinge', 14. Klasse: 'Spitzäpfel', 15. Klasse: 'Plattäpfel' (Noack 1895, S. 144 - 148; Lucas 1902, S. 459 - 471).

34   Natürlich gibt es auch eine, allerdings wenig dokumentierte, Obstbaukultur auf dem Land. Die Bäuerinnen und Bauern beschäftigten sich allerdings weniger damit aus Liebhaberei, sondern sie konzentrierten sich auf die Weiterentwicklung von Obstsorten für ihren Alltagsgebrauch. Ihnen war aus der Erfahrung sehr wohl klar, daß ein finanzieller Profit aus Äpfeln im 19. Jahrhundert schwer zu gewinnen war. Sie kannten ganz einfach sowohl die Unregelmäßigkeiten der Ernte und die damals großen Transportprobleme als auch die Lager- sowie Verarbeitungsaufwendungen. Daher zogen sie einträglichere Produkte zum Verkaufen vor.

35   Bei diesen Apfelsorten handelt es sich im einzelnen um "1) Den doppelten Paradies, welcher schier alle Jahre trägt, und dessen Aepfel lange dauern. 2) Passe Pomme 3) Sommer- und Winter-Calvill 4) Weiße, graue und Goldreinette 5) Pippine 6) Borstörfer - zum Trocknen und Bakken 7) König Jakob 8) Zippel- oder Zwiebeläpfel 9) Herrnäpfel 10) Berglinge" (Bruchhausen 1790, S. 347).

36 Bruchhausen erwähnt lediglich den Austausch von Reisern für die Verbreitung guter Obstsorten.

37 Rubens verweist auf den Fortschritt im Ausland sowie auf die ökonomischen Vorteile der marktförmigen Verwendung von Obst und wendet damit eine heute übliche Technik an, neue Moden zu verbreiten.

38 Ein bekanntes traditionelles Schauobjekt ist auch der Weihnachtsapfel. Als Weihnachtsäpfel galten nur ganz bestimmte Sorten. Sie sahen zwar schön aus, waren aber oftmals ungenießbar. Um einen solchen Apfel geht es z.B. in dem Gedicht "Die Mutter am Christabend" von Johann Peter Hebel (1820). Beschrieben werden die Vorbereitungen der Mutter am Weihnachtsabend, während ihr Kind schon schläft: "... Jez Rümmechrüsliger her,/ die allerschönste, woni ha,/ 's isch nummen au kei Möseli dra./ Wer het sie schöner wer?/ 's isch wohr, es isch e Pracht,/ was so en Öpfel lacht;/ und isch der Zuckerbeck e Ma,/ se mach er so ein, wenn er cha./ Der lieb Gott het en gmacht. ..." (Hebel 1995, S. 76).

39 Sommer-, Herbst- und Winteräpfel.

40 1. Klasse: 'Kantäpfel', 2. Klasse: 'Rosenäpfel', 3. Klasse: 'Rambouräpfel', 4. Klasse: 'Reinetten', 5. Klasse: 'Streiflinge', 6. Klasse: 'Spitzäpfel', 7. Klasse: 'Plattäpfel'.

41 'Calvillen', 'Schlotteräpfel', 'Gulderlinge' (Klasse 1), zugespitzte längliche 'Rosenäpfel', kugelförmige platte 'Rosenäpfel' (Klasse 2), einfarbige, rote, graue 'Reinetten' und 'Goldreinetten' (4. Klasse).

42 Der entscheidende Anstoß für den Agrarkapitalismus in Deutschland wird dabei nicht auf die innenpolitische Lage zurückgeführt, sondern auf den Weltmarkt, der zu dieser Zeit ganz von England bestimmt wird (Läpple 1986, S. 25).

43 "Allmende (Allgemeinde) oder gemeine Mark steht in den alten Dorfrechten, den Weistümern, im Gegensatz zum unbeschränkten Privateigentum (dem Eigen oder Erbe). Das badische Gesetz erklärt Allmende als 'Boden, dessen Eigentum der Gemeinde, dessen Genuß den Bürgern angehörig ist.'" (Damaschke 1922, S. 199).

44 Dies zeigt z.B. die Umgestaltung von Paris durch Haussmann.

45 Eine ausführliche Beschreibung dieser Verhältnisse gibt auch Friedrich Engels in seinem 1845 erschienenen Buch "Die Lage der arbeitenden Klasse in England".

46 Beispiele für die Umsetzung solcher Planungen sind ausführlich in Pauerei, Castex, Depaule 1985, S. 45 - 73 beschrieben.

47 Auf den Straßen wird zwar Markt gehalten, Gemüse und Obst sind allerdings kaum genießbar (Engels 1845, S. 260).

48 Engels zitiert einen Zeitungsartikel, in dem beschrieben wird, daß z.B. Zucker mit gestoßenem Reis gestreckt wird, Kakao mit feiner brauner Erde oder Tee mit Laubresten (Engels 1845, S. 301).

49 Der Gebrauch von Pferden für den Transport nahm im 19. Jahrhundert enorm zu. Allein das Aufkommen der Eisenbahn erhöhte den Bedarf an Pferden für Kurz-

streckentransporte. Es wird geschätzt, daß z.B. in England die Pferdepopulation von 1,3 Millionen im Jahr 1811 auf einen Höchststand von 3,3 Millionen im Jahr 1901 stieg (Koning 1994, S. 14).

50 Nicht nur Transportkosten sind ausschlaggebend, wie weit landwirtschaftliche Produkte gehandelt werden, sondern auch ihr jeweils notwendiger Anteil an der Ernährung: Getreide gehört z.B. zu den Nährstoffpflanzen, die den wichtigsten Anteil an der menschlichen Ernährung ausmachen (sie enthalten viel Kohlenhydrate, Eiweißstoffe und Fette). Nährstoffpflanzen wurden deshalb schon früh kultiviert und gehandelt. Die Ernten sind zum großen Teil Stapelware, weil sie leicht haltbar gemacht werden können oder weil sie es schon sind (Busch 1984, S. 21). Der Handel von Ackerbaupflanzen über größere Entfernungen ist aus diesen Gründen schon sehr früh sinnvoll, auch wenn das Transportsystem noch nicht sehr weit entwickelt ist.

51 Beim Getreideanbau hingegen konnten die technischen Entwicklungen des 19. Jahrhunderts eingesetzt und ausgenutzt werden (z.B. die maschinelle Bearbeitung großer Flächen). Die Beschaffenheit des Getreides, wie lange Haltbarkeit und gute Transportierbarkeit sowie die wachsenden Absatzmärkte durch eine steigende Nachfrage boten einen Anreiz, alle vorhandenen Möglichkeiten auszuschöpfen und weiterzuentwickeln.

52 Mitte des Jahrhunderts gibt es in Deutschland und den meisten anderen europäischen Ländern allgemein eine liberale Wirtschaftsphase, in der sich der Handel mit landwirtschaftlichen Produkten ausdehnt (vgl. Koning 1994). Offenbar betrifft dies auch in einem gewissen Maß den Handel mit Äpfeln.

53 Das waren Sorten aus Holland, Belgien, Frankreich und den Alpenländern, Böhmen, Ungarn, dem damaligen Rußland, Polen und dem Baltikum, dem Balkan und aus England.

54 Zwei Frachtschiffe fuhren noch bis etwa 1950 vom Borsteler Hafen zum Hamburger Deichtormarkt (zitiert in: Materialsammlung zur Ausstellung "Historische Apfel- und Birnensorten im Alten Land" 1994, o.S.).

55 Die Bücher handeln zwar vom Obstbau, aber als Modell und nicht von der konkreten Praxis.

56 Im Rahmen der Hygienebewegung wird zwar versucht, über das Herausstellen positiver gesundheitlicher Aspekte des Apfels eine gewisse Nachfrage zu schaffen, sie entsteht aber nur sehr langsam und zwar in dem Maße, wie sich die gesamte Ernährungslage der Bevölkerung verbessert.

57 Z.B. wird schon Anfang des 19. Jahrhunderts nach Gründen für den angeblich schlechten Zustand im Obstbau gesucht. Ein Pastor aus der Altmark äußert sich folgendermaßen: " ..., daß man fast allenhalben die Gärten auf dem Lande der Aufsicht und Fürsorge der Hausfrauen überlässt, und den Werth und die Vortrefflichkeit mancher mehr bekannt gewordenen Obstsorten nicht einmal kennt; daß sich aber dadurch eine gewisse Indolenz an Seiten der Männer gegen die Gärten erzeugt zu haben scheint und sich fast allgemein verbreitet hat ..." (Röver 1820, S. 4, zitiert in Heller

1995, S. 39/40). Die "unwissenden" Hausfrauen werden dafür verantwortlich gemacht, daß im Obstbau keine Fortschritte stattfinden.

58 Vgl. zur Geschichte des Alkohols Schivelbusch 1992, S. 159 - 178.

59 Das sog. Sortenwirrwarr ist allerdings auch darauf zurückzuführen, weil lange Zeit gleichen Sorten regional bzw. lokal unterschiedliche Namen gegeben wurden. Dies ist entweder auf Unkenntnis zurückzuführen oder auf unterschiedliche Ausprägungen bzw. Qualitäten gleicher Sorten aufgrund verschiedener regionaler/lokaler Verhältnisse.

60 Vor dem ersten Weltkrieg wurde die relativ liberale Wirtschaftspolitik in den europäischen Ländern Schritt für Schritt von einer protektionistischen abgelöst. Ausländische Importe wurden verboten oder mit Zöllen belegt. In diesem Zusammenhang mußten die einheimischen Wirtschaftszweige gestärkt werden (vgl. Cameron 1992, S. 92 - 98).

61 In der folgenden Zeit entwickelt sich die Obstverarbeitung zu einem spezialisierten Berufszweig. Die Verarbeitungs- und Zubereitungsmöglichkeiten werden in dieser Arbeit im weiteren allerdings nicht ausführlich behandelt, da dies den Rahmen dieser Arbeit sprengen würde.

62 Tasmanien (Australien) exportierte die erste größere Menge Äpfel nach England im Jahr 1884. Neuseeland begann den Export in größerem Stil 1890 (Morgan, Richards 1993, S. 116).

63 Protestantische Siedler, die im 16. und 17. Jahrhundert England, Holland, Deutschland, Skandinavien und andere europäische Länder verlassen hatten, pflanzten Obstgärten entlang der amerikanischen Ostküste. Von dort aus wurden die verschiedenen Sorten in den Mittleren Westen und an die pazifische Küste, bis nach Südamerika verbreitet. Als Darwin 1835 in Chile landete, soll er eine enorme Anzahl von Obstbäumen vorgefunden haben. Um 1900 sind die Vereinigten Staaten der größte Apfelproduzent und -exporteur der Welt, gefolgt von Kanada (Morgan, Richards 1993, S. 28).

64 Nach Australien wurden 1788 die ersten Äpfel von Captain Arthur Phillip gebracht, der die erste englische Niederlassung in Port Jackson gründete (Morgan, Richards 1993, S. 29).

65 So wie sich die Besiedelung ausbreitete, dehnten sich die Obstgärten aus: 1814 gingen englische Missionare nach Neuseeland, um sowohl das Wort Gottes als auch Äpfel zu verbreiten (Morgan, Richards 1993, S. 29).

66 Der Holländer Jan van Riebeeck, Gründer des Netherlands East India Company's trading centre in Cape Town, brachte 1654 als erster Äpfel nach Südafrika (Morgan, Richards 1993, S. 28).

67 Die Verweise auf den weitaus fortgeschritteneren Obstbau in anderen Ländern hat in Deutschland Tradition. Insbesondere Nordamerika und Frankreich werden Anfang des 20. Jahrhunderts immer wieder als Vorbilder erwähnt (vgl. z.B. Sänger 1901, S. 101 - 103). Diese Argumentation ist allerdings - so zeigt die angelsächsische Literatur - in

der ersten Hälfte des 20. Jahrhunderts auch in anderen Ländern üblich, denn dort wird der deutsche Obstbau als "fortschrittlich" dargestellt. So schreibt Kropotkin über den Zustand des englischen Obstbaus der 20er Jahre: "... Ich will nur noch hinzufügen, daß eine eingehende Entwicklung der Obstkultur in allen zivilisierten Ländern um sich gegriffen hat und daß die Ausdehnung, die die Gartenkultur während der letzten 30 Jahre in Frankreich, Belgien und Deutschland genommen hat, viel größer ist wie in England." (Kropotkin 1921, S. 125).

68 Die Vision der Gartenstadt ist ein dauerhaft abgesichertes, friedvolles und harmonisches Leben in der Nähe der Natur (Bollerey, Fehl, Hartmann 1990, S. 22). In den Gartenstädten waren Arbeitsstätten für ihre Bewohner geplant, ein großer Teil des städtischen Bodens sollte einer garten- und ackerbaulichen Nutzung zugeführt werden. Jede einzelne Gartenstadt sollte von einer Landwirtschaftszone umgeben sein, die der wirtschaftlichen Autarkie dient (Bollerey, Fehl, Hartmann 1990, S. 68).

69 In der Verfassung des Deutschen Reiches (1918/1919) wird mit dem Reichsheimstättengesetz beschlossen, daß die Nutzung des Bodens staatlich festgelegt, überwacht und vor Mißbrauch geschützt werden soll. Jedem Deutschen, so wird festgelegt, wird eine gesunde Wohnung und allen deutschen Familien (besonders kinderreichen) eine Wohnungs- und Wirtschaftsheimstätte gesichert. Der Grund und Boden dafür kann enteignet werden (Damaschke 1922, S. 469). Der Boden, auf dem diese Wirtschafts- und Heimstätten gebaut werden, soll zuerst als Nutzgarten erschlossen werden. Jede Familie hat nun aufgrund der neuen Verfassung ein Recht auf ein Stück Land, zunächst als Garten, als Ergänzung zur Wohnung, und, sobald die Möglichkeit vorhanden ist, als Grundlage einer Wohnheimstätte (Damaschke 1922, S. 422).

70 Schon 1929 wird beim "Congrès Internationaux d'Architecture Moderne" (CIAM II) in Frankfurt die "Wohnung für das Existenzminimum" diskutiert. 1930 folgt CIAM III in Brüssel, auf dem es um "Rationelle Bebauungsweisen" geht. Beim CIAM IV, der 1933 auf einem Schiff im Mittelmeer abgehalten wird, steht die "Funktionale Stadt" im Mittelpunkt. Die Ergebnisse der CIAM IV werden 1941 in der "Charta von Athen" von Le Corbusier niedergelegt (Böse 1981, S. 61).

71 Es werden drei Grundtypen menschlicher Ansiedlungen entworfen: a) landwirtschaftliche Betriebe, die über das ganze Land verteilt sind, b) langgestreckte lineare Industriestädte und c) radiozentrisch angelegte Städte für den Handel (Benevolo 1991, S. 909).

72 Diese Begriffe werden später eine zentrale Bedeutung in der Stadtplanung der 50er Jahre bekommen (vgl. Göderitz, J., Rainer, R., Hoffmann, H.: Die gegliederte und aufgelockerte Stadt. Tübingen 1957).

73 "Man kann bei der Anlage einer Pflanzung zwei Ziele verfolgen, nämlich die Versorgung eines eigenen oder fremden Privathaushaltes, oder die Erzeugung von Obst für Handelszwecke." (Settegast 1909, S. 759).

74 Wie Uwe Pörksen in seinem Buch "Weltmarkt der Bilder" ausführt, erzeugen Zahlen Sachzwang. Nicht nur quantitative Vergleiche, sondern auch Szenarien sind das

Werkzeug: "In jedem Fall ist die Gegenwart zukunftssinnig geworden, ins Rutschen gebracht, ein Stück weit innerhalb eines gesetzten Rahmens in die gewünscht Richtung bewegt. Numerische Analysen, indem sie Sachzwang erzeugen, stellen Zukunft her." (Pörksen 1997, S. 199).

[75] Eine wesentliche Voraussetzung für die 'Wirtschaftlichkeit' in der Endphase des Zweiten Weltkrieges war der Einsatz von Millionen ausländischer Zwangsarbeiter (1944: 2,7 Mio.), dieses Thema wurde jedoch in der Literatur der damaligen Zeit ausgeblendet. "Diese große Zahl rücksichtslos ausgebeuteter Arbeiter stellte während des Krieges eine der tragenden Säulen der Ernährungswirtschaft dar." (Corni, Gies 1997, S. 467).

[76] "Es kommt jedenfalls alles darauf an, daß (nicht nur in bezug auf den Umfang der Obstpflanzungen, sondern vor allem auch hinsichtlich der Auswahl der Obstarten und -sorten) bei der Eingliederung des Obstbaues in den landwirtschaftlichen Betriebsplan, Rücksicht auf die vorhandenen landwirtschaftlichen Kulturen, bzw. auf die im landwirtschaftlichen Betrieb sich ergebenden Arbeitsspitzen genommen wird, damit die obstbaulichen Arbeiten möglichst in die arbeitsruhigeren Zeiten fallen. So eignen sich z.B. Frühkirschen nicht für Betriebe mit viel Graswirtschaft, da die Frühkirschen gerade während der Heuernte reifen. Überhaupt ergibt sich im Juni in den meisten Landwirtschaftsbetrieben die größte Arbeitsspitze, denn neben der Heuernte sind die Futterrüben zu setzen, die Zuckerrüben und die Kartoffeln zu hacken, was meist Anlaß gibt, die wichtigsten obstbaulichen Pflegemaßnahmen überhaupt zu unterlassen." (Trenkle 1943, S. 166). Auch nach dem Krieg wird noch darauf hingewiesen, daß Landwirtschaft und Obstbau gemeinsam nur mit der richtigen Wahl der landwirtschaftlichen bzw. obstbaulichen Produkte funktioniert. Es kann entweder nur die Landwirtschaft oder der Obstbau im Vordergrund stehen. So sind z.B. bei einem obstbaulich ausgerichteten Betrieb ein "Vermehrter Hackfruchtanbau und reichliche Viehhaltung [sind] im Interesse des Obstbaus ratsam, letztere im Hinblick auf ausgiebige Stallmistversorgung." (Poenicke 1948, S. 58).

[77] "Auch habe ich schon mein Winterobst in einer großen Stube, glatt aufgeschichtet, durchwintert." (Betten 1906, S. 128).

[78] Vgl. z.B. Phillipps, Kuntz 1936, S. 101; Trenkle 1942, S. 100 - 104; Hildebrandt 1943, S. 160 - 163; Winkelmann 1944, S. 281 - 284.

[79] Mit der Lagerung in Kühlhäusern werden offensichtlich noch keine großen Erfolge erzielt (Winkelmann 1944, S. 284).

[80] Der Leiter des Reichsnährstandes und des agrarpolitischen Apparates des NSDAP, R.W. Darré, bringt diese Einstellung in seinen Reden und Aufsätzen, die 1940 unter dem Titel "Um Blut und Boden" herausgegeben werden, auf den Punkt: Er lehnt die freie Marktwirtschaft ab, weil sie "die Auslieferung einer Volkswirtschaft an den Handel" bedeutet. Mit der Entwicklung des Handels gehe die "Vermehrung eines von Natur aus unproduktiven Menschentums" Hand in Hand, Weltwirtschaft bedeute "jüdische Weltherrschaft". Für Darré hat die "nordische Rasse" keine Existenzmöglichkeit in einer liberalen Weltanschauung und Wirtschaftsauffassung, deshalb fordert er eine "neue

weltanschauliche Grundlage für die Volkswirtschaft", die er mit den Begriffen "Blut und Boden" charakterisiert. (Corni, Gies 1997, S. 23 - 31).

[81] Dabei orientiert sich Darré am Konzept des "Geschlossenen Handelsstaates" von Johann Gottlieb Fichte (entstanden um 1800). Dabei soll der Staat durch die Stärkung seiner inneren Handelsbeziehungen autark werden, der Export spielt nur eine untergeordnete Rolle.

[82] Seit Mitte 1942 durften die Erzeuger nur noch ihren Haushaltsbedarf behalten, das übrige Obst mußte abgeliefert werden. Der Verkauf auf Wochenmärkten war nicht mehr gestattet (Winkelmann 1944, S. 286).

[83] Deutsches Obst mußte als solches gekennzeichnet sein, es durfte nicht in Verpackungsgefäßen mit sichtbarem Aufdruck eines außerdeutschen Landes angeboten oder verkauft werden, ebenso durfte ausländisches Obst nicht in Behältern feilgehalten werden, die durch den Aufdruck auf deutsche Herkunft schließen ließen (Winkelmann 1944, S. 286).

[84] Dauerkiste I für 17,5 kg Inhalt, Dauerkiste II für 25 kg Inhalt und die Amerikanische Obstkiste mit 17,5 kg Inhalt (Trenkle 1942, S. 97).

[85] "Daneben dürfen aber die bodenständigen Lokalsorten und Baumriesen aus Vaters- und Großvaterszeiten nicht verachtet und ausgemerzt werden.", schreiben z.B. Groß und Kümmerlen (Groß, Kümmerlen 1922, S. 31).

[86] Im Zusammenhang mit frostharten Obstsorten spielen in Deutschland in den 40er Jahren die Schriften von I.W. Mitschurin (1855 - 1935), einem russischen Obstzüchter eine große Rolle. Mitschurin, der im Zarenreich keine bedeutende Rolle spielte, wurde unter Stalin einer der meist anerkannten Obstzüchter. Er wollte die gesamte UdSSR im Rahmen der landwirtschaftlichen Entwicklung mit geeigneten Obstsorten versorgen. Dabei stand aufgrund der klimatischen Verhältnisse die Züchtung frostharter Sorten und Unterlagen im Vordergrund. Mitschurin stellte über 60 Jahre lang Versuche in der Züchtung an (Akklimatisation, Auslese, Hybridisation, vegetative Vermehrung), um die Qualitäten zu verbessern (Mitschurin 1951, S. 93) und die Produktivität zu erhöhen (Mitschurin 1951, S. 111). Dabei spielen ausländische Sorten durchaus eine Rolle, wobei er aber feststellte, daß immer dann die besten Ergebnisse erzielt wurden, wenn die Muttersorte eine einheimische war. Eine der bekanntesten Apfelsorten, mit der Mitschurin herumexperimentierte, ist die Sorte Antonowka, die auch in den 40er Jahren in Deutschland zum Anbau kam. Die Schriften von Mitschurin spielen später noch in der DDR eine große Rolle.

[87] EM bedeutet East Malling, nach einer englischen Versuchsstation, in der diese Typen zuerst ausgelesen wurden.

[88] Die Vorteile niedriger Stammformen - so führt Mitschurin aus - liegen u.a. in der kürzeren Vegetationsperiode, wodurch das Holz besser ausreift und damit die Resistenz gegen Winterfröste gesteigert wird.

[89] 'Gravensteiner', 'Roter Wintertaubenapfel', 'Kanada Renette', 'Wintergoldparmäne',

'Große Kasseler Renette', 'Großer Rheinischer Bohnapfel', 'Borsdorfer', 'Luiken', 'Winterzitronenapfel' und 'Karmeliter Renette'.

90 'Prinzenapfel', 'Roter Eiserapfel', 'Harberts Renette', 'Champagner Renette', 'Ananas Renette', 'Purpurroter Cousinot', 'Kaiser Alexander', 'Königlicher Kurzstiel' und der 'Virginische Rosenapfel'.

91 Darunter befinden sich 'Gelber Edelapfel', 'Boikenapfel', 'Baumanns Renette', 'Danziger Kantapfel', 'Goldrenette von Blenheim', 'Geflammter Kardinal', 'Charlamowsky', 'Coulons Renette', 'Gelber Bellefleur', 'Parkers Pepping', 'Ribston Pepping', 'Gelber Richard' und 'Pfirsichroter Sommerapfel', die bis in die Mitte des 20. Jahrhunderts geschätzt und viel gepflanzt wurden (Liebster 1984, S. 151).

92 'Pfirsichroter Sommerapfel', 'Virginischer Rosenapfel', 'Cludius Herbstapfel', 'Jacob Lebel', 'Cellini', 'Gravensteiner', 'Rambour Papelen', 'Gestreifter Beaufin', 'Landsberger Reinette', 'Oberdiecks Reinette', 'Carmeliter Reinette', 'Orleans Reinette', 'Wintergoldparmäne', 'Königlicher Kurzstiel', 'Jaquin', 'Jägers Reinette', 'Woltmanns Reinette', 'Baumanns Reinette', 'Arneth', 'Schöner von Boskoop', 'Englische Spital-Reinette', 'Elise Rathke', ' Cox Orangen-Reinette', 'Gloria mundi'.

93 'Weißer Astrachan', 'Charlamowsky', 'Lord Suffield', 'Langtons Sondergleichen', 'Parkers grauer Pepping', 'Ribston Pepping', 'Adams Parmäne', 'Weidners Reinette', 'Canada Reinette', 'Reinette Evagil', 'Roter Herbst-Calvill', 'Kaiser Wilhelm', 'Mecklenburger Kantapfel', 'Bismarkapfel'.

94 Schon 1860 wurde vom Deutschen Pomologenverein ein Normalsortiment erarbeitet. Das Normalsortiment umfaßte alle in Deutschland für den Anbau empfohlenen Sorten. Nach Klima- und Bodenverhältnissen unterschied man zwanzig Anbaugebiete ("Obstbaudistrikte"), in denen die Lokal-Normalsortimente - jeweils ein Teil des Normalsortiments - zum Anbau gelangten. Der Begriff Lokalsortiment steht inhaltlich in keiner Beziehung zu dem häufig verwendeten Begriff Lokalsorte, der auf Entstehungsort und Bodenständigkeit einer Sorte basiert (Lokalsorten haben oft Ortsnamen oder heißen z.B. "Apfel vor dem Backhause"). Lokalsortimente beziehen sich hingegen auf eine örtliche Zuordnung nach bestimmten Eignungskriterien (Heller 1995, S. 33 und S. 96).

95 "Vor allem ist es für einen rentablen Obstbau von großer Bedeutung, nicht viele, sondern nur wenige Sorten zu pflanzen: wenige Sorten machen den Obstbau groß." (Kraft 1910, S. 53).

96 Bei den 3 Reichssorten handelt es sich um 'Jacob Lebel', 'Großer Rheinischer Bohnapfel' und 'Ontario'. Das Reichssortiment von 5 Sorten wird nicht explizit benannt, vermutlich waren sie überall bekannt, so daß sie in Veröffentlichungen nicht mehr beschrieben werden mußten.

97 Siehe z.B. Deutscher Obstbau, März 1941, S. 42.

98 'Wintergoldparmäne', 'Baumann's Reinette', 'Schöner von Boskoop', 'Rheinischer Winterrambour' und 'Ontario'.

99 Aufgrund der Verarbeitung des Obstes im eigenen Haushalt gab es vielfältige An-

spräche der damit befaßten Frauen an ganz bestimmte Qualitäten. So war es z.B. wichtig, daß das Obst nach und nach reifte, damit es entsprechend verarbeitet und gelagert werden konnte. Große Mengen gleicher Qualitäten waren in diesem Zusammenhang von großem Nachteil.

100 Die Bezeichnung "Volksobst" entspricht den von den Nationalsozialisten geprägten Industrieprodukten "Volksempfänger" und "Volkswagen".

101 In diesem Zusammenhang wird bedauert, daß eigentümlicherweise die Obstsorten, die am Feinsten im Geschmack, am empfindlichsten bei der Behandlung sind (Phillipps, Kuntz 1936, S. 100).

102 Unter Entrümpelung wird von anderen Autoren nicht nur die Sortenbereinigung verstanden, sondern auch die Entfernung von zu dicht stehenden und abgängigen Obstbäumen sowie eine geordnete Pflanzung in Reihen (Trenkle 1943, S. 171).

103 Apfelbäume können sich zwar selbst befruchten, bringen im Laufe der Zeit aber dann kleinere und saurere Äpfel.

104 Schon im Januar 1898 wurde in einer Obstbauzeitschrift berichtet, daß "nach einzelner Berichten aus Amerika die Befruchtung der Blüten und somit die Fruchtbarkeit schlechter sein soll, wenn auf großen Flächen nur eine einzige Sorte steht, da der Blütenstaub fremder Blüten besser befruchtet, als der Blütenstaub derselben Sorte." (Der praktische Ratgeber im Obst und Gartenbau, Januar 1898, S. 9). Einen Einfluß auf die Vorstellungen, wie der deutsche Obstbau aussehen könnte, hatte diese Erkenntnis aber offenbar nicht.

105 "Kaum eine andere Obstart weist in Deutschland eine so ungeheure Mannigfaltigkeit der Sorten mit verschiedensten Ansprüchen auf wie der Apfel, so daß geeignete Sorten fast für jede Verhältnisse vorhanden sind. In diesem Geschenk der Natur liegt aber auch die Gefahr des Sortenvielerlei, die dem deutschen Apfelanbau in seiner Wirtschaftsbedeutung schwer geschadet hat. Keine andere Obstart weist aber auch eine so starke Anpassung an bestimmte Klimagebiete auf wie einzelne Lokalsorten des Apfels. Ich erinnere an den 'Rheinischen Winterrambour', den 'Altländer Pfannkuchenapfel', den 'Schmalprinz', den 'Halberstädter Jungfernapfel', den 'Pommerschen Krummstiel', den 'Schlesischen Lehmapfel', den 'Adamsapfel' und 'Marienwerder Gulderling' der Weichselniederung und die vielen Borsdorfer Spielarten in Ostpreußen." (Hildebrandt 1943, S. 80). Ebenso Winkelmann bescheinigt den Lokalsorten gewisse Vorteile, ist aber sehr zurückhaltend, wenn es um ihren Anbau geht: "Recht oft wird man auf Sorten stoßen, die pomologisch gar nicht benannt sind, auf Gebietssorten (Lokalsorten). Sie bilden meist große und gesunde Bäume von reicher Fruchtbarkeit. Die Güte der Früchte läßt aber sehr oft zu wünschen übrig. Gebietssorten sollten nur dann verbreitet werden, wenn sie einen hohen Handelswert besitzen." (Winkelmann 1944, S. 44).

106 "Sprechen wir von 'bodenständigen Sorten' dann besagt dies nach dem ursprünglichen Sinn des Begriffes auch nichts anderes, als daß die Sorten seit längerer Zeit an einem bestimmten Ort angebaut werden, eventl. dort entstanden sind. .... Leider

hat diese Voraussetzung keine unbedingte Gültigkeit. Es gibt zweifellos 'bodenständige' Sorten - im historischen Sinn -, die gar nicht jene Eigenschaften besitzen, die wir unter bodenständig - im ökologischen Sinn - verstanden wissen wollen. Die vegetative Vermehrung der Sorten bringt dies nun einmal mit sich. ... Die endgültige Klärung wäre für uns wohl folgende: Der Begriff 'bodenständig' auf Obstsorten angewandt, umfaßt eine Summe erbmäßig gegebener Eigenschaften. Bodenständigkeit ist in diesem Falle demnach ein von der Zeit unabhängiger individueller Zustand." ....
"Es zeigt sich ferner, daß bei dieser Begriffsfestlegung kein Unterschied darin besteht, ob eine Sorte lokaler Herkunft ist oder eingeführt wurde. Sie muß nur jene Eigenschaften besitzen, die ein dauerndes und vollkommenes Wohlbefinden in einer bestimmten Landschaft gewährleisten. Damit wenden wir uns von einer einseitigen Herausstellung der sogenannten Lokalsorten ab, die mit dem Begriff 'bodenständig' verbunden werden kann." .... "Man soll vor allem nicht das Fremde als die Ursache allen Uebels hinstellen und gleichzeitig die Einführung russischer und amerikanischer Sorten fordern. ..... Bodenständigkeit - im ökologischen Sinne - ist alles, was bei uns im Optimum gedeiht und fruchtet. ... Was wir brauchen, ist die grundsätzliche Schärfung unserer Beobachtungsfähigkeit gegenüber den Standortsverhältnissen einerseits und dem Standortsverhalten der Sorten andererseits. Sehen wir dies nicht rechtzeitig ein, dann macht in Kürze jeder eifrige Gemeindebaumwart in 'Bodenständigkeit', deutlicher gesagt in 'Sortenbrödelei'." (Kemmer 1943, S. 173 - 175).

[107] 'Klarapfel' (II), 'Early Mc. Intosh' (II), 'James Grieve' (I), 'Croncels' (III), 'Geheimrat Oldenburg' (I), 'Prinzenapfel' (II), 'Antonowka' (III), 'Filippas Apfel' (II), 'Landsberger Renette' (II), 'Goldparmäne' (II), 'Gelber Bellefleur' (I), 'Cox' Orangenrenette' (I), 'Prinz Albrecht von Preußen' (III), 'Kaiser Wilhelm' (II), 'Ananas Renette' (I), 'Blenheimer Goldrenette' (II), 'Zuccalmaglios Renette' (I), 'Macoun' (?), 'Freiherr von Berlepsch' (I), 'Schöner aus Nordhausen' (?), 'Bohnapfel' (III), 'Champagner Renette' (I).

[108] In der Wertgruppe I und II befinden sich jeweils acht Apfelsorten, in der Wertgruppe III vier. Zwei Sorten werden nicht eingeteilt.

[109] 'Weißer Klarapfel', 'Schöner aus Wiltshire', 'Apfel aus Croncels', 'Gravensteiner', 'Grahams Jubiläumsapfel', 'Jacob Lebel', 'Dr. Oldenburg', 'Winter-Goldparmäne', 'Rote Sternrenette', 'Gelber Edelapfel', 'Berner Rosenapfel', 'Landsberger Renette', 'Rheinischer Winter-Rambour', 'Ananas-Renette', 'Kaiser Wilhelm', 'Goldrenette von Berlepsch', 'Goldrenette von Blenheim', 'Baumanns Renette', 'Cox's Orangen-Renette', 'Zuccalmaglio's Renette', 'Schöner aus Boskoop', 'Ontario', 'Champagner Renette', 'Rheinischer Bohnapfel', 'Roter Trierer Weinapfel'.

[110] Die 'Cox' Orangenrenette' wird in den 40er Jahren am besten bewertet (Winkelmann 1944, S. 46).

[111] 'Klarapfel', 'Früher Viktoriaapfel', 'James Grieve', 'Croncels' ('Transparentapfel'), 'Ruhm von Kirchwärder', 'Ernst Bosch', 'Josef Musch', 'Jacob Lebel', 'Geflammter Kardinal', 'Gravensteiner', 'Danziger Kantapfel' ('Schwäbischer Rosenapfel'), 'Signe Tillisch', 'Heslacher Gereutapfel', 'Geheimrat Dr. Oldenburg', 'Landsberger Renette', 'Grahams Jubiläumsapfel', 'Goldparmäne', 'Krügers Dickstiel', 'Gelber Edelapfel', 'Blenheimer

Goldrenette', 'Neuer Berner Rosenapfel', 'Ananasrenette', 'Rote Sternrenette', 'Zuccalmaglios Renette', 'Roter Trierischer Weinapfel', 'Freiherr von Berlepsch', 'Cox' Orangenrenette', 'Laxtons Superb', 'Gewürzluiken', 'Schöner aus Nordhausen', 'Winterrambur', 'Baumanns Renette', 'Zabergäurenette', 'Schöner aus Boskoop', 'Öhringer Blutstreifling', 'Kaiser Wilhelm', 'Schwaikheimer Rambour', 'Rheinischer Krummstiel', 'Brettacher', 'Ontarioapfel', 'Champagner Renette', 'Bohnapfel', 'Welschisner'.

[112] Henry Morgenthau (1891 - 1967), in der Landwirtschafts- und Finanzpolitik tätig, entwarf als Freund und Berater Roosevelts 1944 den Morgenthau-Plan.

[113] Die abgebildeten Straßenquerschnitte ähneln durch die Bepflanzung den heute konzipierten Verkehrsberuhigungsmaßnahmen! Wenn die Gegebenheiten ein Pflanzen von Bäumen nicht erlaubt (Böschungen oder schlechter Untergrund), schlägt der Autor den Anbau von Maulbeerbüschen für die Seidenraupenzucht vor (Eichhorn 1947, S. 33).

[114] Eichhorn geht davon aus, daß der motorisierte Verkehr keine Zukunft hat. Die wird im Zusammenhang seiner Ausführungen über Radwege deutlich: " Manche phantasierten davon daß nach dem Kriege alles im Auto fahren werde. Der Krieg ist wie in tausend anderen Dingen auch hier ein Lehrmeister gewesen. Das einfachste und sicherste Verkehrsmittel ist nun einmal das Fahrrad. Es wird seinen Platz behalten. Das Fahrrad wird von jung und alt auch gern benutzt. Nur müßten allgemein an den Verkehrswegen Radwege vorhanden sein. Das fordert die soziale Gerechtigkeit." (Eichhorn 1947, S. 32).

[115] Hilfsprogramm zum Wiederaufbau Europas, das auf Initiative von G. C. Marshall (1880 - 1959), amerikanischer Politiker und von 1947 - 1949 Außenminister, geschaffen wurde.

[116] Zur Rationalität des Industriesystems vgl. Ullrich 1980, S. 37 - 52. Daß sich die Logik und technische Fortschrittsgläubigkeit kommunistischer und kapitalistischer Produktionssysteme gar nicht so sehr voneinander unterscheidet, macht auch Friedrich deutlich, ein Obstbauexperte der DDR: "Um den wissenschaftlich-technischen Höchststand mit größtem Erfolg durchsetzen zu können, wurden fünf Obstbaugebiete zu Hauptzentren erklärt, die übrigen Bezirke konzentrieren und spezialisieren die Obstbauproduktion im Rahmen einfacher Reproduktion. In den Anbaugebieten können bei optimaler Konzentration der Bestände in perspektivischer Sicht industriemäßige Produktionsverfahren für die gesamte Kette der Obsterzeugung entwickelt werden. ..." (Friedrich 1977, S. 16).

[117] Organisation für Europäische Zusammenarbeit.

[118] Entsprechend des Ausrufes von Ludwig Erhard: "Wir sind wieder wer!" (zitiert in Sachs 1984, S. 91).

[119] In den 50er Jahren verdoppelt sich in der Landwirtschaft durch den "technischen Fortschritt" die Arbeitsproduktivität. Allerdings geht dies - anders als in anderen Wirtschaftssektoren - einher mit einem enormen Arbeitsplatzabbau (Weimer 1998, S. 126 - 127).

120 Das Konzept des "Organischen Städtebaus", an dem sich noch heute moderne Wohnsiedlungsplanungen orientieren, stammt von Hans-Bernhard Reichow (1899 - 1974). Sein städtebauliches Konzept, das von einer Symbiose von Stadt und Land ausgeht, orientiert sich an einem naturähnlich funktionierenden Organismus. Dabei dienen die Äderchen eines Blattes, die sich immer feiner verzweigen, als Vorbild für die Anlage von Straßen und Gebäuden (Bollerey, Fehl, Hartmann 1990, S. 350 - 357).

121 Diese Projektionsfläche muß ein entsprechendes Aussehen haben. Mietergärten werden vermieden, da sie "selten ein zufriedenstellendes Bild zu bieten pflegen" (Böse 1981, S. 78).

122 Christaller (1933) untersucht ein hierarchisches System Zentraler Orte auf einer homogenen Fläche, das ausschließlich aufgrund ökonomischer raumdifferenzierender Faktoren erklärt wird. Die Aspekte der Hierarchie der Orte haben in der Hauptsache Gültigkeit für das Angebot an Konsumgütern (im tertiären Sektor) und weniger für die Produktion (im sekundären Sektor). "Im Kern der Theorie geht es um das Versorgungsprinzip einer im Raum gleich verteilten Bevölkerung." (Pachner 1992, S. 193). Sein Bestreben "ist in unzweckmäßige, veraltete oder willkürliche Formen der Städte- oder Verkehrsnetze Ordnung hinein zu bringen und diese Ordnung kann nur nach einem idealen Plan verwirklicht werden." (zitiert in: Bollerey, Fehl, Hartmann 1990, S. 55).

123 Auch Lösch (1940) geht bei seinen Überlegungen von einer gleichartig strukturierten Raumsituation aus, in der alle potentiellen Käufer einer homogenen Agrarbevölkerung die gleiche Nachfragekurve haben. Die Transportkosten bewegen sich dabei proportional zur Distanz (Pachner 1992, S. 193).

124 In den Landesentwicklungsplänen werden im Rahmen des Konzeptes der "Siedlungsachsen" Orte in Ober-, Mittel-, Unter- und Kleinzentren entsprechend aufteilt (Holzapfel, Traube, Ullrich 1988, S. 190 - 191).

125 Dadurch "schrumpft" sozusagen die Weltkarte (Harvey 1995, S. 346), der Raum verliert an Bedeutung. Ursprünglich bedeutete wirtschaftliches Wachstum vor allem Ausdehnung im Raum, wie z.B. eine Erweiterung des Kulturbodens durch die Rodung von Wäldern oder durch die Gründung von Kolonien. "Daneben schiebt sich nun mehr und mehr das Wachstum durch Intensivierung aller produktiven Vorgänge von der Landwirtschaft bis zur Industrie innerhalb eines begrenzten Territoriums; die qualitative Steigerung in der Zeit ersetzt die quantitative Ausdehnung im Raum." (Wendorff 1985, S. 396).

126 "Der deutsche Obstbauer tut gut daran, diese Besonderheit der Obstkultur nicht als eine besondere Last, des deutschen Obstbaues anzusehen, sondern sich in dieser Abhängigkeit mit den Obstanbauern in aller Welt in einer gleichen Lage befindlich zu erkennen." (de Haas 1957, S. 18).

127 Dies bezieht sich nicht nur auf die Art der Sorten, sondern auch auf die Verteilung der Sorten nach der Reifezeit (Früh-, Herbst- und Wintersorten), was mit den Klimaverhältnissen der Obstbaugebiete zu tun hat (de Haas 1957, S. 33).

[128] Dabei waren die Produktionsmengen im Zeitraum 1935/38 bis 1952/55 von 1.425.000 t auf 2.444.000 t gestiegen und haben sich damit fast verdoppelt (de Haas 1957, S. 13). Die Propaganda der 30er und 40er Jahre für mehr Wirtschaftlichkeit im Obstbau war demnach erfolgreich.

[129] Der Absatz an den Groß- und Einzelhandel, an Genossenschaften oder die Verwertungsindustrie macht in den meisten Bundesländern zusammen kaum 50% der gesamten Absatzform aus. Niedersachsen steht 1950 mit 26,6% beim Verkauf an den Großhandel an der Spitze, der Verkauf an den Einzelhandel spielt nur in Baden Württemberg (17%) und in Schleswig Holstein (12%) eine gewisse Rolle. Den größten Absatz über Genossenschaften gibt es in Rheinland-Pfalz (50%) und in Nordrhein Westfalen (29, 1%) (de Haas 1957, S. 433 - 434).

[130] In Westdeutschland werden jedoch immer noch überwiegend Hoch- und Halbstämme im Erwerbsobstbau verwendet (z.B. Bodenseegebiet, Nordwürttemberg, Pfalz, Vordertaunus) (de Haas 1957, S. 35 - 43).

[131] Für den Obstimport nach Westdeutschland sind in den 50er Jahren Italien (Äpfel, Pfirsiche, Kirschen), die Niederlande (Äpfel), Dänemark (Äpfel) und Belgien (Birnen, Pflaumen) besonders wichtig.

[132] Die Produktionszuwachsraten werden in den 50er Jahren hauptsächlich mit der Umstellung von Streuobst zum Obstbau in geschlossenen Anlagen erzielt (Stork 1964, S. 175).

[133] Der Erwerbsobstbau Italiens ist schon in den 50er Jahren fast vollständig vom Export abhängig (Stork 1964, S. 187). Durch den Ausbau der Verkehrswege über die Alpen können die Absatzmärkte ausgedehnt und regelmäßig mit großen Mengen bedient werden: "Erleichtert durch die Bahnverbindung über den Brenner ist Westdeutschland seit 1952 der wichtigste Kunde italienischer Äpfel." (Dassler 1969, S. 143).

[134] "Seitdem die holländischen Obstbauern ab 1930 ihre Anlagen nach amerikanischem Vorbild modernisiert haben, haben sich Erzeugung und Ausfuhr einzigartig entwickelt." (Dassler 1969, S. 143).

[135] Diese Macht kommt nicht von ungefähr, denn ca. ein Fünftel der Beschäftigten sind noch in der Landwirtschaft tätig (Weimer 1998, S. 128).

[136] Es ist aufschlußreich, die Obstbaulogik mit der im Autobau zu vergleichen: Hier geht es ebenso um die "große Jagd" nach internationalen Marktanteilen. Eine ganzseitige Anzeige von 1962, die Opel erscheinen ließ, macht klar, wie man diese gewinnen kann: "Opel hat es in Bochum errichtet. Ein riesiges Werk - nur für einen einzigen Wagentyp." (vgl. Sachs 1984, S. 93).

[137] In der Europäischen Gemeinschaft nimmt die Produktion von Golden Delicious von 1966 bis 1975 um 110 % zu: Betrug der Anteil von Golden Delicious an der Gesamternte 1966 20 %, waren es 1975 36 %. In Westdeutschland bestehen 1974 28 % der Anbaufläche für Tafeläpfel aus Golden Delicious-Pflanzungen, in Frankreich sind es sogar 60 %, in Belgien und Luxemburg 47 %, in Italien 37 % und in den Niederlanden 32 % (Erwerbsobstbau 1976, Nr. 8, S. 116).

138 Die Gründe für den Aufschwung des Apfelanbaus in Ländern der Südhemisphäre können am Beispiel Chiles deutlich gemacht werden: An erster Stelle stehen die günstigen klimatischen und geographischen Verhältnisse (Nord-Süd-Ausdehnung) in Chile, die es erlauben, über verschiedene Erntezeitpunkte eine Verlängerung der Angebotssaison chilenischer Äpfel zu erreichen. Außerdem können aufgrund einer gut ausgebauten Transportinfrastruktur in den Anbaugebieten und zu den Häfen die Transportkosten niedrig gehalten werden. Da darüber hinaus nur Früchte mit den besten Qualitätsstandards in den Export kommen, können die durch die weite Entfernung zum europäischen Markt gegebenen Nachteile weitgehend ausgeglichen werden (Wegner 1989, S. 144).

139 Am 10. Dezember 1991 wurde in der niederländischen Stadt Maastricht der Vertrag über die europäische Union von den Staats- und Regierungschefs der EG-Mitgliedstaaten unterschrieben.

140 Von 1990 bis 1996 exportiert Deutschland insgesamt zwischen 37.000t und 60.000t Tafeläpfel (ZMP 1998, S. 132). Im Vergleich dazu exportiert Frankreich zwischen 650.000t und 830.000t und Italien zwischen 400.000t und 500.000t (ZMP 1998, S. 279).

141 Die Umlegungsverfahren in Holland werden in diesem Zusammenhang als positive Beispiele herausgestellt (Der Erwerbsobstbau 1959, Nr. 6, S. 120). Das Ziel der Umlegung von Obstbauflächen ist nicht nur die Arrondierung der Parzellen auf möglichst eine Gesamtfläche, sondern auch eine bessere Zugänglichkeit und die Bildung von solchen Parzellengrößen, die neben einem wirtschaftlichen Maschineneinsatz auch geschlossene und einheitliche Pflanzungen zulassen. Verschiedene Obstbauexperten sind anfangs jedoch gegen eine Flurbereinigung, " ... denn die für die Durchführung der Bereinigung ... benötigte Zeit würde unsere Frühobstbaugebiete um mindestens 10 - 15 Jahre zurückwerfen den Konkurrenzgebieten im Ausland wäre damit reichlich Gelegenheit geboten, sich auf die so verstärkte Angebotslücke in den Monaten Juni bis August einzustellen, d.h. einen eigenen Frühobstbau zu forcieren oder den Konsumenten an Suggorat-Früchte (z.B. Südfrüchte, Treibhausobst) zu gewöhnen." (Stork 1964, S. 195 - 196).

142 In 12 "typischen" Nebenerwerbsbetrieben in der Gemarkung Weinheim/Bergstraße liegt 1953/54 der Selbstversorgeranteil bei 80%. Dieses Obst wird überwiegend zur Fruchtsaft- und Weinbereitung im eigenen Haushalt verbraucht (Der Erwerbsobstbau 1959, Nr. 6, S. 119).

143 Die notwendigen Düngergaben in Plantagen sind aufgrund der verwendeten Stammformen und spindelförmigen Erziehung (lichter Kronenbau mit wenigen Leitästen und vielen, voll belichteten, jungen Holz) um ein Vielfaches höher als in extensiv betriebenen Anlagen (Der Erwerbsobstbau 1959, Nr. 7, S. 142).

144 Im Plantagenobstbau sind die sonst verwendeten Pflückbeutel weitgehend verschwunden, da Baumformen, die ein direktes Pflücken in die Kisten zulassen, üblich sind. Eingesetzt werden Pflückschlitten oder Pflückkarren, für den innerbetrieblichen Transport werden Klemmkarren verwendet (Paletten finden aus Kostengründen noch keine Verwendung) (Der Erwerbsobstbau 1959, Nr. 7, S. 143).

145 So ist z.B. bei großen Bäumen die Besonnung der Äpfel ganz unterschiedlich: Außen hängende Äpfel werden viel früher reif und bekommen eine ganz andere Ausfärbung als innen hängende.

146 Auf einem Hektar können etwa 75 Apfelhochstämme gepflanzt werden. Dagegen finden auf Plantagen derselben Größe bis zu 4 000 Stück "moderner" Niederstämme Platz, die sich mit entsprechenden Maschinen vergleichsweise arbeitssparend bewirtschaften lassen (Laudert 1998, S. 51).

147 Die Entwicklung führte von der "primitiven" Lagerung der Früchte in kühlen Zimmern über einfache Frischluftlager (Normallager) und Kühllager mit Kälteaggregaten zur ein- oder zweiseitig kontrollierten CA-Lagerung ("controlled atmosphere") (Liebster 1984, S. 173).

148 Es ist natürlich kein Zufall, sondern generelle Tendenz, daß eine zentrale Größe des Gebrauchswertes, nämlich Geschmack, in solchen Aufzählungen fehlt.

149 Waren es 140 Jahre vorher die Frauen, denen die Kenntnisse abgesprochen wurden Obstbau zu betreiben (vgl. Röver 1820, S. 4 in Heller 1995, S.39/40), sind es nun die Obstbauern selbst.

150 Mit Ausbildung sind entweder 14-tägige Kurse oder Kurzlehrgänge gemeint.

151 "Mischpflanzungen von Obstgehölzen verschiedener Obstarten, Baumformen und Altersgruppen sowohl in zufälliger bzw. gestreuter Anordnung als auch in systematischer Zusammenstellung geschlossener Reihen haben für den heutigen Obstbau keine Berechtigung." (Hilkenbäumer 1964, S. 277 - 278).

152 Die Entwicklung des chemischen Pflanzenschutzes im Obstbau wird von der gerätetechnischen Entwicklung stark unterstützt.

153 Schon ab den 50er Jahren werden z.B. amerikanische Tafelapfelsorten wie "Golden Delicious", "Red Delicious" und "Starking Delicious" nicht nur in Westdeutschland, sondern auch in allen anderen europäischen Ländern angebaut (Stork 1964, S. 185). Als Grund für die Sortenumstellung im Anbau wird angeführt, daß einheimische Sorten im Wettbewerb einzelnen Importsorten unterliegen (Pickenpack 1974, S. 39).

154 "Die Kisten haben eine Grundfläche von 124 x 124 cm, eine lichte Höhe von 60,8 cm und sind auf 2-Weg-Paletten von 14,2 cm Höhe genagelt. Die Wand- und Bodenbretter werden aus 2,5 cm starkem Fichtenholz gefertigt, sind an der Innenseite gehobelt und haben abgerundete Innenkanten. Brettbreiten und Abstände von Brett zu Brett wurden so gewählt, daß eine gute Belüftung der Äpfel gewährleistet ist und Beschädigungen der Früchte möglichst vermieden werden. Die Großkiste hat lufttrocken etwa 62 kg Eigengewicht und faßt etwa 400 bis 425 kg Äpfel." (Der Erwerbsobstbau 1965, Nr. 3, S. 43).

155 "Ihr rationeller Einsatz setzt die Beachtung der Größennormen und ihre Abstimmung auf die gegebenen Kistenmaße voraus. Ferner müssen in der Plantage Tieflader, für den Straßentransport Hubmasten und Tafelwagen, für die Aufbereitung und Lagerung

ein Gabelhubwagen und mindestens ein handfahrbarer Höhenstapler vorhanden sein. Ein selbstfahrender Elektrogabelstapler ist nur für den Großbetrieb bzw. die genossenschaftliche Lagerung erforderlich und vertretbar. Die Einführung einer Palettierung für den Früchtetransport in einem Betrieb ist bei den gegebenen hohen Anschaffungskosten erst etwa bei einzulagernden jährlichen Ernten von 1.000 bis 3.000 dz vertretbar." (Hilkenbäumer 1964, S. 240).

156 Für Stapelversteigerungen eignen sich Äpfel ganz besonders gut, da sie in mehreren Qualitäten und Größen anfallen sowie über eine gewisse Haltbarkeit verfügen (Jaeger 1969, S. 44).

157 Unternehmer, die Obst und Gemüse auf einer oder mehreren Versteigerungen oder auch aus einer anderen Hand erwerben. Sie halten dann die Ware auf einem oder mehreren Ständen in den Großmärkten einer Stadt an Wiederverkäufer (Einzelhändler) feil (Jaeger 1969, S. 76).

158 Der Inhaber eines Fahrgeschäftes hat keinen Stand auf dem Großmarkt, sondern stellt die Waren seinen Kunden direkt zu (Jaeger 1969, S. 76). Versandhändler sind Unternehmen, die Obst oder Gemüse auf Erzeugerversteigerungen erwerben und große Posten dieser Ware über mehr oder weniger große Entfernungen vorwiegend auf eigene Rechnung und Gefahr bewegen und sie an Wiederverkäufer oder Be- und Verarbeiter vertreiben, ohne zu diesem Zwecke Verkaufsstände an den Großmärkten größerer Städte unterhalten zu müssen (Jaeger 1969, S. 77).

159 Am Gesamtumsatz aller nordrheinischen Versteigerungen sind moderne Formen des Lebensmitteleinzelhandels 1958 nur zu 3,7 %, 1964 aber schon zu 8,8 % beteiligt (Jaeger 1969, S. 199).

160 Aufgrund der individuellen Einstellungen der Erzeuger - so stellt der Autor heraus - seien solche Maßnahmen jedoch nicht durchführbar (Jaeger 1969, S. 193).

161 In den 60er Jahren gibt es noch eine Vielzahl unterschiedlicher Verpackungen im Großhandel (Jaeger 1969, S. 55). Jede Versteigerung besitzt Verpackungsmaterial mit eigener Kennzeichnung (Jaeger 1969, S. 201). Um die damit verbundenen Nachteile wie z.B. hohe Kosten durch Arbeits- und Raumbedarf, zu vermeiden, schlägt der Autor einheitliche Einwegverpackungen vor. Diese haben auch den Vorteil, daß darauf geworben werden kann "... um die Ware für Großunternehmen des Lebensmitteleinzelhandels und deren Lieferanten interessant zu machen." (Jaeger 1969, S. 193).

162 Pickenpack geht davon aus, daß die Theorie der "Thün'schen Kreise" auch auf den Erwerbsobstbau angewendet werden kann (Pickenpack 1974, S. 140).

163 Die Erzeugerorganisationen übernehmen heute für ihre Mitglieder Großhandelsfunktionen auf der Erfassungsstufe. Die Kunden der Erzeugerorganisationen sind insbesondere der organisierte Lebensmittelhandel, der Fachgroßhandel und Versandgroßhandel (Neumann 1997, S. 102).

164 "...die Befreiung vom Chaos löste jene Genugtuung aus, die in den Optimismus des Wiederaufstiegs mündete. Auch Vorteile hatte das Chaos: aufräumen konnte man mit

der Vergangenheit, die dem Fortschritt schon immer im Wege gestanden hatte und zum Vollzug der Konsumgesellschaft schreiten, die in den zwanziger Jahren Gestalt angenommen hatte, in den dreißiger Jahren in den Erwartungshorizont der Massen gerückt war und jetzt, auf den Trümmern der alten Welt, endlich zur Verwirklichung anstand..." (Sachs 1984, S. 80).

165 Als Gründe werden wirtschaftliche Gesichtspunkte und die zunehmende Zeitknappheit genannt.

166 Mit der Verbreitung dieser Grundeinstellung wird die Frau, die früher Produzentin war, zur Konsumentin gemacht. Diese Tendenz ist schon einige Dekaden früher in Amerika zu beobachten (Strasser 1982, S. 221).

167 Die Zahl der Haushalte, die sich nicht mehr selbst mit Obst versorgen steigt ab den 50er Jahren rapide an, da auch die Erwerbsquote der Frauen aufgrund des allgemeinen Arbeitskräftemangels wächst (1950 - 1957 von 4,1 Millionen auf 6,2 Millionen) (Weimer 1998, S. 118). Frauen, aber auch Männer fallen von nun an in zunehmenden Maße für gartenbauliche Tätigkeiten und als lokale Händlerinnen weg. Aufgefangen wird diese Entwicklung durch die Zunahme von Einzelhandelsgeschäften, die ehemals selbst angebaute Lebensmittel zum Kauf anbieten.

168 Die Anzahl der Obstfachhandelsgeschäfte liegt 1968 bei 3261, die Anzahl der Lebensmittelhandelsgeschäfte mit Obstverkauf bei 2892 (Der Erwerbsobstbau 1970, Nr. 1, S. 1).

169 Die zunehmende Obstvermarktung über Selbstbedienungsläden fördert in den 60er Jahren die Verwendung von Klein- und Einwegverpackungen (Beutel, Netze oder Fruchtschalen) (Hilkenbäumer 1964, S. 273).

170 1958 lagen die Artikelzahlen in Selbstbedienungsläden bei etwa 1.000, fünf Jahre später bei 1.400 (Wildt 1994, S. 190).

171 Im französischen Obsthandel, der als vorbildlich dargestellt wird, bestehen schon in den 60er Jahren drei Viertel der gehandelten Äpfel nurmehr aus der Sorte 'Golden Delicious'. Hier herrschen einstufige Absatzeinrichtungen mit einer zentralen Lagerung und Aufbereitung vor, die aufgrund ihrer zentralen Erfassung eine homogene Ware in großen Partien und wenigen Sorten liefern können (Pickenpack 1974, S. 119). Ähnliche Verhältnisse sind in Italien zu finden.

172 Auf der Grundlage der Wettbewerbstheorie wird davon ausgegangen, daß mit der Zunahme der Größe von europäischen Handelsbetrieben deren Effizienz steigt, wovon die Verbraucher in Form niedriger Preise profitieren (Lingenfelder 1996, S. 108).

173 So läßt sich aus der Industrieökonomik ableiten, daß international tätige Handelsbetriebe ein höheres Gewinnpotential und bessere Möglichkeiten zur Risikodiversifikation besitzen, als ausschließlich in einem Land aktive Unternehmen (Lingenfelder 1996, S. 118).

174 Der Theorie der Mikroökonomik folgend, wird die internationale Warenbeschaffung des Einzelhandels durch Preisvorteile ausländischer Hersteller und/oder eine hohe Präferenz der Verbraucher gegenüber Produkten ausländischer Unternehmen ausgelöst (Lingenfelder 1996, S. 91).

175 In diesem Zusammenhang wird auch vom sogenannten "gate-keeper-Effekt" gesprochen (Neumann 1997, S. 51).

176 Um ein weiteres Potential der Kostensenkung auszuschöpfen, wird von den Konzernen des Lebensmitteleinzelhandels ein System geplant, in dem die Kassen in den Läden über die Warenwirtschaftssysteme der Zentralen direkt mit den Computern der Produzenten verbunden sind. Unter solchen Bedingungen können Groß- und Einzelhändler ihre Vorratshaltung reduzieren, wodurch der Cash-flow erhöht werden kann. Ein solches System kann aber nur dann funktionieren, wenn sich der Handel auf die Qualität der eingekauften Produkte verlassen kann. Im Frischwarenbereich werden vom Handel in Zukunft solche Hersteller bevorzugt, die hervorragende Produktqualitäten absolut zuverlässig liefern (Neumann 1997, S. 65).

177 Bei der Güteklasse I A handelt es sich jeweils um die kleinste Größe der in den 40er Jahren gültigen Größengruppen die Klasse: a) sehr großfrüchtig, Mindestquerdurchmesser 70 mm, b) großfrüchtig, Mindestquerdurchmesser 65 mm, c) mittelfrüchtig, Mindestquerdurchmesser 60 mm, d) kleinfrüchtig, Mindestquerdurchmesser 55 mm.

178 Der Querdurchmesser ist der Durchmesser an der breitesten Stelle der Erzeugnisse; er wird im rechten Winkel zur Längsachse gemessen. In der Handelsklassenverordnung von 1955 werden folgende Mindestquerdurchmesser eingeführt: a) sehr großfrüchtig, Mindestquerdurchmesser 65 mm, b) großfrüchtig, Mindestquerdurchmesser 60 mm, c) mittelfrüchtig, Mindestquerdurchmesser 55 mm, d) kleinfrüchtig, Mindestquerdurchmesser 50 mm.

179 Im schleswig-holsteinischen Erwerbsobstbau sieht das Apfelsortiment Ende der 50er Jahre folgendermaßen aus: 'Martini' 13,5%, 'Cox Orange' 13,3%, 'Finkenwerder Prinz' 7,6%, 'James Grieve' 7,2% und 'Boskoop' 7,1%. In Unterfranken ist das Sortiment stark aufgesplittert: Mit 9,88% steht der 'Bohnapfel' an erster Stelle, es folgen der 'Trierer Weinapfel' 8,10%, 'Goldparmäne' 7,92%, 'Boskoop' 6,58%, 'Lohrer Rambour' 5,95%.

180 Baumreif oder pflückreif sind voll entwickelte Erzeugnisse, die nach der Ernte unter normalen Umständen die Vollendung des Reifevorgangs bis zur Mundreife erwarten lassen.

181 Versandreif sind Erzeugnisse, die unter Berücksichtigung der im Verkehr üblichen Art und der Dauer des Transportes voraussichtlich in dem Reifegrad am Bestimmungsort ankommen, in dem sie für den vereinbarten oder, wenn nichts vereinbart ist, üblichen Verwendungszweck geeignet sind.

182 Versandfähig sind Erzeugnisse, die unter Berücksichtigung der im Verkehr üblichen Art und Dauer des Transportes voraussichtlich noch in einem Zustand am Bestimmungsort eintreffen, in dem sie für die sofortige Verwendung geeignet sind.

183 Hierzu gehören nur auserlesene Früchte bestimmter Sorten, die sortentypisch in Größe, Form und Farbe, einheitlich in der Reife, baumreif und sorgfältig gepflückt, versandreif, frei von Wuchsfehlern, fehlerhafter Berostung, Astreibestellen, Quetschungen, Rissen, Schalenfehlern, Frostschäden, Verbrennungen durch Sonne

und Spritzung sind und deren Fruchtfleisch frei von allen Mängeln sind (de Haas 1957, S. 397).

184 'Ananas Renette', 'Berlepsch', 'Champagner Renette', 'Cox Orangen Renette', 'Geheimrat Oldenburg', 'Golden Delicious', 'Goldparmäne', 'James Grieve', 'Jonathan', 'Klarapfel', 'Laxtons Superb', 'Martini', 'Ribston Pepping', 'Zuccalmaglio' (de Haas 1957, S. 397).

185 'Boskoop', 'Brettacher', 'Finkenwerder Prinz', 'Gelber Bellefleur', 'Gravensteiner', 'Landsberger Renette', 'Ontario', 'Weißer Winterglockenapfel', 'Zabergäu Renette' (de Haas 1957, S. 398).

186 Schalenfehler bis zu 1/4 qcm, schmale, längsgerichtete Fehler bis zu 2 cm Länge, Schädigungen auf einer Frucht bis zu 1 qcm zulässig (de Haas 1957, S. 398).

187 Stärkere Wuchs- und Schalenfehler (auch Schorfflecke), jedoch insgesamt nicht größer als 2,5 qcm, schmale, längsgerichtete Fehler nicht länger als 6 cm (de Haas 1957, S. 398).

188 Für die Sorten 'Bittenfelder', 'Roter Trierer Weinapfel', 'Kleiner Langstiel' und 'Bohnapfel' gilt die Ausnahme von 30 mm (de Haas 1957, S. 398).

189 Für die Frühsorten 'Weißer Klarapfel' und 'Früher Viktoria' sind günstige Anlieferungszeiten die letzten Tage des Juli, für 'James Grieve' Mitte August bis Ende September, 'Goldparmäne' Oktober bis Dezember, 'Cox Orange', 'Laxtons Superb' und 'Berlepsch' die Zeit nach Weihnachten.

190 Dabei bringen große Früchte Nachteile bezüglich der in den 60er Jahren üblichen Kühllagerung mit sich: "Grundsätzlich kann festgestellt werden, daß alle Faktoren und Pflegemaßnahmen, die eine zu starke Zellvergrößerung und damit eine überdurchschnittliche Größe des Apfels verursachen, eine Verminderung seiner Haltbarkeit und damit seiner möglichen Lagerdauer bewirken. Äpfel, die im warmen Klima heranwachsen, sind schwieriger zu lagern als solche aus kühlen, aber genügend sonnenreifen Landschaften." (Hilkenbäumer 1964, S. 241).

191 Diese Verordnung basiert auf der im EWG-Gründungsvertrag vom 25.03.1957 vorgesehenen gemeinsamen Marktorganisation für Obst und Gemüse und der Liberalisierung des Obst- und Gemüsehandels der Mitgliedsstaaten untereinander. Folgende Ziele stehen im Vordergrund: 1. ein angemessenes Preisniveau für die Erzeuger, 2. Erhaltung des Gleichgewichts zwischen Angebot und Nachfrage unter Berücksichtigung des Handels mit dritten Ländern und 3. die Förderung einer Spezialisierung innerhalb der Gemeinschaft (Pickenpack 1974, S. 173).

192 'Berlepsch', 'Boskoop', 'Champagner', 'Cox Orange', 'Holsteiner Cox', 'Finkenwerder Prinz', 'Golden Delicious', 'Goldparmäne', 'Gravensteiner', 'Ingrid Marie', 'James Grieve', 'Jonathan', 'Klarapfel', 'Oldenburg', 'Ontarioapfel', 'Winterglockenapfel'.

193 Unterschiedliche Apfelsorten haben sowohl unterschiedliche Temperaturansprüche als auch unterschiedliche Ansprüche an die Luftfeuchtigkeit (Hilkenbäumer 1964, S. 245).

194 Zur Erhöhung der Lagerfähigkeit werden, insbesondere im Ausland eine Reihe von

Fruchtbehandlungsverfahren angewendet, wie z.B. Begasung mit Methylbromid, Behandlung mit Natrium-o-phenylphenolat, Diphenylamin sowie Wachsbehandlungen (Herrmann 1966, S. 29).

[195] "Der Stiel muß für die Extra-Ware unverletzt sein, kann in Klasse I leicht beschädigt sein sowie in den Klassen II und III fehlen, sofern die Schale nicht verletzt ist. Vorschriften über Färbung und Berostung sind in Vorbereitung. Für alle Güteklassen bestehen folgende Mindestquerdurchmesser, ... : Extra (großfrüchtige 65 mm, andere 60 mm), I (großfrüchtige 60 mm, andere 55 mm), II (großfrüchtige 55 mm, andere 50 mm), III (großfrüchtige 50 mm, andere 50 mm) (Dassler 1969, S. 141).

[196] Eine große Anzahl von Faktoren, wie solche, die die Binnenmarktregelung betreffen (Interventionssysteme, Produktionsbeihilfen, Fördermittel, Qualitätsnormen) und solche, die den Außenhandelsschutz betreffen (Preisschutz, Einfuhrsperren und Zölle) müssen entsprechend angepaßt werden. So wird im Rahmen der EG-Süderweiterung durch Spanien und Portugal Mitte der 80er Jahre mit Preisrückgängen bei Äpfeln gerechnet (Erwerbsobstbau 1985, Nr. 4, S. 96), was für den deutschen Anbau und Handel eine wirtschaftliche Benachteiligung bedeutet, die nur mit entsprechenden Subventionen der Europäischen Gemeinschaft aufgefangen werden kann.

[197] In der Klasse Extra sind z.B. bei Äpfeln Gütetoleranzen von 5 % erlaubt, d.h. es ist erlaubt, daß 5 % der Anzahl oder des Gewichtes der Äpfel nicht den Eigenschaften der Güteklasse entsprechen. Bei der Größe dürfen 10 % der Anzahl oder des Gewichtes abweichen, die Höchstabweichung liegt aber bei 5 mm unter der Mindestgröße (Verordnung EWG Nr. 920/89, S. 11).

[198] So muß der Inhalt eines Packstückes gleichmäßig sein und darf nur Äpfel des gleichen Ursprungs, der gleichen Sorte und Güte und des gleichen Reifegrades umfassen. Für die Klasse Extra ist außerdem die gleiche Färbung vorgeschrieben. Die Verpackung muß so beschaffen sein, daß das Erzeugnis angemessen geschützt ist, das Material muß neu und sauber sein (Verordnung EWG Nr. 920/89, S. 11).

[199] Jedes Packstück muß identifizierbar sein, die Art und der Ursprung des Erzeugnisses sowie die Handelsmerkmale müssen angegeben werden. Ein amtlicher Kontrollstempel ist obligatorisch (Verordnung EWG Nr. 920/89, S. 12).

[200] Die Apfelsorten werden nach ihrer Färbung in vier Gruppen aufgeteilt: Gruppe A - rote Sorten, Gruppe B - Sorten gemischt-roter Färbung, Gruppe C - Sorten schwacher Färbung, gestreift und Gruppe D - andere Sorten. Für diese Gruppen werden jeweils bezogen auf die verschiedenen Klassen Extra, I, II und III Oberflächenanteile der entsprechenden Färbung festgelegt sowie die zugelassenen Sorten genannt. So gehört z.B. der 'Gloster' als gemischt rotgefärbter Apfel zur Gruppe B. In der Klasse Extra muß mindestens die Hälfte seiner Oberfläche rot gefärbt sein, in der Klasse I mindestens ein Drittel und in den Klassen II und III mindestens ein Zehntel der Oberfläche (Verordnung EWG Nr. 920/89, S. 12 -14).

[201] Dabei sind Sorten ausgenommen, bei denen die Berostung ein sortentypisches Schalenmerkmal ist. Sie werden in einer Beschränkungsliste namentlich genannt. Bei

anderen Sorten ist eine Berostung innerhalb bestimmter Grenzen zulässig, wie z.B. nur am Stielansatz oder über den Stielansatz oder den Kelch hinaus (Verordnung EWG Nr. 920/89, S. 14).

202 Diese Entwicklung hängt hauptsächlich mit dem hohen Markt- und Gebrauchswert dieser Sorte zusammen: Ende der 60er Jahre bringt der 'Golden Delicious' höhere Spitzenpreise als der 'Cox Orange', die Produktion in Westeuropa steigt von 1962-1968 um das Dreifache (Dassler 1969, S. 149). Der hohe Gebrauchswert ergibt sich angeblich durch die ansprechende Farbe und den süßlichen feinaromatischen Geschmack (Dassler 1969, S. 150). Dieser Geschmack ist allerdings an die am Baum abgewartete Gelbfärbung gebunden. Wenn der Apfel erst auf dem Lager nachgelbt, fehlen diese Geschmackseigenschaften.

203 Diese 6 Sorten werden nicht näher benannt. Es kann aber davon ausgegangen werden, daß mindestens die Sorten 'Golden 'Delicious', 'Cox Orange', 'Boskoop' und 'James Grieve' dabei sind, denn sie eignen sich am ehesten für eine industrielle Anbauweise und sind auf "moderne" Technik abgestimmt.

204 "Mit den standortadäquaten Apfelsorten 'Cox Orange', 'Ingrid Marie', 'Boskoop', 'James Grieve', 'Winterglocken' und anderen ist das Sortiment vor allem in Hinblick auf die ständige Sorteninnovation auf dem Weltmarkt sehr eng. Es fehlen hauptsächlich grüne Wintersorten, die mit dem Qualitätsstandard der in südlichen Produktionsgebieten produzierten Sorten 'Golden Delicious' und 'Granny Smith' konkurrieren können." (Pickenpack 1974, S. 183). Der Jorker Neuzüchtung 'Gloster' als rotem großfruchtigen Winterapfel werden in diesem Zusammenhang sehr gute Aussichten im Wettbewerb eingeräumt.

205 M IX ist eine schwachwüchsige Unterlage, die sich im industriellen Anbau bewährt hat.

206 Sorten deren Zellen drei Chromosomensätze haben.

207 Dazu gehören der 'Golden Delicious' selbst, der Mutant 'Red Delicious' und die Sorten 'Jonagold', 'Gloster' und 'Elstar'.

208 Zur sogenannten "genetischen Erosion" trägt zusätzlich auch das Aussterben alter Baumbestände bei.

209 Die Sorte 'Fiesta' ist eine Kreuzung zwischen 'Cox Orange' und 'Idared' (Morgan, Richards 1993, S. 208).

210 Rösler definiert den Begriff Streuobstwiese folgendermaßen: "Extensiv genutzte Kombination von Hochstamm-Obstbäumen und Grünland" (Rösler 1996, S. 11).

211 An vielen Orten findet sich niemand mehr, der Interesse an einer sinnvollen Unternutzung, wie z.B. Gras-/Heuernte oder Beweidung durch Kühe/Schafe zeigt.

212 Im Streuobstbau werden bis zu 50 verschiedene Sorten, z.T. qualitativ sehr hochwertiger Äpfel angebaut, wie z.B. 'Goldparmäne', 'Jacob Lebel', 'Ontario', 'Brettacher' oder 'Gewürzluike'.

213 Giedion beschreibt in seinem Buch "Die Herrschaft der Mechanisierung", wie die

Mechanisierung den Publikumsgeschmack, d.h. auch das Äußere einer Sache verändert. Am Beispiel der Veränderung des künstlerischen Geschmacks im 19. Jahrhundert verdeutlicht er die Prinzipien des Wandels. Dabei wird unterstellt, daß die Menschen Neigungen haben, die man nur wachkitzeln muß: "Der herrschende künstlerische Geschmack des 19. Jahrhunderts kam durch Ausschlachtung gewisser, im Publikum schlummernder Neigungen zustande. Das Publikum liebt das Süßliche, Glatte, und äußerlich Gefällige. Man kann diese Neigung bestärken, schwächen, oder sie ins Positive umformen. Die Maler des herrschenden Geschmacks gingen immer mehr darauf aus, diesen Publikumsgeschmack zu befriedigen und sicherten sich damit Absatz und Preise. Das Ende war eine Desorientierung der Instinkte in allen Schichten der Gesellschaft, die heute noch verderblich weiterwirkt." (Giedion 1994, S. 230).

214 Bei anderen Lebensmitteln ist die Reproduktion bestimmter Eigenschaften schon üblich. Insbesondere in den USA ist die Mechanisierung in der Lebensmittelproduktion schon weit fortgeschritten: "Das Publikum verlangt heute, daß das Gelb der Hühnereier von uniformer Farbe sei. Eine Stadt zieht ein hellgelbes, eine andere ein mehr orangefarbenes vor. Die Industrie liefert die entsprechenden Futtermittel für die Hühner, die mit Hilfe von Farbbeimengungen garantieren, daß ein Eigelb unfehlbar die gleiche Nuance wie alle anderen hat." (Giedion 1994, S. 225). Am Beispiel von Brot macht Giedion deutlich, mit welch technischem Aufwand uniforme Lebensmittel hergestellt werden und welche ökonomischen Zwänge hinter diesem Prozeß stecken (Giedion 1994, S. 197 - 237).

215 Am Beispiel einer Beschreibung verschiedener Geschmacksrichtungen von Apfelsorten, wird deutlich, daß wertende Vergleiche praktisch nicht möglich sind: "After the strawberry flavour of the early Worcester Pearmain comes the 'melting, almost marrowy flesh, abundant juice, and fragrant aroma' of James Grieve, aniseed-scented Ellison's Orange and the 'very attar of apple' in Gravenstein. In November , Cox was for him the Chateau Yqem of apples, while in December it was the 'nutty warm aroma' of Blenheim Orange 'which is to my taste the real apple gust. The man who cannot appreciate a Blenheim has not come to years of gustatory discretion; he probably drinks sparkling Muscatelle. There is in this noble fruit a mellow austerity as of a great Port in its prime, a reminder of those placid Oxford meadows which gave it birth in the shadow of the great house of Blenheim. Like Oxford, too, it adopts a leisurely place, refusing to be hurried to maturity or to relinquish ist hold on life. An Apple of the Augustan Age.' " (Nach: Bunyard, E.: The anatomy of dessert. London 1929. Zitiert in: Morgan, Richards 1993, S. 97).

216 Diese Entwicklung wird im allgemeinen auf die Verbesserung des Lebensstandards zurückgeführt (z.B. Stork 1964, S. 176).

217 Infolgedessen sinkt der inländische Versorgungsanteil von Äpfeln innerhalb der 50er Jahre von 82 % auf 72 % (Wildt 1994, S. 87).

218 Dabei wird Mitte der 60er Jahre auch darauf hingewiesen, daß ein makelloses Äußeres nicht unbedingt mit den inneren Qualitäten übereinstimmen muß: "Ohne Zweifel wirkt eine einwandfreie äußere, mit den Sinnen zu erfassende Beschaffenheit an-

sprechend auf den Käufer und fördert den Absatz. Sie bietet aber andererseits keine Gewähr für eine gute ernährungsphysiologische Qualität. Hier können ohne Zweifel große Diskrepanzen auftreten." (Herrmann 1966, S. 28).

[219] Heute setzt sich die Qualität eines Apfels aus dem Marktwert, wie ihn die EU-Normen charakterisieren, dem Gebrauchs- und Nahrungswert zusammen (Daßler, Heitmann 1991, S. 14).

[220] Offensichtlich gelangt im Laufe der Jahre der 'Golden Delicious', der an sich als gelbe Sorte gilt, wirklich grüner an die Verbraucher.

[221] Es geht gar nicht so sehr darum, die Nachfrage nach Äpfeln zu erhöhen, sondern den Marktanteil überhaupt zu halten. Mitte der 60er bis Mitte der 70er Jahre liegt der durchschnittliche pro-Kopf-Verbrauch von Äpfeln bei 36,9 kg (Bundesministerium für Ernährung, Landwirtschaft und Forsten 1975, S. 181). Mitte der 70er bis Mitte der 80er Jahre sinkt der durchschnittliche pro-Kopf-Verbrauch auf 33,8 kg (Bundesministerium für Ernährung, Landwirtschaft und Forsten 1984, S. 193). Bis Anfang der 90er Jahre bleibt der Verbrauch in etwa gleich (33,1 kg) (ZMP 1992, S. 9), ab dem Wirtschaftsjahr 1992/93 sinkt er bis 1997/98 hingegen auf 31,4 kg pro-Kopf (ZMP 1998, S. 31).

[222] Seit den 80er Jahren wird der Geschmack an der Höhe des pH-Wertes und dem Zuckergehalt festgemacht. Danach rangiert der 'Red Delicious' mit einem milden Geschmack an dem einen Ende der Skala (pH-Wert 3,7 - 3,8; Zuckergehalt 10 - 11 %) und der 'Cox' mit einem säuerlichen Geschmack am anderen Ende (pH-Wert ca. 3,4; Zuckergehalt 13 - 14 %). Wenn der pH-Wert unter 3,0 sinkt, sei ein Apfel für den Geschmack der meisten Verbraucher zu sauer (Der Erwerbsobstbau 1985, Nr. 5, S. 125).

[223] Geht man davon aus, daß es etwa 10 Jahre dauert, bis sich eine Sorte erfolgreich im Anbau und der Vermarktung zeigt, stellt sich allerdings die Frage, ob erst die Nachfrage oder das Angebot vorhanden war.

[224] So wird in den 30er Jahren für das Trinken von Apfelsaft bzw. die Süßmostbewegung Reklame gemacht.

[225] "Aber der Schwerpunkt der Medien ist verschieden, ihr Zentrum haben sie üblicherweise eher auf der Seite der symbolischen oder der abbildenden Repräsentation. Das Wort hat es leichter, auf bewegliche Weise anzudeuten und in Verbindung zu bringen oder in Zweifel zu ziehen als das Bild. Das Bild ist prägender, haftender." (Pörksen 1997, S. 298).

[226] Zur Geschichte der Markenartikelverpackung, die bei anderen Lebensmitteln im Vergleich zu Obst schon einige Jahrzehnte früher üblich wird, siehe Hillmann, G. 1996.

[227] Der Beginn der Geschichte von Werbung "als Kultur" liegt zwischen 1850 und 1890. In England entsteht auf der Londoner Weltausstellung 1851 mit dem Erscheinen der dort erstmals geballten "Industriellen Welt" eine allgemeine Verselbständigung der Warenwelt. Auch in Deutschland findet deshalb die Werbung bis zur Jahrhundertwende den Weg vom primären Produkt- und Warenbezug zur lebensweltlich-kulturel-

len Repräsentation (Wischermann 1995, S. 14 - 17). Beim Apfel findet diese Entwicklung allerdings erst ein halbes Jahrhundert später statt.

228 Ausgenommen werden kann vielleicht die Werbekampagne für den 'Golden Delicious' in Frankreich, der dort inzwischen als so etwas wie ein Markenprodukt gilt (Morgan, Richards 1993, S. 131).

229 Für Altländer Äpfel machen z.B. Frauen in Altländer Tracht vor einem Altländer Tor Werbung. Da dies mit der modernen Apfelproduktion wenig zu tun hat, verfälschen solche Bilder die Wirklichkeit erheblich.

230 Interessant ist, daß im Gegensatz zur Apfelwerbung bei der Autowerbung oft die "fortschrittliche Produktion" gezeigt wird, der überwiegende Praxiseinsatz im Stau dagegen nie. Beim Apfel ist es genau umgekehrt: Er wird nie in der wirklichen Produktion gezeigt, weil offenbar dem Verbraucher beim Apfel die Erkenntnis erspart bleiben soll, daß sein "Naturprodukt" industrieähnlich erzeugt wurde.

231 Welch hohen ökonomischen Wert eine neu entwickelte Apfelsorte heute weltweit haben kann, macht ein Artikel aus der "Neuen Zürcher Zeitung" deutlich. Unter der Überschrift "Apfelkrieg zwischen Neuseeland und China" wird berichtet, wie chinesische Wissenschaftler versuchen, eine neuentwickelte Apfelsorte außer Landes zu schmuggeln, die es nur in Neuseeland gibt. Die neuseeländische Regierung wertet diesen Versuch als "Diebstahl geistigen Eigentums" und "Industriespionage" (Neue Zürcher Zeitung vom 12.05.1997).

232 Vgl. die in den 60er und 70er Jahren geführte Manipulationsdebatte auf der Grundlage der Ansätze von Horkheimer und Adorno: "Werbung manipuliere wenn nicht grenzenlos, so doch weitgehend. Sie trage zur Entfremdung des Menschen von der gesellschaftlichen Wirklichkeit bei und breche insbesondere 'echte Bedürfnisse', um an ihre Stelle 'falsche Bedürfnisse' zu setzen; es handle sich um eine ökonomische Zurechtstutzung des Menschen nach den Wünschen der Wirtschaft. Insgesamt wirke Werbung somit anti-aufklärerisch und mythenbildend." (Wischermann 1995, S. 19).

233 Begrifflich ist "Raum" aber etwas ganz anderes, als "Ort", an dem weitgehend eigenständige Produktions- und Wirtschaftsformen vorhanden sind, die auf örtlichen Unterschieden beruhen: " "Raum" ist ein ganz und gar anderer Begriff, er hat etwas Abstraktes, Gereinigtes, ist ein Gegenstand für das Reißbrett der Ingenieure. Er läßt sich geometrisieren, begradigen und neu ordnen; was vorher "Ort" war und eine lange Geschichte hatte, wird planbar und planierbar." (Hiß, Pörksen, Pörksen 1997/98, S. 244).

234 "Die meisten der augenfälligen Entwicklungen der Wirtschaftswissenschaft ... gehen in Richtung auf eine Quantifizierung und zu Lasten des Verständnisses von qualitativen Unterscheidungen. Man könnte durchaus sagen, daß die Wirtschaftswissenschaft diesen Unterscheidungen zunehmend unduldsam gegenübersteht, weil sie nicht in ihr System passen und an das praktische Verständnis sowie die Urteilskraft der Wirtschaftswissenschaftler Anforderungen stellen, die diese nicht erfüllen können oder wollen." (Schumacher 1995, S. 43).

235 Dies spiegelt sich auch in der Art der Schriften, die sich mit Obstbau befassen wider: Sind es bis Mitte dieses Jahrhunderts Obstbaubücher, in denen Unterscheidungsmerkmale der Apfelsorten beschrieben werden, wird ab den 50er Jahren in Verordnungen deren Erscheinungsform verbindlich festgelegt.

236 "Der Stolz des neuen Bio-Ingenieurs", so schreibt Marianne Gronemeyer, "liegt nicht darin, die Natur zu überbieten, sondern darin, es ihr gleichzutun, eine Kopie zu erstellen, die der Natur täuschend ähnlich sieht, minus allerdings deren Unberechenbarkeit." .... "Das Original wird zum 'Drop out' der Kopie." (Gronemeyer 1996, S. 51).

237 Steuerbar und kontrollierbar sind aber nur "tote" Produkte.

238 W.J.T. Mitchell beschreibt in seinem Buch "The Last Dinosaur" diesen Prozess am Beispiel der unterschiedlichen Bilder, die sich die Menschen im Laufe der Zeit von Dinosauriern machen (vgl. Mitchell 1998, S. 2 - 7).

239 Schon im 19. Jahrhundert wurde Propaganda für den Erwerbsobstbau und eine Sortenreduzierung gemacht. Entscheidende Veränderungen finden aber erst dann statt, als z.B. entsprechende technische Mittel im Anbau und Handel eingesetzt werden können und sich die Organisation privater Haushalte, z.B. wegen der steigenden Frauenerwerbsquote, grundlegend verändert.

240 vgl. z.B. Illich 1980 und Holzapfel 1997.

241 Zum Zusammenhang zwischen Macht und Gehorsam vgl. Gruen-Müller 1997, S. 8 - 15.

242 Was für ein Aufwand insgesamt notwendig ist, den Apfel gebrauchfähig zu machen, beschreibt Illich am Beispiel von anderen Waren im Zusammenhang mit der dafür notwendigen "Schattenarbeit", die entweder von eigens dafür eingerichteten Institutionen oder von privaten Haushalten geleistet werden muß (Illich 1982, S. 75 - 93).

243 Damit ausgedehnte internationale Warenströme überhaupt funktionieren können, werden inzwischen teuer entwickelte "hochmoderne" Steuerungs- und Kontrollsysteme, wie z.B. das satellitengesteuerte Beobachtungssystem "Global Position System" (GPS) eingesetzt.

244 Die Entwicklung dorthin entstand aber nicht deshalb, weil die Obstbauern dies so wollten (in dieser Arbeit konnte mehrmals gezeigt werden, daß sie gar kein Interesse daran hatten), sondern sogenannte Experten sorgten mit entsprechender Propaganda sowie materiellen und finanziellen Voraussetzungen dafür, daß der industrielle "Fortschritt" auch beim Apfel erfolgt.

245 Vorbild scheint hier wieder die USA zu sein (vgl. Guterson 1999, S. 41 - 56).

246 So gehen z.B. Hines, Lang 1993; Altvater, Mahnkopf 1997 oder Martin, Schumann 1997 auf die negativen Folgen des globalen Handels ein, die er auf die natürliche und soziale Umwelt, Arbeitswelt und Demokratie hat.

247 Ebenso, wie die jeweiligen gesellschaftlichen Entwicklungen die Gestalt unserer Landschaft prägen (Burckhardt 1985, S. 232), beeinflussen sie auch den Apfel.

248 Vgl. Hiß, Pörksen, Pörksen 1997/98. Produktionsformen können als Ausdruck von Machtverhältnissen betrachtet werden, die in diesem Zusammenhang eine große Rolle spielen.

249 Z.B. "Blend-a-Dent, damit Sie morgen noch kraftvoll zubeißen können" oder "Ewa's Dessous Tips. Verführerische Seiten für Sie!".

250 So bezeichnet Berger die historische Rolle der Fortschrittskultur, die er im Zusammenhang mit dem Kapitalismus beschreibt, folgendermaßen: "seine geschichtliche Rolle ist, Geschichte zu zerstören, jedes Bindeglied zur Vergangenheit abzutrennen und alle Bemühung und Phantasie auf das hin zu orientieren, was gerade unmittelbar bevorsteht. ... Statt sich auf eine Leistung in der Vergangenheit zu beziehen, bezieht sich das Wort Kredit innerhalb dieser Metaphysik nur auf eine künftige Erwartung." (Berger 1992, S. 292).

251 Mit Zufälligkeiten ist hier nicht das Beliebige gemeint, im Sinne einer beliebig wählbaren oder abwählbaren Möglichkeit, die auch anders sein könnte und durch uns änderbar ist. Vielmehr geht es um das Zufällige, das auch anders ein könnte und gerade nicht durch uns änderbar ist. Odo Marquard nennt dies das "Schicksalszufällige" (Marquard 1986, S. 128).

252 So ist z.B. das piemontesische Gericht "Tonno di Coniglio" (Thunfisch aus Kaninchen) deshalb entstanden, da die Bäuerin Haus- und Feldarbeit miteinander verbinden mußte: Kaninchen, Gemüse und Gewürze wurden mit Wein übergossen und auf das gerade eben angeschürte Holzfeuer gesetzt. Während der stundenlangen Arbeit auf dem Feld garte das Kaninchen reichlich, das Feuer im Herd erlosch. Das Kaninchen ähnelte nun sehr dem Thunfisch, aus dem Kaninchen wurde Thun. Was zunächst als Malheur erschien, ist inzwischen zu einem klassischen Gericht der piemontesischen Küche geworden. (Übernommen aus einem Faltblatt des Restaurants Spohr's in Kassel).

253 Auf die unvermeidlichen Folgewirkungen, die Planung hervorruft, geht z.B. Leopold Kohr ein, der am Beispiel des Bevölkerungswachstums beschreibt, daß Planung am Ende mehr Probleme schafft, als löst (Kohr 1995, S. 120).

254 David Harvey legt, auch wenn er davon spricht, "fühlbare" ortsbezogene Gemeinschaften zu kreieren, den Schwerpunkt bei seiner Suche nach Alternativen auf die "Imagination", also die Erfindung von Orten (Harvey 1996, S. 326).

255 Davon abgesehen, daß sich die heute für die meisten Menschen verfügbaren Apfelsorten nur noch farblich unterscheiden, haben inzwischen alle Apfelsorten den gleichen Preis. Durch die Vermassung findet eine Entwertung statt. Im Gegensatz zu Brot, das mit Körnern oder sonstigen Zutaten "veredelt" wird, sinkt der Apfel im Wert.

256 Für Apfelkompott werden z.B. um 1900 "Borsdorfer", "Goldreinetten" und "Calvillen", also Äpfel mit feinem Fleisch empfohlen (Universallexikon der Kochkunst 1890, S. 28). Zu einem richtigen Gänsebraten gehört aber ein Apfelkompott aus "Borsdorfern". Diese Apfelsorte nennt Henriette Davidis in ihrem, Anfang des 20. Jahrhunderts weit verbreiteten, Kochbuch namentlich: "Apfelkompott zum Gänsebraten. Man schält schöne Kastanien, blanchiert sie, zieht die Haut ab und koche sie in Zuckerwasser

halbweich. Dann schält man Borsdorfer Äpfel und schneidet sie halb durch, entfernt das Kernhaus und schichtet nun Äpfel und Kastanien abwechselnd dicht in eine glatte, runde, dick mit Butter ausgestrichene Blechform mit niedrigem Rand so auf, daß die Mitte gehäuft ist. Jede Schicht wird mit wenig feinem Zucker bestreut und mit einigen kleinen Butterstückchen belegt. Dann bäckt man das Kompott im Ofen goldbraun und bringt es in der mit einer Serviette umschlungenen Form zu Tisch." (Davidis 1910, S. 399).

[257] Eckart Brandt, ein passionierter Obstsortensammler, beschreibt z.B., wie er auf der Suche nach dem Namen eines Apfels auf städtische Hausgärten stößt, in denen noch Bäume mit inzwischen fast schon vergessenen Obstsorten stehen (Brandt 1995, S. 39 - 44).

[258] 80 % der europäischen Bevölkerung werden als "in städtischen Siedlungsräumen lebend" definiert (Charta der Europäischen Städte und Gemeinden 1994).

[259] Dies schließt nicht aus, sich den Apfel auch als ländliche Kultur vorzustellen. Eine erfolgreiche Kultivierung des Apfels auf dem Land hängt aber davon ab, welche Produktkombination im Anbau und bei der Verarbeitung gewählt wird. Es geht nicht um Spezialisierung, d.h. den Anbau und die Verarbeitung großer gleichförmiger Mengen, wie es garten- oder landwirtschaftliche Großbetriebe heute tun, sondern um Diversifizierung und die richtige Kombination der kultivierten Produkte. So sind beispielsweise mit Äpfeln, je nach Art der angebauten Sorten, durch Ernte- und Pflegezeiten die Monate August bis Oktober und Januar bis März ausgelastet. Deshalb bietet sich zusätzlich zum Apfel die Kultivierung von Spargel (Erntezeit Mai bis Juni) oder Himbeeren (Erntezeit Juni bis Juli) an. Der Anbau von Kartoffeln und Lageräpfeln eignet sich dagegen nicht, da die Ernte dieser beiden Produkte zusammenfällt.

[260] Ein Palimpsest ist eine Handschrift, auf der die ursprüngliche Schrift beseitigt und durch eine jüngere ersetzt ist. Die Wiederverwendung des teuren Schreibmaterials war schon bei den Römern üblich, ebenso im frühen Mittelalter in den Schreibstuben der Klöster. Ein modernes Hilfsmittel zur Entzifferung von Palimpsesten ist die Fluoreszenzphotographie (Brockhaus Enzyklopädie Bd. 16 1991, S. 452 - 453).

IX.

NACHWORT

Ich möchte all denjenigen danken, die mich bei meiner Arbeit über den Apfel, die ich im Dezember 2000 in einer ersten Fassung als Dissertation abgeschlossen habe, unterstützt haben. Im Laufe der Jahre ist mir der Apfel sehr ans Herz gewachsen, ja, ich bin ihm regelrecht verfallen und habe zwischenzeitlich sogar einen geheiratet. Helmut Holzapfel begleitete mich bei allen Hochs und Tiefs, insbesondere am Ende der Arbeit, wo es vor allem um administrative Hürden und inhaltliche Einwände von mancher Seite ging, die meine Ansätze viel lieber im 'mainstream' der Zeit gesehen hätte. Vielen Dank Helmut! Sodann hat die Trakehnerstute 'Schneeglöckchen' während der gesamten Zeit dazu beigetragen, aus der vergeistigten Schreibtischarbeit wieder auf den Boden der Realität zurückzufinden. Nach der körperlichen Anstrengung des Reitens kamen die guten Ideen oftmals wie von allein! Außerdem danke ich allen, die mit mir diskutiert und mir ihr Wissen zur Verfügung gestellt haben, wie z.B. Willi Hahn aus Weil der Stadt-Merklingen, Eckart Brandt aus Großenwörden, Christian Hiß aus Eichstetten, Lucius und Annemarie Burckhardt aus Basel sowie Ivan Illich aus Bremen. Nicht zuletzt danke ich den Korrekturlesern Nadja Schiemann und Christoph Theiling, die der Arbeit den letzten Schliff gegeben und etliche Widersprüche ausgeräumt haben.

Im April 2002 wurde mir für diese Arbeit der Schweisfurth Forschungspreis für Ökologische Ökonomie verliehen. Dies war eine Bestätigung, meinen eigenen Weg zu gehen und mich nicht an Vorgaben anzupassen, die modischen, beliebig austauschbaren und kurzlebigen Trends folgen. Vielen Dank für diese Auszeichnung!

Inzwischen bin ich dazu übergegangen, mich dem Apfel auch von der praktischen Seite her zu nähern. Ich engagiere mich für den Pomologen-Verein, der sich zum Ziel gesetzt hat alte Obstsorten wiederzufinden, zu erhalten und zu verbreiten. Der Apfel, aber auch Birnen-, Pflaumen-, Kirschen- und Quittensorten sind es wert in unserem Alltag wieder mehr Beachtung zu bekommen. Das Wissen um den Umgang mit den Bäumen und Früchten ist ein Kulturgut, das wir bewahren und weiter entwickeln müssen. Wer dies aktiv unterstützen will, ist im Pomologen-Verein gut aufgehoben!

Nicht zuletzt möchte ich mich auch beim Dortmunder Vertrieb für Bau- und Planungsliteratur und Karl Fordemann aus Herford ganz herzlich bedanken, denn sie haben es mir letztendlich ermöglicht, meine Arbeit in dieser Form einer größeren Öffentlichkeit zur Verfügung zu stellen.